BANGUÊS, ENGENHOS CENTRAIS E USINAS

O desenvolvimento da economia açucareira em São Paulo
e a sua correlação com as políticas estatais (1875-1941)

Roberta Barros Meira

BANGUÊS, ENGENHOS CENTRAIS E USINAS

O desenvolvimento da economia açucareira em São Paulo
e a sua correlação com as políticas estatais (1875-1941)

Copyright© 2010 Roberta Barros Meira

Publishers: Joana Monteleone/ Haroldo Ceravolo Sereza/ Roberto Cosso
Edição: Joana Monteleone
Editor assistente: Vitor Rodrigo Donofrio Arruda
Revisão: Íris Morais Araújo
Projeto gráfico, capa e diagramação: Patrícia Jatobá U. de Oliveira
Imagem da capa: *Aquecimento e evaporação do caldo de cana*, Hercules Florence (1843)

CIP-BRASIL. CATALOGAÇÃO-NA-FONTE
SINDICATO NACIONAL DOS EDITORES DE LIVROS, RJ

M451B

Meira, Roberta Barros
BANGUÊS, ENGENHOS CENTRAIS E USINAS:
O DESENVOLVIMENTO DA ECONOMIA AÇUCAREIRA EM SÃO PAULO E SUA CORRELAÇÃO COM AS POLÍTICAS ESTATAIS (1875-1941)
Roberta Barros Meira
São Paulo: Alameda, 2010.
338p.

Inclui bibliografia
ISBN 978-85-7939-044-9

1. Indústria açucareira - São Paulo (Estado) - História. 2. Economia agrícola - São Paulo (Estado) - História. 3. Cana-de-açúcar - São Paulo (Estado) - História. 4. Açúcar - Usinas - São Paulo (Estado). 5. Brasil - Política e governo. I. Título.

10-2660.   CDD: 338.17361098161
           CDU: 338.43(815.61)

019686

ALAMEDA CASA EDITORIAL
Rua Conselheiro Ramalho, 694, Bela Vista
São Paulo - SP - CEP: 01325-000
Tel. (11) 3012-2400
www.alamedaeditorial.com.br

Dedico essa dissertação à minha mãe: incentivadora e companheira nas descobertas desse trabalho. Essa dissertação não existiria se ela não tivesse me contado as histórias do meu avô João sobre a expansão da cana em Batatais e me fizesse enxergar o quão apaixonante é misturar agricultura com História. Da mesma forma, agradeço e peço perdão ao meu pai, pelo carinho e compreensão quando tive que ficar tanto tempo ausente, mesmo quando ele tanto precisou de mim.

Sumário

Introdução — 11

Capítulo I - A gênese da modernização: os engenhos centrais no Brasil — 19

A ideia dos engenhos centrais — 21

Os engenhos centrais na Província de São Paulo — 64

O nó górdio da política dos engenhos centrais — 96

Capítulo II - A consolidação da modernização açucareira: as usinas na Primeira República — 105

O nascimento das usinas — 107

O desenvolvimento da produção açucareira paulista na Primeira República — 142

O álcool na Primeira República — 171

O caminhar das usinas no final da Primeira República — 183

**Capítulo III - O Primeiro Governo Vargas
e a hegemonia das usinas**   191

    A política de defesa da produção
açucareira no pós-1930   193

    A agroindústria açucareira e alcooleira paulista
no Primeiro Governo Vargas   238

    O IAA e a Política do Álcool-Motor   270

    O triunfo das usinas   290

Considerações finais   301

Agradecimentos   307

Fontes e bibliografia   309

Abreviaturas   333

Lista de gráficos e tabelas   335

"Só os banguês que – ainda purgam ainda
o açúcar bruto com barros de mistura;
a usina já não o purga: da infância, não de
depois de adulto, ela o educa; em enfermarias,
e com vácuos e turbinas
em mãos de metal de gente indústria,
a usina o leva a sublimar em cristal
o pardo do xarope: não o purga, cura. Mas,
como a cana se cria ainda hoje,
em mãos de barros de gente agricultura,
o barrento da pré-infância logo
aflora quer invento ou verão mele o açúcar."

João Cabral de Melo Neto, Psicanálise do açúcar.

Introdução

"A agroindústria canavieira é um dos ramos do setor agropecuário em que as atividades agrícolas e industriais melhor se conjugam. Trata-se também do subsetor no qual o planejamento governamental se faz sentir de forma mais completa e consequente, abrangendo praticamente todas as suas atividades"[1]

A cana de açúcar foi a primeira grande lavoura voltada para a exploração comercial no Brasil. Nos dois primeiros séculos de colonização, o açúcar foi o produto básico da economia. O crescimento da produção açucareira no Brasil, a partir de 1560, consolidou a posição de Portugal no mercado mundial. De 1500 a 1822, o Brasil exportou 536 milhões de libras, das quais 300 milhões foram provenientes do açúcar.[2]

---

1 SZMRECSÁNYI, Tamás. "Introdução e agradecimentos" In: *O planejamento da agroindústria canavieira do Brasil* (1930-1975). São Paulo: Hucitec/Unicamp, 1979, p. XXI.

2 IAA. Brasil/Açúcar. Coleção canavieira n. 8. Rio de Janeiro: IAA, 1972, p. 14-75. Arruda destaca que, em 1650, o montante global das exportações coloniais gerou 4 milhões de esterlinos e o açúcar contribuía com 3 milhões e 750 mil. O que, no total das exportações, se confundia com as exportações de açúcar. A queda das exportações de açúcar entre 1650-1670 foi acompanhada pela retração do rendimento global das exportações. ARRUDA, José Jobson de Andrade. *O Brasil no comércio colonial.* São Paulo: Ática, p. 608.

A independência do país não iria alterar as diretrizes econômicas traçadas no período colonial. A produção continuou a ser orientada para o mercado externo e manteve suas características básicas: latifúndio, trabalho servil e monocultura.

No final do século XVIII e início do XIX ocorreu uma espécie de "renascimento" do açúcar, com o produto brasileiro voltando a ocupar posições privilegiadas no mercado externo o que não ocorria desde meados do século XVII. Tal fato ocorreu por uma série de causas, das quais convém destacar a Revolução de Santo Domingo (1801-1805) e o Bloqueio Continental de Napoleão (1805-1814), que teriam privado os consumidores europeus de grande parte da produção antilhana, aumentando assim os preços do açúcar.

Além desses dois fatores principais, há que se ter em conta o grande aumento do consumo de açúcar na Europa, provocado pelo crescimento demográfico e pelo processo de urbanização, ambos resultantes da revolução industrial, que se inicia na Inglaterra no último quartel do século XVIII.[3]

Essa recuperação do açúcar brasileiro foi de curta duração. Nos meados do século XIX já se delineava nova, aguda e prolongada crise. Como esclarece Alice Canabrava, com a volta a normalidade no mercado mundial, o produto brasileiro enfrentou a concorrência cada vez maior dos engenhos antilhanos. Estes se favoreciam da política colonial das metrópoles, da proximidade geográfica e dos grandes aperfeiçoamentos técnicos. A estes fatores veio se juntar, em detrimento das exportações brasileiras, o açúcar de beterraba.[4]

Esta indústria, nascida no início do século XIX, conquistou a proteção governamental contra o açúcar de cana, mesmo após o término do Bloqueio Continental de Napoleão, e desenvolveu-se para satisfazer a demanda europeia. Demais, os produtores de açúcar de beterraba passariam a procurar mercados estrangeiros, o que ocasionaria a rápida quebra dos preços mundiais. Assim, em 1900, os produtores de açúcar mascavo estavam ganhando menos da quarta parte dos preços obtidos há sessenta anos. Na verdade, os produtores de açúcar de beterraba invadiram e conquistaram o mercado mundial.[5]

---

3 SINGER, Paul. *Desenvolvimento econômico e evolução urbana*. São Paulo: Nacional/Edusp, 1969, p. 279.

4 CANABRAVA, Alice. "A grande lavoura". In: HOLANDA, Sérgio Buarque de (Org/Ed). *História geral da civilização brasileira*. O Brasil Monárquico: declínio e queda do Império. t. II, vol. 6. Rio de Janeiro: Bertrand Brasil, 1995, p. 122.

5 EISENBERG, Peter L. *Modernização sem mudança*: a indústria açucareira em Pernambuco (1840-1910). Rio de Janeiro: Paz e terra; Campinas: Unicamp, 1977, p. 44.

No século XIX, o principal produtor nacional de açúcar era Pernambuco e como afirma Eisenberg, essa província "exemplifica bem os problemas da indústria nacional".[6] Nesse caso, é preciso que se atente para a dependência da produção açucareira brasileira frente ao mercado externo. À vista do quadro internacional exposto, percebe-se que fatalmente a agroindústria açucareira passaria por uma grave crise, devido, em grande parte, à incapacidade de o açúcar brasileiro em concorrer com os novos produtores internacionais[7] e com a nascente produção de açúcar de beterraba na Europa.[8]

Nessa época, as modernizações na agroindústria açucareira brasileira foram esparsas e pontuais. Dessa forma, a defasagem frente às inovações técnicas presentes nas outras produções açucareiras limitaria progressivamente a produção brasileira ao mercado interno. A manifestação mais evidente deste fato se consubstanciou na parte agrícola. Durante todo esse período, apenas seriam importadas novas variedades de cana nas décadas de 1830-40, quando os canaviais brasileiros são assolados por um surto de gomose. Mesmo assim, essas novas variedades se acomodaram com os antigos processos de cultivo, ou seja, três limpas anuais e o uso da enxada e da foice.[9]

Alice Canabrava chama a atenção para o fato da difusão de novas tecnologias, no Brasil, terem sido descontínuas e fragmentárias. Assim, as modernizações realizadas representavam iniciativas isoladas de uns poucos senhores de engenho, – mais empreendedores e com mais recursos financeiros. É exatamente no predomínio da comercialização do açúcar mascavo que a autora observa o atraso da produção açucareira nacional: "prova da baixa capitalização de todo o parque manufatureiro brasileiro".[10]

---

6 Idem, Ibidem, p. 45.

7 Nesse período, o açúcar brasileiro passou a competir com a produção de açúcar em Java e nas Filipinas e, principalmente, com a crescente produção de Cuba. QUEDA, Oriowaldo. *A intervenção do Estado e a agroindústria açucareira paulista*. Tese de Doutorado. São Paulo, FFLCH-USP, 1972, p. 40.

8 Apesar de o custo de produção do açúcar de beterraba ser maior do que o de cana, ele contava com a proteção e os subsídios dos governos europeus. Nos anos de 1840, os produtos do açúcar ainda detinham 90% do mercado mundial; em princípios do século XIX, estavam reduzidos a apenas 50%. Tal movimento foi acompanhado pelo declínio dos preços naquele mercado. LINHARES, Maria Yedda (org.). *História geral do Brasil*. Rio de Janeiro: Campus, 1990, p. 152-153.

9 CANABRAVA. *Op. cit.*, p.102-103.

10 Idem, Ibidem, p. 107.

Como quer que seja, a contínua queda nos preços e a dura concorrência internacional não foram superadas pelos produtores brasileiros. A chamada "crise do açúcar", tão discutida durante todo o século XIX, levaria à estagnação dessa agroindústria. A redução das receitas de exportação foi o primeiro indício das dificuldades econômicas enfrentadas no período. Como num circulo vicioso, produzia-se cada vez mais açúcar para compensar a queda nos preços e estes decaiam cada vez mais, com o acerbamento contínuo da crise de superprodução do açúcar mundial.

As oscilações, – quase sempre negativas –, dos preços do açúcar no mercado internacional, foram um fator constante na época. Nas primeiras décadas do século XIX, os preços apresentaram uma relativa alta. Todavia, o preço médio da década de 1839 mostra uma depreciação de cerca de 30% (118$50 por ton.). O nível mais baixo pode ser observado em 1837-38 (96$00 por ton.), justamente quando pela primeira vez as exportações de açúcar atingem quase 90 mil ton. Os preços se recuperariam um pouco nos anos finais da década e no início da seguinte (152.00 por ton. em 1845-46), mas já estavam caindo em 1852-53 (115$00 por ton.). A década de 1870 manteria esse declínio, chegando a 112$00 por ton. quando o país alcançou a exportação de 200 t..[11]

Explicitamente, portanto, essa desvalorização pode ser explicada pelas frequentes queixas sobre a má qualidade do açúcar brasileiro. Os açúcares de outros países alcançavam sempre cotações maiores. Nesses parâmetros, para Petrone, o açúcar paulista era o menos cotado. Essa depreciação seria decorrente da inferioridade dos engenhos paulistas frente aos do Nordeste. Apesar desse quadro, os lucros auferidos com o açúcar em São Paulo proporcionariam a origem e o crescimento de muitos bairros e povoados, como foi o caso de Campinas.[12]

Em termos quantitativos, em 1808 existiam 458 engenhos de açúcar e 601 alambiques em São Paulo. Para Dé Carli, os anos iniciais desse século representam o apogeu da produção açucareira na província (30.748 sacos de 60 kg. e, em 1813, 144.664).

Nesse período, Campinas era um dos maiores centros produtores de São Paulo. Possuía sessenta engenhos, incluindo os de aguardente. Em Guaratinguetá, Lorena e Nossa Senhora Aparecida havia apenas canaviais e pequenos engenhos. Dé Carli defende que esses engenhos eram muito menores que os grandes engenhos banguês do Nordeste brasileiro ou os da região de Campos, no Rio de Janeiro. Essa afirmação fundamentar-se-ia na pequena produção de açúcar dos engenhos paulistas: "para uma produção máxima

---

11 *Idem, Ibidem*, p. 123.

12 PETRONE, Thereza Schorer. *A lavoura canavieira em São Paulo:* expansão e declínio (1765-1851). São Paulo: Difusão Européia do Livro, 1968, p. 106-125.

apurada de 144.664 sacos de açúcar de 60 kg existiam 458 engenhos, o que equivalia a uma produção média de 315 sacos, ou 4.725 arrobas, por engenho".[13]

Posteriormente, com a chegada do café, essas áreas canavieiras se voltam para a produção cafeeira. Segundo Petrone, o ano em que mais se exportou açúcar (1846-47) coincidiu com a plantação dos grandes cafezais, cuja frutificação ocorreu em 1850-51, período em que a exportação do café pelo porto de Santos superou a do açúcar. Assim, os capitais conseguidos nesse ano, com as exportações do açúcar, foram empregados no plantio dos cafezais. Nesse momento, a cana perderia progressivamente sua importância para o café e passaria a ser exportada em escala sempre menor.[14]

Na conclusão dos seus argumentos, Petrone defende que a lavoura canavieira paulista não teve tempo de "cristalizar-se". Em três quartos de século, o ciclo do açúcar, nessa região, teve seu início, apogeu e declínio e quase não deixou traços na paisagem.[15] Essa interpretação também foi defendida por Dé Carli:

> "Por isso, dentro da própria Província de São Paulo, a transformação se operou suavemente; os engenhos foram derrubados para atender ao secador de café que aparecia. Desaparecia a gramínea, substituída pela rubiácea. Faltava à cana aquele poder de resistência que só a tradição confere".[16]

A nosso ver, de uma forma mais ampla, os três primeiros quartéis do século XIX caracterizam-se pelo recrudescimento das dificuldades enfrentadas pela lavoura canavieira: queda nos preços do mercado externo, grande concorrência, falta de capitais para investimentos nas modernizações necessárias, enfim, um quadro caótico para toda a produção açucareira nacional. Em decorrência desses fatos, as tentativas de revivamento desse setor marcariam profundamente as políticas do final do Império.

É digno de nota que, no final do século XIX, o açúcar brasileiro já sofria uma forte concorrência do açúcar de beterraba e os riscos e dificuldades eram altos para que os produtores de açúcar tentassem modernizar seus engenhos. Desse modo, a partir de 1870, dando

---

13 Dé Carli, Gileno. *Gênese e evolução da indústria açucareira em São Paulo*. Rio de Janeiro: Irmãos Pongetti Editores, 1943, p. 17.

14 Petrone. *Op. cit.*, p. 224.

15 *Idem, Ibidem*, p. 17.

16 Dé Carli. *Op. cit.*, p. 19.

continuidade às políticas implementadas na época colonial, os principais esforços do governo imperial e de seus representantes locais para promover a modernização açucareira, assumiram a forma de subsídios para a construção de engenhos centrais e ferrovias.[17]

No Brasil, várias causas concorreram para o insucesso desse sistema produtivo, como o atraso econômico do país, os elevados índices de concentração fundiária, o excessivo controle político da economia, a falta de preparo técnico e de um fornecimento regular e suficiente para atender à demanda dos engenhos centrais.[18]

Posteriormente, com o grande crescimento do mercado interno – que já absorvia a maior parte do consumo do açúcar –, a produção paulista passou a interessar ao capital estrangeiro, em especial aos investimentos franceses, que adquiriram vários desses antigos engenhos centrais no período entre 1889 e 1901. Esses empreendimentos fundiram-se, em 1907, na Societé de Sucreries Bresiliennes, principal produtora de açúcar e álcool no Estado de São Paulo até 1940.[19]

O malogro dos engenhos centrais acabou conduzindo a uma nova integração vertical, com as usinas fazendo-se donas dos seus próprios canaviais e, gradualmente, absorvendo as plantações independentes. Esse processo acentuou-se depois da crise de 1929-30, pois reforçou a tese da intervenção estatal no mercado açucareiro, que culminaria na criação do Instituto do Açúcar e do Álcool e no desenvolvimento de uma estrutura forjada principalmente durante o período Vargas.[20]

Entre 1930 e 1941, o Governo Federal criou e reorganizou várias instituições estatais, com o objetivo de suprir de forma plena as políticas agrícolas. Nessa perspectiva foi criada, em 1931, a Comissão de Defesa da Produção de Açúcar (CPDA), transformada, em 1933, no Instituto do Açúcar e do Álcool (IAA).[21]

Este estudo pretende, assim, contribuir para as análises sobre a agroindústria açucareira e alcooleira no Estado de São Paulo. Nosso enfoque principal serão as políticas estatais voltadas para o setor realizadas no período entre 1875 e 1941.

---

17 CANABRAVA. Op. cit., p. 68-137.
18 DÉ CARLI. Op. cit., p. 14-58.
19 RAMOS, Pedro. *Agroindústria canavieira e propriedade fundiária no Brasil*. São Paulo: Hucitec, 1999, p. 53-65.
20 DÉ CARLI, Gileno. *Aspectos da economia açucareira*. Rio de Janeiro: Irmãos Pongetti, 1942, p. 16-25.
21 DELGADO, Guilherme C. "Capital e política agrária no Brasil: 1930-1980". In: SZMRECSÁNYI, Tamás e SUZIGAN, Wilson (orgs.). *História econômica do Brasil contemporâneo*. São Paulo: Edusp/Imprensa Oficial de São Paulo/Hucitec, 2002, p. 209-226.

Como o recorte escolhido abrange um período relativamente longo, dividimos o estudo em três marcos, compreendendo cada um deles passagens representativas de mudanças na modernização do setor. A primeira parte será sobre o processo de substituição dos engenhos tradicionais pelos engenhos centrais; a segunda, sobre o nascimento das usinas na Primeira República e a consolidação da união entre a parte agrícola e industrial no processo de produção; e, por fim, o Primeiro Governo Vargas, quando se consubstanciou a hegemonia das usinas frente aos banguês.

Capítulo I

A gênese da modernização:
os engenhos centrais no Brasil

A IDEIA DOS ENGENHOS CENTRAIS

"A verdade inteira e sem refolhos é a mais imperiosa necessidade de nossa indústria açucareira, diante da mais temerosa e cruel crise que a flagela. Sem o conhecimento exato de toda a extensão do mal, que alue pela base, que ameaça aniquilar um ramo de lavoura a mais extensa e três vezes secular, teremos a perda de avultado cabedal de dinheiro, experiências e sacrifícios, de abandono de enorme área de solo cultivado, dos aproveitamentos de tantos braços nela empregados, da vantagem de variedade de artigos de exportação; por todas as razões em suma há exigência de atrair a atenção dos homens do Governo, para os clamores de um ramo de atividade nacional, que tão proveitoso foi nos primeiros dias desse país, e que ainda pode copiosamente concorrer com a riqueza pública [...]. Seria, portanto, uma calamidade sem justificação, um crime de leso-patriotismo, o deixar a indústria de açúcar abandonada, debatendo-se em desesperada agonia, sem conforto e lenitivo de qualquer esperança da classe diretora. Parece-nos, no entanto, que o mais solene desprezo paira nas alturas; e, antes de sua condenação definitiva, invoquemos o patrocínio de sua Majestade o Imperador: é impossível que ele cerre os ouvidos, é impossível que lhe tenha diminuído o patriotismo, é impossível enfim, que tenha esquecido de que à lavoura de cana deveu o concurso de muitos ministros de seu governo".[1]

A longa passagem acima agrega em si o drama da tão comentada "crise do açúcar" brasileiro. Refém de um mercado externo e aquebrantada por trinta anos de atraso em relação aos seus concorrentes, fossem eles produtores de açúcar de cana ou de beterraba. Nesse sentido, os pedidos de "ajuda" ao Governo Imperial eram os ecos da constante baixa nos

---

1 Domingos Alves Barcelos Cordeiro, o Barão de Barcellos, fundou o Engenho Central de Barcellos e estava vinculado a atividades agrárias, possuindo algum prestígio na política imperial. BARCELLOS, Barão de. *A crise do assucar*: ligeiras considerações pelo Barão de Barcellos. Campos: Lith. E Typ. de Carlos Hamberger, 1887, p. 9.

preços, a perda de mercados, a péssima qualidade do açúcar nacional e a ameaça do fim do trabalho servil. Enfim, era preciso achar uma saída ou perecer, reduzindo a produção somente ao mercado interno. Porém havia esperanças.

Clamava-se pela superioridade do açúcar de cana em relação ao da beterraba, a riqueza das terras brasileiras, do clima e, principalmente, parecia sorrir aos produtores de açúcar a ideia de trazer o novo sistema produtivo adaptado da beterraba para a cana. Se tão altos eram os lucros que esse sistema proporcionou aos concorrentes, o que não significaria no Brasil.

Nesse contexto, o processo de diversificação pelo qual passava a economia brasileira nos últimos anos do século XIX não pode deixar de ser levado em conta. Assim, houve um processo de articulação entre a agricultura e a etapa monopolista do capitalismo.

Essa conjuntura esteve diretamente ligada às mudanças advindas com a revolução industrial, principalmente à imposição de uma nova divisão internacional do trabalho. A expansão da industrialização nos países europeus aumentou a importação de produtos alimentícios. O papel dos países não-industrializados passou a ser o de fornecedor de matérias-primas e gêneros alimentícios para os países industrializados e compradores dos seus artigos manufaturados. Nesse caso, "O Brasil, é, pois, levado a se adaptar a esse novo equilíbrio internacional; e, como resultado de sua especialização ele se torna um dos maiores produtores de matéria-prima e de produtos tropicais no mundo"[2]

Com efeito, os produtos agrícolas continuariam a ser o principal gerador de divisas no período imperial. Mas, infelizmente, para os senhores de engenho essa nova divisão internacional de trabalho não favoreceu a exportação do açúcar brasileiro. O país sofria concomitantemente com a baixa dos preços do açúcar e o acirramento da concorrência no mercado internacional. O Brasil já começava a enfrentar, nessas décadas, as sequelas da crise da "grande lavoura".

Em realidade, essa posição do açúcar brasileiro, no mercado mundial, pode ser explicada pelos novos padrões de produção advindos com o progresso da tecnologia e a introdução de novos processos de fabricação do açúcar. O ponto de partida para a compreensão do sentido econômico dos novos sistemas produtivos adotados é a própria implicação do conceito de "modernização". Conceito este que, se aplicado à ideia do progresso,

---

2 FURTADO, Celso. *Les Etats-Unis et le sous développement de l' Amérique Latine*. Paris: Celman-Lévy, 1870, p. 124.

estaria no centro da imposição da substituição dos sistemas de produção tradicional para os novos métodos calcados nos progressos científicos e técnicos.[3]

Ora, ocorre que essas inovações técnicas eram extremamente caras e é preciso, contudo, não esquecer que o Brasil passava por uma fase de poucos recursos. Visto por esse ângulo, aos senhores de engenho restava buscar o capital necessário através do Estado. Este, inexoravelmente, recorreria ao capital estrangeiro, na forma de empréstimos ou em investimentos diretos no próprio setor açucareiro. Como preconizava Barbosa Lima Sobrinho "um dos graves reflexos do subdesenvolvimento econômico é o que origina a convicção de que tudo depende de um capital, que somente o estrangeiro pode fornecer ou o possui em condições de distribuí-lo aos que deles precisam".[4]

É exatamente no nível dessas transformações ocorridas na estrutura agrária, na segunda metade do século XIX, que se pode penetrar no âmago da crise do açúcar brasileiro. Como se viu, nesse período, ocorreu um aumento da concorrência nos mercados internacionais. Ao manter as técnicas ultrapassadas, provenientes ainda do período colonial, o açúcar brasileiro não conseguiu rivalizar com o produto cubano, porto-riquenho e filipino no mercado norte americano, e com o açúcar de beterraba no mercado europeu.

E ainda mais, em contrapartida a estagnação das técnicas brasileiras, os ingleses e franceses reorganizaram a sua produção de açúcar colonial após um período de declínio, ocasionado pelo fim da escravidão nessas regiões. Esse revivamento se daria preponderantemente por meio de novos padrões técnicos, proporcionando um aumento vertiginoso dessa produção a partir da década de 1860. Tal constatação pode ser observada nos casos da Guiana Francesa, que entre 1841-45 produziu 32.537 toneladas e passou a produzir 110.884 toneladas entre 1881 e 1885; das Ilhas Maurícias, das Queensland, em Java e no Egito. Além disso, a produção açucareira do Sul dos Estados Unidos voltou a ser organizada após a guerra civil e o fim da escravidão.[5]

---

3   Na análise de Jacques Le Goff eram "os progressos científicos e técnicos, os sucessos da revolução industrial, a melhoria, pelo menos para as elites ocidentais, do conforto, do bem estar e da segurança, mas também os progressos do liberalismo, da alfabetização, da instrução e da democracia". LE GOFF, Jacques. "Progresso e Reação" e "Antigo e Moderno". In: Enciclopédia Einaldi. Lisboa: Imprensa Nacional, Casa da Moeda, p. 353.

4   LIMA SOBRINHO, Barbosa. "Dos engenhos centrais às usinas de açúcar de Pernambuco". *Revista da Divisão do Instituto do Açúcar e do Álcool*. Rio de Janeiro, 1971, p. 4.

5   No Egito, existiam dezessete centrais construídas pelos ingleses e franceses em 1873, produzindo 105.750.000 kg de açúcar. Em 1875 já eram 22 produzindo 146.250.000 kg.

Assumindo esta desvantagem produtiva, em 15 de abril de 1875, o deputado Cardoso de Meneses pediu que se nomeasse a Assembleia Legislativa uma comissão de seis membros para estudar os principais problemas da lavoura. O "Parecer" dessa comissão, dirigida pelo próprio deputado, defendeu a instalação de escolas profissionais, estradas, redução de impostos, braços, capitais e a instalação de engenhos centrais.

Um dos primeiros e efetivos apontamentos do "Parecer" indicava as vantagens de preço e mercado dos países concorrentes frente à decadência da produção brasileira:

> "Ao passo que o Egito, graças aos engenhos centrais, viu o rendimento desse gênero aumentar 50%; ao passo que o açúcar de Porto Rico, Cuba e Manilla obtêm cotação e preço muito mais elevado, que o do Brasil; ao passo que o valor da exportação de açúcar dessas procedências tem quase geralmente, duplicado dentro de um quinquênio, a exportação do açúcar brasileiro se conservou quais no mesmo grau no quinquênio, que decorreu de 1866-1867 a 1870-1871".[6]

É praticamente impossível não perceber que o Brasil estava na retaguarda do progresso. A aplicação de maquinismos modernos era a base indispensável para retomar os antigos índices de exportação. Isto explica a dinamização que se esperava com o estabelecimento dos engenhos centrais.

Indubitavelmente, Cuba foi um dos principais parâmetros para os produtores de açúcar brasileiros. A ilha tornou-se um importante centro produtor, sustentado pelas tarifas preferenciais com os Estados Unidos. Vantagem esta que já se evidenciava nos acordos de reciprocidade para o comércio e navegação assinados no período de colonização espanhola:

> "Em virtude da autorização outorgada pelo governo espanhol pelo art. 3º da lei de 10 de junho de 1882, se aplicarão desde já os

---

EISENBERG Peter L. *Modernização sem mudança*: a indústria açucareira em Pernambuco: 1840-1910. Rio de Janeiro: Paz e Terra; Campinas, Ed. Unicamp, 1977, p. 260-261.

6 BRASIL. Congresso, Câmara dos deputados, Comissões de fazenda e especial. Parecer e projeto sobre a criação de bancos de crédito territorial e fábricas centrais de açúcar apresentados a Câmara dos Srs. Deputados na sessão de 20 de julho de 1875 pelas comissões de fazenda e especial nomeada em 16 de abril de 1875. Rio de Janeiro: Typ. Nacional, 1875.

direitos da terceira coluna das tarifas de alfândega de Cuba e Porto Rico, o que implica a supressão do direito preferencial de bandeira aos produtos e procedência dos Estados Unidos da América do Norte. Em condensação, o Governo dos Estados Unidos suprimirá os adicionais de 10% *ad valorem* sobre os produtos e procedência de Cuba e Porto Rico com a bandeira espanhola".[7]

Assim, sua produção passou de 447.000t, em 1860, para 726.000t, em 1870, decrescendo nas guerras de independência. Mas, rapidamente voltando a crescer, chegando a 1.054.000t, em 1893. É significativa a participação dos Estados Unidos nesse crescimento. Após a independência cubana, os americanos passaram a estar diretamente associados a essa indústria açucareira.[8]

Não deixa de chamar a atenção, na questão do comercio internacional, as críticas dos produtores brasileiros e de algumas associações, - como o Centro da Indústria e Comércio de Açúcar -, às diretrizes da política de incentivo às exportações do Governo Imperial. Dentro da sua ordem de ideias para reavivar esse comércio, era dever do Estado estabelecer tratados de comercialização, promover exposições internacionais dos produtos brasileiros, etc. Em verdade, acreditava-se que a não realização dessas iniciativas no âmbito dos acordos internacionais levou a perda de muitos mercados. Nesse caso, sobressaíam-se os Estados Unidos, apontado como um dos principais países na qual o Governo Imperial deveria investir e estabelecer tratados de comercialização, como forma de aumentar as exportações do açúcar brasileiro.[9]

O gráfico 1, originário dos apontamentos do Centro da Indústria e Comércio do açúcar, confirma estas observações. Os Estados Unidos passaram a ser um grande importador de açúcar.

---

[7] Apud CENTRO DA INDÚSTRIA E COMÉRCIO. *Crise do açúcar: representação e memorial apresentados ao corpo legislativo da nação brasileira pelo Centro da Indústria e Comércio de açúcar do Rio de Janeiro*. Rio de Janeiro: Imprensa Nacional, 1877, p. 30.

[8] SINGER, Paul. *Desenvolvimento econômico e evolução urbana*. São Paulo: Nacional/Edusp, 1968, p. 295.

[9] CENTRO DA INDÚSTRIA E COMÉRCIO. *Op. cit.*, p. 30-35.

Fonte: CENTRO DA INDÚSTRIA E COMÉRCIO. *Crise do açúcar:* Representação e memorial apresentados ao corpo legislativo da nação brasileira pelo Centro da Indústria e Comércio de açúcar do Rio de Janeiro. Rio de Janeiro: Imprensa Nacional, 1877, p. 33-34.

Percebe-se, porém, que as exportações do açúcar brasileiro para os Estados Unidos só declinaram, como podemos observar no gráfico 2:

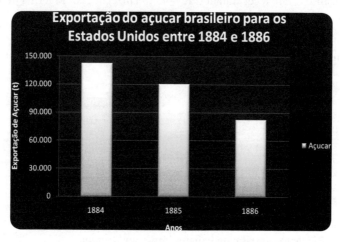

Fonte: CENTRO DA INDÚSTRIA E COMÉRCIO. *Op. cit.*, p. 33-34.

É contundente também nesse contexto o açúcar de beterraba. Como se sabe, essa fabricação iniciou-se na Alemanha em 1802. Inicialmente, essa produção sofreria vários percalços até que a utilização de novas tecnologias reduzisse o custo de produção. A partir desse momento, o açúcar de beterraba começou a competir ferozmente no mercado mundial.

> "Por ocasião de se emanciparem os escravos nas ex-colônias inglesas em 1833 e nas francesas em 1848, os proprietários dos engenhos, quase privados de trabalhadores, ficaram em difícil posição. Foi nessa ocasião que o açúcar de beterraba, preparado excelentes processos na Europa, ameaçou destruir, pela mais terrível das concorrências, a indústria sacarina destas ex-colônias."[10]

É preciso que se frise que, além das vantagens técnicas, o açúcar de beterraba contava com subsídios, quando exportado. Assim, seu crescimento foi vertiginoso. Em 1853-54, o açúcar de beterraba figurava 14% da produção mundial; em 1859 passou a 451.000 ton., alcançou 1.300.000 ton. em 1874, 2 milhões em 1883, 3 milhões e meio em 1888, totalizando 6.800.000 ton. em 1901.[11]

Já o açúcar de cana produziu mais de um milhão de ton. em 1852, atingindo dois milhões em 1880, três em 1891, quatro em 1894, cinco no final do século e seis milhões em 1901. Mormente a produção de açúcar também continuasse a crescer, ela não conseguiria concorrer com o açúcar de beterraba, dado o poder econômico exercido pelos plantadores desse tubérculo. Essa conjuntura negativa para o açúcar brasileiro já era percebida em 1875.

> "Ainda quando a produção do açúcar aumentasse e se aperfeiçoasse pelos processos e melhoramentos hodiernos, não poderíamos rivalizar por muito tempo com os países açucareiros, que nos precederam na cultura e no preparo adiantado desse gênero, principalmente depois do desenvolvimento, que tomou em França, na Alemanha, na Rússia, Bélgica e

---

10 BRASIL. Congresso, Câmara dos deputados, Comissões de fazenda e especial. *Op. cit.*
11 SINGER, *Op. cit.*, p. 29.

Holanda o açúcar de beterraba, cujo extraordinário consumo se tem generalizado."[12]

O engenheiro Henry Raffard, fundador e diretor do Engenho Central de Capivary, descreveu, em artigos publicados na *Revista de Engenharia*, o avanço do açúcar de beterraba, apontando principalmente a utilização de maquinário moderno, o que proporcionou uma alta extração do açúcar. Para o autor, apesar da produção desse açúcar ser mais cara, os subsídios governamentais bancavam o avanço do açúcar de beterraba.

"Objeto de sérios cuidados, este tubérculo por seu lado passaria a ter 13% de seu peso em açúcar, sendo aproveitado 11 ou 85% do açúcar que ele contém e por tal forma progrediram a cultura e a fabricação na Alemanha, Bélgica, Holanda que a produção chegou a exceder de um modo assustador as necessidades locais. Sendo a oferta maior que a procura, o valor do açúcar de beterraba não podia deixar de baixar e naturalmente diminuiu também o preço do açúcar de cana. A grande depressão do açúcar de beterraba, tornando negativa a sua produção, os respectivos governos lançaram mão de medidas destinadas a impedir sua ruína total. Criaram-se direitos proibitivos sobre a importação de açucares estrangeiros, quer de cana ou de beterraba, prêmios de exportação sobre os açucares indígenas, etc."[13]

De uma forma global, esse grande aumento da produção de açúcar foi seguido pelo crescimento da demanda no mercado internacional. O que se pode conferir a partir do gráfico 3, relativo ao crescimento do consumo de açúcar na Inglaterra.

---

12 BRASIL. Congresso, Câmara dos deputados, Comissões de fazenda e especial. *Op. cit.*
13 Henri Raffard conseguiu a concessão do Engenho Central de Villa Raffard, passando a ser seu administrador, com a venda desse Engenho Central para um grupo inglês. RAFFARD, Henri. *Crise do açúcar e o açúcar no Brasil*. Artigos publicados na Revista de Engenharia e transcritos no Jornal do Agricultor. Rio de Janeiro: Typ. Carioca, 1888, p. 4.

Fonte: CENTRO DA INDÚSTRIA E COMÉRCIO. *Op. cit.*, p. 33.

A expansão do mercado mundial não significou uma recuperação da exportação do açúcar brasileiro. Dessa forma, com a expansão do açúcar de beterraba, a crise dos países produtores de cana seria geral. Em verdade, o Brasil foi um dos mais atingidos e foi progressivamente perdendo a sua posição no mercado mundial. Já em meados do século, o país ocupava a quinta posição no fornecimento mundial. É preciso que se atente também para o fato de que a produção do açúcar de beterraba já era maior que a do açúcar de cana. Como se vê no gráfico 4:

Fonte: CENTRO DA INDÚSTRIA E COMÉRCIO. *Op. cit.*, p. 32.

A tendência geral dessa competição entre os açúcares foi baixar os preços do produto no mercado mundial. Tal fato prejudicaria a própria produção do açúcar de beterraba, que passou a se escorar principalmente nos subsídios e tarifas protecionistas. Como explicou Henri Raffard, "A crise do açúcar era geral é manter-se-há enquanto perdurar a luta entre a cana e a beterraba".[14]

Curiosamente, a dúvida que se colocava nos textos da época era qual tipo de açúcar suplantaria o outro. Ora, sem hesitar, Henri Raffard apostava na vitória do açúcar de cana. Esse otimismo, esta crença na superioridade da cana-de-açúcar e, consequentemente, sua vitória sobre o açúcar de beterraba, encontra-se praticamente em todos os relatos da época que tratam sobre a crise do setor.

> "A cana-de-açúcar do Brasil não tem rival em todo o mundo. O clima favorável, isento de ciclones e outras calamidades físicas que flagelam outros países, onde se cultiva a benfazeja gramínea, o solo de incrível uberdade, constituem o nosso país em condições extremamente favoráveis para este gênero de cultura. Enquanto que, por cuidadosa seleção de espécie e conveniente aplicação de adubos na cultura, a beterraba na Europa enriquece sua seiva sacarina de tal sorte que consegue 18% em açúcar, a cana faz lhe frente desamparada de toda a arte e apenas ataviada de seus naturais adornos. A cultura fácil enraizada em os nossos hábitos forma a lavoura mais extensa e geral do país. Certamente não é esse o calcanhar de Aquiles onde se possa ferir. Diga-se tudo quanto quiser sobre o mau arroteamento dos nossos campos, atraso do nosso cultivo, mas confessemos, que a seiva sacarífera da cana não é pelo menos inferior à da beterraba; nem a composição de seus caldos é menos pura. Além disso, a quantidade fornecida pelo solo é em dobro conseguida

---

14 RAFFARD. *Op. cit.*, p. 5. Nesse caso, sobressai-se a definição de Paul Singer, sobre as relações comerciais entre comerciantes e os produtores agrícolas. "Enquanto a demanda é elevada e os preços são altos, são os comerciantes que solicitaram o produto, oferecendo pagamento adiantado e demais facilidades; quando a oferta supera a procura e os preços caem, a situação se inverte: agora são os fazendeiros, muitas vezes endividados, que procuram se desfazer do produto, ao passo que o comerciante impõe condições e alarga a sua margem de lucros". SINGER. *Op. cit.*, p. 30.

pela cana. As despesas de cultura pedem maior dispêndio de dinheiro para a beterraba, quer em aluguel de terrenos, quer nos cuidados da agricultura. A cana por isso custa a metade do custo da beterraba: enquanto esta se vende pelo preço de dez réis o quilograma, aquela pode custar metade".[15]

Indubitavelmente, foi esse tipo de pensamento que alavancou a necessidade urgente de encaminhamento e soluções, tanto por parte do Governo como por parte dos produtores. Nas palavras de Pedro Ramos: "vivia-se com a crise do complexo canavieiro num momento de inflexão econômica, social e política".[16]

A partir de então, os senhores de engenho buscaram reverter o atraso técnico e, nesse sentido, percebiam a necessidade de apoio do Estado para mudar essa situação. Ou de uma forma mais enfática, a superação do tão falado "atraso" seria o revivamento da indústria açucareira, como pontuava o Barão de Barcellos:

"Esta confissão de nossa ignorância será o primeiro ponto de partida de nossa reabilitação industrial, inicio de sua regeneração e incentivo à progressiva emulação. Este é o nosso objetivo, nosso maior anhelo, a nossa mais viva esperança".[17]

Mas é preciso que se considere que, em 1875, os preços do açúcar oscilavam entre 1$500 e 1$800. Segundo o parecer dos senhores de engenho, para se ter lucro o preço deveria orçar em 2$000 por arroba. Em verdade, esses dados demonstram que há uma falência total do sistema tradicional de produzir açúcar.[18]

Além da baixa dos preços, o ministério Rio Branco representaria o retorno ao câmbio alto e, por conseguinte, o triênio 1873-1875 foi desfavorável para o açúcar brasileiro. O valor da arroba reduziu-se a metade do que fora nos anos cinquenta e, entre 1871 e

---

15 BARCELLOS. *Op. cit.*, p. 17-18.

16 RAMOS, Pedro. *Agroindústria canavieira e propriedade fundiária no Brasil*. São Paulo: Hucitec, 1999, p. 53.

17 BARCELOS. *Op. cit.*, p. 12.

18 CANABRAVA, Alice. "A grande lavoura". In: HOLANDA, Sérgio Buarque de (org.). *História geral da civilização brasileira*, vol. 6, Rio de Janeiro: Bertrand Brasil, 1997, p. 127-128.

1876, a taxa variou entre 23 ½ e 28 ¾. Assim, os representantes dessa classe começaram a cobrar providencias do Governo Imperial.[19]

Não se pode deixar de aludir, nesse contexto, que um dos principais problemas apontados como causador da "crise do açúcar" era a falta de capitais. Mais ainda, culpava-se frequentemente o Governo, que através da venda de títulos e apólices, absorvia a maior parte do capital circulante e prejudicava o crédito à agricultura. Não foi detectado, porém, que as apólices do governo pagavam apenas 6% de juros e os bilhetes do tesouro 5%, enquanto os juros de empréstimos para os agricultores chegaram a 24% no Nordeste.

Na verdade, o que dificultava os empréstimos agrícolas era a falta de garantia. No período anterior, a terra sem o escravo pouco valia como garantia de hipoteca e, após a lei do Ventre Livre, esta também se transformou em uma garantia duvidosa. A própria lei de hipoteca dificultava a execução da dívida devido aos vários dispositivos que protegiam o devedor proprietário rural. Além disso, poucas propriedades estavam demarcadas e registradas. Relegava-se, assim, aos proprietários às altas taxas de juros dos empréstimos comerciais.[20]

Foi justamente nesse momento que o Estado passou a tentar resolver o problema do crédito agrícola. O novo documento legal de 1875, com respeito ao problema do crédito à grande lavoura, cogitou atrair o capital estrangeiro, à semelhança do que havia sido disposto às ferrovias. Nesse caso, as letras hipotecárias seriam negociadas nas capitais europeias com garantia de juros de 5% e amortização no prazo de trinta anos. O "Parecer", - elaborado para tentar apontar os principais problemas da agricultura nacional, afirmava que um dos principais entraves para o seu desenvolvimento era a falta de crédito.

> "Consta do inquérito oficial que a lavoura esta empenhada em algumas províncias, lutando com dificuldades de solver seu débito, e em outras inteiramente destituídas de recursos para tentar qualquer melhoramento. Não tendo a seu alcance bancos de crédito territorial e encontrando apenas limitado auxílio nos comerciais, obtêm dinheiro de particulares, que emprestam sem hipoteca e a vista de letras, abonadas, as mais das vezes por duas firmas."[21]

---

19 *Idem, Ibidem*, p. 127-128 e SINGER. *Op. cit.*, p. 192-293.

20 CARVALHO, José Murilo. *Teatro de sombras*: a política imperial. São Paulo: Vértice/ Revista dos Tribunais; Rio de Janeiro: Uperj, 1999, p. 44.

21 BRASIL. Congresso, Câmara dos deputados, Comissões de fazenda e especial. *Op. cit.*

Manter-se-ia, assim, a dominação dos comissários, obrigando os lavradores a se valer do crédito comercial, com sua elevada taxa de juros.

> "A taxa do juro é, nalgumas províncias, de 7 a 12%, em outras de 18 a 24% e até em certos casos de 48 a 72%. Os prazos são curtos, de um ano ou mais, o que impossibilita a amortização."[22]

Inicialmente, a lei de 1875 não despertou interesse por parte dos capitalistas europeus. Releva notar que a grande desvalorização da propriedade rural, com o término eminente do regime servil, constituía uma obstrução à criação de uma estrutura creditícia de base nacional.[23] Essa falta de capital continuou a ser apontada nos diversos documentos que tratavam da "crise do açúcar". Henrique Augusto Milet debateu sobre esse assunto no Congresso Agrícola do Recife, em 1878.[24]

> "Carece de capitais, para os diversos misteres da plantação e colheita, para compra dos aparelhos aperfeiçoados, sem os quais tem de ser cumprida a sentença de morte lavrada contra o açúcar brasileiro pelos plantadores de Cuba, Ceilão, Mauritius e Antilhas, e, sobretudo pelos da Europa, que por si só fornecem a metade do açúcar consumido nos países civili-

---

22 Idem, Ibidem.

23 CANABRAVA. Op. cit., p. 134.

24 Como os convites para o congresso organizado pelo Governo Imperial só foram dirigidos aos agricultores das províncias cafeeiras – Rio de Janeiro, Minas Gerais, São Paulo e Espírito Santo – a Sociedade Auxiliadora da Agricultura de Pernambuco convocou um congresso para os agricultores do Norte, que se realizou entre 6 e 13 de outubro. Para base de discussões e votações adotou-se o mesmo questionário apresentado no Congresso do Sul, proposto pelo Conselheiro Sinimbu. A Palestra de Augusto Milet se deu na sessão de 7 de outubro de 1878, sendo muito aplaudida. O engenheiro francês Henrique Milet chegou ao Brasil para realizar obras modernizadoras na Província de Pernambuco. O engenheiro permaneceria no Brasil e acabaria atuando na indústria açucareira. Entre os seus livros destaca-se MILET, Henrique Augusto. *A lavoura de cana de açúcar*. Recife: Massangana, 1989, p. 75.

zados: sentença terrível confirmada em segunda instância pela lei pátria de 28 de setembro de 1871. Precisa de capitais, para realizar a criação dos engenhos centrais; para tomar parte na da rede de vias férreas, sem a qual os seus produtos, onerados por exageradas despesas de transporte, não podem competir com os similares do estrangeiro.[25]

De todo modo, o que se percebe é que, tanto a lei n. 1.237 de 24 de setembro de 1865, que discorre sobre às principais disposições relativas ao credito real e às questões referentes às letras hipotecárias, quanto à criação de bancos de crédito real, através da lei n. 2687 de 1875, não conseguiram atender à demanda da lavoura, que sofria com a escassez de capitais.

Além da falta de crédito, os produtores de açúcar reclamavam dos altos impostos cobrados tanto pelo Governo Central como pelas províncias e municípios. O Congresso Agrícola do Recife considerou-os "pesados, inconvenientes, injustos e inconstitucionais". Avultava nesse contexto as críticas ao Governo Imperial. Ou seja, além do baixo preço do açúcar, o Governo Central, as províncias e os municípios oneravam ainda mais a produção de açúcar ao cobrarem altas taxas de impostos. Era esse paradoxo, baixos preços dos produtos em relação aos altos impostos, o principal teor das reclamações dos produtores, como podemos perceber na fala do Barão de Barcellos:

> "Para dificultar mais estas condições desfavoráveis em que nos achamos, contribuem os pesados impostos gerais e províncíais, que de maneira alguma são autorizados pelos preços atuais dos produtos: quanto a lavoura, nas províncias de grande produção apenas obtêm 800 réis a 1$200 pela arroba de açúcar bruto, preços que nem pagam o custeio da produção, não se concebe como o Estado pode exigir na totalidade de direitos 8 a 10 por cento, que já seriam um lucro muito importante para uma indústria prospera".[26]

---

25 *Idem, Ibidem*, p. 103.
26 Barcelos. *Op. cit.*, p. 4.

O Governo tentaria apaziguar o ânimo dos produtores; porém sem sucesso, uma vez que o problema jazia na estrutura de arrecadação de divisas do Império, pois quase toda a receita amealhada com os impostos provinha da agricultura. No âmbito dos impostos provinciais e locais, essa questão se arrastava desde 1835, quando o Governo imperial atribuiu às províncias através da lei n. 99, de 31 de outubro de 1835, uma parte dos direitos de exportação. Dessa forma, tornava-se muito difícil extinguí-los. Como coloca Alice Canabrava: "Tal prática reconhecia-se como ilegal, mas possivelmente se mantinha por razões políticas".[27]

Como expressão evidente da dificuldade de equacionamento da questão, as comissões da Bahia, Paraíba, Alagoas, Pernambuco e São Paulo, organizadas para apontar os problemas da lavoura no "Parecer" de 1875, afirmavam que os direitos de exportação eram mais gravosos quando recaíam sobre gêneros já depreciados, como o algodão, o açúcar, a erva-mate, dentre outros. Nesta perspectiva poder-se-ia dizer que, ao propor a redução de apenas 2% nos impostos gerais cobrados ao açúcar para o orçamento de 1875-76, no lugar de tratar dos pesados impostos provinciais, as "Comissões" corroboram com a dificuldade do Governo em abaixar esses impostos, em vista da incapacidade das autoridades em encontrar alternativas para conseguir amealhar divisas para os cofres públicos.[28]

Vê-se nos relatos de época que outra agrura para a lavoura em geral era a falta de conhecimento profissional. Por conta dessa ausência, o país acabou tendo que contratar técnicos estrangeiros para as mais simples tarefas.

O conteúdo do "Parecer de 1875" colocava em relevo essa situação, pois entendia, entre outras questões, que a falta de conhecimento relegou os agricultores brasileiros a uma malfadada rotina. Num louvor exacerbado a racionalização da agricultura, afirmava que os agricultores brasileiros não conseguiam sequer tomar uma simples decisão, pois não tinham conhecimento ao certo da extensão da terra proporcional aos seus meios de trabalho, ou mesmo que força deveriam nela gastar e que capitais lhes seriam necessários para a cultura.[29]

Releva notar que, nesse caso, a solução aparentemente parecia mais fácil. Segundo o "Parecer" bastaria aos poderes públicos oferecer prêmios aos agrônomos estrangeiros que viessem estudar o solo, plantações e vegetações brasileiras. A mesma atitude deveria ser tomada em relação aos pesquisadores que reunissem os dados obtidos em seus estudos e quisessem reger cadeiras dos diversos ramos de economia rural. O Estado deveria

---

27 CANABRAVA. *Op. cit.*, p. 128-129.

28 BRASIL. Congresso, Câmara dos deputados, Comissões de fazenda e especial. *Op. cit.*

29 *Idem, Ibidem.*

também conceder subsídios pecuniários aos filhos de brasileiros e todos os indivíduos que se dispusessem ir à Europa para estudar e auxiliar às pessoas que publicassem bons compêndios e ensinassem a cultura do solo.[30]

Vê-se, porém, que várias foram as tentativas de impulsionar cursos técnicos, almanaques etc., sem que houvesse resultados profícuos. Assim, a falta de adubação, do uso do arado e da irrigação permaneceram arraigados na lavoura brasileira, seja pela falta de capitais dos agricultores ou pela dificuldade em difundir e aplicar essas novas técnicas.

Evidentemente, um outro mal que assolava a agricultura nacional era a falta de estradas. Apesar de, em 1875, já existirem 1.530.780 km de ferrovias no Brasil, a falta de um sistema regular de caminhos e estradas tornava difícil o escoamento da produção e dificultava a fixação de povoamentos.[31] Mas, pouco a pouco, a introdução das estradas de ferro proporcionaria a ampliação da lavoura, principalmente por suprir a sua constante necessidade de terras virgens e lenha. Nessa questão, o principal foco de discórdia eram os altos preços cobrados pelo frete dos produtos agrícolas. Percebe-se, assim, que apesar do Governo fiscalizar essas companhias, seu poder frente a elas era bem reduzido. Isso fica evidente no relato do Centro de Indústria e Comércio de Açúcar do Rio de Janeiro[32]:

> "Não basta, porém, produzir o açúcar competente, é preciso também que se produza barato, e neste ponto a modificação

---

30 Idem, Ibidem.

31 Idem, Ibidem.

32 Nesse período do final do Império foram criadas algumas organizações, como a Cica, sediada no Rio de Janeiro. Essa Organização buscava apoio do Governo para resolver os sérios problemas da agroindústria açucareira, como às representações dirigidas às Assembleias Legislativas das Províncias do Império pedindo a diminuição das tarifas das estradas de ferro e a extinção dos impostos gerais e provinciais. Acusava a deficiência da política imperial em relação aos outros países produtores e cana, principalmente quanto aos acordos com os países consumidores. Porém, percebe-se que o seu objetivo máximo era o controle da produção e da comercialização do açúcar do açúcar, tendo em vista à defesa das relações comerciais ligadas à exportação. Nesse caso, a presença de agricultores como membros do Central funcionaria como uma conciliação de interesses. Em vista do caráter comercial da Instituição, as reais necessidades dos produtores de açúcar seriam relegadas a um segundo plano. ARAÚJO, Tatiana Brito de. *Os engenhos centrais e a produção açucareira no Recôncavo Baiano: 1875-1909.* Salvador: Fieb, 2002.

das tarifas das estradas de ferro e a revogação dos direitos de exportação são questões de primeira ordem".[33]

Como consequência desse quadro, os senhores de engenho brasileiros perceberam que a sobrevivência estava na capacidade para a concorrência. Para isso, dever-se-ia investir no aperfeiçoamento tecnológico das fábricas. Porém, por mais que pesasse a unanimidade dessa solução, ela esbarrava na gravidade da crise por que passava a agroindústria açucareira. Assim, nada mais natural que, em vista da necessidade de modernização do setor, a possibilidade de atrair investidores estrangeiros e a tentativa de minimizar a crise do trabalho servil levassem o Governo Imperial a intervir na produção de açúcar.

É preciso, no entanto, que se detenha melhor nessa questão: a necessidade de modernização das técnicas de produção do açúcar no país já vinha sendo apontada, desde há algum tempo. Segundo Bivar, o senador Miguel Calmon du Pin e Almeida, no seu livro *Ensaio sobre o fabrico do açúcar*, publicado em 1834, já defendia o incremento produtivo dos engenhos brasileiros. Esse autor já apontava que, devido à concorrência internacional e ao eminente término do trafico de escravos, os senhores de engenho do Brasil deveriam aumentar a sua produtividade através da implementação de técnicas de fabrico mais modernas, já em utilização nas Antilhas.[34]

Essa mesma defesa seria feita pelos produtores de açúcar do Nordeste algumas décadas mais tarde. Entretanto, a crise que assolava a lavoura naquele período fortalecia a defesa da intervenção do poder público, principalmente em relação ao levantamento do capital necessário para essa modernização.

Ora, com a divulgação dos balanços das fábricas centrais em Guadalupe, Martinica e Santa Lucia, frequentemente publicados nos jornais da época, a solução impôs-se quase que majoritariamente. Nessa circunstância, agricultores, economistas e homens públicos se convenceram de que a solução para a agroindústria açucareira brasileira era a introdução de fábricas centrais de açúcar.

Os engenhos centrais foram criados em 1838 por Jean François Cail, da firma francesa Derosne & Cail.[35] Foram instalados primeiramente na ilha de Bourbon e posteriormente

---

33 CENTRO DA INDÚSTRIA E COMÉRCIO. *Op. cit.*, p. 37.
34 MARQUESE, Rafael de Bivar. *Administração e escravidão*: um estudo das ideias sobre a gestão da agricultura escravista brasileira. Dissertação de Mestrado. São Paulo, FFLCH-USP, São Paulo, 1997, p. 184.
35 A firma francesa Cia. de Fives- Lille teve a sua origem ligada ao estabelecimento fundado por Charles Derosne em Paris, em 1812, para a fabricação de equipamentos de

foram levados para a Martinica e Guadalupe. Esse novo sistema produtivo surgiu como forma de amealhar a enorme soma de capitais técnicos e financeiros necessários para a moderna indústria. Dessa forma, eram montados por sociedades anônimas.

Naturalmente, os frequentes prejuízos dos engenhos nordestinos, que só alcançavam um lucro de 4 a 6%, segundo André Rebouças, fizeram com que os senhores de engenho ficassem maravilhados com a publicação dos dividendos do Engenho Central François, localizado na Martinica. Isso podemos observar pelos dados apresentados no gráfico 5, referentes aos altos lucros obtidos por esse Engenho Central no período entre 1867 a 1872.

Fonte: RIBEIRO, Joaquim Fernandes. *Publicação demonstrando aos lavradores e mais interessados as vantagens das fábricas centrais de açúcar.* Bahia: Typ. do Diário, 1874, p. 16.

O deslumbramento com as fábricas centrais levaria o próprio Rebouças a defender a introdução desse novo sistema de produção no país:

---

destilação contínua e maquinaria para a produção de açúcar de beterraba. Em 1825, Jean François Cail tornou-se sócio e diretor da firma. Em 1836, ambos decidiram adaptar seu equipamento ao processamento do açúcar de cana, montando usinas em várias regiões do mundo. Além dos equipamentos para a montagem dos engenhos centrais no Brasil, forneceram a mão-de-obra qualificada indispensável ao seu funcionamento, devido a sua inexistência no país onde tais melhoramentos eram considerados revolucionários. VIANA, Sônia Bayão Rodrigues. *O engenho central de Quissaman* (1877/78-1904). Tese de Doutorado. São Paulo, USP, p. 63.

> "Eis aqui a chave que nos abrirá está nova estrada de progresso: a garantia em juros de 7% em ouro, ou ao câmbio legal de 27 pence de mil réis de todo o capital efetivamente empregado nos engenhos centrais, destinadas à preparação de qualquer dos produtos das indústrias agrícolas ou extrativas do Império".[36]

Um dos primeiros requerimentos para a concessão de um engenho central no Brasil foi feito no dia 20 de março de 1874 por Joaquim Fernandes Ribeiro, negociante da praça da Bahia. Na tentativa de convencer o Governo provincial de lhe conceder uma garantia de 7% para a construção de um engenho central na Bahia, com o capital de 500:000$000, durante trinta anos, esse negociante escreveu um pequeno livro intitulado Publicações demonstrando aos lavradores e mais interessados as vantagens das fábricas centrais de açúcar.[37]

Esse folheto foi produzido justamente no momento do auge da crise da agroindústria canavieira e pretendeu realizar uma descrição detalhada das vantagens que a introdução dos engenhos centrais traria ao país. Esse novo sistema já tinha sido admitido, desde 1867, nas colônias francesas da Martinica e Guadalupe com bons resultados. Para o autor, essa seria a única forma de tirar a indústria açucareira brasileira da crise em que ela se encontrava. "Terei de lutar com imensas dificuldades; especialmente contra o espírito de rotina que tem embaraçado o progresso dessa lavoura".[38]

Com tal objetivo, Joaquim Fernandes Ribeiro transcreve a carta que o Governador da ilha de Santa Lúcia enviou aos agentes do Governo Inglês, com o intuito de montar um engenho central na ilha. Esse engenho central teria o capital de 100 mil libras esterlinas, na qual o governo inglês entraria com 25 mil libras esterlinas, nas mesmas condições de outros acionistas, além de afiançar o restante do capital. O autor esclarece que usa esses dados porque essa é uma possessão inglesa nas Índias Ocidentais, onde o plantio da cana e fabricação do açúcar é inteiramente igual ao do Brasil.[39]

Delineia-se aqui, de forma clara, a importância da ajuda do Governo para a construção dos engenhos centrais, já que eram obras bastante custosas. De acordo com o "Parecer", se essas fábricas fossem instaladas no país, em moeda nacional, custariam mais ou menos

---

36 André Rebouças *apud* DÉ CARLI, Gileno. *Gênese e evolução da indústria açucareira de São Paulo*. Rio de Janeiro: Editores Irmãos Pongetti, 1943, p. 27.

37 RIBEIRO. *Op. cit.*

38 *Idem, Ibidem.*

39 *Idem, Ibidem.*

500:000$000. A tabela 1 explicita os gastos com o maquinário, custo de montagem e transporte desse material e o capital gasto com a compra da cana-de-açúcar.

TABELA 1 – CAPITAL NECESSÁRIO PARA MONTAR UM ENGENHO CENTRAL COM A CAPACIDADE DE FABRICAR 700 ARROBAS DE AÇÚCAR NO ANO DE 1875

Custos	Gastos
Custo do maquinismo, posto na Bahia, conforme nota dos Srs. Cail & Cª de Pariz, fr 600.000, calculados a 400 reis	240:000$000
Idem da casa de engenho, fretes e despesas para montar as máquinas	150:000$000
Diversas despesas	10:000$000
Total:	400:000$000
Capital necessário para compra das canas e despesas diárias	100:000$000
Total:	500:000$000

Fonte: BRASIL. Congresso, Câmara dos deputados, Comissões de fazenda e especial. Parecer e projeto sobre a criação de bancos de crédito territorial e fábricas centrais de açúcar apresentados a Câmara dos Srs. Deputados na sessão de 20 de julho de 1875 pelas comissões de fazenda e especial nomeada em 16 de abril de 1875. Rio de Janeiro: Typ. Nacional, 1875.

Na teoria, o principio básico dessas fábricas centrais era o mesmo. O engenho central em si era o setor industrial, com as novas máquinas e processos desenvolvidos com a revolução industrial. Pelo que se desprende dos relatos da época, a matéria-prima seria comprada a peso dos fazendeiros e transportada através das estradas de ferro ou rede fluvial. Além disso, seriam feitos contratos para vários anos. Normalmente, o preço pago seria equivalente à rata corrente no mercado de uma porcentagem fixa de açúcar, geralmente 5 a 6%. Confirmando os benefícios do novo sistema, o Governador da Ilha de Santa Lúcia afirmava que os fazendeiros e acionistas dos engenhos centrais da Martinica estavam inteiramente satisfeitos.

"Sabemos de boa fonte que outras fazendas que antes do estabelecimento das fábricas centrais estavam endividadas ou constantemente mudando de dono, estão agora em posição florescente, e outras que tinham quase deixadas de serem cultivadas, estão agora fazendo excelentes safras".[40]

A identificação imediata pode ser encontrada quando o Governador da Ilha afirma que o interesse dos fazendeiros do lugar ocorreu pelo estado desanimador do mercado para os açúcares inferiores, e a recente redução da tarifa inglesa, favorável aos açúcares superiores. Parecia uma réplica da situação do Brasil. Motivos havia para os senhores de engenho brasileiros considerarem essas informações quase como um sonho. Se levarmos em consideração a calamitosa situação da indústria açucareira no Brasil, percebemos que era natural os representantes dessa agroindústria terem pedido a introdução das fábricas centrais de açúcar.

Na visão dos técnicos, o engenho central seria a forma de enfrentar a concorrência do açúcar de beterraba; a racionalização do processo de produção ao nível industrial possibilitaria a queda dos custos a preços não competitivos para o açúcar de beterraba".[41]

> "Separada a cultura do fabrico e preparação do produto, simplificar-se-há a tarefa do fazendeiro, que será exclusivamente agricultor; podendo assim, e com o auxílio das máquinas da lavoura, produzir muito mais e pagar os altos salários, exigidos pelos trabalhadores livres, já acostumados ao moderno sistema de cultura e ao novo regime rural. O engenho central, colocado perto da fazenda e ligado a ela por rápidas e fáceis vias de comunicação, representará o emprego de muitos braços europeus, a perfeição do fabrico e o lucro do senhor de engenho, que venderá o gênero por melhor preço do que si ao mercado exportador o enviasse, sobrecarregado das despesas de transporte".[42]

Por mais que se queira minimizar os efeitos das informações sobre os engenhos centrais, as vantagens do novo sistema tiveram uma influência grande nas decisões tomadas na época. Os benefícios principais eram: a extração de 20% mais de matéria

---

40 RIBEIRO. Op. cit., p.4.
41 CANABRAVA. Op. cit., p. 108.
42 CONGRESSO, Câmara dos Deputados, Comissão de Fazenda. Op. cit.

sacarina do que o antigo sistema; a matéria extraída por esse sistema renderia de 9 a 10% de açúcar em vez de 5%; a qualidade do açúcar era muito superior ao fabricado pelo sistema tradicional; o senhor de engenho e lavrador, livres dos cuidados do fabrico, dedicariam toda a sua atenção, meios e forças, ao aumento da plantação; melhorar-se-ia a situação do senhor de engenho que receberia 25 a 30% mais pela sua cana em dinheiro na entrega e, por fim, traria benefícios para os pequenos produtores, que não tinham como comprar os maquinismos.[43]

> "Sobeja seria a experiência colhida no Egito, Java, Martinica e Cuba para justificar as esperanças pela lavoura da cana depositadas no racional método da separação da cultura e do fabrico; se não fora intuitivo como a aplicação prática do fecundo princípio da divisão do trabalho pode influir nos destinos de um ramo d'agricultura cujo produto necessita de custosa transformação industrial".[44]

Como lembra Miguel Costa Filho, a expressão engenho central na linguagem da legislação imperial esteve sempre ligado ao princípio da absoluta separação entre atividades agrícolas e industriais.[45] A importância de tais considerações prende-se à necessidade de modernizar o setor fabril e melhorar as técnicas de cultivo da lavoura, como esclarecia Henry Raffard:

> "A divisão do trabalho era urgentemente reclamada para o progresso da indústria do açúcar de cana, não só porque o cultivo da gramínea necessita e continua a necessitar de melhoramentos que bastem para prender toda a atenção do lavrador, como

---

43 Ribeiro. *Op. cit.*, p. 17.

44 Relatório apresentado à Assembleia Geral Legislativa. 1ª sessão da 17ª legislatura, pelo Ministro e Secretário dos Negócios da Agricultura, Comércio e Obras Públicas, João Luis Vieira Cansansão de Sinimbu. Rio de Janeiro: Imprensa Industrial de João Paulo Ferreira Dias, 1878.

45 Costa Filho, Miguel. "Engenhos centrais e usinas". In: *Revista do Livro*, ano V, n. 19, Rio de Janeiro, set. 1960, p. 87.

porque o fabrico do açúcar exigia reformas igualmente imperiosas e suficientes para ocupar o fabricante exclusivamente. Não só para separar dois gêneros de trabalho diferentes, como porque as dispendiosas instalações dos aparelhos e maquinismos aperfeiçoados não podiam ser feitas pelos lavradores isoladamente, salvo raras exceções, nasceu a necessidade de associação dos lavradores e capitalistas para a realização das grandes fábricas centrais, onde o pessoal técnico e habilitado labora o produto que leva o agricultor, interessado na prosperidade da fábrica, pelo comprometimento de suas economias, recebendo em troca o valor mercantil das suas canas e os conselhos que o profissional lhe dá para realizar melhoramentos no solo e, portanto, aumento de riqueza sacarina da gramínea que um cultiva e o outro labora".[46]

No nível dessas transformações ocorridas na agricultura, Ruy Gama chama a atenção para o fato de que essa separação já era prática corrente na maioria dos países produtores de açúcar. Assim, desde o início do século XIX, a fábrica seria mais dinâmica que a lavoura. Consequentemente, esta teria que aumentar a sua produção para suprir a demanda do setor fabril. "Essa diferença tornava racional a separação. Racional e necessária."[47]

Essa separação entre a parte fabril e a agrícola perpassava também pela questão do fim da escravidão. Na fábrica, o uso das máquinas oferecia uma alternativa mecânica para a mão-de-obra escrava. A importância de tais considerações refere-se à necessidade de explicar a boa vontade do Estado em relação aos engenhos centrais. Nesse sentido, a crise do trabalho servil obrigava o Governo Imperial e os senhores de escravos a pensarem em uma nova organização de trabalho e aplicá-la o mais rápido possível. Esse tipo de pensamento se acentuou a partir de 1871, com a promulgação da lei do ventre livre. A partir desse momento a escravidão teria os seus dias contados. Assim, a partir desse momento a Câmara dos Deputados, as Assembleias Provinciais e os ministérios relacionados à questão foram elaborando projetos. Nesse quadro, era fundamental que o governo subsidiasse a transição para o trabalho livre.

---

46 RAFFARD, Henry. *Relatório do Jury de Secção de Assucares da Primeira Exposição Braziliera de Assucares e Vinhos*, organizada pelo Centro de Indústria e Commercio de Assucar. Rio de Janeiro: Imprensa Nacional, 1890.
47 GAMA, Ruy. *Engenho e tecnologia*. São Paulo: Livraria Duas Cidades, 1979, p. 327.

Apesar das dificuldades momentâneas, o fim do tráfico traria muitas vantagens para o país, mesmo que muitos não enxergassem esse fato como benéfico. Como apontava Joaquim Nabuco:

> "Até então, o espírito comercial e industrial do país parecia resumir-se na importação e vinda dos africanos. Com a extinção, deu-se uma transformação maravilhosa. Este fato, como é sabido, diz o Relatório da Comissão de Inquérito sobre o meio circulante em 1860, teve um imenso alcance, mudando completamente a face de todas as coisas na agricultura, no comércio, na indústria. Os capitais que eram empregados nessas ilícitas transações afluíram à praça do que resultou uma baixa considerável nos descontos; o dinheiro abundava e uma subida extraordinária teve lugar nos preços das ações de quase todas as companhias. Daí a criação de novos bancos de emissão, o papel moeda abundante de que carecia a especulação."[48]

Como se sabe, alguns acontecimentos nas décadas de 1860-1870 estimularam essas tomadas de decisão. Nesse contexto, um dos fatores mais importantes foi o fim da escravidão norte-americana. A partir desse momento, a escravidão começou a ser vista como um sistema em extinção nas outras regiões da América escravista (Cuba, Porto Rico e Brasil). Dessa forma, as progressivas leis abolicionistas decretadas pelo Estado brasileiro esperavam proporcionar um processo de abolição lento e seguro.[49]

Essas foram as bases para a proibição da mão-de-obra escrava nos engenhos centrais, conforme podemos observar pelas palavras do Ministro da Agricultura, Thomas José Coelho de Almeida:

> "Se é verdade que o braço escravo é ainda, e será por algum tempo, o colaborador da inteligência livre nos serviços rurais, não é menos exato que a lei de 28 de setembro de 1871 deva contribuir para a transformação [...] aos poderes públicos e não

---

48 NABUCO, Joaquim. *Um estadista do Império*. São Paulo: Cia. Editora Nacional, 1936, Tomo I, p. 187.

49 MARQUESE. *Op. cit.*, p. 225-226.

menos ao esforço particular, compete ir providenciando de modo que a lavoura atravesse, sem perturbação ou míngua, os inevitáveis dias de crise inerentes ao período de transição".[50]

Deve-se levar em conta que essa era uma questão de extrema importância. Assumindo essa problemática, o "Parecer" classificava esse problema como o mais difícil e temeroso que se apresentava na época. Nessa perspectiva, a carência de braços era uma das questões a serem resolvidas para o revivamento da lavoura nacional.

> "A emancipação gradual da escravatura, que dentro de poucos anos se tornará completa, privou a produção do seu principal agente. Não se pode vacilar um momento em procurar substituir os braços, que vão faltando em progressiva escala, deixando a cultura, os engenhos e fábricas em abandono e os lavradores a braços com dificuldades e sacrifícios, impossíveis de remover a compensa de pronto".[51]

Argumentos e contra - argumentos põem em evidência a complexidade do tema. Especificamente no caso do Sul do país, os agricultores e os estadistas apontavam que não podiam contar com o trabalho dos indígenas e não confiavam nos trabalhadores nacionais, nem nos escravos alforriados, pois temiam que se repetisse aqui a experiência das ex-colônias da França e da Inglaterra na América. A geração dos ingênuos precisaria primeiramente ser doutrinada e educada nas escolas agrícolas e isso, segundo esses agricultores, seria uma promessa para o futuro e não para o presente. O principal problema do trabalhador nacional seria a falta em geral do hábito do trabalho manual, como consequência do longo período de escravidão.

> "Não encontrando incentivo no trabalho a jornal ou pelo sistema de parceria nas grandes explorações agrícolas, onde servem

---

50 Relatório apresentado à Assembleia Geral Legislativa na 1ª sessão da 16ª legislatura pelo Ministro da Agricultura, Comércio e Obras Públicas, Thomas José Coelho de Almeida. Rio de Janeiro: Tip. Perseverança, 1877, p. 28.
51 CONGRESSO, Câmara dos Deputados, Comissão de Fazenda. *Op. cit.*

> como agregados e camaradas, é difícil aproveitá-los como coo-
> peradores da cultura e produção."[52]

Nesta seleção, restava somente o colono estrangeiro. Apesar do apoio do ministro Sinimbu e dos barões do café fluminenses, o colono asiático sofreu uma verdadeira rejeição pela maior parte dos agricultores e acabou sendo excluído dos planos de imigração estrangeira. Dessa forma, o problema da mão-de-obra acabou tendo como seu principal expoente a imigração de colonos europeus.

> "Entretanto os trabalhadores nacionais e europeus, máxime os
> portugueses, são os únicos e mais úteis cooperadores ou agen-
> tes da produção agrícola, com que podemos contar para já; os
> únicos, que podem substituir os escravos; os únicos, que podem
> salvar do naufrágio os engenhos e fazendas".[53]

Frente o poderio dos barões do café paulista, a defesa da introdução dos colonos europeus acabou sendo vitoriosa. Esse assunto será mais aprofundado no próximo tópico, quando abordaremos os engenhos centrais de São Paulo.

Além desses fatores elencados acima, Miguel Costa Filho considera que o que se pretendia com a separação entre plantações de cana e fabricação do açúcar era defender o fornecedor de matéria-prima, fixá-lo à terra, garanti-lo na sua posição social e evitar a sua decadência, a sua proletarização, ou o êxodo de muitos rurícolas para a cidade.[54] É exatamente neste ideal que seguia a defesa do "Parecer":

> "No entender das comissões, enquanto não se modificar, com a
> reforma das leis e dos costumes, o estado da sociedade; enquanto
> se não desmembrar a grande propriedade, desmembração que
> será consequência necessária da legislação, que rege as suces-
> sões *causa mortis*, cumpre vender ou arrendar, a longo prazo,

---

52 *Idem, Ibidem*, p. 21.
53 *Idem, Ibidem*, p. 24.
54 COSTA FILHO, Miguel. *A cana-de-açúcar em Minas Gerais*. Rio de Janeiro: IAA, 1963, p. 358-289.

terras aos colonos, abandonar os contratos de parceria; melhorar, desde já, o sistema de cultura, mudar o regime econômico e disciplinas das fazendas, e enquanto a instrução profissional não produzir a transformação, habilitar o lavrador com os meios necessários para aumentar a força produtiva pela divisão do trabalho e introdução de máquinas agrícolas aperfeiçoadas".[55]

Nas palavras do engenheiro André Rebouças, tratava-se de desentorpecer a lavoura "através de um programa de animação rural". A ideia era que os engenhos centrais, garantidos pelo governo, e funcionando em regiões estratégicas, funcionassem como verdadeiras escolas de modernização e qualificação. O modelo inspirador eram os engenhos centrais organizados nos Estados Unidos, e nas colônias americanas de nações capitalistas europeias.[56]

Da mesma forma, os engenhos centrais proporcionariam um uso mais econômico da terra e da mão-de-obra. Os defensores desse posicionamento acreditavam que esse novo sistema baratearia a mão-de-obra, principalmente pela dispensa de muitos trabalhadores que operavam os antigos engenhos. Além disso, os novos maquinismos diminuiriam os gastos com mão-de-obra e fariam pressão sobre o nível salarial, com o aumento do desemprego.[57]

Era decisivo neste momento diminuir os salários, uma vez que, o baixo custo da mão-de-obra deveria compensar o fim da escravidão e não aviltar ainda mais os proprietários agrícolas, que frequentemente se queixavam do alto preço dos salários cobrados pelos trabalhadores livres. A imigração em larga escala deveria contribuir para diminuir os salários e enquadrar os trabalhadores dentro de um nível salarial estipulado pelos proprietários de terra.

É exatamente neste passo que se inicia o processo de modernização do setor açucareiro. Porém, os capitais nacionais não se aventuravam em empresas industriais dessa envergadura e exigiam garantias, as mesmas que certamente atrairiam capitais estrangeiros.[58] Nesse sentido, Eisenberg argumenta que os engenhos centrais não significavam apenas máquinas a vapor e caldeiras a vácuo de efeito múltiplo. A divisão do setor agrícola e

---

55 CONGRESSO, Câmara dos Deputados, Comissão de Fazenda. *Op. cit.*, p. 24.
56 André Rebouças *apud* COSTA FILHO, 1963, p. 359, 361, 375.
57 EISENBERG, Peter L. *Modernização sem mudança*: a indústria açucareira em Pernambuco 1840-1910. Rio de Janeiro: Paz e Terra; Campinas: Ed. Unicamp, 1977, p. 111.
58 SOUZA, Jonas Soares de. *Uma empresa pioneira em São Paulo*: o Engenho Central de Porto Feliz. Edição comemorativa do centenário do engenho central de Porto Feliz (1878-1978). Coleção Museus Paulistas. Vol. 7, 1978, p. XXII.

industrial decorreu também do aumento da capacidade dos novos maquinismos, que necessitavam de mais cana do que uma única plantação poderia fornecer.[59]

Analisando-se os dados fornecidos pela Cail & cia. em 1874, percebe-se o grande aumento da capacidade de produção dessas fábricas e, consequentemente, da matéria-prima utilizada. Essa Companhia fabricava dois modelos de máquinas. Uma poderia moer 120.000kg durante 24 horas; e outra 250.000 kg durante o mesmo tempo. Estas quantidades correspondiam a uma produção diária de 10 a 12 toneladas de açúcar de todos os jatos no primeiro caso, e de 20 a 25 toneladas, no segundo.[60]

Além disso, esses novos maquinismos aumentariam o poder de extração da cana, que era apontado como orçando em 5%. Ao passo que pelo processo de uso dos engenhos centrais extraia-se mais de 20% da sua riqueza sacarina.

Indubitavelmente, o plano do Governo Imperial seguiria os moldes de uma experiência bem sucedida, ou seja, escorar-se-ia na experiência dos engenhos centrais antilhanos. Nesse caso, era praticamente impossível desvinculá-la da implantação dos engenhos centrais no Brasil, a estratégia antilhana de atrair capitais para o setor da fabricação do açúcar e separar as atividades agrícolas e industriais do setor.

A manifestação mais evidente do espírito de esperança trazido com as ideias das fábricas centrais se consubstanciava na manifestação imediata de apoio dada pelos senhores de engenho pernambucanos. No seu estudo sobre a produção de açúcar no Nordeste,

---

59 Eisenberg relata a experiência da implantação dos engenhos centrais em Cuba. Para o autor, "em Cuba tal organização da produção substituiu o engenho tradicional por engenhos centrais de grande capacidade. Os fornecedores de cana, conhecidos sob a denominação de colonos, dividiam-se em duas categorias: os cultivadores independentes, que anteriormente poderiam ter um engenho, mas que agora somente plantavam cana em terras próprias; e os cultivadores dependentes que trabalhavam nas terras da Central. Inicialmente, os cubanos tentaram o sistema de contratar os preços da cana, mas este se revelou desastrosos ao caírem repentinamente os preços do açúcar. Os proprietários dos engenhos centrais, então passaram a pagar pela cana com base no preço correspondente do açúcar, e tal sistema teve sucesso. O crescente interesse dos investidores norte-americanos por Cuba proporcionou grande parte do capital necessário para transformar ou criar os engenhos centrais. No início do século XX, 170 a 180 engenhos centrais monopolizavam, totalmente, a produção cubana. A Guerra dos Dez Anos e a Guerra da Independência (1895-98) apressou muito a depreciação dos engenhos mais antigos, assim precipitando o desaparecimento da organização tradicional." EISENBERG. Op. cit., p. 238.

60 RIBEIRO. Op. cit.

Eisenberg destaca que no início dos anos 1870, um presidente da província considerava os engenhos centrais como o "remédio salvador" e a "salvação da indústria açucareira". Os agricultores os tinham como "a tábua de salvação a que se devem agarrar" e reclamavam "a profícua admissão das fábricas centrais, com suas máquinas poderosas e aparelhos aperfeiçoados" que realizariam "uma verdadeira revolução do sistema de trabalho".[61]

Essas considerações são importantes por causa da necessidade de especificar as reações dos produtores de açúcar. Na documentação anterior a instalação propriamente dita dos engenhos centrais no país, percebe-se que os senhores de engenho eram favoráveis à introdução do novo sistema, não só pela publicação dos altos lucros, mas também pelas vantagens que os fornecedores de cana teriam com a implantação dessas centrais.

Assim, a prolongada crise do açúcar sobrepujaria pelo menos em um primeiro instante a secular união entre a fábrica e a lavoura na agroindústria açucareira. Os dados divulgados sobre os preços pagos pelas centrais pela matéria-prima superavam em muito os ganhos momentâneos desses senhores de engenho. No fervilhar das ideias não se pensou que a transmutação de um sistema de produção estrangeiro poderia não dar certo no país. As cifras falaram mais alto.

> "Nos lugares, em que tão satisfatórias provas de utilidade tem dado as fábricas centrais, rendendo a cana de 7 a 8% em cada safra redonda, cabe dessa porcentagem 5 a 6% ao lavrador e 1 a 3% ao fabricante. O produto da venda, regulando a arroba de açúcar a 3$000, é distribuído ao lavrador de 15 a 18$000 por carro de cana de 100 arrobas, e ao fabricante na grande massa de matéria prima, que prepara, corresponde o dividendo de 20 a 30%."[62]

Ao que se tem noticia, a proposta inicial dessas fábricas centrais era pagar ao lavrador em dinheiro no ato da entrega. Sabe-se que nenhuma dessas expectativas, dessas promessas, se fez real. Mas, o que se deve levar em conta era a inexperiência desses senhores de engenho. Os engenhos centrais eram algo completamente novo no Brasil, e ao olhar de longe, as experiências de outros países fulguravam como ouro para os produtores que amargavam preços que mal davam para pagar os gastos.

---

61 EISENBERG. *Op. cit.*, p. 111.
62 CONGRESSO, Câmara dos Deputados, Comissão de Fazenda. *Op. cit.*

O malogro do que deveria ser um exemplo não serviu como tal. A idealização dos engenhos centrais não sofreu arranhões nesse primeiro momento e nem nos seguintes. Por isso, apesar do mal estar evidente, foi preciso quase quinze anos para perceber que os engenhos centrais não eram a solução para os problemas da agroindústria canavieira.

Explica-se em boa parte esse entusiasmo pela publicação, na década de 1860, de livros de várias autoridades brasileiras na produção de açúcar recomendando os engenhos centrais. A bem-sucedida experiência das Índias Ocidentais Francesas, nas Ilhas de Martinica e Guadalupe era impressionante: um empresário revelou que os engenhos coloniais franceses estavam tendo lucros médios anuais de 25% e a Martinica chegava a 31%. Referências entusiásticas aos engenhos centrais de construção britânica, do Egito, surgiram pela década de 1870. Os agricultores maravilharam-se por somente dezessete engenhos centrais egípcios produzirem tanto açúcar quanto todos os 1.500 engenhos pernambucanos, em 1873.[63]

> "O rendimento dos engenhos centrais da 'Martinica', moendo cana inferior a potência de seus maquinismos, tem sido de quatro libras esterlinas por caixa de açúcar. O engenho *la Renty* tem produzido 27% sobre o capital avaliado; *Point Simon* produz 33% ao ano e *François* entre 36 e 48. O estabelecimento de fábricas centrais fez duplicar o produto do açúcar naquela ilha, subindo de 38.000 a 80.000 caixas".[64]

E não foi ao acaso que várias províncias começaram a estimular a implantação dos engenhos centrais, antes mesmo da lei de 1875. Pernambuco e Rio de Janeiro, em 1871; Sergipe, Bahia e Rio Grande do Norte, em 1874.

As máquinas necessárias para a montagem dos engenhos centrais teriam de ser adquiridas principalmente na França e na Inglaterra, o que gerava um grande interesse por parte desses países. Os representantes dessas fábricas visitaram autoridades provinciais e da corte e apresentavam planos para a melhoria dos engenhos existentes. A M. M. Ch. Derosne e Cail já publicaria, a partir de 1844, na *Revista Auxiliador da Indústria*

---

63 EISENBERG. *Op. cit.*, p. 112.
64 CONGRESSO, Câmara dos Deputados, Comissão de Fazenda. *Op. cit.*

Nacional, um texto originalmente digitado em francês, em 1843, que tinha como objetivo servir como uma espécie de propaganda do maquinário oferecido pela empresa.[65]

O posicionamento dessas firmas estrangeiras foi decisivo para a montagem dessas fábricas centrais, pois o país não possuía nem capitais nem tecnologia para montar essa estrutura por conta própria. Isso acabou criando um vínculo com o capital estrangeiro, que atuaria tanto no fornecimento dos novos maquinários como na própria instalação de engenhos centrais para companhias estrangeiras.

As companhias francesas se beneficiaram enormemente da política dos engenhos centrais, principalmente na venda de maquinário, quase todo de origem francesa. Podemos observar isso na nota lida pelo General Morin da Sociedade Central de Agricultura da França.

> "A Sociedade Central de Agricultura saberá indubitavelmente com interesse que a produção e o fabrico de açúcar já vão tendo e terão em breve importante desenvolvimento no Império do Brasil [...] vários de nossos principais construtores do aparelho de fabricar açúcar tem se ocupado nesses últimos tempos com a introdução nesse país dos nossos processos aperfeiçoados já usados em nossas colônias".[66]

A propaganda do maquinário francês era feita através da imprensa especializada. O jornal inglês *The Cane Sugar* e o francês *Journal des Fabricants de Sucre* eram utilizados pelos fabricantes de engenhos centrais para divulgação das vantagens da mecanização. Tais artigos foram publicados no *Jornal do Agricultor*, na *Revista de Engenharia* e, ainda, na *Revista Industrial*.[67]

---

65 MARQUESE. *Op. cit.*, p. 184-185.

66 General Morin. Progresso da Indústria açucareira no Brasil. *Revista Industrial*, Nova York, ago. 1877, v.1, n. 2 *apud* MARCHIORI, Maria Emilia Prado. "Engenhos Centrais e Usinas no Norte Fluminense – 1875-1909: algumas considerações. *Mensário do Arquivo Nacional*. Ano XI, n. 8, Rio de Janeiro, 1980, p. 10.

67 PRADO, Maria Emilia. *Em busca do progresso*: os engenhos centrais e a modernização das unidades açucareiras no Brasil. Rio de Janeiro: Papel Virtual, 2000, p. 35.

"A Sociedade Central da Agricultura sabe do interesse que a produção e fabrico do açúcar vão tendo o Império do Brasil [...]. Vários de nossos principais construtores do aparelho de fabricar açúcar, têm-se ocupado nesses últimos tempos com a introdução nesse país dos processos aperfeiçoados já usados em nossas colônias, e até a Companhia Fives Lille resolveu enviar ao país um engenheiro encarregado de estudar os meios de introdução dos processos aperfeiçoados da indústria açucareira".[68]

As usinas de açúcar francesas foram implantadas no Brasil a partir de 1879. Em tal data foi assinado, entre a Fives-Lille[69] e o Governo Imperial, um contrato referente à construção de engenhos centrais. As primeiras usinas Fives-Lille tinham uma potência em cavalo motor que permite moer 120 toneladas de cana em 24 horas e produzir anualmente um mínimo de 500 toneladas de açúcar. Uma usina de tamanho médio valia na época cerca de um milhão de francos.[70]

Não se pode deixar de se levar em conta que o projeto dos engenhos centrais fazia parte da estrutura modernizadora adquirido pelo Império brasileiro no exterior. O Brasil importou no período estradas de ferro, sistema de água e esgoto, trens urbanos, telégrafo e telefone.[71]

---

68 "Progresso da Indústria Açucareira no Brasil". *Revista Industrial*. Nova York, 1877, p. 37. apud Idem, Ibidem. p. 35-36.

69 Como coloca Araújo, "A Companhia Five-Lille, além de explorar diretamente certas usinas, vendia equipamentos e aparelhagens para outras. Acresce que grande parte de nossas estradas de ferro, tão necessárias à implantação dos engenhos centrais, foram construídas quase sempre com capital inglês, que controlava ainda as maiores firmas exportadores, entre outras atividades, com os bancos financiadores. Sendo aplicado o capital estrangeiro, como se disse, preferencialmente em setores básicos, pode ser ele avaliado, ainda, em relação à implantação de engenhos centrais, como mais uma manobra externa para obtenção de vantagens econômicas, uma vez que a modernização da indústria açucareira se processaria através da importação de maquinário e outros artigos, como, por exemplo, o carvão-de-pedra, o que não compensaria, afinal de contas, as dívidas assumidas pelo Governo brasileiro diante da impossibilidade de recuperação do açúcar nacional nos mercados europeus". ARAÚJO. *Op. cit.*, p. 33.

70 PERRUCI, Gadiel. *A república das usinas*. Rio de Janeiro: Paz e Terra, 1978, p. 76.

71 PRADO. *Op. cit.*, p. 29.

Afora isso, constata-se igualmente que, para o Governo, era interessante manter uma certa estabilidade no Nordeste e incentivar as exportações como forma de aumentar sua receita. É sintomático o relatório do Ministro e Secretário de Estado do Negócio do Império, Luiz Pedreira de Couto Ferraz, em 1884, que adotava a seguinte linha de raciocínio:

> "(...) ameaçado esta este gênero de produção de completa ruína, não só pelos espantosos melhoramentos realizados em qualquer ramo de agricultura em outros países, como também pelo desenvolvimento progressivo que tem tido o fabrico de açúcar de beterraba na Europa, e com especialidade na Alemanha e na França. Se uma semelhante marcha continuar, o açúcar europeu poderá lutar para satisfazer o consumo da maior parte dos povos daquele continente, servindo-lhe apenas como suplemento a produção de açúcar da cana de algumas colônias para as suas respectivas nações. [...] o único remédio ao mal, de que são ameaçados os cultivadores de cana do Brasil, e que julgo muito provável, mais ou menos proximamente, será empregar o governo todos os esforços para lhes fazer conhecer a urgência necessidade em que estão de acompanhar os progressos adotados pelos demais países produtores e concorrentes; o que se conseguirá simplificando-se não só os trabalhos de campo para dispensar braços hoje de difícil aquisição, e aumentar a fertilidade das terras, como também as máquinas e métodos do fabrico para aumentar a perfeição do produto, como o que barateará indispensavelmente o açúcar brasileiro, dando assim também maior expansão ao consumo, e para ele concorrendo vantajosamente, atenta a excelência do seu solo, logo que se coloca em igualdade de condições quanto ao seu preço e qualidade."[72]

Seguindo os já citados apontamentos do "Parecer" de 1875, foi elaborado o projeto de lei n. 94, que sofreu prolongada discussão por parte de Gomes de Castro, Costa Pereira, Ferreira Viana, Cunha Leitão, Augusto Chaves, Rodrigo Silva, os quais o defendiam, e Martinho

---

72 *Apud* DÉ CARLI. *Op. cit.*, 1943, p. 30 -31.

Campos, que o julgava oneroso aos cofres públicos. Em 30 de agosto, o projeto passou e foi referendado pelo barão de Cotegipe, como lei n. 2.687, em 6 de novembro de 1875.[73]

Eul-Soo Pang afirma que nem todos apoiaram o plano de garantia de 7% de juros sobre o capital realizado, embora houvesse precedentes importantes na construção de estradas de ferro. Na Câmara, muitos deputados, especialmente os da zona do café, opuseram-se vigorosamente.[74]

Não obstante as dúvidas e as incertezas, o chefe de Gabinete que a tornou vitoriosa no parlamento brasileiro, o Visconde de Sinimbu, chegou a afirmar que "exceto a lei de emancipação, nunca o parlamento brasileiro votou lei de mais futuro para este Império".[75]

Sabiamente, a primeira parte do decreto tentava solucionar um dos principais entraves da lavoura, e acenava para os produtores de açúcar com o tão esperado crédito a juros mais módicos. Assim, a primeira parte do decreto garantia os juros de até 5% ao ano e a autorização de letras hipotecárias emitidas por um Banco de Crédito Real, fundado sobre o plano traçado na lei n. 1.237, de 24 de setembro de 1864. Pelo novo decreto, esse Banco só teria as facilidades autorizadas se as suas emissões fossem realizadas nas praças da Europa e emprestasse sobre garantia de propriedades rurais, a juros que não excedessem a 7% e com amortização calculada sobre o prazo convencionado da dívida entre cinco e trinta anos.[76]

O total do capital social do Banco, por cujas emissões o Estado assumiu a responsabilidade, não excederia o valor de 40.000:000$000. Essa responsabilidade seria garantida pelo Banco com a soma dos imóveis hipotecários e com o seu fundo social realizado ou por realizar. Era lícito ao Banco fazer empréstimos aos proprietários rurais a curto prazo e a juro de 7% sobre o penhor dos instrumentos aratórios, frutos pendentes e colheita de determinado ano, bem como de animais e outros acessórios não compreendidos na escrita de hipoteca.[77]

---

73 VIVEIROS, Jerônimo de. "O açúcar através do periódico 'O Auxiliador da Indústria Nacional'". *Revista Brasil Açucareiro*, Rio de Janeiro. abril-1946, p. 115-116.

74 PANG, Eul Soo. *O engenho central de Bom Jardim na economia baiana*: alguns aspectos de sua história: 1875-1891. Rio de Janeiro: Ministério da Justiça, Arquivo Nacional/IHGB, 1979, p. 42.

75 *Apud* LIMA SOBRINHO. *Op. cit.*, p. 7.

76 Decreto n. 2687 de 6 de novembro de 1875. *Coleção de Leis do Império do Brasil*, Rio de Janeiro: Imprensa Nacional, 1875/1888. Biblioteca do Arquivo Nacional.

77 *Idem, Ibidem.*

A segunda parte da lei tratava especificamente da regularização dos engenhos centrais no Brasil. Nesse caso, o Governo Imperial garantiria juros de 7% até o capital realizado de 30.000:000$ às companhias que se propusessem a estabelecer engenhos centrais para fabricar açúcar de cana, mediante o emprego de aparelhos e processos modernos os mais aperfeiçoados.[78]

Como um dos maiores problemas era a escassez de capitais, os estadistas do império apoiar-se-iam na solução adotada para o caso das ferrovias, ou seja, o sistema de garantia de juros. Grosso modo delineado, esse sistema verificava o capital que seria necessário ao empreendimento, garantindo uma taxa regular e fixa de juros. Dessa forma, se o empreendimento fosse deficitário, a garantia de juros assegurava o rendimento do capital empregado. Se desse lucro, a garantia poderia ser dispensada, desde que os dividendos atingissem a 10%.

Nesse contexto, esse sistema amealharia tanto defensores arraigados como o oposto. No rol dos entusiastas poderíamos citar o engenheiro André Rebouças.[79] Curiosamente, as desconfianças quanto ao sistema partiram de D. Pedro II, que nunca dissimulou suas restrições em face de um processo que levava a aceitar uma obrigação, sem ter a ideia exata do total de juros que o governo se obrigava a garantir.[80]

Não restam dúvidas quanto à intenção do Governo Imperial em salvaguardar os interesses dos futuros fornecedores de cana. A divisão entre a parte agrícola e a fabril deveria transformar engenhos banguês em engenhos de fogo morto, mas assegurar uma boa rentabilidade para os senhores de engenho que se dispusesse a fornecer a matéria-prima necessária para as centrais. O próprio Governo favoreceria majoritariamente as províncias que exportassem mais açúcar. Evidentemente, o Nordeste foi o principal beneficiado.

De qualquer forma, importa assinalar os favores concedidos para o estabelecimento dos engenhos centrais. Em síntese, as concessões teriam direito a garantia ou fiança de juros não superiores a 7% anuais, pelo prazo de vinte anos, reduzindo-se a garantia a um máximo de 6% no caso de o juro garantido ou afiançado ter de ser pago em ouro ou ao câmbio de 27 dinheiros esterlinos por 1$000; direito de desapropriar, na forma da lei, os terrenos de domínio particular, prédios e benfeitorias que fossem necessários às obras autorizadas; uso das madeiras e outros materiais existentes dentro do município, nos terrenos devolutos e nacionais para a construção das obras do engenho; isenção de direitos

---

78 Idem, Ibidem.

79 REBOUÇAS, André. *Garantia de juros*: estudo para sua aplicação às empresas de utilidade pública no Brasil, Rio de Janeiro, 1874.

80 LIMA SOBRINHO. *Op. cit.*, p. 6-7.

de importação sobre as máquinas, instrumentos, trilhos e outros objetos destinados ao serviço da fábrica; preferência para a aquisição de terrenos devolutos existentes no município, efetuando-se esta pelos preços mínimos da lei n. 601, de 18 de setembro de 1850, desde que a empresa os distribuísse por imigrantes que viessem a importar e estabelecer, não podendo, porém, vender a estes os referidos terrenos por preço superior ao que fosse autorizado pelo Governo; e preferência para obter concessão de outros engenhos centrais que fossem fundados dentro do mesmo município com garantia estatal.[81]

Naturalmente, as concessões deveriam cumprir as normas e prazos, para não serem consideradas caducas, e perderem a garantia de juros dada pelo Estado. Assim, as principais obrigações dos concessionários para com o Estado, eram: submeter-se à aprovação do Governo dentro de seis meses após a aprovação dos estatutos, ou da autorização para funcionar dentro do Império, o plano e o orçamento de todas as obras projetadas, os desenhos dos aparelhos, a descrição dos processos de fabricação do açúcar e, ainda, os contratos com os proprietários agrícolas, plantadores e fornecedores de cana, feitos mediante escritura pública; aceitar as modificações que viessem a ser indicadas pelo Governo nos trabalhos preliminares; aceitar redução do capital garantido, se os contratos celebrados com os proprietários agrícolas, plantadores e fornecedores de cana não representassem a quantidade de cana correspondente à capacidade do engenho, que era constante no contrato, podendo mesmo ser declarada caduca a concessão, quando o fornecimento contratado não fosse suficiente para a moagem de 150 toneladas diárias, pelo menos durante cem dias de cada ano;

Além disso, os concessionários deveriam iniciar as obras da construção dentro de três meses a contar da data de aprovação do plano e orçamento, e concluí-las no prazo declarado no contrato; organizar, com a aprovação do Governo, os meios de transporte mais convenientes, tanto terrestres quanto aquáticos, para a cana destinada à fábrica, ficando, porém, entendidos, na falta de convenção em sentido contrário, que o concessionário deveria ligar o engenho às propriedades agrícolas do município por meio de ferrovias com a bitola de um metro e com a extensão mínima de quinze quilômetros. As ferrovias deviam fazer paradas em lugares onde as canas pudessem ser entregues e empregar tração animal ou a vapor para transporte da matéria-prima em vagões apropriados a esse mister; não possuir, nem empregar escravos na construção das obras e serviços da fábrica, contratar pessoal competente para todas as atividades e submeter ao Governo, antes do início do funcionamento do estabelecimento, uma tabela do pessoal da administração, da qual deveriam constar os respectivos vencimentos. Tabela essa que, uma

---

81 Decreto n. 8.357, de 24 de dezembro de 1881. *Coleção de leis do Império do Brasil.* Rio de Janeiro: Imprensa Nacional, 1875/1888. Biblioteca do Arquivo Nacional.

vez aprovada, só poderia sofrer modificações de comum acordo com o Governo; entregar semestralmente ao agente fiscal relatório de acordo circunstanciado dos trabalhos e operações, e prestar todos os esclarecimentos exigidos pelo Governo Imperial, pelo presidente da província e pelo agente fiscal.[82]

Deve-se ir prudentemente, no entanto, em relação ao grau de intervenção do Governo Imperial na normatização dos engenhos centrais. Apesar de garantir os juros aos engenhos centrais e fiscalizar a sua implantação, o Governo Imperial não arbitrava, nem tentou regularizar os contratos entre os fornecedores de cana e as companhias. Assim, os engenhos centrais fixavam os preços que desejassem, o qual na maioria das vezes era bem baixo. Isso gerou um confronto entre as duas partes.

Poucas fábricas foram montadas sobre esta base e a lei n. 2687 não deu o resultado esperado. O Ministro da Agricultura, Comércio e Obras Públicas José Saraiva acreditava que:

> "Cooperou para este fato a depressão de 1876 até 1879 se manifestou nos mercados monetários e que, em virtude da escassez do numerário e retração dos capitais, dificultou a organização de empresas planejadas sobre a base da garantia de juros. Por outro lado, a falta de idoneidade de alguns concessionários esterilizou as concessões de que se haviam premunido para especulação puramente mercantil, contando transferi-las a terceiros que, aptos a inspirar confiança e habilitados pelas suas relações comerciais, conseguiram levantar os capitais necessários."[83]

Apesar das delongas para a montagem das concessões, em 1877, o Ministro da Agricultura, Comércio e Obras públicas Thomaz José Coelho de Almeida afirmava que:

> "Nem essa dificuldade, nem ainda o malogro das primeiras tentativas pode ser motivo para descrer de uma instituição reconhecidamente útil. Na Martinica, por exemplo, os primeiros ensaios, não foram coroados de feliz êxito. Iniciadores persistentes

---

82 Idem, Ibidem.
83 Relatório apresentado à Assembleia Geral Legislativa na 1ª sessão da 18ª legislatura pelo Ministro e Secretário dos Negócios da Agricultura, Comércio e Obras Públicas José Antonio Saraiva. Rio de Janeiro: Typographia Nacional, 1882, p. 35.

> não desalentaram, porém, no empenho de descobrir os vícios de execução de que proviera o inesperado malogro. Descobertos tais vícios, trataram de os evitar, e empreendendo, guiados pela experiência adquirida, novos cometimentos, viram afinal generosamente remunerados seus sacrifícios".[84]

Em 24 de dezembro de 1881, José Antônio Saraiva, presidente do Conselho de Ministros e Secretário Interino dos Negócios da Agricultura, assinava um novo decreto modificando o precedente. Apesar da redução a 6% da garantia, esse decreto teve melhores resultados. Vinte concessões foram imediatamente concedidas, e uma primeira companhia estrangeira era fundada, a '"Central Sugar Factories of Brazil". O impulso chegou a incentivar a instalação de alguns engenhos centrais sem garantias de juros.[85]

> "Mudaram, porém, as condições financeiras dos mercados, tornando-se procurada para emprego de capital a garantia de juro, e o governo, tendo até ai restringido as concessões dessa natureza, julgou oportuna a ocasião para expedir algumas, a principio pelo tipo da garantia sobre o juro anual de 7 % e depois pelo tipo da de 6%, que parece satisfatória, nas circunstancias atuais, para atrair capitais."[86]

Ao acompanharmos as principais leis para regulamentar os engenhos centrais no curto período de sua existência, concluímos que o Governo, numa tentativa de superar as falhas, tentou barrar as especulações e a má administração por meio de uma legislação que foi se especializando com o decorrer do tempo.

---

84 Relatório apresentado à Assembleia Geral Legislativa na 1ª sessão da 16ª legislatura pelo Ministro e Secretário da Agricultura, Comércio e Obras Públicas Thomaz José Coelho de Almeida. Rio de Janeiro: Typographia Perseverança, 1877, p. 29.

85 O engenheiro francês Henri Diamanti realizou esse estudo, sobre a produção açucareira brasileira, no ano de 1898. DIAMANTI, Henri. *Nota sobre a indústria açucareira no Brasil* apud PERRUCI, Gadiel. *A república das usinas*. Rio de Janeiro: Paz e Terra, 1978, p. 227.

86 Relatório apresentado à Assembleia Geral Legislativa na 1ª sessão da 18ª legislatura pelo Ministro e Secretário da Agricultura, Comércio e Obras Públicas José Antonio Saraiva. Typographia Nacional, Rio de Janeiro: 1882, p. 35.

Nesse sentido, alertado pelo grande número de concessões caducas, especulações e problemas que iam desde falta de fornecimento a problemas no maquinário, o Governo Imperial aprovou o decreto n. 8.357, de 24 de dezembro de 1881, para as concessões de engenhos centrais, com garantia de juros ou fiança do Estado. Por esse regulamento se fixavam as bases da garantia de juros, sendo arbitrada uma garantia de 500:000$000, se o engenho tiver capacidade para moer diariamente até 200.000 quilos de cana e fabricar, durante a safra, calculada em cem dias, até 1.000.000 de quilos de açúcar; 750:000$000, se a capacidade se elevar até o duplo; e 1.000:000$000, se a capacidade se elevar até o quádruplo. Somente em casos excepcionais esses limites poderiam ser ultrapassados.[87]

Ademais, um outro ponto do decreto tentava impedir a concorrência dos engenhos centrais dentro de zonas restritas. Portanto, de acordo com o item 6°, do artigo 6°, se preceituava a "preferência na concessão de outros engenhos centrais que hajam de ser fundados dentro do mesmo município, com a garantia do Estado".[88]

Seguindo essa mesma linha de normatização, em 1884, instituíram-se as instruções para os engenheiros fiscais. Para facilitar o trabalho, o decreto n. 9307, de 14 de outubro de 1884, distribuiu em três distritos as províncias do Império.[89]

Tentativas de regularizar as concessões dos engenhos centrais foram comuns até o final do Império. Assim, um novo regulamento foi aprovado pelo decreto n. 10.100 de 1° de dezembro de 1888, na qual se proibia a transferência das concessões, salvo depois que a fábrica já estivesse em construção e com a autorização do Governo. Dessa forma, tentava-se limitar as especulações.[90]

A partir desse decreto, o Governo Imperial, também, passou a exigir dos concessionários a determinação da extensão da cultura de cana em cada localidade, considerando a área ocupada pelas lavouras fundadas em condições naturais e outros que lhe assegurem desenvolvimento; e a força, capacidade e sistema dos aparelhos, sendo preferido o da difusão a juízo do Governo, e atendida a economia do espaço coberto, do pessoal da fábrica e do combustível.

Afora isso, o Governo Imperial estabeleceu prêmios, na tentativa de incentivar tanto os proprietários dos engenhos centrais, quanto os fornecedores de cana, pois essas com-

---

87 Decreto n. 8.357, de 24 de dezembro de 1881. *Coleção de Leis do Império do Brasil*, Rio de Janeiro: Imprensa Nacional, 1875/1888. Biblioteca do Arquivo Nacional.

88 *Idem, Ibidem.*

89 Decreto n. 9307, de 14 de outubro de 1884. *Idem, Ibidem.*

90 Decreto n. 10.100 de 1° de dezembro de 1888. *Idem, Ibidem.*

panhias tinham um aproveitamento muito baixo e as canas recebidas por elas eram de péssima qualidade.

> "Art. 11º - Serão direito ao preço de 10:000$000 a 20:000$000, a juízo do Governo, as empresas que de cada 100kg de cana produzirem 12 de açúcar de todas as qualidades.
>
> "Art.12º - O primeiro lavrador que, por meios do aperfeiçoamento da cultura, conseguir aumentar a riqueza sacarina do fornecimento anterior, devendo as mesmas analises preceder ordem do Governo".[91]

Finalmente, o Governo passou a exigir um relatório bem mais completo, numa tentativa de conseguir impulsionar os engenhos centrais. Nestes termos, nas petições para concessão de garantia ou fiança deveriam ser declarados: os municípios escolhidos para situação da fábrica, com informações gerais acerca da produção de cana, açúcar e álcool, quantidade de água potável, lenha e outros combustíveis, e viação externa ou interna; a capacidade da fábrica ou sistema projetado; a extensão aproximada e sistema das vias férreas e de outros meios de transporte destinados a ligar a fábrica aos estabelecimentos agrícolas e os meios para a realização da empresa.

Ademais, os engenhos centrais deveriam efetuar as suas expensas o transporte de canas desde que fosse recebida dos fornecedores nos lugares convencionados e que estivessem convenientemente arrumadas nos veículos; pagar no dia convencionado as contas de fornecimento de canas, tendo os fornecedores, de então em diante, o direito de lhe serem abonadas pela mora juros contados à razão de 8% ao ano, e excluída esta despesa da conta das de custeio.

Apesar dessas novas exigências, o Governo Imperial continuou a não intervir nos contratos entre fornecedores de cana e as companhias de engenho central.

> "Art. 21º - Nos contratos com a empresa é livre aos proprietários agrícolas, plantadores e fornecedores de cana, ajustar as condições de fornecimento e a modo da indenização, podendo esta

---

91 *Idem, Ibidem.*

consistir em dinheiro, segundo o peso e qualidade da cana, ou em quantidade de açúcar de qualidades determinadas".[92]

Ora, percebe-se, através das mudanças na legislação, o quão problemático se tornou o relacionamento entre os engenhos centrais, os fornecedores de cana, os pequenos produtores de açúcar e o Estado. Apesar da garantia de juros e dos benefícios dados pelo Governo Imperial, a política dos engenhos centrais quase não se desenvolvia. Assim, várias concessões caducaram por não cumprir os prazos estipulados pelo Governo. Neste particular, já em 1878, Henrique Augusto Milet, no Congresso do Recife, apontava que não havia sido levantado ainda nem um engenho central "com que nos acenam a tanto tempo, cuja multiplicação é condição si ne qua non da solução do magno problema do trabalho livre e sem os quais não se pode salvar a imensa maioria dos nossos atuais produtores de açúcar".[93]

Não obstante as delongas para a montagem dos engenhos centrais, os produtores de açúcar pareciam não ver outra saída. Um outro congressista, Vitor de Sá Barreto, insistia nesse assunto, recomendando a divisão entre a fábrica e o campo, fator esse que beneficiaria principalmente os pequenos fornecedores.

> "Dividi o trabalho; fabricai o açúcar, ou plantai a cana. Arranjai os vossos negócios, de modo que desapareçam os que chamais lavradores, para serem substituídos por plantadores de cana, cujos lucros estarão na venda delas a vós próprios, ou sede mais razoável na partilha do produto. O vosso interesse, o interesse da província, a vossa honestidade mesmo clamam por uma reforma imediata".[94]

De qualquer forma, percebe-se que havia uma concordância quase unânime dos agricultores do Congresso nesses assuntos. A verdade é que prevaleceu a tese que deveriam as centrais, separar a parte industrial da parte agrícola. Além disso, os senhores de engenho

---

92 *Idem, Ibidem.*
93 MILET. *Op. cit.*, p. 17.
94 *Apud* LIMA SOBRINHO, Barbosa. *Problemas econômicos e sociais da lavoura canavieira.* Rio de Janeiro: IAA, 1941, p. 8.

apontavam a necessidade de "fazer leis em que se regulem as relações entre proprietários e lavradores, e entre locatários e locadores, ou melhor – um código rural".[95]

Releva notar, nesse caso, a tese de Evaldo Cabral de Melo. Para o autor, a política dos Engenhos centrais:

> "não foi promovida pela açucarocracia nortista e nem pelos interesses comerciais ligados à exportação do açúcar (...) mais imposta autoritariamente ao norte agrário em benefício de capitais estrangeiros e do ativo lobby de melhoramentos materiais que vicejava no Rio de Janeiro à sombra dos lucros fáceis de intermediação que proporcionavam a obtenção e a venda de concessões governamentais."[96]

A nosso ver, uma questão a se considerar no âmbito específico do Norte foi o fato dos seus senhores de engenho serem os herdeiros mais evidentes de uma arquitetura e técnicas coloniais extremamente defasadas frente às tecnologias dos outros grandes centros mundiais. Os antigos engenhos precisavam passar por mudanças, se modernizar para continuar a existir, como coloca Milet: "salvar a lavoura da cana é, portanto necessidade que se impõe aos poderes sociais, pois é questão de vida ou morte para esta província e as limítrofes do norte e do sul".[97]

Admitir o apoio dos senhores de engenho à política dos Engenhos centrais não é negar todo o autoritarismo e poder desses senhores de engenho. Não há como não lembrar que a região Norte do Império era o expoente máximo da "sociedade patriarcal do açúcar", ou seja, os senhores de engenho controlavam política e economicamente as comunidades sob o seu domínio.

Há que se ter em conta, ademais, o alto preço desses equipamentos. Não era fácil mobilizar o capital necessário no Brasil e os grupos sociais dominantes não tinham como arcar com as novas tecnologias, vistas como necessárias para a recuperação do mercado externo.

---

95 *Idem, Ibidem*, p. 9.

96 MELLO, Evaldo Cabral. *O norte agrário e o Império* (1871-1889). Rio de Janeiro: Topbooks, 1999, p. 158.

97 MILET. *Op. cit.*, p. 17.

Como nos auxilia Alice Canabrava, havia uma defesa generalizada na década 1870 entre estadistas e senhores de engenho, de que somente com o engenho central se poderia recuperar o setor açucareiro do Brasil. Tal fato pode ser observado na intensa propaganda veiculada pela imprensa diária, nas matérias de relatórios de autoridades, de muitos opúsculos e folhetos. Não havia como ter dúvidas de que a estrutura tradicional era obsoleta. Por outro lado, corria a percepção de que o apoio governamental era imprescindível para facilitar a obtenção de capital técnico e financeiro. O amplo debate promovido pelo Congresso Agrícola do Recife, em 1878, acentuou a importância da política Imperial.[98] O próprio Milet, considerado o mais inflamado orador no Congresso, defendia os engenhos centrais e os benefícios da separação da agricultura e da fábrica.

"A grande lavoura existe em todos os países da Europa e nos Estados Unidos; mas lá não é ela, que dá aos produtos do solo a última mão-de-obra de que carecem para entrar no giro comercial. Não são os plantadores de trigo da Austro-Hungria, nem os da margem do Missouri, que fabricam a farinha, cujos inúmeros carregamentos saem dos portos de Trieste, de Nova York ou de Baltimore; limitam-se a produzir o trigo que outros beneficiam. O mesmo se dá com os plantadores de beterraba da Alemanha, França, Bélgica e Austro - Hungria: não é por eles, que são fabricadas as 1.200.000 toneladas de açúcar, que aqueles países atiram anualmente sobre o grande mercado europeu. Essa fecunda aplicação da divisão do trabalho é o primeiro passo a dar, para a transformação que a lei de 28 de setembro de 1871 impõe à nossa grande indústria. Nela cifra-se hoje a sua primeira condição de vida. Estabelecimentos industriais, montados em ponto grande e com maquinismos mais aperfeiçoados, beneficiarão os produtos da lavoura, por muito menos que custa hoje ao produtor semelhante benefício, e com a vantagem de substituir os imensos braços, hoje empregados nestes misteres, pessoal menos numerosos, mais de que se exigirá mais inteligência e conhecimentos, e a que se poderá dar uma remuneração que assegure a concorrência".[99]

---

98 CANABRAVA. *Op. cit.*, p. 108.
99 MILET. *Op. cit.*, p. 70.

O pensamento constante apontado no parágrafo acima guarda uma apreciável questão sobre a importância dos senhores de engenho do Nordeste na política Imperial dos engenhos centrais. É manifesta a preocupação por parte da historiografia tradicional em ausentar a participação dos representantes do setor açucareiro do Norte. Porém, o que se vê nesse momento é que os interesses da região faziam-se ainda presentes visto que, ministérios como os da Agricultura e da Fazenda, responsáveis pela formulação e execução de políticas econômicas, eram administrados por representantes nortistas diretamente envolvidos nos negócios do açúcar.[100]

Tal participação não significa a realização de todas as soluções demandadas pelo setor açucareiro, até porque a grande lavoura em geral vivia em um momento delicado. Ora, a participação dos representantes nortistas no Governo e as medidas tomadas devem ser inseridas num quadro de crise. Assim, a defesa constante da implantação dos engenhos levou a uma resposta do governo aos reclamos dos senhores de engenho, manifestada pela lei n. 2687, de 1875.

Alega-se, como já o vimos, que havia interesses contrários aos engenhos centrais, principalmente dos senhores de engenho nortistas, representados pela SAAP. Neste caso, não podemos deixar de afirmar que estamos nos referindo a um primeiro momento. Se os sonhos dos engenhos centrais não eram uma unanimidade, a maioria dos seus representantes, fossem eles do Sul ou do Norte do Império, acompanhou as tendências gerais de um pensamento que poderia ser dito como quase universal; ou seja, nada mais benéfico e racional que a separação da lavoura e da fábrica, isto é, os engenhos centrais. Neste caso, essa seria a única forma de reviver os tempos áureos da indústria açucareira nacional.

Já sabemos que isso não ocorreu. Mas, nesse período em análise, as críticas eram poucas e, de forma geral, foram formuladas tardiamente. Pode-se dizer que esses homens perceberam as consequências negativas desse processo para a economia açucareira quando o sonho dos engenhos centrais já se esvaía aos poucos no pesadelo do acirramento da crise.

OS ENGENHOS CENTRAIS NA PROVÍNCIA DE SÃO PAULO

> "Esta província, que foi talvez o berço da lavoura de cana no Brasil, não podia ficar estacionária ante os benefícios que se propôs espalhar a lei geral n. 2.687, de 6 de novembro de

---

100 PRADO. *Op. cit.*, p. 33.

1875, com o patriótico empenho de animar e desenvolver a industria açucareira. Esta indústria que já teve na província sua fase de prosperidade notável, mas que a muito foi quase que totalmente abandonada, pela lavoura do algodão, também substituída mais tarde pela do café, tende atualmente a desenvolver-se, graças ao espírito empreendedor dos paulistas auxiliados pela lei referida."[101]

Os engenhos centrais são, sem dúvida, o denominador comum a partir do qual é possível caracterizar a amplitude da tentativa de revivamento da produção açucareira em todo o país. Dessa forma, mesmo nas províncias que tinham se voltado para outras culturas, como foi o caso do café em São Paulo, a necessidade de se investir no novo sistema parecia inevitável. Por outro lado, essas regiões periféricas da produção de açúcar investiram na modernização para suprir o próprio mercado interno.

Os bons tempos da produção açucareira em São Paulo foram a referência para essa tentativa de recuperação do setor. Porém, o objetivo maior do Governo dessa província parece ter sido implantar uma alternativa à produção cafeeira, pois já se temia a dependência de uma cultura única.

Como lembra Dé Carli, no quadro da distribuição de favores de garantia de juros, São Paulo havia alcançado o número máximo de suas concessões. Segundo ele, o Governo Imperial teria privilegiado na distribuição das concessões as províncias nas quais se cultivava a cana, priorizando as províncias com a maior quantidade do açúcar exportado. Para o autor, São Paulo não possuía uma exportação de açúcar que autorizasse receber 1.900:000$000 de concessão de juros.[102]

Não nos parece exagerado afirmar, portanto, que o revivamento da agroindústria açucareira paulista está intrinsecamente ligada à produção cafeeira. Apesar da expansão do café invadir terras da lavoura canavieira, os seus lucros financiaram em boa parte a modernização e a implantação dos engenhos centrais paulistas.

É importante não esquecer que nesse período São Paulo estava praticamente voltado para o café, até porque a produção de açúcar na província não supria o seu próprio mercado interno. Num período de dezoito meses, entre 1º de julho de 1886 a 1º de

---

101 Fala dirigida à Assembleia Legislativa de São Paulo na abertura da 2ª sessão da 24ª legislatura em 10 de janeiro de 1883 pelo Presidente Conselheiro Francisco de Carvalho Soares Brandão. São Paulo: Typ. do Ypiranga, 1883, p. 71.
102 Dé Carli. *Op. cit.*, 1943, p. 37.

dezembro de 1887, enquanto Pernambuco exportava 85.141.138 kg, São Paulo exportava 180 kg, e chegou a importar em 1872, 18 mil toneladas das outras províncias. Foi com a criação dos engenhos centrais que se iniciou o aumento da produção paulista.[103]

Nesse período, ocorreu um rápido desenvolvimento da lavoura cafeeira. O café na década de 1821-30 apenas representava 18,4% da exportação brasileira, enquanto o açúcar alcançava 30,1%; na década de 1831-40 o café alcançaria 43,8%, e o açúcar 24%. Essa proporção manteve-se por algum tempo. Mas, após a década de 1850, o café suplantaria o açúcar, chegando a representar na década de 1890-1900, a cifra de 64,5% das exportações.[104]

Nesse contexto, a partir de 1869, o sistema São Paulo-Santos se afirmaria definitivamente no sistema cafeeiro e, durante a década de 1880, superaria a produção do Rio de Janeiro, tornando-se o maior produtor de café do país e assumindo o grande eixo do comércio internacional brasileiro. A partir da década de 1870-80, quando a produção média anual ultrapassa os cinco milhões de sacas por ano, o café transforma-se no centro motor do desenvolvimento do capitalismo brasileiro.[105]

Nessa conjuntura, destaca-se a primeira grande expansão ferroviária, que dominou todo o "oeste velho" – "quadrilátero do açúcar" e Vale do Paraíba, entre a década de 1860-1880, e que foi fundamental para a implantação dos engenhos centrais paulistas. Assim, nesse período foram fundadas: a Companhia Ituana em 1870, que ligava Jundiaí a Itu e que posteriormente atingiria Piracicaba passando por Capivari; a Companhia Sorocabana, fundada em 1870, que saia da cidade de São Paulo, passando por São Roque e Sorocaba, chegando até São João do Ipanema; a Companhia Mogiana, fundada em 1872, que partia de Campinas, passando por Casa Branca e atingindo Ribeirão Preto; a Companhia São Paulo e Rio de Janeiro, que ia até Cachoeira, através do Vale do Paraíba.[106]

Dessa forma, os engenhos centrais paulistas foram todos construídos perto das ferrovias, que passavam pelos principais núcleos canavieiros da região. Esperava-se com isso

---

103 SOUZA, Jonas Soares de. *Imigração e colonização em um município açucareiro*: o problema da mão-de-obra em Porto Feliz (1875-1905). Dissertação de Mestrado. São Paulo, FFLCH-USP, 1975, p. 62.

104 QUEDA, Oriowaldo. *A intervenção do Estado e a agroindústria açucareira paulista*. Tese de Doutorado. São Paulo, FFLCH-USP, 1972, p. 43.

105 SINGER. *Op. cit.*, p. 30 e SILVA, Sergio. *Expansão cafeeira e origens da Indústria no Brasil*. São Paulo: Alfa-Ômega, 1986, p. 49.

106 BRAY, Silvio Carlos. *A formação do capital na agroindústria açucareira de São Paulo*: revisão dos paradigmas tradicionais. Tese de Livre Docência, Instituto de Geociências e Ciência Exatas, Unesp, 1989, p. 49-67.

que esses engenhos centrais pudessem comercializar o seu açúcar para toda a província, além de facilitar o transporte da matéria-prima, que era escoada utilizando-se o serviço das ferrovias, ou através da criação de linhas agrícolas pelos engenhos centrais.

É nessa perspectiva que se entende a afirmação de Luis Carlos Bray sobre a contribuição do complexo cafeeiro paulista para o surgimento das novas agroindústrias de açúcar e álcool na Província. O autor evidencia nitidamente essa imbricação entre o café e a cana quando demonstra que o avanço da cafeicultura propiciou, entre outras coisas: a expansão da oferta de mão-de-obra, o que possibilitou a implantação de trabalhadores livres nos engenhos centrais e nas fazendas fornecedoras de cana, principalmente com a introdução do sistema de colonato; a imigração, que contribuiu para a mão-de-obra qualificada ou mais especializada tão necessitada pelos engenhos centrais; a expansão ferroviária, pois, os engenhos centrais poderiam contar com o carregamento de cana, ora utilizando-se das ferrovias públicas, ora através da criação de um sistema ferroviária próprio; e, por fim, o aumento vertiginoso da população paulista que entre 1886 a 1890, passaria de 1.224.380 habitantes para 1.384.754.[107]

Como já foi dito, a necessidade de outros produtos além do café também influenciaram o incentivo a criação de engenhos centrais. Essa visão pode ser observada na fala do Presidente da Província de São Paulo, conselheiro Francisco de Carvalho Soares Brandão:

> "Hoje que a grande baixa do principal produto de exportação da Província veio mostrar de modo irrefragável que não deve ela confiar o seu futuro econômico de um único gênero de produção e exportação, é me grato registrar que a introdução e desenvolvimento dos engenhos centrais na Província promete ser um auxilio poderosos, mantendo a receita provincial, chamando os pequenos lavradores à participação de lucros certos e atraindo à lavoura maior número de indivíduos".[108]

A mesma visão da necessidade de diversificar a produção da Província frente aos problemas enfrentados pelo café pode ser visto no memorial feito pela Cica:

---

107 *Idem, Ibidem*, p. 94.

108 Fala dirigida à Assembleia Legislativa de São Paulo na abertura da 2º sessão da 24ª legislatura em 10 de janeiro de 1883 pelo Presidente Conselheiro Francisco de Carvalho Soares Brandão. São Paulo: Typ. do Ypiranga, 1883, p. 71.

> "Mesmo nas províncias, como Minas Gerais, São Paulo e Rio de Janeiro, em que a lavoura de cana, depois de 1850, cedeu o passo a outras culturas mais rendosas, sabe esta augusta Câmara que, ultimamente, o atrativo de melhores processos e o incitamento dos poderes públicos, reunindo-se ao desanimo pelos baixos preços do algodão e pelas irregularidades de produção do café, fizeram aparecer de novo tentativas importantes de restabelecimento da indústria sacarina".[109]

Como já destacamos, os engenhos centrais seriam a solução para um dos maiores problemas da lavoura nacional: a falta de mão-de-obra, sobretudo por causa do fim eminente da escravidão. Naturalmente, uma das cláusulas para a concessão deixava clara a proibição do uso do trabalho escravo nas centrais.

Além disso, os engenhos centrais funcionariam apenas um terço do ano, somente durante o período da colheita da cana. Com esse sistema, na entre safra a maioria dos trabalhadores não teria uma função, e, dessa forma, o trabalho livre, em especial o realizado por dia seria muito mais rentável economicamente. As companhias somente contratavam os trabalhadores mais especializados, por ser essa uma mão-de-obra escassa, visto que a maioria era estrangeira.

Nesse quadro, uma das frequentes queixas da diretoria desses engenhos centrais era a escassez de mão-de-obra. Luis Monteiro Caminhoá, engenheiro fiscal do terceiro distrito, apontava, em 1885, que a insuficiência de trabalhadores ajudava a encarecer a produção do açúcar. Como solução aconselhava o Estado a criar uma lei de locação de serviço e a instituição do serviço obrigatório.[110]

Como já foi dito, o país não possuía a mão-de-obra especializada necessária para os engenhos centrais. Os documentos de época apontam para a necessidade de criação de cursos profissionalizantes para atender a demanda das novas companhias instaladas.

> "Do que diz respeito à educação técnica necessária para tais empreendimentos, não há estabelecido no Brasil coisa alguma

---

[109] CENTRO DA INDÚSTRIA E COMÉRCIO. *Op. cit.*, p. 4.

[110] Relatório apresentado pelo engenheiro fiscal Caminhoá ao Ministro do Estado dos Negócios da Agricultura, Comércio e Obras Públicas, João Ferreira de Moura. Rio de Janeiro: Imprensa Nacional, 1885, p. 86.

de valor. Não temos uma escola industrial propriamente dita [...]. Quais os fazendeiros, da moderna geração, que tem curso de agronomia? Quais os profissionais brasileiros que possuem estudos de escola especialmente industrial."[111]

Poucas escolas agrícolas, no entanto, tiveram êxito.[112] São Paulo sobressai-se no período, com o sucesso da criação da Imperial Estação Agronômica de Campinas, inaugurada em 1º. de dezembro de 1888. Para organizar a Estação Agronômica foi contratado o químico austríaco Franz Josef Wilhelm Dafert.[113]

Apesar de também sofrer com a falta de braços para a lavoura, a produção açucareira paulista adotou o sistema de trabalho defendido pelo café – o colonato. Essa preferência pelo colono imigrante pode ser observada desde os finais da escravidão, com a organização de colônias rurais pelos produtores de açúcar. Em Piracicaba, em 1884, o proprietário da fazenda Nova Java contratou 84 açorianos para ocupar a sua colônia. Em 1887, o Engenho Central organizou uma colônia de tiroleses em sua fazenda cachoeira e, nesse mesmo ano, João Batista da Cruz organizou ma colônia de trentinos, com dez famílias, no total de oitenta pessoas, para trabalharem na sua lavoura de cana.[114]

---

111 Idem, Ibidem.

112 A lei n. 3.324, de 16 de outubro de 1886, aprovava os recursos necessários para a criação de escolas práticas de agricultura e para a fundação de uma estação agronômica. Assim, em 1877, Rodrigo Augusto da Silva, Ministro da Secretária de Estado dos Negócios da Agricultura, Comércio e Obras Públicas solicitou ao Governo Imperial que se organizasse tais instituições em São Paulo. Estas deveriam estudar os problemas referentes à agricultura nacional. Relatório apresentado à Assembleia Geral na 2ª sessão da 20ª legislatura pelo Ministro e Secretário de Estado dos Negócios da Agricultura, Comércio e Obras Públicas Rodrigo Augusto da Silva. Rio de Janeiro: Imp. Nacional, 1887.

113 Dafert procurou orientar a instituição principalmente para a pesquisa, seguindo o modelo alemão, pela qual os institutos agrícolas não eram direcionados para o ensino. Suas pesquisas direcionaram-se fundamentalmente para estudos sobre a química dos solos, as normas de adubação e sobre as doenças mais frequentes nas lavouras. MELONI, Reginaldo Alberto. *Ciência e produção agrícola*: a Imperial Estação Agronômica de Campinas 1887/1897. Dissertação de Mestrado, São Paulo, FFLCH-USP, 1999.

114 TERCI, Eliana. *Agroindústria canavieira de Piracicaba*: relações de trabalho e controle social 1880-1930. Dissertação de mestrado, São Paulo, PUC/SP, 1991.

Em termos gerais, não houve uma política tão forte de incentivos à criação de núcleos coloniais em São Paulo, pois o maior objetivo era a obtenção de mão-de-obra para as fazendas de café. A ideia dos núcleos coloniais só surgiria no final do Império, pois predominava a ideia de que eles estimulariam a fixação dos imigrantes à terra, garantia de povoamento e desenvolvimento agrícola para abastecimento das zonas urbanas.[115]

Em termos mais restritos, algumas exceções se destacam. De forma pontual, alguns núcleos coloniais foram criados pelo próprio Governo, numa tentativa de atender à demanda dos engenhos centrais. Nesse caso, se insere o Núcleo Colônia de Canas, criado em 1885, em Lorena, e o Núcleo Colonial Rodrigo Silva, em 1887, no município de Porto Feliz. Tentava-se, assim, introduzir colonos que assegurariam uma safra fixa para esses engenhos centrais. O objetivo primordial era resolver os graves problemas de escassez tanto de matéria prima, como de mão-de-obra.[116]

A partir de 1870, o Governo da Província de São Paulo tomou a seu cargo todas as despesas relativas à imigração: pagamento da viagem dos trabalhadores e de suas famílias; criação de um mecanismo encarregado de dirigir a imigração, através de agências fixadas em vários países da Europa. A partir dos anos de 1880, a imigração tornou-se massiva. Entre 1887 e 1897, 1.300.000 imigrantes chegaram ao Brasil. A título de comparação entre 1890 e 1900, a população do Brasil aumentou cerca de 3.000.000 de pessoas, passando de 14 a 17 milhões. A maioria desses imigrantes se estabeleceu em São Paulo. Essa nova população alcançaria a cifra de 909.417 pessoas, entre 1887 e 1900, o que correspondeu a 82% do crescimento demográfico no período.[117]

Não obstante as argumentações contrárias a essa política imigrantista, percebe-se que, no final da década, os fazendeiros paulistas, cujo poder no Governo vinha crescendo, conseguiram impor ao resto do país a sua solução para o problema da mão-de-obra. Desse modo, os interesses da província cafeeira passam a comandar os processos de mudança desencadeados. Tal fato pode ser observado no gráfico 6, referente ao movimento imigratório nas décadas de 1870-80 e a porcentagem da entrada desses imigrantes no país e na Província.

---

115 MAKINO, Miyoco. Contribuição ao estudo de legislação sobre núcleos coloniais do período imperial. *Anais do Museu Paulista*, tomo XXV, São Paulo, 1971-1974, p 127.

116 No Núcleo Colonial de Canas, no município de Lorena, cada lote custava 800$000. Este valor deveria ser pago em quatro prestações. O colono deveria zelar pelo lote, cultivando-o e conservando a casa provisória que o Governo tinha construído conservar bem assinalada suas divisas e abrir e conservar limpos os caminhos dentro do núcleo. "Título de propriedade de 1882". *Núcleo Colonial de canas* (1884-1956). Arquivo do Estado de São Paulo, caixa n. 56, ordem 7.207.

117 SILVA. *Op. cit.*, p. 44.

Fonte: MAKINO, Miyoko. Contribuição ao estudo de legislação sobre núcleos coloniais do período imperial. *Anais do Museu Paulista*, tomo XXV. São Paulo, 1971-1974, p. 102-114.

Nesse processo, obviamente, a maior parte desses trabalhadores eram absorvidos pelas fazendas cafeeiras. E nesse momento, a cana não tinha como fazer frente ao café. Naturalmente, o governo privilegiava os interesses ligados ao café, relegando a um segundo plano os produtores de cana que sofriam com a escassez de mão-de-obra.

Em carta de 25 de outubro de 1884, Antonio de Paula Leite Filho queixava-se ao fazendeiro José Fernandes Bastos sobre a carência de trabalhadores na região, explicando-a pela sua quase que total absorção pela lavoura cafeeira, em franca expansão nos municípios vizinhos. Via na proibição da cláusula XVII do contrato de 1876, estabelecido entre o Governo Imperial e a Companhia Açucareira, que impedia a utilização do trabalho escravo, o objetivo de evitar desvios da já reduzida quantidade de mão-de-obra concentrada na lavoura do café. Nesse sentido, reclamava da falta de atenção dos poderes públicos com relação a uma melhor distribuição de imigrantes europeus para a região, que atendesse também aos plantadores de cana, já que a utilização do braço escravo ficava proibida no Engenho Central.[118]

Zóia Vilar Campos argumenta que no Norte o processo de abolição da escravidão não acarretou em escassez de mão-de-obra, como foi o caso do Sul. Isso se deu porque os trabalhadores livres da região, em troca do direito do uso da terra para plantarem suas lavouras de subsistência e moradia, trabalhavam para os senhores

---

118 SOARES. *Op. cit.*, 1975, p. 60.

de engenho. Dessa forma, a imigração estrangeira não foi uma preocupação muito grande na região Norte.[119]

Quando enfatizamos o papel da escassez de mão-de-obra nos engenhos centrais paulistas, entendêmo-la como atravancadora do desenvolvimento dessas companhias. Uma dos primeiros malefícios era a falta de trabalhadores na própria fábrica. Todavia, verifica-se que o mais prejudicial era a falta de colonos para as lavouras, o que inviabilizava o fornecimento de matéria-prima demandado pela fábrica.

A solução aos entraves interpostos à produção pela escassez da força de trabalho foi a celebração de contratos entre as duas partes. Ademais, os engenhos centrais precisavam assegurar a sua matéria prima, muitas vezes desviadas para o próprio fabrico dos engenhos banguês. Tal fato se dava principalmente quando subia o preço do açúcar bruto e da aguardente, não compensando por essa razão entregar as canas para os engenhos centrais. Assim, esses contratos intencionavam facilitar a relação entre os fornecedores de cana e os engenhos centrais. Os seus princípios básicos estabeleciam que:

> "os agricultores e proprietários agrícolas abrigam-se por si e por seus sucessores, por titulo universal ou singular, à vender a companhia que se organizar, pelo preço da tabela e durante o período de cinco anos consecutivos a contar do dia em que o engenho central começar a funcionar, todas as canas que as suas propriedades produzissem [...] e não reduzir a lavoura atual, que é a das canas, e a não reduzir à extensão também atual de suas culturas".[120]

Nos acordos entre os fornecedores e as centrais geralmente as companhias se obrigavam a comprar dos agricultores contratantes:

> "todas as canas maduras e em boas condições, em todos os respeitos e que seriam pagas a eles conforme os preços estipulados em tabelas, feita em conformidade com o câmbio do

---

119 CAMPOS, Vilar Zóia. *Doce amargo*: produtores de açúcar no processo de mudança pernambucano (1874-1941). São Paulo: Annablume, 2001, p. 27.

120 DÉ CARLI, Gileno. *Aspectos de economia açucareira*. Rio de Janeiro: Editores Irmãos Pongetti, 1942, p. 290.

dia e o grau de caldo da cana, cálculo para 1.500 kg ou 100 arrobas de cana".[121]

Obrigava-se ainda a central e os fornecedores a:

"estabelecer de acordo com os proprietários, estações em vários pontos de suas propriedades, e onde mais cômodo e apropriado for, para a entrega de canas, correndo por conta da empresa o assentamento dos trilhos, a conservação do leito da estrada, pontes, etc., porém, os senhores de engenho obrigam-se a zelar pelas estradas e pelos trilhos que passassem pelo seu engenho e responderão por qualquer dano que possa resultar de sua falta de vigilância, obrigam-se a não usar nem mesmo consentir que outro qualquer se utilize da mesma estrada, sob qualquer pretexto".[122]

Certo é que, em São Paulo, os engenhos centrais tiveram grande dificuldade em assinar contratos com os seus fornecedores. É contundente também neste sentido a importância que a produção de açúcar bruto e aguardente representaram na economia açucareira dessa Província. Esse comércio era tão vital nessa região que alguns engenhos centrais chegaram a se apoiar na sua produção para continuar a funcionar. Esse foi o caso do Engenho Central de Lorena, como se pode perceber pelo relatório do engenheiro fiscal Eurico Jacy Monteiro:

"Mas não só o Governo não dá garantia de juros para a fabricação de aguardente, como também o aludido fato não é de pouca monta, qual parece à primeira vista: por um lado, é um fato de ordem social, e por conseguinte que exige toda a nossa atenção. O engenho de Lorena produz aguardente em grande quantidade e pouco açúcar; a usina "Barcellos" fabricou

---

[121] Contrato entre fornecedores e uma central a ser construída no município de Escada, Pernambuco *apud Idem, Ibidem*, p 290.
[122] *Idem, Ibidem*, p. 290.

quase que unicamente aguardente; os pequenos lavradores, com suas engenhocas, preferem moer eles mesmos as canas que colhem, a venderam-nas aos engenhos centrais de açúcar; o fazendeiro de café (muitíssimos pelo menos) tem o seu alambique para aguardente e quando faz rapadura, etc. Para onde vamos?! Não é só o consumo imediato da aguardente e álcool: é que esses produtos são o veículo-base de todas as falsificações de bebidas espirituosas! Por outro lado é desonra da nossa indústria açucareira".[123]

A situação do Sudeste espelha as transformações essenciais que estavam ocorrendo na produção açucareira nacional, apesar dessa ser uma área secundária da produção açucareira. Nesse sentido, a diferença essencial entre os engenhos centrais do Norte e do Sul está no tipo de mercado almejado. Os engenhos centrais do Sul do país foram construídos para atender ao comércio interno, mais especificamente, o seu próprio mercado. Já o Norte pretendia através desse novo sistema reconquistar o mercado externo. Ao não conseguir o seu principal intento foi obrigado a se voltar também para o abastecimento do consumo interno. Mas especificamente, isso significa que o Norte, como principal produtor, teve que redirecionar a sua produção para os mercados do Sul. Tal fato pode ser verificado no gráfico 7, que indica a grande diminuição da exportação do açúcar brasileiro, no período entre 1876 a 1886.

---

123 Relatório do Terceiro Distrito de Engenhos Centrais apresentado por Eurico Jacy Monteiro, engenheiro fiscal. In: Anexo – Relatório apresentado ao Vice-presidente da República dos Estados Unidos do Brasil pelo Ministro de Estado dos Negócios da Indústria, Viação e Obras Públicas Antonio Francisco de Paula Souza, no ano de 1883, 5º da República. Rio de Janeiro: Imprensa Nacional, 1893, p. 94.

Fonte: RAFFARD, Henri. *Crise do açúcar e o açúcar no Brasil*: artigos publicados na revista de engenharia e transcritos no jornal do agricultor. Rio de Janeiro: Typ. Carioca, 1888, p. 49.

Concretamente, o alto consumo de açúcar bruto era uma realidade em todo o Brasil, principalmente por causa do baixo poder aquisitivo da população. Por essa razão, os engenhos centrais tiveram uma certa dificuldade em impor o seu açúcar ao gosto da população, como percebe-se no relatório do Presidente da Província de São Paulo, João Alfredo Correa de Oliveira:

> "Não sendo o açúcar cristalizado bastante conhecido, tem sido difícil introduzi-lo no consumo; mas com a propaganda e esforços empregados vai aumentando gradualmente a sua procura".[124]

Neste caso, evidentemente, o Norte era o maior produtor; porém, o Rio de Janeiro era concomitantemente o maior consumidor e o maior redistribuidor. É perceptível que a razão da importância estratégica do Rio de Janeiro decorria das dificuldades das relações comerciais diretas entre o Norte e o Sul. Dessa forma, cabia a esta província a redistribuição do açúcar do Norte para as províncias de Minas Gerais, São Paulo, Paraná, Santa Catarina e Rio Grande do Sul.[125]

---

[124] Relatório apresentado à Assembleia legislativa provincial de São Paulo pelo Presidente de Província João Alfredo Correa de Oliveira, no dia 15 de fevereiro de 1886. São Paulo: Tipographia à vapor de Jorge Seckler & Cia., 1886, p. 81.

[125] DIAMANTI. *Op. cit.*, p.239.

Já nesta época, o escoamento do açúcar do Norte via Rio de Janeiro fazia baixar os preços, principalmente por causa das especulações feitas pelos atacadistas do Rio de Janeiro:

> "O Norte do Império começa a mandar para o grande mercado do Rio de Janeiro o seu açúcar, isto porque pela inferioridade e pelo alto preço do frete desse gênero para a Europa não compensava ao produtor exportá-lo".[126]

Uma das primeiras descrições a respeito da importância do mercado interno foi feita por Julio Brandão Sobrinho, chefe dos estudos econômicos da Secretária da Agricultura, Comércio e Obras Públicas de São Paulo, e representante do Governo na 4ª Conferência Açucareira Campista. Brandão Sobrinho afirmava que já em 1811 a produção do Rio de Janeiro, em especial a da região de Campos, era consumida integralmente pelo comércio do Rio de Janeiro. Além disso, os preços determinados pelas praças do Rio de Janeiro eram os mesmos adotados em São Paulo e no Recife, visto que, o açúcar importado por São Paulo entrava na Província pelo porto de Santos ou vinha pelo Rio de Janeiro, cuja procedência poderia ser tanto fluminense como Nortista.[127]

Assim, sobrelevou-se o papel do consumo nacional. Os pernambucanos chegaram a vender, nesse período, 15 a 20% de seus açúcares no mercado interno. Pelas tabelas 2 e 3, percebemos a relevância das entradas e saídas de açúcar pelo Rio de Janeiro:

Tabela 2 - Importação de açúcar cândi, de uva ou glicose ou de qualquer outra qualidade na alfândega do Rio de Janeiro (1882-1885)

Exercícios	Quilogramas	Valor
1882-1883	44.912	16:122$465
1883-1884	45.496	18:572$568
1884-1885	36.205	13:783$234

Fonte: Relatório do Terceiro Distrito de Engenhos Centrais apresentado por Luis Monteiro Caminhoá, engenheiro fiscal. In: Relatório apresentado na 1ª sessão -da 2ª legislatura pelo Ministro e Secretário dos Negócios da Agricultura, Comércio e Obras Públicas Antonio da Silva Prado. Rio de Janeiro, Imprensa Nacional, 1886, p. 50.

---

126 Auxílio à lavoura. Parecer apresentado na sessão de 20 de julho de 1875 pela comissão encarregada de prover os meios eficazes de auxiliar a lavoura. *O Auxiliador da Indústria Nacional*, jul., 1875, p. 300, *apud* VIANA. *Op. cit.*, p. 249.

127 VIANA. *Op. cit.*, p. 245.

Tabela 3 - Exportação de açúcar, aguardente e doces na alfândega do Rio de Janeiro (1882-1885)

Mercadorias	Exercícios	Unidade	Quantidade	Valor
Aguardente	1882-1883	Litros	57.512	12:710$353
	1883-1884	"	61.046	13.614$194
	1884-1885	"	130.618	22:819$333
Açúcar	1882-1883	Kg	3.343.416	687:870$127
	1883-1884	"	2.403.603	499:106$902
	1884-1885	"	1.742.770	277:772$239
Doces	1882-1883	"	99.478	97:287$100
	1883-1884	"	267.884	167:996$000
	1884-1885	"	1.560	97:921$100

Fonte: Relatório do Terceiro Distrito de Engenhos Centrais apresentado por Luis Monteiro Caminhoá, engenheiro fiscal. In: Relatório apresentado na 1ª sessão da 2ª legislatura pelo Ministro e Secretário dos Negócios da Agricultura, Comércio e Obras Públicas Antonio da Silva Prado. Imprensa Nacional, Rio de Janeiro: 1886, p. 50.

A influência dos mercados do Sul é manifestada pelos dividendos auferidos com as exportações. Como se pode observar, havia uma predominância das províncias do Rio de Janeiro e de São Paulo. No quinquênio 1872-1876, coube o 1º lugar ao Rio de Janeiro, com 98.687:000$000, o 2º a São Paulo, com 22.812:000$000, o 3º a Pernambuco, com 18.883:000$000, e o 7º a Alagoas, com 4.156:000$000. No quinquênio de 1882 a 1996 pertenceu ainda ao Rio de Janeiro o primeiro lugar nas médias de exportação, com 106.112:000$000, o 2º a São Paulo com 52.559:000$000, o 4º a Pernambuco, com 16.690:000$000 e o 6º a Alagoas, com 4.642:000$000. No quinquênio 1893 a 1897, nas médias, ocorre uma mudança: o primeiro lugar passou para São Paulo, com 248.690:000$000, o 2º ao Rio de Janeiro, com 192.552:000$000, o 6º a Pernambuco, com 31.419:000$000 e o 9º lugar a Alagoas, com 8.430:000$000.[128]

O engenheiro fiscal Luiz Caminhoá afirmava coerentemente que no âmbito do mercado mundial era "quase impossível uma convenção internacional favorável aos nossos interesses". No mercado interno, o maior problema era:

---

128 DÉ CARLI, Gileno. "Geografia econômica e social da canna de açúcar no Brasil". *Brasil Açucareiro*, ano V, vol. X, Out. de 1937, n. 2, p. 133.

"o monopólio existente em nosso mercado, o qual concorre poderosamente com a baixa do preço do açúcar. [...] O fim principal da compra do açúcar do Norte, não obstante o considerável excedente da nossa produção sobre o consumo local, é fazer baixar os oscilar o preço, conforme os interesses do comandita [...]. O preço baixo do açúcar é, devido, em grande parte, ao monopólio criado pelos refinadores, que, de mãos dadas com alguns comissários e corretores, estabelecem a baixa do produto comprado aos engenhos, elevando o seu preço depois".[129]

Nestes termos, surgiram os engenhos centrais de São Paulo. Como é possível perceber quatro dentre eles foram os mais significativos no período. Exatamente por julgarmos imprescindível discorrer um pouco sobre os aspectos particulares de cada um, como forma de desvendar a gama de acontecimentos que levariam a sua falência, optamos por trabalhar especificamente com cada um desses quatro engenhos centrais.

O Engenho Central de Porto Feliz

"Inaugurou-se em 28 de outubro de 1878, o engenho central de Porto Feliz, destinado ao fabrico de açúcar, por meio de aparelhos modernos e aperfeiçoados. É propriedade de uma companhia anônima que se organizou com o capital de 300:000$000, garantido pelo Governo Imperial a juro de 7% por decreto n. 2355 de 11 de outubro de 1876. A maior parte da cana para alimentar a fábrica só pode ser transportada pelo rio Tietê. A Assembleia Provincial concedeu à Companhia um auxílio de 10:000$000 para desobstrução do rio na parte entre Porto Feliz e o Salto de Itu. A fábrica está montada em condições de produzir diariamente 7.500 kilos de açúcar e tem recebido desde a sua inauguração 617.493 kilos de cana. Tem para o seu transporte um vaporzinho e seis chalanas; precisa ter ao menos 14

---

[129] GNACCARINI, J. C. A. *Estado, ideologia e ação empresarial na agroindústria açucareira do Estado de São Paulo*. Tese de doutorado. São Paulo, FFLCH-USP, 1972, p. 113.

chalanas. O futuro do Engenho Central de Porto Feliz depende de produção, e esta da navegação do rio Tietê".[130]

Como se sabe, o primeiro engenho central montado em São Paulo foi o de Porto Feliz. A fábrica tinha capacidade para moer 125.000 kg de cana-de-açúcar e produzir 7.500 kg de açúcar por dia. O capital da companhia era de 400:000$000, com garantia de juros de 7%. Apesar da boa vontade de seus fundadores, esse Engenho Central teve problemas financeiros praticamente desde a sua fundação, pelo que se pode desprender do relatório apresentado ao Ministério da Agricultura em 1879.

> "Do capital garantido pelo Governo e dividido em 1500 ações foi realizada somente a importância de duzentos contos. Foram despendidos com a fundação da fabrica cerca de 420 contos. A dívida é, pois, de 220 contos mais ou menos e se constitui do resto do custo das máquinas e de empréstimos feitos à empresa pelos acionistas e diretoria."[131]

Pelo perfil de cada um dos seus organizadores, podemos concluir que, ao contrário do sucedido no Nordeste, nas regiões de produção açucareira periférica esses engenhos foram montados com capital nacional. Em São Paulo, sobressaiu-se principalmente o capital proveniente da cafeicultura e, nesse caso, estaria o Engenho Central de Porto Feliz, que tinha como os seus principais acionistas e fundadores três fazendeiros de cana-de-açúcar, um de algodão, um capitalista de São Paulo, com fazenda de café em Porto Feliz e um capitalista do Rio de Janeiro.[132]

A tabela 4 mostra a média da produção das principais culturas de Porto Feliz. Percebemos com sua análise a relevância da produção açucareira para o município.

---

130 Relatório apresentado à Assembleia Geral na 2ª sessão da 17ª legislatura pelo Ministro e Secretário de Estado dos Negócios da Agricultura, Comércio e Obras Públicas João Lins Vieira Cansansão de Sinimbu. Rio de Janeiro: Imprensa Industrial de João Paulo Ferreira Dias, 1879, p. 40.

131 Relatório apresentado ao Presidente da Província de São Paulo Laurindo Abelardo de Brito, em 1 de outubro de 1879. Engenhos Centrais. Arquivo do Estado de São Paulo – ordem – CO 5674.

132 BRAY. *Op. cit.*, p.67.

Tabela 4 - Média da produção agrícola de Porto Feliz (1886)

Açúcar	1.200.000 kg
Algodão	450.000 kg
Café	150.000kg
Fumo	7.500 kg
Aguardente	5.000 cargueiros
Vinho	8.000 L

Fonte: Relatório apresentado ao Exmo. Sr. Presidente da Província de São Paulo pela Comissão Central de Estatísticas. São Paulo: Leroy King Bookwalter/Tipografia King, 1888.

Em 20 de agosto de 1876, os diretores provisórios passaram uma procuração a Cesário Nazianzeno de Azevedo Mota Magalhães Júnior para a realização do contrato de fornecimento de máquinas, assinado com a casa francesa Brissonneau Frères, de Nantes. Essas máquinas custaram 495.000 francos, aproximadamente, ao câmbio da época, 198:000$000.

> "O Engenho Central da Companhia Açucareira de Porto Feliz funciona com máquinas e aparelhos aperfeiçoados para o fabrico de açúcar e constitui um importante elemento da vida e progresso do município, cuja lavoura principal é a da cana. O valor médio das terras do município por alqueire (2,42 hectares) é de 200$000 para as de primeira qualidade, e de 100$000 para as de segunda. O Governo Geral trata de estabelecer no município um núcleo colonial, para o que já adquiriu os terrenos necessários".[133]

Como os proprietários ribeirinhos poderiam fornecer mais de 50% da produção do município, o decreto n. 6598, de 27 de junho de 1877, permitiu a navegação do rio Tietê, que ligaria os fornecedores ao Engenho Central de Porto Feliz, e deste com a estação mais próxima da Estrada de Ferro Ituana.

---

133 Relatório apresentado ao Exmo. Sr. Presidente da Província de São Paulo pela Comissão Central de Estatísticas. São Paulo: Leroy King Bookwalter/Tipografia King, 1888.

Apesar da autorização, o rio Tietê era de difícil navegação, principalmente por causa das corredeiras e de pequenas cachoeiras, o que levou a Assembleia Provincial a autorizar despesas de até 10:000$000 para a desobstrução do rio no trajeto de Porto Feliz até Salto. Essa verba foi, contudo, insuficiente para desobstruir o rio.

Como expressão evidente da dificuldade econômica desse Engenho Central está o fato de que, para terminar a sua construção, alguns acionistas e a diretoria levantaram capitais em seus próprios nomes. Essas dívidas contraídas a juros altos oneravam a Companhia, que, por não conseguir pagar os juros desses empréstimos, contraiu um outro a longo prazo com juros módicos. Para o pagamento dos juros desse último empréstimo foi feito outro financiamento de curto prazo e com juros altos. A garantia do Governo não chegou a ser efetivada e surgiram dissensões entre os próprios membros da sociedade.[134]

Apesar disso, o Presidente da Província de São Paulo afirmava, em 1883, que assim que a Companhia conseguisse pagar todas as suas dívidas, ela teria um futuro promissor, já que esse Engenho Central, segundo ele, teria sido muito bem montado.

> "É de esperar que em futuro, não remoto, a Companhia se veja totalmente desembaraçada dos compromissos que a oneram atualmente, remunerando então de modo mui satisfatório a perseverança e os esforços de seus acionistas; pois a empresa é de tal modo boa que, embora lutando com pessoal pouco idôneo, ora sem combustível, ora sem matéria-prima, enfim não trabalhando regular e desembaraçadamente, ainda assim tem alcançado anualmente um lucro de 10% sobre o seu capital".[135]

A Companhia não teve um bom resultado em nenhuma das suas safras. O produto líquido da safra de 1880-84 atingiu somente a soma de 131:121$712. Na safra de 1884, o engenho central gastou só com a compra de matéria prima 105:988$422 e a sua produção de açúcar e aguardente só rendeu 199:389$372. Isso significou um produto líquido de somente 34:621$196. Deixando de lado o frequente problema de abastecimento, a

---

134 Souza. *Op. cit.*, 1878, p. XXVII.

135 Fala dirigida à Assembleia Legislativa de São Paulo na abertura da 2ª sessão da 24ª legislatura em 10 de janeiro de 1883 pelo Presidente Conselheiro Francisco de Carvalho Soares Brandão. São Paulo: Typ. do Ypiranga, 1883, p. 73.

diretoria explicou esse péssimo resultado aos acionistas como consequência das fortes geadas e o baixo preço do açúcar.[136]

Não poderia haver melhor resumo da principal dificuldade desse Engenho Central do que a sua média de moagem por safra. Ora, a sua moagem média, desde a sua fundação até 1883, foi de 7 a 9.000 quilos de cana em cada safra. Isso porque o engenho tinha condição de moer diariamente 125.000 kg de cana e de produzir 7.500 kg de açúcar, além de aguardente, produzida com os resíduos do melaço. Noutros termos, poder-se-ia considerar que a falta de matéria-prima foi o principal entrave para o desenvolvimento da Companhia.[137]

Apesar dos vários problemas listados acima, o açúcar fabricado em Porto Feliz era de boa qualidade, como se pode perceber no relatório do Presidente da província de São Paulo, Laurindo Abelardo de Brito:

> "O gênero é, na opinião dos entendidos, o melhor que se provou no país. A perfeição do produto e o crescimento considerável da produção em virtude dos processos especiais, além de outras vantagens, demonstram a utilidade dos engenhos centrais e a sua superioridade sobre as outras fabricas do mesmo gênero".[138]

Para o Presidente da Província João Alfredo Correia de Oliveira, em relatório apresentado à Assembleia Legislativa em 1886, o problema ainda era a falta de transporte entre o Engenho Central e os seus fornecedores. Para ele, essas dificuldades seriam resolvidas com a canalização do Tietê e a construção de um ramal ferroviário para Porto Feliz.[139]

Apesar do apontamento acima, deve-se considerar que esse Engenho Central contava com o escoamento da produção por meio do transporte ferroviário. Em 1870, foi assi-

---

136 SOUZA. *Op. cit.*, 1878, p. XXVII.

137 Fala dirigida à Assembleia Legislativa de São Paulo na abertura da 2ª sessão da 24ª legislatura em 10 de janeiro de 1883 pelo Presidente Conselheiro Francisco de Carvalho Soares Brandão. São Paulo: Typ. Do Ypiranga, 1883, p. 71-73.

138 Relatório apresentado ao Presidente da Província de São Paulo Laurindo Abelardo de Brito, em 1 de outubro de 1879. *Engenhos Centrais*. Arquivo do Estado de São Paulo – ordem – CO 5674.

139 Relatório apresentado à Assembleia Legislativa Provincial de São Paulo pelo Presidente da Província João Alfredo Correa de Oliveira, no dia 15 de fevereiro de 1886. São Paulo: Typographia à vapor de Jorge Seckler & Cia., 1886, p. 82.

nado um contrato para a construção da via férrea ligando Jundiaí a Itu. Da Companhia Ituana, inaugurada em 17 de abril de 1873 pelo presidente da província João Theodoro Xavier, facilitando a ligação de toda a região com o porto de Santos. Em 1872, o Governo Provincial permitiu a construção dos ramais de Capivari, Piracicaba e Tietê da mesma Companhia e também os ramais da estrada de ferro Sorocabana. Portanto, as vias férreas para a distribuição do açúcar para o consumo interno ou para a exportação para o exterior, realizada via porto de Santos, existiam desde 1873, ano da inauguração da Companhia Ituana.[140]

O continuo balanço negativo deixaria esse Engenho Central a uma situação financeira calamitosa. Assim, numa tentativa de não liquidar a companhia, alugou-se o Engenho Central ao engenheiro e representante da Brissoneau Fréres, André Paturau, em 5 de fevereiro de 1885.

> "Esta empresa, por lutar com muitas dificuldades, viu-se forçada a contratar com o engenheiro André Paturau o arrendamento do Engenho pelo tempo necessário à amortização da divida, sob a base de 5$000 por carro de cana moída, de peso bruto de cem arrobas."[141]

O contrato foi reincidido em apenas um ano. A justificativa dada por André Paturau foi os grandes prejuízos ocasionados pelas fortes geadas que danificavam a maior parte dos canaviais. Não havendo outra saída, foi decretada, em 1887, uma liquidação forçada e se organizou uma nova sociedade anônima com a denominação Engenho Central Paulista.

Dessa vez, poucos fazendeiros de Porto Feliz tomaram parte na nova sociedade. Entre os proprietários estavam André Paturau, Fernand Dumolin, Bernardo Avelino Gavião Peixoto e Prudente José de Morais e Barros. O decreto n. 9.910, de 24 de março de 1888, aprovou os estatutos e autorizou o início das atividades, designando três acionistas para a diretoria, entre eles, André Paturau, que pouco tempo depois foi demitido pela Assembleia Geral de 3 de outubro de 1888, e substituído pelo engenheiro Ricardo Creagh.[142]

---

140 Souza. *Op. cit.*, 1975.

141 Relatório apresentado à Assembleia Legislativa Província de São Paulo pelo Presidente da Província João Alfredo Correa de Oliveira, no dia 15 de fevereiro de 1886. São Paulo: Typographia à vapor de Jorge Seckler & Cia., 1886, p. 82.

142 Souza. *Op. cit.*, 1878, p. XXXIV.

Numa tentativa de evitar os mesmos problemas da concessão anterior e regularizar definitivamente o abastecimento de cana, o Engenho Central Paulista assinou com os plantadores locais uma série de contratos e tomou providências para estabelecer um núcleo colonial oficial no município. O Governo Imperial formaria então o Núcleo Colonial Rodrigo Silva. Para isso, comprou os sítios Grande e Marinoni e mais duas chácaras, somando ao todo 1.601,8 hectares, que custaram aos cofres públicos 23:000$000. O Governo assinou ainda um contrato com o padre belga Jean Baptiste Van Esse, a 17 de novembro de 1887, para a introdução de algumas dezenas de famílias de colonos belgas.[143]

Apesar da implantação do núcleo colonial, os seus colonos optavam por cultivar outras culturas, ou mesmo quando plantavam cana, preferiam que eles próprios fabricassem aguardente, ao invés de puxarem a cana a longa distância e empilhá-la em vagões. O Engenho Central parecia estar condenado à falta de matéria-prima crônica. Tomando como certo o parecer do Presidente da Província de São Paulo, Conselheiro Francisco de Carvalho Soares Brandão, redigido no ano de 1883, percebemos que o maior problema dessa Companhia, e certamente dos outros engenhos centrais paulistas, foi a falta de experiência.

> "O engenho Central de Porto Feliz, como quase toda a empresa iniciadora, não podia deixar de pagar seus tributos à inexperiência, em consequência da qual seria dificuldades ameaçaram a vida da Companhia, que foi sustentada pelo patriotismo e abnegação dos seus acionistas."[144]

Esta falta de experiência levaria infelizmente a gastos excessivos com o maquinário e mão de obra, a escassez de matéria-prima devido à falta de planejamento, e a falta de transporte para as canas. Enfim, um quadro que resultaria fatalmente na falência desse Engenho Central.

---

143 Exposição com que o Excelentíssimo Senhor Visconde de Parnahyba passou a administração da província de São Paulo ao Excelentíssimo Senhor Doutor Francisco de Paula Rodrigues Alves Presidente desta Província no dia 19 de novembro de 1887. São Paulo, Typographia à vapor de Jorge Seckler & Cia, 1888, p. 123.

144 Fala dirigida à Assembleia Legislativa de São Paulo na abertura da 2ª sessão da 24ª legislatura em 10 de janeiro de 1883 pelo Presidente Conselheiro Francisco de Carvalho Soares Brandão. São Paulo: Typ. do Ypiranga, 1883, p. 73.

O Engenho Central de Lorena

O estímulo gerado pelos incentivos aos engenhos centrais levaria a novos pedidos de concessão na Província de São Paulo. Assim, pelo decreto n. 8.098, de 21 de maio de 1881, o Governo concedeu garantia de juro de 7% sobre o capital de 500:000$000 à companhia que Antônio Moreira de Castro Lima, Joaquim José Moreira Lima, Arlindo Braga e Francisco de Paula Vicente de Azevedo organizassem para o estabelecimento de um engenho central, no município de Lorena. O período de garantia de juro era de vinte anos, sendo que o Engenho Central tinha capacidade de 240 toneladas e o montante da produção ia ao mínimo de 16 mil sacos de sessenta quilos.

Os fundadores eram membros de famílias tradicionais e abastadas de Lorena, sendo eles os senhores Antônio Moreira Lima, Joaquim Moreira Lima, Arlindo Braga e Francisco de Paula Vicente de Azevedo. Todos eles possuíam fazendas de café e de cana no município.

O maquinário foi comprado da Companhia Francesa Brissoneau Frères, de Nantes, que já havia montado os Engenhos Centrais de Porto Feliz e Piracicaba, como pode ser visto na propaganda da Companhia no Jornal do Comércio.

> "tendo montado no Brasil, os engenhos centrais de Porto Feliz, Piracicaba e Lorena (na Província de São Paulo) e Rio Negro (na Província do Rio de Janeiro), que se acham funcionando com perfeição inexcedível, encarrega-se de fornecer e montar qualquer fábrica no mesmo sentido a particulares."[145]

Além de ter sido montado pela mesma companhia que o engenho central de Porto Feliz e Piracicaba, esse Engenho Central também teria problemas com a falta do fornecimento de canas, como mostra o relatório de safra dos diretores comendadores Arlindo Braga e Francisco de Paula Vicente de Azevedo.

> "Fique desde já consignado, e para isso chamamos a vossa atenção, que é de inclinável necessidade cogitar dos meios

---

[145] Propaganda da Companhia Brissoneau Frères no Jornal do Commercio, 02/01/1887 apud MELO, Jose Evandro Vieira de. *O engenho central de Lorena modernização açucareira e colonização* (1881-1901). Dissertação de Mestrado, São Paulo, FFLCH-USP, 2003, p. 86.

de assegurar ao Engenho Central o fornecimento de cana em quantidade compatível com a força dos seus maquinismos".[146]

Em relação a esta questão, o engenheiro fiscal José Gonçalves de Oliveira acreditava que essa dificuldade seria resolvida com a construção de sistemas de transporte que ligassem o engenho central aos seus fornecedores:

> "A cultura de cana no município de Lorena ainda está muito acanhada em relação às necessidades da fábrica, e não se desenvolverá convenientemente enquanto não estiver construída a linha agrícola com as ramificações, que não me descuidarei de indicar à Companhia. Infelizmente, os agricultores não queriam até há pouco assinar os contratos de fornecimento de canas, contratos indispensáveis à construção das linhas, mas já no mês passado se obrigaram a plantar e cultivar por três anos cerca de cem alqueires de terras, dos quais se pode esperar a colheita de 3.750 toneladas de canas anualmente em acréscimo ao fornecimento, que o engenho central já tem tido."[147]

A situação da fábrica não era boa em vários aspectos. Sobressai-se, nesse caso, os altos gastos de combustível, que chegaram a 31% do peso da cana moída. Era realmente um gasto astronômico se considerarmos que era aceitável para os engenhos centrais brasileiros um gasto como o do Engenho Central de Quissamã, que chegava, em média, a 18,5%.

> "o combustível queimado até 18 de janeiro deste ano elevou-se a 2.167t de lenha e 21.300 quilos de carvão de pedra, além do bagaço. Tomando-se por base a equivalência aproximada de 2,5

---

146 Relatório apresentado à Assembleia Geral dos Acionistas da Companhia Engenho Central de Lorena. São Paulo: Leroy/King Bookwater, 1996, anexo 4 *apud Idem, Ibidem*, p. 104.

147 Relatório do Terceiro Distrito de Engenhos Centrais apresentado por José Gonçalves de Oliveira, engenheiro fiscal. In: Relatório apresentado à Assembleia Geral na 2ª sessão da 20ª legislatura pelo Ministro e Secretário de Estado dos Negócios da Agricultura, Comércio e Obras Públicas Rodrigo Augusto da Silva. Rio de Janeiro: Imprensa Nacional, 1887, p. 25.

quilos de lenha a 1 quilo de carvão em poder calorífico, o consumo total de combustível comprado pela fábrica nesta safra foi de 2.220t, isto é, 31% do peso da matéria prima trabalhada".[148]

A Companhia tentaria resolver os problemas de fornecimento de matéria-prima. Assim, aumentou os preços pagos pelas canas e passou a fazer empréstimos aos seus fornecedores de cana.

"a Companhia elevou prontamente de 8$000 a 9$000 o preço da tonelada de canas, para a safra do ano passado, mantendo esse preço enquanto não conseguir suavizar aos agricultores os ônus do transporte: fez o depósito de capital ordenado por V. Excia., em Aviso n. 151, de 1 de setembro, com destino a empréstimos aos agricultores".[149]

O aumento das canas fornecidas ao Engenho Central foi relativamente pequeno, como se pode observar pelo gráfico 8:

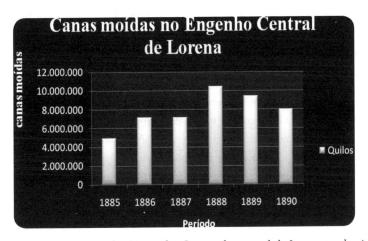

Fonte: MELO, Jose Evandro Vieira de. *O engenho central de Lorena modernização açucareira e colonização (1881-1901)*. Dissertação de Mestrado. São Paulo, FFLCH-USP, p. 120.

---

148 *Idem, Ibidem*, p. 24.
149 *Idem, Ibidem*.

Como já foi citado, em Lorena, de maneira absolutamente original na indústria do açúcar do país, o Governo Provincial fundou uma "colônia de canas", com o fito de beneficiar o Engenho Central e de promover uma larga experiência no domínio da lavoura canavieira. O Governo compraria para tal fim uma fazenda no valor de 57.185$000. Os lotes foram distribuídos a sessenta colonos, e inicialmente, para prover a alimentação deles, uma parte da semana trabalhariam alugados e na outra parte nos seus lotes de cana.

> "As terras do núcleo colonial são terras argilosas e argilo-calcárias e, portanto, ótimas terras para a cultura de cereais e principalmente de cana-de-açúcar, que deve constituir a maior e principal cultura do núcleo. E como prova do que acaba de ser dito, durante a safra do corrente ano do Engenho central de Lorena, as canas que apresentaram maior grau sacarino foram produzidas nos terrenos do núcleo".[150]

Ao contrário do Núcleo Colonial Rodrigo Silva, o Núcleo Colonial de Canas forneceu boas safras ao Engenho Central de Lorena. Em 1888, o Núcleo Colonial vendeu ao Engenho central de Lorena 1.956.872 kg de cana, num valor de 17:611$840.

Assim como o açúcar do Engenho Central de Porto Feliz, o açúcar desse Engenho Central era considerado de boa qualidade, fato que já pode ser visto na sua primeira safra, segundo o relatório do Presidente de Província José Luiz de Almeida Couto.

> "Assim é que, começando a trabalhar em tempos em que a cana já não contém toda a sua riqueza sacarina, o que se dá naquela zona, desde que passa o mês de setembro, a fabricação desta pequena safra de experiência, na qual se apurava cerca de 40.000 kg de açúcar, de qualidade que não desmerecem

---

[150] Relatório apresentado ao Ilustríssimo e Excelentíssimo Senhor Conselheiro João Alfredo Correa de Oliveira ao Doutor Presidente da Província de São Paulo pelo Engenheiro José Lopes Pereira de Carvalho Sobrinho sobre o trabalho das divisões dos lotes do núcleo colonial de Lorena. In: Núcleo Colonial de Canas Arquivo – Arquivo do Estado de São Paulo, Caixa n. 56 – Ordem 7.207.

diante das melhores conhecidas no mercado brasileiro, produzirá mais de 8% sobre o peso bruto das canas".[151]

Segundo Melo,[152] o Engenho Central de Lorena foi o único engenho central de São Paulo que recebeu regularmente recursos do Governo, o que propiciou uma melhor situação financeira.

O engenheiro fiscal José Gonçalves de Oliveira afirma que até 1877, o Engenho Central tinha recebido do Governo 66:542$700.[153] O pagamento dessa garantia de juros ajudaria esse Engenho Central a trabalhar em todas as safras, principalmente porque o pagamento dos juros possibilitou fazer empréstimos aos fornecedores.

> "A Companhia auxilia os lavradores com empréstimos de dinheiro, a juros módicos, e emprega todos os esforços a fim de se obter os mais lisonjeiros resultados".[154]

Apesar disso, esse Engenho Central e certamente os demais padeciam com os baixos preços do açúcar:

> "Apesar da Companhia prosseguir na aquisição de objetos e na introdução de importantes melhoramentos, ainda o preço da venda do açúcar não compensa as avultadas despesas que se tem realizado. Atribui-se a isso ao fato de serem as canas paga

---

151 Fala dirigida à Assembleia Legislativa Provincial de São Paulo na abertura da 2ª sessão da 26ª legislatura em 10 de janeiro de 1885 pelo Presidente Doutor José Luiz de Almeida Couto. São Paulo: Typ. da Gazeta Liberal, 1885, p. 94.

152 MELO. Op. cit.

153 Relatório do Terceiro Distrito de Engenhos Centrais apresentado por José Gonçalves de Oliveira, engenheiro fiscal. In: Relatório apresentado à Assembleia Geral na 2ª sessão da 20ª legislatura pelo Ministro e Secretário de Estado dos Negócios da Agricultura, Comércio e Obras Públicas Rodrigo Augusto da Silva. *Imprensa Nacional*. Rio de Janeiro: 1887, p. 26-27.

154 Relatório apresentado à Assembleia Legislativa Provincial de São Paulo pelo presidente da Província Doutor Pedro Vicente de Azevedo no dia 11 de janeiro de 1888. São Paulo: Typ. à vapor de Jorge Seckler & Cia., 1889, p. 110.

aos fornecedores por uma importância elevada, o que, todavia, estimula-os a continuarem nas plantações".[155]

Outro fator de entrave para a Companhia era a péssima qualidade da cana entregue pelos fornecedores, chegando na safra de 1888-1889 a ter um rendimento de apenas 4,72%. Para o engenheiro fiscal José Gonçalves de Oliveira esse fato já era normal no distrito, tendo como principal causa a má situação das canas entregues pelos fornecedores e a falta de organização das companhias:

> "A principal causa desse mal, que vai-se propagando neste distrito de maneira assustadora, revelou-se-me nas péssimas condições em que parte das canas é recebida nas fábricas, já por efeito da desatenção de alguns fornecedores às recomendações das diretorias das companhias, já em consequência da irregularidade na distribuição dos avisos de fornecimento pelas próprias diretorias, que bem fariam confiando esse mister a quem compete, isto é, os engenheiros diretores".[156]

Apesar de o Engenho Central de Lorena ter sido o último a passar para as mãos do capital francês, essa Companhia não escaparia à sina de todos os engenhos centrais paulistas. Apesar de contar com um bom maquinário, não havia fornecimento de cana suficiente para os seus modernos aparelhos.

O Engenho Central de Piracicaba

A concessão para a construção desse Engenho Central foi autorizada pelo decreto n. 8089, de 7 de maio de 1881. Obteve uma garantia de 7% sobre o capital de 400:000$000, e em 1 de julho do mesmo ano, um novo decreto aumentou o seu capital para 500:000$000. A concessão foi dada a Estevão Ribeiro de Souza Rezende, advogado, fazendeiro de café

---

155 Idem, Ibidem, p. 110.
156 Relatório apresentado à Assembleia na 4ª sessão da 20ª legislatura pelo Ministro e Secretário dos Negócios da Agricultura, Comércio e Obras Públicas Rodrigo Augusto da Silva. *Imprensa Nacional*. Rio de Janeiro: 1889, p. 9-10.

e de cana no Município de Piracicaba; Antônio Correa Pacheco, fazendeiro de café e de cana-de-açúcar em Piracicaba; e Joaquim Eugênio de Amaral Pinto.

Esse Engenho Central foi situado pouco abaixo de Salto, à margem direita do rio Piracicaba e próximo aos trilhos da Companhia Ituana, que havia chegado a Piracicaba em 1879. O engenho Central era grandioso, ocupava uma superfície de 1.764 m². A sua parte central era toda de ferro e a sua cobertura era de folhas de ferro galvanizadas. O engenho aproveitaria como força motora às águas do rio Piracicaba. O maquinário também era da Companhia Brissonneau Fréres, montada sob a direção técnica dos engenheiros André Paturau e Demoulin. A iluminação era feita por lâmpadas soleil, uma novidade em São Paulo. Possuía uma linha férrea agrícola de 15 km, podendo esmagar 150.000 kg de cana por dia e fabricar 12.000 kg de açúcar por dia.[157]

Não resta dúvida pelas descrições feitas desse Engenho Central, que os seus concessionários procuraram utilizar o melhor maquinário da época. Um exemplo ilustrativo foi o fato de ter sido a primeira a introduzir no Brasil as moendas de 8 cilindros, que eram superiores as de três cilindros, frequentemente usadas. Também foi o primeiro a introduzir os fornos Blauden para queimar o bagaço. Esses fornos possibilitavam a queima de todo o bagaço já ao sair das moendas, proporcionando uma grande economia de combustível. A Companhia ainda implementaria o sistema de clarificação nas turbinas centrifugas por meio do vapor seco e um secador especial de açúcar.[158]

Talvez tenha sido por isso mesmo que, em 1882, ainda não estavam concluídas todas as obras, e a Companhia já tinha despendido 650:000$000, isto é, 150:000$000 a mais do que o capital garantido.

---

157 A região de Piracicaba já possuía uma produção açucareira considerável no período. A cana-de-açúcar foi a primeira cultura introduzida na região, proveniente da expansão de Porto Feliz. Assim, em 1816, Piracicaba já possuía catorze engenhos de açúcar, 4 de aguardente e mais ou menos doze em construção. A cana conservou sua primazia até fins do século XIX. Em 1896, Piracicaba e Capivari eram os dois maiores centros açucareiros do estado, cabendo a Santa Bárbara, o primeiro lugar na produção de aguardente. Mas o primeiro lugar já era do café na época. CANABRAVA, Alice. "A região de Piracicaba". In: *Revista do Arquivo Nacional*. Vol. XLV, São Paulo, 1938, p. 283.

158 Fala dirigida à Assembleia Legislativa Provincial de São Paulo na abertura da 1ª sessão da 25ª legislatura em 10 de janeiro de 1884 pelo Presidente Barão de Guajará. São Paulo: Typ. da Gazeta Liberal, 1884, p. 57.

Para agravar os problemas da Companhia, pelo decreto n. 9253, de 2 de agosto de 1884, a Concessão foi declarada caduca pelo Governo, perdendo, assim, o direito de garantia de juros.

Ademais, o Engenho Central de Piracicaba também teve problemas com a falta de fornecimento de canas. Na safra de 1885-86, a Companhia esmagaria 13.144.774 kg de canas e produziria somente 893.790 kg de açúcar, tendo um rendimento de apenas 6,77%. Segundo os diretores da Companhia, esse resultado era decorrência da falta de depósitos para o melado e da má qualidade das canas, deterioradas por grande secas e geadas. Um outro problema apontado pela direção da Companhia eram os altos preços das estradas de ferro.[159]

Apesar dos gastos excessivos, da demora do término da obra, dos problemas de falta de matéria prima, Frederic Sawyer considerou esse Engenho Central como o mais importante da província, pois, era o único engenho central de São Paulo "com uma posição firmada, podendo se sustentar em todas as circunstâncias e seja qual for o preço do açúcar".[160] Porém tal fato não ocorreu, o Engenho Central de Piracicaba não conseguiria se manter e acabaria sendo vendido para uma Companhia francesa.

O Engenho Central de Capivari

Através do decreto n. 8.123, de 28 de maio de 1881, concedeu-se a garantia de juro de 7% sobre o capital de 500:000$000 à companhia que Henrique Raffard organizasse para o estabelecimento de um engenho central no município de São João de Capivari, durante o prazo de vinte anos. A capacidade da fábrica era de 240 toneladas e a produção mínima de açúcar deveria ser de 16 mil sacos.

Em 1882, Henrique Raffard vendeu essa concessão para uma companhia inglesa, a "The São Paulo Central Sugar of Brazil Limited". Assim, esse foi o único engenho central de São Paulo construído com capital estrangeiro e maquinário inglês da J & T Dales de Kircaldy e Mirrleess Watson & Cia de Glasgow.

---

159 Relatório dirigido ao Presidente da Província de São Paulo Barão de Parnahyba pelo Presidente Interino do Engenho central de Piracicaba Jayme Pinto de Almeida, em 14 de novembro de 1886. In: Engenhos Centrais, Arquivo do Estado de São Paulo, ordem CO 5674.

160 Sawyer, Frederic H. *Estudo sobre a indústria açucareira no Estado de São Paulo, comparada com a dos demais países.* Apresentada ao Dr. Carlos Botelho M. D. da Secretária da Agricultura pelo engenheiro Frederic Sawyer. São Paulo: Typographia Brazil de Carlos Gerke & Rothschild, 1905.

Apesar de seu o único engenho central montado por estrangeiros em São Paulo, o engenheiro fiscal Caminhoá considerou em seu relatório que o Engenho Central de Capivari era digno de servir de exemplo para estabelecimentos congêneres. Embora a fábrica ainda tivesse deficiências no que se referia a algumas máquinas, apresentava aspecto satisfatório, chegando a lembrar as grandes fábricas europeias e norte-americanas.[161]

Em sua opinião, a organização para moradia e passadio do pessoal da fábrica era excelente. O engenheiro ficou tão encantado com esse Engenho Central que descreveu minuciosamente a vila, denominada Vila Raffard. Esta foi construída em frente ao Engenho Central e a quatro quilômetros da cidade de Capivari. Além disso, era dotada de ruas alinhadas com quinze metros de largura, iluminadas a querosene; um hotel construído pela empresa, com o objetivo de oferecer refeições ao pessoal solteiro; açougue; padaria; armazém de víveres; uma fábrica de cerveja; agência de correio; três linhas telefônicas, que estabeleciam ligação com uma fazenda e com a cidade de Capivary.[162]

A Companhia que possuía inicialmente apenas dez alqueires de terras, em 1885 já havia comprado uma fazenda de cem alqueires, no valor de 50:000$000, destinada a colonos americanos e tiroleses.[163]

---

[161] Relatório do Terceiro Distrito de Engenhos Centrais apresentado por Luis Monteiro Caminhoá, engenheiro fiscal. In: Relatório apresentado na 1ª sessão da 19ª legislatura pelo Ministro e Secretário dos Negócios da Agricultura, Comércio e Obras Públicas João Ferreira de Moura. *Imprensa Nacional*, Rio de Janeiro: 1885.

[162] A vila operária, organizada segundo o modelo das "cites ouvrières" da Europa, compunha-se de três tipos de habitações: a) vinte casas para operários solteiros, de apenas um quarto cada, com aluguel de até 5$000; b) dez casas para famílias, com dois quartos, cozinha e quintal, alugados a 12$000 mensais; c) e seis casas dotadas, cada uma, de quatro quartos, cozinha e quintal, cobrando 20$000 de aluguel. *Idem, Ibidem.*

[163] A Companhia cedeu-lhes gratuitamente moradia, pastos fechados e terras prontas para o cultivo de mantimentos, e ainda pagou-lhes as dívidas que haviam contraído na fazenda em que se encontravam agregados, situada nas proximidades do engenho. Em troca, cada trabalhador adulto ficava obrigado a plantar uma superfície de três quartéis de cana (18.150 m²), em média, cedendo-lhe a empresa a meação da colheita de cana. A área cultivada por cada família, composta de quatro a cinco pessoas, era calculada em 10 a 154 quartéis de canas, colhendo uma média de 450t, cujo preço era estimado em 8$000 a tonelada. Deduzidos os 50% da companhia, como pagamento do uso de suas terras, estimava-se que cada família recebia anualmente 1:800$000, em média. A produção de

O Engenho foi construído num terreno cedido pelo Conselheiro Gavião Peixoto, na margem esquerda do rio Capivari e à beira da estrada de ferro Ituana. O Presidente de Província chamava a atenção para a boa localização do engenho, por ser essa uma região tradicionalmente produtora de cana:

> "Deve-se assegurar à esta um futuro prospero e lisonjeiro, visto como o município de Capivari foi sempre dedicado ao cultivo da cana, havendo, portanto quase certeza, de que não faltará a matéria-prima ao engenho central. Esta vantagem aliada à boa escolha do local, apresenta seguranças de bom êxito à the São Paulo Central Sugar Factory of Brazil - limited".[164]

Contrariando esses prognósticos positivos, em sua primeira safra esse Engenho Central já enfrentaria sérios problemas, tanto por causa da péssima qualidade das canas como por causa dos maquinismos. Para o Presidente de Província, José Luiz de Almeida Couto, isso se explicava:

> "1º com o péssimo estado das canas em consequência das fortes geadas de junho que afetaram as canas, parando o amadurecimento de umas e outras, invertendo o seu principio sacarino; 2º com a falta de uma peça que tornou impossível o emprego do filtro-prensa para aproveitar as espumas; 3º com a deficiência das turbinas, circunstância que motivou o pedido da Companhia de uma comissão do Sr. Diretor das Obras Públicas, para dar parecer sobre o direito de reclamar por prejuízos e danos".[165]

---

cana variava de 60 a 100t/hectare. As variedades cultivadas eram a caiana, a caianinha, a crioula e a roxa. *Idem, Ibidem.*

164 Fala dirigida à Assembleia Legislativa de São Paulo na abertura da 2ª sessão da 24ª legislatura em 10 de janeiro de 1883 pelo Presidente Conselheiro Francisco de Carvalho Soares Brandão. São Paulo: Typ. do Ipyranga, 1883, p.74.

165 Fala dirigida à Assembleia Legislativa Provincial de São Paulo na abertura da 2ª sessão da 26ª legislatura em 10 de janeiro de 1885 pelo Presidente Doutor José Luiz de Almeida Couto. São Paulo: Typ. da Gazeta Liberal, 1885, p. 94.

Nas safras seguintes, a Companhia recebeu uma pequena quantidade de canas, completamente fora de proporção com a capacidade do maquinário montado. Ademais, o baixo preço do açúcar acabou levando o Engenho Central à falência, com um déficit de 130 contos.

Apesar dos problemas, esse Engenho Central não foi fechado. Os seus credores decidiram organizar uma nova Companhia intitulada "Engenho Central de Capivary" da qual era presidente o Dr. Albano Pimentel.[166] Os novos concessionários obtiveram do Governo Imperial a renovação da garantia de juros sobre o capital de 700 contos. Porém, esta Companhia duraria apenas três anos e, não tendo o governo pago os juros, acabou sendo obrigada a contrair um empréstimo com o "Banco Constructor e Agrícola" de São Paulo.

Posteriormente, devido à falta de pagamento, esse Engenho Central foi tomado pelo banco e vendido a Hermann Burchard, Joaquim Eugênio do Amaral Pinto, Júlio Conceição e Dr. Castro Sobrinho pela quantia de 300 contos de réis. Todavia, a nova concessão já iniciaria a compra de terras para a plantação de canas próprias. Para esse fim, compraram as Fazendas Leopoldina e Santo Amaro e parte da São Benedicto.[167]

A história desse Engenho Central reflete, infelizmente, a trajetória da maioria das fábricas centrais instaladas no Brasil: a perda da garantia de juros por infringir essa ou aquela cláusula, baixo rendimento industrial, elevado consumo de lenha em relação ao volume de cana esmagada, falta de fornecimento da matéria prima, falta de mão-de-obra e, finalmente, a falência e a mudança constante de donos.

A tais considerações subjazem, porém, um lado positivo. Os engenhos centrais paulistas conseguiram vencer a péssima fama dos açúcares de São Paulo, sendo reconhecidos como produtores de um açúcar de ótima qualidade, como afirmava Raffard:

> "Seja-nos permitido consignar que os cristalinos das usinas de São Paulo suportariam o seu confronto com os congêneres de Cuba, sendo mais alvos e mais puros que os similares do Rio de Janeiro."[168]

---

166 O Dr. Albano Pimentel era fazendeiro de cana de açúcar na região e mais tarde se tornaria fazendeiro de café em Jaboticabal e fundador da usina Pimentel naquele município em 1903. BRAY. *Op. cit.*, p. 73-74.

167 SAWYER. *Op. cit.*, p. 36.

168 RAFFARD. *Op. cit.*, p. 64.

O NÓ GÓRDIO DA POLÍTICA DOS ENGENHOS CENTRAIS

Fonte: decreto n. 10.393 – de 9 de outubro de 1889. *Coleção das leis do Império*. 1889. Vol. II. Rio de Janeiro: Imprensa Nacional, 1889.

Pode-se concluir, através dos dados apresentados no gráfico 9, que, ao final do Império, poucos engenhos centrais estavam montados, e dentre estes, a maioria passava por processos de falência. O caso de São Paulo não era diferente. Da garantia de juros aprovada para a província de 2.000:000$000, somente estava em vigor ainda os 350:000$000, da concessão do Engenho Central de Lorena.

Naturalmente, o elevado capital investido na construção dos engenhos centrais só teria retorno se essas fábricas tivessem um alto nível de produtividade. Porém, naquele momento, foi impossível que isso ocorresse principalmente se contabilizarmos a pequena quantidade da matéria-prima que dispunham, os gastos elevados devido à escassez de mão-de-obra especializada, as altas taxas das tarifas de ferro, as especulações, as baixas dos preços do açúcar, a rotina das técnicas da lavoura, e, finalmente, a própria limitação do mercado interno frente à perda dos compradores externos.

Além desses fatores, esses engenhos centrais eram prejudicados por sua dependência em relação aos produtos estrangeiros, desde peças para reposição, material para as suas linhas agrícolas, carvão de pedra, até produtos básicos, como graxas, óleos e lubrificantes.

Apesar de o açúcar produzido pelos engenhos centrais serem considerados de boa qualidade, não se conseguiu aumentar o seu rendimento. Dessa forma, alguns produtores de açúcar e o Governo Imperial tentaram introduzir o processo da difusão. Por volta de meados da década de 1880 até inícios da seguinte debateu-se viabilidade ou não do novo método. Em 1887, o Governo Imperial encarregou uma comissão de estudar a questão, concluindo favoravelmente ao novo método.[169]

Tentava-se assim remediar o péssimo resultado da extração de sacarose da cana. No entanto, era mais imperioso melhorar a qualidade das lavouras de cana, cuja má qualidade era apontada como um dos problemas enfrentados pelas companhias. Como a cana era paga pelo peso, não compensava aos fornecedores de cana ou colonos investirem na sua qualidade. Ao contrário dos engenhos centrais como os da Martinica e Guadalupe, que empregavam processos de adubação e demais cuidados com o solo, as plantações de cana no Brasil continuavam arraigadas à rotina, como é demonstrada na descrição de Diamanti:

> "A cultura da cana é rudimentar no Brasil; não se pratica a adubação, nem se prepara a terra na maioria das plantações, abandonando-se o terreno esgotado para se ir mais adiante. Dessa maneira, depois de um certo tempo, a matéria-prima, que era antes de tudo cultivada no centro de sua produção, encontra-se bastante distanciada da fábrica É evidente que, diante da ignorância cultivada e pertinaz de quase todos os cultivadores, os industriais deverão, ao invés de arrendar, cultivar eles próprios os terrenos os vastos terrenos que circundam as fábricas e que geralmente lhes pertencem [...]. Em todos os lugares, as canas são vendidas por peso, e nunca foi adotado a venda segundo o

---

[169] A difusão já era adotada na Europa na produção de açúcar de beterraba. Sua aplicação à cana pressupunha a substituição das moendas de rolo por aparelhos corta-canas cujas lâminas cortavam as canas longitudinalmente. Uma vez cortadas, estas eram mergulhadas em água por várias vezes; dentro de vasos fechados a sacarose contida na cana passava para a água de acordo com o princípio da osmose. Afirmava-se que a difusão extraía uma maior porcentagem do mais pouco xarope de cana. Dizia-se que para se transformar um engenho central, substituindo o processo da expressão pelo da difusão, bastava dispensar as moendas e os defecadores, adotando o corta-canas e a bateria de difusores. Contudo, o júri da seção dos açucares da exposição de açucares e vinhos, de 1889, assim não pensava. Afirmava que não seria preciso alterar a capacidade de toda a fábrica, uma vez que o processo de difusão exigia aparelhos de maior capacidade do que o da expressão para trabalhar a mesma quantidade de cana. O orçamento que o Engenho Central de Quissamam pediu a Companhia Fives-Lille totalizou 1.000$000$000. VIANA. *Op. cit.*, p. 163-164.

conteúdo em açúcar. O preço das canas varia de acordo com o preço do açúcar no mercado do Rio ou no de Pernambuco. A grande exportação de açúcar de outrora explica este uso através do qual as flutuações do câmbio afetam igualmente o cultivador e o industrial.[170]

Os relatórios dos engenheiros fiscais apontavam sempre um índice baumé muito baixo. Tal fato pode também ser associado às constantes geadas, apontadas tanto pela diretoria dos engenhos centrais, como pelos fornecedores de cana e pelos engenheiros fiscais como a principal causa para o péssimo rendimento das canas.

Por outro lado, os engenhos centrais não conseguiram estabelecer um fornecimento regular de matéria-prima. No cerne dessa questão estava o preço que deveria ser pago pelas canas. Como relata Barbosa Lima Sobrinho: "De longe, o engenho central parecia qualificado para a solução de todos os problemas. Mas, de perto, percebia-se o conflito, quando os donos das fábricas não pudessem contar com a matéria-prima."[171]

Efetivamente, a falta de fornecimento de cana e a dificuldade em estabelecer contratos com os fornecedores estavam diretamente relacionadas à permanência dos engenhos banguês. Esses engenhos tradicionais competiam com mais vantagens por produzirem um açúcar mais barato.

Na década de 1880, em São Paulo, todos os engenhos centrais do chamado "quadrilátero" entraram em crise: Porto Feliz, Piracicaba, Raffard. Somente o Engenho Central de Lorena continuou funcionando e gozando de benefícios da legislação.[172]

Foi esta estrutura de produção, calcada na separação entre a lavoura e a fábrica, e o seu malogro total que levariam à necessidade de mudanças, posto que era inviável aos produtores de açúcar deixar o controle do fornecimento da matéria-prima nas mãos dos fornecedores de cana. Nesta perspectiva, passou a ser essencial reter novamente a lavoura sobre a égide da fábrica.

Em São Paulo, foi exatamente essa questão que levou o Governo Imperial a modificar os estatutos das companhias, permitindo que elas tivessem as suas lavouras próprias. Assim, um exemplo de tal mudança foi a aprovação, em 14 de agosto de 1886, dos novos estatutos da Companhia Engenho Central de Lorena, em substituição ao de 1883. Nele já consta que a Companhia poderia comprar terras e produzir cana se assim desejasse.

---

170 DIAMANTI. Op. cit., p. 224.

171 LIMA SOBRINHO. Op. cit., 1971, p. 7.

172 SOUZA. Op. cit., 1978, p. XXIII.

Porém, somente em dezembro de 1888 a Companhia adere a uma política de compra de terras e criação de colônias particulares.[173]

Neste mesmo ano, em 26 de junho de 1886, o Governo autorizou a nova organização do Engenho Central de Capivari.[174] Essa concessão também foi autorizada a ter lavouras de canas próprias, como pode ser percebido no artigo 2º do seu estatuto:

> "§ 2º Fazer todos os negócios que tenham conexão com os do parágrafo anterior e possam ser convenientemente feitos com a montagem da refinação, ou de quais quaisquer outros produtos agrícolas, compras de terras para estes fins, tudo por meio do trabalho livre, para o que poderá também promover a imigração por todos os meios a seu alcance, ou requerendo para isso os favores que forem concedidos".[175]

Como quer que seja, a revogação da proibição dos engenhos centrais de possuírem lavouras próprias chegaria muito tarde. O desdobramento dos constantes prejuízos dos engenhos centrais levou à *débâcle* desse sistema. Em momento posterior, os quatro engenhos centrais analisados passariam para as mãos de sociedade anônimas francesas.

Em 1899, o Engenho Central de Capivary foi comprado por um sindicato e transferido a uma sociedade anônima "La Compagnie Sucrière de Villa Raffard", com o capital de Fcs. 1.600.000, com sede social em Paris. Um ano depois, o Engenho Central de Piracicaba foi comprado por um sindicato e mais tarde transferido a uma sociedade anônima "a Companhia Açucareira de Piracicaba", capital de Fr. 2.200.000, com sede social em Paris.

Da mesma maneira, o Engenho Central de Porto Feliz passaria para uma Sociedade Anônima, "La Compagnie Sucrière de Porto Feliz", capital 1.000.000 francos, com sede social em Paris. E em 20 de maio de 1901, foi leiloado o Engenho Central de Lorena, cujos

---

173 *Idem, Ibidem.*

174 Essa nova concessão substituiu a Companhia The São Paulo Central Sugar Factory of Brazil Ltd., autorizada pelo decreto n. 1.871, de 10 de novembro de 1883, e liquidada judicialmente, por falta de pagamento de suas dívidas, no foro de Capivari. DÉ CARLI. *Op. cit.*, 1943, p. 39.

175 *Idem, Ibidem.* p. 39.

bens avaliados em quase 1.700 contos foram arrematados pela quantia de 701:089$800, por uma Sociedade Anônima denominada Societé de Sucrerie de Lorena.[176]

Como influenciador dessa conjuntura é importante relevar que os anos de 1870 foram assolados por vários problemas, responsáveis pelo recrudescimento da crise que assumia caráter nacional. Consequentemente, nesses anos, os preços do açúcar atingiriam o seu mais baixo nível no período monárquico. Tal conjuntura foi exposta por J. Pandiá Calógeras, com a percepção daqueles que viveram naquele tempo:

> "de 1875 a 1878, o Brasil enfrentou uma fase de grandes dificuldades: a liquidação da crise de 1874-1875; a seca, o abuso de crédito, a falta de método na decretação das despesas, mesmo aquelas que interessavam ao desenvolvimento do país; o desaparecimento gradual do elemento basilar da produção – a escravatura, atingida em suas duas fontes vitais, pois as crianças nasciam livres a partir de 1871 e o recrutamento dos escravos vinda com a abolição do tráfico, em 1850; a ausência de medidas legislativas ou administrativas, tendo em vista organizar a transformação do trabalho pela imigração e colonização; tais foram as causas principais das dificuldades quase intoleráveis que caracterizava esse período e atingiram o seu auge em 1878, é só começando a declinar em 1879".[177]

Essa situação de deterioração do sistema econômico teria reflexos catastróficos na década de 1880. Na parte agrícola, essa crise foi marcada principalmente pelas pequenas colheitas de café dos anos de 1884 e 1885, os preços baixos do açúcar e do algodão e as restrições que pesavam sob o meio circulante A abolição representou o auge dessa crise, levando ao abandono das lavouras em muitas partes do país.[178]

O resultado das medidas tomadas durante o Império pode ser avaliado por um balanço das suas repercussões. O período seria marcado pela necessidade de modernização como a

---

176 MELO. *Op. cit.*, p. 170.

177 CALÓGERAS, J. Pandiá. *A política monetária no Brasil*. São Paulo: Companhia Editora Nacional, 1960, p. 169.

178 CANABRAVA, Alice. "A grande lavoura". In: HOLANDA, Sérgio Buarque de (org.). *História geral da civilização brasileira*, vol. 6, Rio de Janeiro: Bertrand Brasil, 1997, p. 126-127.

única forma de sobreviver à concorrência. Nas palavras de Barbosa Lima Sobrinho, *"conclusão essa, que levava ao desespero, quando confrontada com as condições peculiares do Brasil, com a sua cultura secular e um atraso agrícola e industrial difícil de ser medido"*.[179]

Por outro lado, as tentativas de modernização, na forma dos engenhos centrais, teriam de enfrentar a falta de capitais, devido à inexistência de uma estrutura bancária e à dependência dos comissários, o atraso na parte agrícola e à escassez de mão-de-obra, por causa do agravamento do problema servil. São ilustrativas desse contexto, as palavras de João Ferreira de Araújo Pinho, em carta ao Barão de Jeremoabo, quando comentou a venda do Engenho Central, em 1891.

> "Vejo de sua carta que venderam a fábrica com grande prejuízo. Console-se com a certeza de que a indústria do açúcar entre nós está condenada, porque não tem mercado. A Europa fechou-nos as portas com o ferrolho de impostos proibitivos, a América do Norte fez de Leão com o seu convênio e ainda em cima atira-nos o sarcasmo de fazer concessões iguais à Espanha; a nossa produção superabunda às exigência do mercado interior (...)".[180]

Por conseguinte, nos últimos dezoito meses do Império, nenhum engenho central foi construído no Brasil. As novas iniciativas de modernização já teriam as características do novo sistema, representado pelas usinas. No Norte, os Presidentes de Províncias passaram a bancar a nova fase da modernização com o financiamento de empréstimos diretos aos senhores de engenho.[181]

Um aspecto a ser destacado é que, ao se analisar as experiências de outros países produtores de açúcar, tudo parecia indicar aos senhores de engenho brasileiros que a saída seria a implantação dos engenhos centrais. Apesar do malogro desse sistema, ele criaria as bases tecnológicas para as usinas. Admitir isso não significa, contudo, culpar o

---

179 LIMA SOBRINHO. *Op. cit.*, 1971, p. 6.

180 Palavras de João Ferreira de Araújo Pinho, em carta ao Barão de Jeremoabo, comentando a venda do Engenho Central, em 1891 *apud* PANG, Eul-Soo. *O Engenho Central do Bom Jardim na economia baiana*: alguns aspectos de sua história, 1875-1891. Rio de Janeiro: Ministério da Justiça/Arquivo Nacional/Instituto Histórico e Geográfico Brasileiro, 1979, p. 57.

181 EISENBERG. *Op. cit.*, p. 101.

Governo Imperial por todos os problemas relativos à *débâcle* dos engenhos centrais. As razões são de uma ordem mais complexa, como explicava Sawyer:

> "Afirmamos que a ideia de cooperação, que motivou o estabelecimento de engenhos centrais neste Estado entre 1877 e 1884, era radicalmente errada, tornando-se em consideração a condição social do país, onde cada fazendeiro vivia solitário em sua propriedade, num isolamento feroz, absolutamente estranho a todo e qualquer espírito de associação, quando não em discórdia com os seus vizinhos. E sempre perigoso transplantarem-se empresas dando resultado em outros países em condições outras, a um meio novo, sem se ter estudado cuidadosamente as novas condições que estas empresas aí acharam. O fato é que tudo fracassou, e estes Engenhos só começaram a trabalhar seriamente, depois de terem sido comprados terrenos para o cultivo da cana, seja diretamente ou por intermédio de colonos a peso."[182]

Neste particular, a falta de fornecimento da matéria-prima parece ser uma das questões mais importantes para o fracasso do sistema dos engenhos centrais. Em São Paulo, apesar de não existir uma tradição açucareira como no Nordeste, os problemas parecem ter sido parecidos. Os fornecedores de cana continuaram a manter seus alambiques e pequenos engenhos e, quando o engenho central não lhes pagava um preço justo, eles se negavam a entregar a produção. Havia uma alternativa, fator que dava uma grande força aos fornecedores. E acompanhando de perto tal problemática, percebemos que ela tinha duas soluções. A primeira foi exposta pelo engenheiro fiscal José Gonçalves de Oliveira, e talvez por ela os engenhos centrais continuassem a existir.

> "Tal foi o resultado pratico de uma medida econômica, que, podendo parecer paradoxal, não foi julgada tal por Vossa Excelência: pagar mais caro a matéria-prima para ter o produto mais barato, beneficiando a um só tempo o agricultor e o fabricante."[183]

---

182 Sawyer. *Op. cit.*, p. 106.

183 Relatório do Terceiro Distrito de Engenhos Centrais apresentado por José Gonçalves de Oliveira, engenheiro fiscal. In: Relatório apresentado na Assembleia Geral na 2ª sessão da

Dificilmente se aceitaria pagar mais caro aos fornecedores de cana. Assim, vingou a segunda opção. Os senhores de engenho perceberam que o melhor sistema era o dos engenhos tradicionais, ou seja, era necessário o domínio das partes fabril e agrícola. Assim, imbricaram-se as novas tecnologias trazidas com as centrais e o velho amanho dos nossos banguês: a cultura e a fábrica novamente reunidas. A denominação continuaria até 1909, mas das características do sistema de engenhos centrais não havia mais nada. A integração vertical ocorrida em todo o país e transformaria esses engenhos centrais em usinas. A verdade é que, antes mesmo do fim do Império, terminava a era dos engenhos centrais.

Por fim, poderíamos dizer que, apesar dos reveses e do incessante bater do martelo dos leiloeiros no final do Império, a agroindústria açucareira brasileira daria um salto, como coloca brilhantemente Gileno Dé Carli:

> "da indústria de banguê a vapor, a água e de almajarra, para as centrais [...] batalha entre dois tipos de açúcar, entre o açúcar 'bruto', seco e molhado, de pampa, batido ou retame e o açúcar demerara, cristal, grã-fina e refinado."[184]

20ª legislatura pelo Ministro e Secretário dos Negócios da Agricultura, Comércio e Obras Públicas Rodrigo Augusto da Silva. *Imprensa Nacional*, Rio de Janeiro: 1887, p. 27.

184 DÉ CARLI. *Op. cit.*, 1942, p. 81.

Capítulo II

A consolidação da modernização açucareira:
as usinas na Primeira República

O NASCIMENTO DAS USINAS

"Apesar disso, quinze anos decorreram após a referida autorização legislativa sem que os resultados tenham correspondido à expectativa que os precedeu. Neste longo intervalo a indústria açucareira da beterraba realizou progressos até surpreendentes; todas as regiões açucareiras cobriram-se, para assim dizer, de fábricas aperfeiçoadas, contando-se não menos de 800 na França e na Alemanha; e pela sua parte a indústria açucareira de cana viu passar o método da difusão, agora geralmente preconizado, da fase de experimentação e de ensaio para a da atividade industrial.

O Brasil manteve-se retardatário no meio deste grande movimento. Como resultados da iniciativa de 1875 são raras as fábricas estabelecidas pelo regime da garantia de juros, e dentre aquelas que gozem deste favor, algumas foram fundadas sem ele, somente vindo a solicitá-lo e a obtê-lo quando postas em atividade. A despeito de haverem sido dados três regulamentos para a execução das lei de 1875, e das numerosas concessões desde então outorgadas, estão ainda em projeto várias fábricas cuja construção tem sido autorizada. E venha ou não realizar-se a aludida construção, no todo em parte, será inquestionavelmente diminuto o número total de engenhos centrais afinal estabelecidos pelo regime da garantia, circunscrito ao capital de 30.000:000$000".[1]

O relatório acima citado foi apresentado pelo Ministro da Agricultura, Comércio e Obras Públicas Francisco Glicério, em 1890. Através da sua exposição percebemos que, nos alvores da República, ainda permanecia a herança dos quinze anos das malfadadas tentativas de implantação dos engenhos centrais no setor açucareiro. Apesar dos inegáveis fracassos dessa política, esse ministro ainda proporia a elevação ao dobro do capi-

---

1 Relatório apresentado ao Chefe do Governo Provisório por Francisco Glicério. Ministro e Secretário dos Negócios da Agricultura, Comércio e Obras Públicas. Rio de Janeiro: Imprensa Nacional, 1890, p. 50.

tal fixado no período imperial, como forma de continuar estimulando a construção de engenhos centrais no país. De qualquer maneira, a sua moção não seria aceita.

A República incentivaria o setor açucareiro de outras formas, bem mais acertadas do ponto de vista econômico. O tão defendido princípio da separação entre a indústria e a lavoura seria substituído por um sistema que agregava o novo e o velho, ou seja, as novas tecnologias introduzidas pelos engenhos centrais com o velho amanho dos engenhos tradicionais;lavoura e indústrias reunidas novamente nas mãos de um mesmo dono. Nasciam, assim, as usinas brasileiras.

A transição de um sistema para o outro não demorou senão pelo prazo estritamente necessário para que o plantio das canas próprias chegasse ao ponto da colheita e para a instalação dos maquinários necessários.

O Governo Republicano manteria a denominação engenhos centrais até 1909. Mas, como já foi apontado no capítulo anterior, esses engenhos já tinham todas as características das usinas. Paulatinamente, o novo governo foi desmontando a estrutura administrativa criada para fiscalizar os engenhos centrais. Primeiramente, através do decreto n. 2.227, de 3 de fevereiro de 1896, o Estado passou a fiscalizar todas as fábricas de açúcar que não tinham garantia de juros, mas que recebessem da União outros favores diretos concedidos pela lei n. 10.393, de 9 de outubro de 1889,[2] como: direito de desapropriar os terrenos de domínio particular bem como prédios e benfeitorias que fossem necessários às obras; o uso das madeiras e outros materiais, existentes em terrenos devolutos do município; a isenção de direitos de importação sobre as máquinas, instrumentos, trilhos e mais objetos destinados ao serviço da fábrica; e a preferência para a aquisição dos terrenos devolutos existentes no município ou no mais próximo.[3]

Certo é que, a partir desse momento, a garantia de juros passou a não ser mais o principal incentivo. Ademais, pelo artigo 3°, do decreto n. 2.227, os engenheiros fiscais passaram a ter que vistoriar não só o estado das máquinas e aparelhos, como também as condições em que se encontravam a lavoura de cana e os melhoramentos que nela se tenham introduzido. Percebe-se nesse quadro a importância das canas próprias das usinas e o interesse do governo na sua melhoria e crescimento, já que estava claro, nesse momento, que o principal entrave para os engenhos centrais foi a falta de fornecimento

---

2 Lei n. 10.393 de 9 de outubro de 1889. *Coleção de Leis do Império do Brasil*. Rio de Janeiro: Imprensa Nacional, 1875-1888. Biblioteca do Arquivo Nacional.

3 Decreto n. 2227 de 3 de fevereiro de 1896. *Coleção de Leis da República do Brasil*, Rio de Janeiro: Imprensa Nacional, 1889-1930. Biblioteca do Arquivo Nacional.

de cana. Além disso, os engenheiros fiscais deveriam fiscalizar a execução dos contratos celebrados, com os proprietários agrícolas e fornecedores de cana.

Com a promulgação do decreto n. 2425, de 2 de janeiro de 1897, a fiscalização passou a ser feita pelos fiscais das estradas de ferro. Tais fatos demonstram que o Governo Republicano mudou drasticamente a forma de auxiliar a indústria açucareira. Nesse sentido, foi suprimida a imposição da divisão da atividade agrícola e industrial e, assim, a fábrica pode se assegurar do controle da matéria-prima através de suas próprias plantações de cana. Além desses fatores, o governo estabeleceu privilégios de zona, como forma de impedir o avanço de uma usina em detrimento de outra.

Essa mudança de orientação do governo estimularia as usinas a aumentar o cultivo das suas canas. Inicialmente essas lavouras seriam feitas nas suas próprias terras. Não deixa de chamar a atenção que essa orientação já era preconizada por alguns técnicos, como Diamanti, desde o período dos engenhos centrais:

> "É evidente que, diante da ignorância desconfiada e pertinaz de quase todos os cultivadores, os industriais deverão, ao invés de arrendar, cultivar eles próprios os vastos terrenos que circundam as fábricas e que geralmente lhes pertencem".[4]

Posteriormente, como é sabido, essas usinas passaram a comprar as terras dos seus fornecedores, como forma de garantir cada vez mais a sua auto-suficiência em relação ao abastecimento da sua matéria-prima e, consequentemente, subjugar os seus fornecedores. Em realidade, essa conjuntura caracterizar-se-ia pela expansão do processo de integração vertical na agroindústria açucareira.

Continuando dentro dessa ordem de ideias, a fala do Barão de Barcellos já evidenciava a necessidade de uma nova orientação política para o setor açucareiro, depois do fracasso da política de garantia de juros:

> "A indústria açucareira carece inquestionavelmente do auxílio de muito maior número de fábricas desse gênero, mas o sistema adotado de garantia de juro, não tendo dado senão resultados insignificantes quanto à produção e em demasia onerosos para

---

[4] DIAMANTI, Henri. Nota sobre a indústria açucareira no Brasil *apud* PERRUCI, Gadiel. A *república das usinas*. Rio de Janeiro: Paz e Terra, 1978, p. 222.

os cofres públicos, deve ser substituído por outro que, desafiando a iniciativa dos agricultores e associando-os verdadeiramente a tais empresas, dispense os concessionários intermediários, suprimindo a especulação a que se têm prestado as concessões, sempre em proveito do Estado e muitas vezes com estéril sacrifício da parte dos adquirentes. Acha-se em estudo um projeto fundado sobre esta base".[5]

Com efeito, essa nova base fundamentou-se através do decreto de 15 de outubro de 1890, que regia as obrigações dos usineiros, com auxílio ou empréstimo do Estado. Nesse caso, o governo tencionava promover a fundação de pequenas usinas e o desenvolvimento de empresas desse gênero já existentes, beneficiando fundamentalmente os proprietários agrícolas. Ora, essa orientação foi explicitada na própria fundamentação do decreto:

"julgando conveniente que a fundação de usinas, com capital do Estado, fornecido aos proprietários agrícolas, para o fabrico de açúcar de cana e produtos congêneres, ou o auxílio concedido às existentes, se realiza com as garantias desejáveis e do modo mais econômico que é possível, no interesse de uns e de outros, o que só se poderá conseguir promovendo o Estado de maneira diversa e mais eficaz, mediante empréstimos que faz, a fundação ou o desenvolvimento de semelhantes empresas, quer pelo credito de que goza, quer pelo número de usinas que pode construir, e finalmente porque suprime ou diminui a favor do proprietário agrícola ônus resultantes da intervenção de intermediários, juros excessivos de capitais levantados e outras despesas, que exige o estabelecimento de usinas".[6]

---

5 Relatório apresentado ao Presidente da República dos Estados Unidos do Brasil pelo Ministro do Estado dos Negócios da Agricultura, Comércio e Obras Públicas Barão de Lucena, em junho de 1891. Rio de Janeiro: Imprensa Nacional, 1891, p. 6.
6 Decreto de 15 de novembro de 1890. Coleção de Leis de Pernambuco, 1890-1892 *apud* LIMA SOBRINHO, Barbosa. "Dos engenhos centrais às usinas de açúcar de Pernambuco". *Revista da Divisão do Instituto do Açúcar e do Álcool*. Rio de Janeiro, 1971.

De uma forma geral, com esse decreto, os proprietários que estivessem legalmente associados a fornecedores com capacidade para suprir os aparelhos da fábrica, poderiam contratar uma usina. Além disso, o proponente seria obrigado a provar que era senhor e possuidor de terrenos destinados à cultura de cana e ao estabelecimento da usina e, além disso, que as suas terras e as dos fornecedores de canas, por contrato de qualquer natureza, tinham a extensão exigida para o sucesso do empreendimento.[7]

O proprietário agrícola deveria adquirir o material e construir a fábrica, exceto quando preferisse deixar essa tarefa a cargo do próprio Estado, que nesse caso, promoveria as concorrências necessárias. Posteriormente, o Estado abriria um crédito de 200 contos em apólices ao par, com juro não excedente a 7% ao ano, cujo crédito seria garantido pela hipoteca das terras do proprietário agrícola e da fábrica que se viesse a construir. O Estado também poderia conceder às usinas existentes, ainda não auxiliadas por ele, a mesma quantia que forneceria para a fundação de novas e às que tiverem tido quantia inferior ao auxílio fixado no referido decreto, cumpridas e respeitadas às mesmas condições.[8]

Além disso, esse decreto estabeleceu normas para o fornecimento de canas. A partir de então, o artigo 9º estabelecia que:

> "O proprietário agrícola regulará, com seus associados e mais fornecedores de canas, se os tiver, o preço do fornecimento à usina, tendo em vista as oscilações do preço de açúcar no mercado do Recife, durante o prazo do respectivo contrato, e reduzirá seus ajustes e escritos, nos termos de direito, sujeitando-se à aprovação do governo do estado, que por esta ocasião poderá modificá-los e conservará esse direito em relação a todos os novos contratos de fornecimentos, enquanto não estiver amortizado o capital mutuado."[9]

Foi justamente nesse momento, que foram realizados, em Pernambuco, através dos empréstimos concedidos por Barbosa Lima, os primeiros incentivos com subsídios diretos para promover o estabelecimento das usinas. No entanto, esses incentivos foram de tal vulto, que ao final do seu Governo, o mercado estava abarrotado com os títulos das

---

7   Idem, Ibidem.
8   Idem, Ibidem.
9   Idem, Ibidem.

usinas. Segundo o cônsul britânico no período, isto teria levado a uma depreciação pela quantidade de títulos oferecidos e não por esse ser considerado um investimento de risco. Ao que se têm notícia, esses títulos chegaram a valer um conto para 750 réis cada um.[10]

Em vista dos problemas gerados pela política implementada por Barbosa Lima, os governadores seguintes incentivariam os usineiros com maiores facilidades de pagamento. Sabe-se, porém, que esses empréstimos não foram quitados e acabaram se transformando em doações. De qualquer forma, importa assinalar que apesar dos incentivos concedidos, as usinas nascentes tiveram dificuldade para conseguir aumentar a sua capacidade produtiva. Pode-se dizer que, nesse caso, essa delonga dos produtores de açúcar nordestinos em implantar novos maquinismos era decorrência da crise das exportações brasileiras. Assim, em 1901, ainda eram exportados 60% do açúcar brasileiro, mas em 1904, eram apenas 4%. Como nota Dé Carli:

> "foi assim que cresceu a usina; um terno de moendas aqui, outro mais além. Modificada a moenda, no interior, as diversas secções sofriam aumentos. Uma moenda pequena era substituída por outra maior."[11]

Consequentemente, os produtores de açúcar tiveram uma enorme dificuldade em implantar os modernos maquinismos sem o auxílio do Estado. Em verdade, era quase impossível eliminar a contradição entre os baixos preços do açúcar e o elevado custo do maquinário moderno. À vista disso, em 1907, um usineiro pernambucano já afirmava que a maior parte das usinas:

> "sente falta de quase todos os melhoramentos introduzidos na indústria fabril do açúcar nos últimos dez anos [...]. Algumas parecerão progredir em anos de preços excepcionais do açúcar, mas atualmente, ou desde 1901, vão a caminho da decadência geral da indústria, pela cessação de lucros com os preços

---

10 EISENBERG, Peter L. *Modernização sem mudança*: a indústria açucareira em Pernambuco: 1840-1910. Rio de Janeiro: Paz e Terra; Campinas: Ed. Unicamp, 1977, p. 130.

11 DÉ CARLI, Gileno. *O processo histórico da usina em Pernambuco*. Rio de Janeiro: Editores Irmãos Pongetti, 1942, p. 24.

que temos tido, nas constantes oscilações para baixo que se tem manifestado nos últimos dez anos".[12]

É preciso que se tenha em conta, no entanto, que, apesar do maior sucesso da implantação das usinas em relação aos engenhos centrais, a produção do açúcar superior continuou a sofrer com a concorrência dos engenhos banguês. Por outro lado, é preciso lembrar que alguns desses pequenos engenhos conseguiram realizar uma certa modernização nos seus maquinários. Pedro Ramos entende que essa imbricação entre o velho e o novo, entre o banguê e a usina desenvolveu um novo tipo de unidade fabril, chamado de "meia usina" ou "meio aparelho", que dispunha de pouca terra, tinha pequena capacidade esmagadora de cana e pequena produção. Como não poderia deixar de ser, tal fato possibilitaria aos engenhos banguês continuarem a concorrer com as usinas.[13]

Certo é que, em Pernambuco, entre 1910 e 1919, o número de usinas aumentou de 54 para 55, enquanto os engenhos banguês passaram de 1.500 para mais de 2.200. Não obstante o rendimento de açúcar de uma usina em média equivaler ao índice de 7,5% a 8% e, os engenhos banguês não passarem em média além de 4 a 5%, o açúcar inferior conseguia ser vendido com mais vantagens.[14]

Evidentemente, por ter se voltado para a produção de açúcares superiores, as usinas encontraram grandes dificuldades para colocar seus açúcares a preços competitivos no mercado interno. Sawyer asseverava que tal fato era decorrência do consumo de açúcar cristal superior restringir-se, no caso de São Paulo, principalmente à área da capital. O interior do estado preferia os açúcares brutos, nesse caso, os turbinados de São Paulo e os melados de Pernambuco. Convém observar que, em grande parte, as vantagens relacionavam-se ao nível de vida da população, pois, os açúcares inferiores eram muito mais baratos, chegando a menos da metade do preço do açúcar de usina.[15]

---

12 Idem, Ibidem, p. 23.

13 RAMOS, Pedro. Agroindústria canavieira e propriedade fundiária no Brasil. São Paulo: Hucitec, 1999, p. 30.

14 GNACCARINI, J. C. A. "A economia do açúcar: processo de trabalho e processo de acumulação". In: FAUSTO, Boris (org.). História Geral da Civilização Brasileira, volume oito, Rio de Janeiro: Bertrand Brasil, 1997, p. 328.

15 SAWYER, Frederic. Estudo sobre a indústria açucareira no Estado de São Paulo, comparada com a dos demais países. Apresentada ao Dr. Carlos Botelho M. D. da Secretária da Agricultura pelo engenheiro Frederic Sawyer. São Paulo: Typographia Brazil de Carlos Gerke & Rothschild, 1905, p. 197.

Esse quadro específico pode ser visualizado quando analisamos o crescimento dos engenhos banguês e das usinas. Enquanto a produção das usinas aumenta 63% entre as safras de 1912-13 e 1919-20, 205% entre as safras de 1925-26 e 1929-30, a produção dos engenhos aumenta 144% entre 1912-13 e 1920-21 e, somente 22% entre 1925-26 e 1929-30.[16] Tais dados demonstram a dificuldade que as usinas tiveram para se impor aos engenhos banguês e, em vista disso, como essa superação dos banguês só foi conseguida de forma gradativa e nunca de forma plena nesse período.

Além do mais, esses números já deixam entrever a tendência para a diminuição da quantidade de engenhos. Isso se deu principalmente pela concorrência entre as próprias usinas. Nota-se nesse período, que o receio de que viesse a faltar matéria-prima, depois dos problemas enfrentados pelos engenhos centrais, levou à usina a adquirir cada vez mais terras como reserva para o futuro.[17]

Somente Pernambuco, no ano de 1925, possuía 68 usinas. Pode-se considerar que essa tendência de absorção das terras dos fornecedores se acentuou coma expansão das estradas de ferro, fossem elas públicas ou da própria usina. Como pondera Fernando de Azevedo:

"É o pleno domínio das usinas que se desenvolveu livremente, como uma força rigorosa, quase incoercível, de dominação; é a formação novamente do latifúndio e da grande exploração, fundadas uma e outra, nas estradas de ferro, de propriedade das usinas".[18]

É preciso que se frise que o desenvolvimento das ferrovias foi fundamental também para o crescimento das usinas de meio-aparelho. Nesse caso, as estradas de ferro privadas possibilitaram uma maior facilidade para a aquisição de terras e de circulação dos produtos sem licença dos proprietários das terras vizinhas. Isso acabou incentivando a compra dessas terras. No Nordeste, apesar da expansão vertical das usinas,

---

16 SZMRECSÁNYI, Tamás. "1914-1939: Crescimento e crise da agroindústria açucareira no Brasil". In: *Revista Brasileira de Ciências Sociais*, jun. 1988, p. 52-53.

17 PERES, Gaspar. *Cem anos de vida econômica em Pernambuco*: aspectos do movimento industrial e comercial do Estado *apud Diário de Pernambuco*. Primeiro centenário, 1825-1925. Recife: Oficinas do Diário de Pernambuco, 1925.

18 AZEVEDO, Fernando. *Canaviais e engenhos na vida política do Brasil*: ensaio sociológico sobre o elemento político na civilização do açúcar. Rio de Janeiro: Instituto do Açúcar e do Álcool, 1948, p. 220.

os fornecedores continuaram a ter uma poder político significativo, principalmente devido ao controle de cargos políticos.[19]

Nesse contexto é importante entender a estruturação da própria usina. Nas palavras de Singer, o que representa a usina é a sua fome de terra. O crescimento da sua capacidade de produção levava à necessidade de muita matéria-prima e, devido à experiência dos engenhos centrais, a usina entendeu que o único modo de assegurar o fornecimento regular de cana para as suas moendas, - era plantá-la. Naturalmente, essa necessidade de auto-suficiência revolucionaria as relações de produção do período. Como se pode facilmente imaginar, com a compra das terras dos engenhos banguês, os antigos parceiros ou arrendatários transformaram-se em assalariados ou tiveram que migrar para outras regiões ou para as cidades.[20]

As transformações advindas, em 1889, com a República coincidiram com as mudanças na estrutura do setor açucareira, principalmente com a modernização e a instalação de usinas. Muitos engenhos foram fechados nesse período devido à escassez de mão de obra ocasionada pelo fim da escravidão e o avanço das usinas nas terras dos seus fornecedores. Tal conjuntura propiciaria o acirramento da luta entre usineiros, fornecedores de cana e bangueseiros.[21]

É importante lembrar que a República Velha herdou as consequências dos processos do termino da escravidão, da crise do setor agro-exportador e da expansão urbana industrial na região Sudeste do País. Tais fatores levariam à produção agrícola brasileira a orientar-se para o mercado interno, o que ocasionou uma gradativa e crescente monetarização e mercantilização, tanto da grande lavoura como da pequena produção. Neste caso, era importante para a elite agrária buscar alternativas e redefinições para a crise por que passava, com o mínimo possível de mudança, ou seja, sem alteração substancial no âmbito da estrutura das relações de trabalho, propriedade e poder.[22]

---

19 CAMPOS, Zóia Vilar. *Doce amargo*: produtores de açúcar no processo de mudança pernambucano (1874-1941). São Paulo: Annablume, 2001, p. 105.

20 SINGER, Paul. *Desenvolvimento econômico e evolução urbana*. São Paulo: Edusp, 1968, p. 308-309.

21 AZEVEDO. *Op. cit.*, p. 225.

22 O advento da República no Brasil foi provocado pelo conflito entre as funções econômicas e as do exercício do poder político. Nesse contexto, a estrutura de poder correspondia a um tipo de produção que, a partir do século XIX, já era secundário em relação à economia do café. Assim, o eixo da economia brasileira se deslocou do Nordeste para o Sudeste

Esse conjunto de fatores que caracterizaria a Primeira República fortaleceu o ideário da vocação agrícola do país, principalmente com o sucesso econômico da produção cafeeira no mercado internacional. Apesar de se mostrar de certa forma equilibrada, a economia do período era influenciada pelas oscilações das cotações internacionais dos produtos de exportação e das políticas públicas voltadas para a defesa dos representantes desses produtos, fundamentalmente no caso da grande burguesia cafeeira paulista.

Foi devido a essa conjuntura que foi aprovado, em 1897, o estatuto da Sociedade Nacional da Agricultura. A sociedade era formada pela associação de lavradores e amigos da agricultura contrários à hegemonia da política cafeeira e que tinham como objetivo:

> "o exame, o estudo e a colaboração para a solução dos problemas dos agricultores, dos pecuaristas e dos industriais de indústrias extrativas e correlatas, à exceção dos outorgados por lei às entidades sindicais, no que se refere à defesa e representação classistas".[23]

Além disso, a sociedade também se responsabilizaria pela promoção de associações rurais, cooperativas e caixas de crédito; a fundação de campos de demonstração, escolas práticas de agricultura e o aperfeiçoamento dos trabalhos agrícolas mediante uma maior aplicação das novas técnicas científicas ao campo. Diante tão vasta gama de funções, os seus membros se denominaram os representantes do "revivamento agrícola" do país.

A defesa da utilização de novas técnicas agrícolas pela SNA encontraria grande resistência entre os produtores rurais, como foi o caso do setor açucareiro. O baixo preço do açúcar e a rotina eram um dos principais problemas para a modernização da lavoura em si. Tal quadro foi bem demonstrado na explanação de Diamanti:

> "A cultura da cana é rudimentar no Brasil; não se pratica a adubação, nem se prepara a terra na maioria das plantações, abandonando-se o terreno esgotado para se ir mais adiante.

---

em consequência da crise do açúcar e da hegemonia da produção do café. PERRUCI. *Op. cit.*, p. 43.

23 Estatuto da SNA. *A lavoura*. Rio de Janeiro, vol. 9, n. 2, fev.1905, p. 118 *apud*. MENDONÇA, Sonia Regina de. *Ruralismo: agricultura, Poder e Estado na Primeira República*. Tese de Doutorado. São Paulo, FFLCH-USP, 1990, p. 100.

Dessa maneira, depois de um certo tempo, a matéria-prima, que era antes de tudo cultivada no centro de sua produção, encontra-se bastante distanciada das fábricas. Este inconveniente não existe ainda nos grandes engenhos centrais dos Estados do Norte, cuja montagem é relativamente recente, mas deve ser objeto de preocupação para os industriais".[24]

Convém observar que a SNA seria o principal canalizador dos produtores rurais até 1906, pela falta de um órgão específico para atender a demanda dos setores não-cafeeiros. Tal fato foi apontado pelo Ministro do Estado dos Negócios da Indústria, Viação e Obras Públicas, Lauro Severino Müller, nesse mesmo ano:

"Por este Ministério foi confiada à Sociedade Nacional da Agricultura a direção da distribuição de plantas e sementes, a propaganda das aplicações industriais do álcool, conforme o dispositivo orçamentário, além dos serviços que ela presta dedicadamente ao Governo nas consultas que lhe são dirigidas em assuntos de agricultura e sobre a restituição de despesas com a importação de reprodutores de raças".[25]

Como os cafeicultores controlavam o Ministério da Indústria, Viação e Obras Públicas, - foi fundamental para a ação da SNA, o restabelecimento do Ministério da Agricultura, Indústria e Comércio, pelo decreto n. 1606, de 29 de dezembro de 1906. Sem dúvida, esse restabelecimento foi crucial para aumentar o poder político da SNA. E não foi ao acaso, que o seu quadro passou de 47 membros em 1897, para cerca de 2 mil sócios em 1906 e 4 mil em 1911. Ademais, a sua correlação com o MAIC, levaria os membros da SNA a preencherem vários cargos no Ministério. Soma-se a isso a sua participação nas

---

24 DIAMANTI. *Op. cit.*, p. 222.
25 Relatório apresentado ao Presidente da República dos Estados Unidos do Brasil pelo Ministro do Estado dos Negócios da Indústria, Viação e Obras Públicas Lauro Severino Muller, no ano de 1903, 18º da República. Rio de Janeiro: Imprensa Nacional, 1906, p. 3 e 4.

comissões ministeriais a que ela era convidada a participar e as vagas nos conselhos agrícolas durante a década de 1920.[26]

Evidentemente, o principal opositor da SNA e da criação do MAIC foi a bancada paulista na Câmara dos Deputados. No entanto, com a vitória do Convênio de Taubaté, os cafeicultores tiveram que concordar com a instituição do Ministério.[27]

Essa vitória não seria total. Contrariando os interesses da Sociedade, o Presidente Nilo Peçanha indicaria para titular um defensor dos interesses cafeeiros paulistas, o diretor da Sociedade Paulista de Agricultura e Secretário Agrícola de São Paulo, Antônio Cândido Rodrigues. Mas, como consequência das inúmeras reclamações, foi indicado um outro paulista dissidente do PRP/SPA. Desse modo, em 1913, chegava ao fim o predomínio paulista e a SNA assumiria definitivamente o controle do Ministério até 1930.[28]

---

26 Como coloca Sonia Regina de Mendonça, "a criação de um Ministério com um escopo tão amplo de atuação como o MAIC seria, simultaneamente, um produto e uma forma de reação ao sistema de dominação vigente sob a hegemonia da grande burguesia cafeeira paulista, prefigurando a acomodação de interesses das 'oligarquias bagageiras', tais como aquelas associadas a movimentos mais comumentes ressaltados como vinculada a movimentos como o Hermismo ou a Reação Republicana. Logo, o Estado em seu sentido estrito, sairia reforçado com o lócus privilegiado da resolução dos conflitos intraclasse dominante, ratificando o autoritarismo vigente em sociedades herdeiras de sistemas repressivos da força de trabalho." MENDONÇA. *Op. cit.*, p. 130-179.

27 Sonia Regina de Mendonça afirma que somente a partir de 1908, em vista dos problemas enfrentados pelos cafeicultores e a necessidade de contar com o aval da Câmara para um empréstimo complementar à plena viabilização da 1ª Operação Valorizada, abrir-se-ia uma conjuntura favorável à concretização do já aprovado Ministério. Para a autora, "neste momento, até mesmo os signatários do Convênio mobilizaram-se em sua oposição, revelando os contornos de uma crise política capaz de comprometer a credibilidade da operação e a legitimidade da dominação paulista. A implantação do Ministério da Agricultura, Indústria e Comércio – cuja campanha fora então engrossada, pela adesão do periódico carioca O Paiz –, seria a contrapartida política à aprovação do chamado empréstimo de consolidação". MENDONÇA, Sonia Regina. Conflitos Interburocráticos na Determinação de Políticas Agrícolas no Brasil: o caso do Ministério da Agricultura (1909-1945). *Anais do II Congresso Brasileiro de História Econômica*. Niterói (RJ), ABPHE,13 a 16 out. de 1906, p. 26.

28 A partir de 1913, os ministros do MAIC foram na sua maioria diretores da SNA ou mesmo seus presidentes. Além de dirigentes da SNA, 30% dos ministros eram representantes do complexo agrário nordestino. Ademais, 50% do primeiro escalão ministerial, integrado

É manifesto, no entanto, que esse apoio a SNA já se evidenciava desde o período anterior. Já em 1912, o Ministro de Estado da Agricultura, Indústria e Comércio, Pedro de Toledo, apontava a importância da SNA na formação do MAIC e na divulgação de soluções para os problemas canavieiros através das exposições e incentivos à modernização da agricultura brasileira:

> "Entre as obras que para isso contribuíram, além das de publicidade, que tamanho eco encontraram sempre, poderíamos recordar: os Congressos Nacionais da Agricultura, de 1901 e 1908, onde se reuniram as maiores notabilidades da nossa classe agrícola; as Conferências Açucareiras da Bahia, de Pernambuco e de Campos, que foram assembleias de especialistas notáveis; na Exposição Internacional de Aparelhos a Álcool, o Congresso de Aplicações do Álcool; a fundação do Sindicato Central de Agricultura; as Exposições Regionais nesta Capital, às quais corresponderam outras em vários Estados, os serviços de distribuição gratuita de plantas e sementes, a propaganda do álcool industrial, a fundação do aprendizado agrícola anexo ao horto frutícola da Penha e outros serviços, entre os quais sobreleva o de haver estabelecido com as suas co-irmãs dos Estados, uma conformidade de sentimentos e de propósitos capazes de criar espontaneamente entre elas e a Sociedade Nacional da Agricultura, na atividade que lhes incumbe, o mesmo nexo federativo que a constituição criou entre a União e o Estado. A felicidade de haver conseguido tantas realidades adiciona-se a de ver criado o Ministério da Agricultura, órgão oficial que a Sociedade sempre considerou indispensável à reorganização racional da nossa lavoura e o Governo daquela época solicitou ao Congresso Nacional, com a especialização necessária na administração pública à superintendência do nosso desenvolvimento agrícola."[29]

---

por três Diretores Gerais e dezenove serviços mais ou menos regulares eram sócios/dirigentes da SNA. Idem, Ibidem. p. 26-27.

29 Relatório apresentado ao Presidente da República dos Estados Unidos do Brasil pelo Dr. Pedro de Toledo Ministro do Estado da Agricultura, Indústria e Comércio no ano de 1912. Rio de Janeiro: Imprensa Nacional, 1912, p. 158.

Desde o início, o principal meio de propagar as suas ideias foi através de sua revista "A Lavoura". Nesse sentido, a SNA esperava difundir através do seu periódico o exemplo paulista de modernização agrícola. O Ministro do MAIC, Rodolpho Nogueira da Rocha Miranda destacava, em 1910, a importância dessa função propagadora da "modernização agrícola" desempenhada pela Sociedade e por sua Revista:

> "Grande número de conferências, vários congressos tem ela promovido, nesse intuito. Constitui, porém, seu órgão permanente para a aludida função, o seu boletim 'A Lavoura', de publicação mensal e de tiragem de cinco mil exemplares, de que têm sido publicados 96 números com 480.000 exemplares, distribuídos gratuitamente aos lavradores. Essa propaganda acompanhada de ensinamentos profissionais se completa com as publicações de iniciativa da Sociedade e que já são em número de 89, contando 754.000 exemplares, também de distribuição gratuita".[30]

Outro ponto que a SNA defendia era a redução dos fretes dos produtos agrícolas no país. Em relação às questões específicas do setor canavieiro, a sociedade ressalvava a necessidade de incrementar os estudos que viabilizassem obter baixos preços internos e externos do produto. Um exemplo seria a sua defesa do uso do álcool-motor pelas companhias de transporte nacionais. Não obstante, foi somente em 1901, que as demandas agenciadas pela agremiação adquiriram consistência e sistematização, com a organização do Primeiro Congresso Nacional da Agricultura.[31] Esse Congresso estabeleceria os parâmetros estrutu-

---

30 Relatório apresentado ao Presidente da República dos Estados Unidos do Brasil pelo Ministro de Estado da Agricultura, Indústria e Comércio Rodolpho Nogueira da Rocha Miranda no ano de 1910. Rio de Janeiro: Oficinas da Diretória Geral de Estatística, 1910, p. 77.

31 No Primeiro Congresso Nacional da Agricultura, os representantes do setor buscavam solucionar os principais problemas decorrentes da crise da indústria açucareira, devido ao alto custo da produção, do desequilíbrio financeiro resultante da brusca valorização da nossa moeda, da carestia dos fretes marítimo-terrestres e dos impostos de exportação. Assim, os usineiros pediram ao governo federal um empréstimo no valor de 5.000:000$000. CAMPOS. *Op. cit.*, p. 41.

rais do campo de debate ruralista brasileiro. Diante disso, é importante ressaltar os congressos e exposições para a propagação das ideias apregoadas pela SNA.[32]

Sendo assim, no ano seguinte, a sociedade organizaria a Conferência Açucareira da Bahia. Nesse caso, uma das principais necessidades apontadas pelos produtores de açúcar era a necessidade de um empréstimo por parte do Governo de 10.000:000$000 como forma de auxiliar as usinas. Além disso, indicavam as dificuldades geradas pela oscilação dos preços brasileiros na exportação de açúcar e a necessidade de isenção de impostos interestaduais, responsáveis pelo decréscimo no nível dos negócios das casas comerciais. Em relação à Conferência de Bruxelas, destacavam que se o acordo fosse assinado, o Brasil seria obrigava a baixar de 1$000 para $200 por quilo o imposto aduaneiro de exportação de açúcar. Ora, para os usineiros, isso seria inconcebível, visto que a diminuição das tarifas alfandegárias possibilitaria uma invasão do mercado interno pelo açúcar de beterraba. Assim, nada mais natural que as principais decisões dessa Conferência concluíssem:

> "É vetado aos Estados tributar, de qualquer modo e de qualquer denominação, os gêneros de produção de outros Estados, quando destinados a consumo ou a serem exportados para outros Estados; [...] Os Estados obrigam-se a eliminar de seus orçamentos de receita os impostos de importação interestaduais e intermunicipais, atualmente em vigor, dentro do prazo máximo de um ano, contando da data de assinatura do Convênio; [...] Solicite-se do Governo da União e sua benéfica intervenção para que sejam de pronto revistas as tarifas de estradas de ferro, em tráfego no país, tomando-se por bem o valor comercial do produto; [...] Convém e pede-se insistentemente que o Governo Federal que intervenha junto à Companhia Brasileira, a fim de minorar os seus fretes, evitando-se a anomalia de pagar-se por tonelada de açúcar de cana, frete superior que se paga para Nova York, Liverpool, etc.; [...] A conferência resolve que em cada estado açucareiro seja fundada um banco de crédito agrícola com

---

32 Além do Primeiro Congresso Nacional da Agricultura, a SNA organizou a Conferência Açucareira da Bahia; a Exposição Internacional de Aparelhos a Álcool, a Primeira Exposição Nacional de Aparelhos a Álcool, o Convênio Açucareiro do Brasil etc. MENDONÇA, Sonia Regina de. *Ruralismo*: agricultura, poder e estado na Primeira República. Tese de Doutorado. São Paulo, FFLCH/USP, 1990, p. 100-126.

os recursos da lavoura e as dotações que puder obter dos respectivos Congressos e da União, atendendo-se a uma organização desses institutos, tanto quanto possível, às ideias dominantes sobre cooperativas e mutualidades agrícolas; [...] Solicita e pede instantaneamente a realização de um convênio com o Chile, e outros países, a fim de achar o açúcar brasileiro colocação nos mercados dessas nações."[33]

Seguindo essas mesmas diretrizes, em 1905, a SNA organizou a 2ª Conferência Açucareira do Brasil. Nessa Conferência, seguindo os ideais de modernização da agricultura propostos pela Sociedade, foram convidados, além dos usineiros, engenheiros e outros técnicos agrícolas. Novamente foram discutidos os problemas oriundos da crise de 1901, que provocaram o aumento das dívidas das usinas e, por conseguinte, uma maior dificuldade no seu desenvolvimento tecnológico; a adesão do Brasil ao Convênio de Bruxelas; a fundação de sindicatos agrícolas e de escolas de agronomia; e a necessidade de organizar a contabilidade agrícola. A principal novidade, contudo, foi a proposição da criação de um sistema de rateio para quota de exportação entre os diferentes estados produtores, como forma de evitar a superprodução.[34]

É preciso notar também que, nesse momento, iniciar-se-ia um processo de politização da economia brasileira, sobretudo pela dificuldade para exportar os tradicionais produtos brasileiros, à exceção do café. Assim, agravar-se-iam as disputas entre os diferentes segmentos da elite rural, em sua busca pela recolocação de seus produtos no mercado internacional.No âmbito específico do setor açucareiro, a crise era mundial. Como se sabe, numa tentativa de sanar esse problema, em 1901, foi organizada pela Inglaterra,[35]

---

33 DÉ CARLI, Gileno. *O processo histórico da usina em Pernambuco*. Rio de Janeiro, Editores Irmãos Pongetti, 1942, p. 53-55.

34 *Idem, Ibidem*, p. 55-58.

35 Um dos principais objetos da Inglaterra em estabelecer o acordo de Bruxelas era rivalizar com a política econômica açucareira norte-americana. Nesse período, os Estados Unidos já havia estabelecido tarifas preferenciais e de acordos bilaterais de comércio, como os que vinham estabelecendo no caso do açúcar, com alguns países recém-libertos do colonialismo europeu, com alguns países latino-americanos de sua área de influência, e mesmo com nações europeias industrialmente atrasadas: Espanha, Cuba e Filipinas, México, Peru e Argentina. A Inglaterra buscava, desse modo, enfrentar o fechamento do mercado norte-americano e a inclusão nele de outras áreas do comércio mundial. GNACCARINI, J. C.

a Conferência de Bruxelas. A partir desse momento, foi acordado que os países signatários se comprometeriam a eliminar as subvenções, limitar as tarifas protecionistas e a preferência pelos produtos coloniais, além de ampliar as restrições contra os açúcares subvencionados. Essa defesa seria explicitada no artigo 4º do acordo:

> "As altas partes contratantes obrigam-se a taxar com um imposto especial a importação, em seus respectivos territórios dos açúcares provenientes de países que concederem prêmios, à produção ou à exportação. Este direito não poderá ser inferior a soma nos prêmios diretos ou indiretos, concedidos no país de origem. As altas partes se reservam a faculdade, cada uma no que lhe diz respeito de proibir a importação de açúcares premiados".[36]

Como quer que seja, as divergências dentro do próprio setor açucareiro influenciariam o Brasil a não assinar o acordo.[37] Destaca-se, nesse caso, a defesa da SAAP. Essa

---

A. "A economia do açúcar: processo de trabalho e processo de acumulação". In: FAUSTO, Boris (org.). *História geral da civilização brasileira*, vol. 8, Rio de Janeiro: Bertrand Brasil, 1997, p. 317.

36 Mensagem apresentada à Assembleia Legislativa pelo Presidente do Estado do Rio de Janeiro General Quintino Bocayuva em 15 de julho de 1902. Rio de Janeiro: Typ. do Jornal do Comércio, 1902, p. 72.

37 Apesar de tentativas como o Acordo de Bruxelas, os subsídios nunca deixaram de ser prática corrente nos países produtores de açúcar. Gnaccarini afirma que esse "tratamento discriminatório, desde longa data era praticado pela Holanda em relação ao açúcar produzido em Java, em 1898 foi adotado e, em 1902, grandemente elevado pelo Canadá, para beneficiar com exclusividade os produtores antilhanos do Império Britânico. Em 1903 passaram também os produtores de Cuba, dos quais a maioria era constituída de investimentos diretos norte-americanos em terras e em instalações fabris, a receber um tratamento preferencial nas tarifas alfandegárias dos EUA, o que lhes vale até 1922, época em que foi grandemente reduzido, um benefício de 20% sobre o direito de entrada naquele mercado, vantagem grandemente aumentada nos anos seguintes; na mesma época o açúcar filipino recebia subsídio semelhante equivalente a 33% das tarifas norte-americanas. Quanto à política protecionista da Inglaterra, ela só começa formalmente em 1919, ao ser substituído o Acordo de Bruxelas por cláusula do Tratado de Versalhes.

Sociedade afirmava que esse seria o único meio de reconquistar os mercados europeus. Além do que, a redução das tarifas protecionistas levaria a indústria açucareira nacional a melhorar a sua eficiência. Evidentemente, os representantes ingleses na indústria açucareira também eram favoráveis à adesão. Tal posição seria defendida na The Brazilian Review.[38] É contundente, nesse caso, o apoio dado por Frederic Sawyer. Segundo esse autor:

> "A adesão do Brasil a Convenção de Bruxelas se há de impor, provavelmente pelas circunstâncias, com a consequente redução de direitos de alfândega sobre o açúcar estrangeiro. Se tal fosse a causa do fechamento de todas essas usinas atrasadas e dispendiosas, seria também o princípio de uma nova era de prosperidade para a indústria açucareira do Brasil. Os campos produziriam o duplo de açúcar, sendo o de melhor qualidade a preços econômicos capazes de lutar com quem quer que seja, os jornais se elevariam permitindo ao proletariado viver com decência, e se evitaria a

---

Neste ano impôs a Inglaterra um tratamento tarifário preferencial às suas colônias e aos países produtores do Domínio britânico, mantendo-se, entretanto a diferença anterior de tratamento para açúcares de maior e menor polarização. Com dois grupos de preferência, os ganhos para esses países situaram-se aproximadamente em torno de 30% para o grupo menos beneficiado e 40% para os mais aquinhoados, sobre as tarifas de entrada impostas ao resto dos produtores mundiais." GNACCARINI. *Op. cit.*, p. 314-315.

38 Como aponta Gnaccarini, "Ao propor em 1900, agora com mais sucesso, as medidas antiprotecionistas adotadas em boa medida pelo Convênio de Bruxelas, pelas quais vinha lutando desde 1865, o interesse da Inglaterra no controle mundial da produção de açúcar era uma dedução lógica do liberalismo econômico inglês. A supremacia inglesa no comércio mundial dependia de que a divisão internacional do trabalho não fosse submetida a desequilíbrios muito profundos. O crescimento agrícola europeu se concorresse efetivamente com a produção colonial, poderia ser um dos fatores desse desequilíbrio. Isto era especialmente certo se a produção metropolitana se expandisse à custa de proteções antilivre-cambistas, e fosse acompanhada de superprodução de alimentos e matérias-primas de origem agrícola". *Idem, Ibidem*, p. 316.

funesta devastação dos matos que pouco a pouco vai reduzindo, a precipitação de chuvas nos estados açucareiros".[39]

Por outro lado, o posicionamento contrário a convenção podia ser encontrado no *Jornal do Comércio*. Ilustra bem essa questão, a oposição ao Acordo feita por J. P. Wileman, assistente técnico do Ministro da Fazenda Joaquim Murtinho:

> "a questão real com respeito à convenção de Bruxelas não é se nós podemos produzir tão barato quanto os beterrabeiros, mas sim o que faremos com o nosso açúcar quando colhermos uma safra pesada".[40]

Além desses motivos, os oponentes ao acordo temiam que a redução das tarifas protecionistas ocasionasse uma invasão do mercado brasileiro pelo açúcar de beterraba europeu, que era mais barato que o nacional. Sobressai, nesse caso, a importância da proteção tarifaria a indústria açucareira de Pernambuco e eventualmente a dos Estados que eram tributários do porto do Recife. Tal proteção era vista por muitos usineiros como fundamental para a indústria açucareira pernambucana.[41]

Em que pese o poder das partes, os opositores a Convenção de Bruxelas foram vitoriosos nesse momento, principalmente pela relutância demonstrada pela Sociedade Nacional da Agricultura e pelos altos escalões do Governo Federal, especialmente o Ministério da Fazenda.[42]

Essa teia de interesses divergentes manteria acirradas as discussões sobre a adesão à Convenção de Bruxelas até 1905, quando aconteceu a Conferência do Açúcar de Recife. A maioria dos participantes defendeu que o governo determinasse, antes da adesão, se o Brasil concederia subvenções diretas ou indiretas, explicitando as tarifas que assegura-

---

39 SAWYER, Frederic H. *Relatório apresentado à Sociedade Paulista de Agricultura, Comércio e Indústria*. São Paulo: Typ. De Carlos Gerke, 1905, p. 11.

40 Retrospectiva do Jornal do Comércio, Rio de Janeiro, 1904 apud GNACCARINI, J. *Estado, ideologia e ação empresarial na agroindústria açucareira do Estado de São Paulo*. Tese de doutorado. São Paulo, FFLCH-USP, 1972.

41 GNACCARINI. *Op. cit.*, p. 138.

42 *Idem, Ibidem*, p. 138.

riam acordos comerciais com os países europeus. Mormente o país aderir à Convenção de Bruxelas por poucos anos, de 1906-1910, não ocorreu nenhum aumento significativo das exportações brasileiras, como previram os seus defensores.[43]

Nada mais natural que, em vista da dificuldade de retorno do açúcar brasileiro ao mercado externo, a única opção era a reconversão da produção para o consumo interno. Tal conjuntura estimulou uma redistribuição setorial da produção agrícola e o acirramento das disputas da classe proprietária rural. Essa percepção da perda definitiva dos antigos compradores do comércio internacional já era assinalada pelo Presidente do Estado do Rio de Janeiro, Quintino Bocayuva. Para ele, a dilatação do açúcar brasileiro só poderia ocorrer "nos mercados internos de nosso país".[44]

Como consequência, nesse período, o açúcar brasileiro iniciaria um processo de competição entre os estados produtores. Assim, disputavam desde os favores do Estado à preferência dos grandes comerciantes e do consumo interno. O acerbamento da rivalidade também teve como pano de fundo a melhora do comércio do açúcar, - principalmente com o aumento das vendas externas na década de 1890 até 1902 -, e o crescimento do mercado interno, em consequência do elevado aumento demográfico, gerado pela imigração. Em virtude da importância representada pelo comércio do açúcar formar-se-iam grandes grupos empresariais, ligados exclusivamente ao comércio interno e a sua refinação.[45]

É importante que se releve a formação desses grandes grupos empresarias. A perda do comércio externo do açúcar resultou indiretamente no afastamento dos grupos estrangeiros que atuavam no comércio interno e na refinação do açúcar. As poucas exceções nesse contexto foram: a Cia. Açucareira, fundada em 1901, no Rio de Janeiro, por capitais ingleses, - e proprietários das grandes usinas de Sergipe e Paraíba -, e a Société de Sucréries Brésiliénnes, que adquiriu várias usinas em São Paulo e no Rio de Janeiro. Essa, porém, não era a regra e, na sua maioria, esse comércio foi dominado por firmas nacionais.[46]

---

43 EISENBERG. Op. cit., p. 46-48.

44 Mensagem apresentada à Assembleia Legislativa pelo Presidente do Estado do Rio de Janeiro General Quintino Bocayuva em 15 de julho de 1902. Rio de Janeiro: Typ. do Jornal do Comércio, 1902, p. 70.

45 GNACCARINI. Op. cit., p. 311.

46 Como afirma Gnaccarini: "entre 1900 e 1930, manifestou-se um intenso movimento de concentração de capitais, no comércio interno e no beneficiamento industrial de cereais, gorduras animais, carnes preservadas e açúcar. Na falta de uma infra-estrutura de comercialização, as maiores firmas fizeram investimentos nesse setor, e ainda constituíram suas próprias seções bancárias, voltadas para o comércio interno. Foi nesse período, que

É sintomático, nesse caso, o açúcar comprado por São Paulo dos estados do Nordeste, pois era realizado predominantemente por firmas brasileiras. Esses negócios eram realizados, na maior parte dos casos, com os grandes comerciantes de São Paulo. Destarte, os primeiros grandes acordos comerciais entre esses grupos foram realizados entre a casa comissária de José Bezerra e o grupo bancário paulista liderado por Gastão Vidigal e entre Francisco Matarazzo e o Sindicato Açucareiro de Pernambuco.[47] Era inevitável, nesse contexto, que as especulações dessas grandes firmas acentuassem ainda mais a crise dos produtores de açúcar, dependentes desses comerciantes.

> "A indústria está em condições precárias, o consumo do açúcar está limitado e como se isto não fosse suficiente; a especulação mercantil, o açambarcamento do gênero por algumas casas poderosas do Rio de Janeiro determinaram para os produtores o aviltamento dos preços sem vantagem para o consumidor que paga sempre os produtos por preço elevado".[48]

---

as firmas Magalhães & Cia. e Soveral & Brito se associaram na Bahia. Detinham elas o monopólio sobre a maior parte do açúcar baiano, e sobre uma boa parte do charque riograndense, além da propriedade, na Bahia, de uma grande destilaria de álcool, estabelecimento encarregado da compra e transformação da maior parte da aguardente baiana. Nessa mesma época a firma Matarazzo & Cia. já dominava os comércios de cabotagem, de açúcar e charque, entre o Rio Grande do Sul e os Estados de Paraíba e Rio Grande do Norte. Matarazzo organizou, então, o seu próprio serviço de navegação costeira. Em 1923, Matarazzo já instalara a sua própria refinaria de açúcar, em São Paulo. Matarazzo, juntamente com o Governo Estadual e a firma Bezerra & Cia., eram os proprietários do Banco do Rio Grande do Norte." GNACCARINI, J. C. A. *Estado, ideologia e ação empresarial na agroindústria açucareira do Estado de São Paulo*. Tese de doutorado. São Paulo, FFLCH-USP, 1972, p. 134.

47 O Sindicato Açucareiro de Pernambuco era um truste de produtores formados pelas maiores usinas do Estado. GNACCARINI, J. C. A. "A economia do açúcar: processo de trabalho e processo de acumulação". In: FAUSTO, Boris (org.). *História geral da civilização brasileira*, vol. 8, Rio de Janeiro: Bertrand Brasil, 1997, p. 338.

48 Mensagem apresentada à Assembleia Legislativa pelo Presidente do Estado do Rio de Janeiro General Quintino Bocayuva em 15 de julho de 1902. Rio de Janeiro: Typ. do Jornal do Comércio, 1902, p. 68.

Para o Nordeste, isto significava voltar a sua produção quase que totalmente para o consumo interno e acabar sob a alçada das grandes refinarias do Centro-Sul. Dessa forma, Pernambuco passou a comercializar mais de 50% de sua produção no mercado interno. Nessa época, o Distrito Federal era o mercado que mais atraia o açúcar do Nordeste, pela sua grande absorção e pela quantidade de açúcar de usinas quase exclusivamente cristal, que podia absorver.[49]

O Barão de Barcellos já delineava as consequências desse envio excessivo dos açúcares do Nordeste para o Rio de Janeiro:

> "sem mercado para os seus produtos, os enviava ao Rio de Janeiro, onde a acumulação de depósitos sem saída forçava a baixa ao nível ou abaixo mesmo do nível de todos os outros mercados".[50]

Nesse mesmo sentido, o jornal *Le Brésil*, em 22 de janeiro de 1911, relatava a dependência das usinas nordestinas em relação ao mercado do Centro-Sul:

> "O açúcar do Norte chega (a São Paulo) sobrecarregado pelas taxas de entrepostos e de embarque, pelo frete e pelo imposto de exportação do Estado de origem. A propósito desse imposto convém dizer que Pernambuco vive atualmente às custas de São Paulo e do Rio Grande do Sul, seus melhores clientes. Para o açúcar exportado para o Brasil, Pernambuco recebe 8 % ad valoren, enquanto que para o açúcar exportado para o estrangeiro ele exige somente 2%, a fim de poder lutar contra o açúcar de beterraba. Essa situação é tão verdadeira que, se a exportação

---

49 DÉ CARLI, Gileno. *Aspectos de economia açucareira*. Rio de Janeiro: Editores Irmãos Pongetti, 1942, p. 111.

50 *Apud* GNACCARINI, J. C. A. "A economia do açúcar: processo de trabalho e processo de acumulação". In: FAUSTO, Boris (org.). *História geral da civilização brasileira*, vol. 8, Rio de Janeiro: Bertrand Brasil, 1997, p. 328.

para São Paulo cessasse, o tesouro Pernambucano ficaria numa situação tão crítica como a dos agricultores e dos usineiros".[51]

A importância do mercado do Rio de Janeiro pode ser atribuída ao fato do Estado sediar a Capital Federal. Essa proximidade do Governo funcionava como um atrativo para muitas indústrias, aumentando o mercado consumidor e de trabalho. Nesse período, o Rio de Janeiro era a maior cidade brasileira. Entre 1890 e 1900, a população do Rio aumentou 33%, passando de 522.651 para 691.565 habitantes.[52]

De todo modo, em 1911, 31% do açúcar importado pelo Rio era proveniente de Pernambuco. Já São Paulo, com cerca de 2.500.000 habitantes em 1904, consumia 1.215.666 sacos, dos quais produzia apenas 355.000. Comprava, assim, 860.666 sacos, em boa parte procedente do Nordeste. Para Singer, esses dados demonstram que, a partir do início do século XX, o Nordeste se desvinculou progressivamente "duma divisão de trabalho internacional, na qual se mantivera durante três séculos, para se iniciar paulatinamente numa divisão de trabalho nacional".[53]

Essa tendência se acentuaria, visto que, na década de 1910, os produtores de açúcar nordestinos já vendiam quase que exclusivamente açúcar mascavo. Além do mais, devido à proteção contra a concorrência estrangeira, os produtores podiam restringir a quantidade do açúcar no mercado, mantendo assim a alta dos preços. Em Pernambuco, tal prática foi realizada na safra de 1895-96, quando a ACBP e outros defenderam uma maior produção de açúcar bruto, de baixo preço, para a exportação, o que reduziria o embarque do açúcar branco para o consumo interno. Porém, esse esquema fracassou e nova tentativa foi feita em 1901, visando através de uma maior exportação, diminuir a oferta interna e elevar os preços. Seu principal argumento, nesse caso, era que os produtores do Centro-Sul vendiam no mercado nacional e tiravam vantagem dos produtos nordestinos.[54]

Seguindo esses mesmos princípios, em 1905, no Congresso Açucareiro do Recife, organizado pela Sociedade Nacional da Agricultura, foram defendidas várias propostas de associações de produtores. Nesse quadro, fortaleceu-se a percepção de que a única saída encontrada seria a união dos setores ligados a produção do açúcar. Para os representantes do setor, essa seria a melhor forma de enfrentar a queda dos preços dos mercados

---

51 Le Brésil, 22 jan. de 1911. *Apud* PERRUCI, Gadiel. *A república das usinas*. Rio de Janeiro: Paz e Terra, 1978, p. 109.
52 SINGER. *Op. cit.*, p. 47.
53 Idem, Ibidem, p.313.
54 EISENBERG. *Op. cit.*, p. 51-52.

externos, depreciados em mais de 30% em relação aos preços que seriam necessários para a sustentação dos produtores de açúcar. Somava-se a isso a paralisação do mercado interno, oriundo da rápida e crescente elevação da taxa cambial.[55]

Tal situação foi bem analisada por J. P. Wileman. Para ele, seria necessário formar uma organização comercial da indústria açucareira, que possibilitasse a:

> "esta classe tomar a si a defesa de seus interesses comerciais". Assim, deveria à iniciativa privada 'unir-se em associações fortes, numerosas e ativas [...] porque nenhuma indústria pode hoje prosperar, deixando os seus interesses comerciais entregues à anarquia, à desordem e à especulação desenfreada'. Nesse caso, o papel do Estado seria 'criar, manter e auxiliar instituições de ensino profissional e de credito agrícola'.[56]

Afora isso, segundo Willeman, era extremamente difícil vender açúcar barato com os métodos atrasados ainda utilizados no Brasil e com os preços pagos ao produtor oscilando entre 20 e 30% em poucos meses. O seu prognóstico, apontado no Congresso de 1905, afirmava que os preços cairiam ainda mais, pois, os comissários locais não tinham suporte financeiro para aumentar seus estoques a não ser que os preços diminuíssem.[57]

Com o apoio dos agentes comerciais Mendes Lima e Cia., os usineiros manufaturaram, na safra de 1906-07, açúcar bruto demerara para exportar. Mais ainda, alguns armazenadores e agentes comerciais comprometeram-se a não vender para o mercado nacional antes de novembro. Por tudo isso, esse cartel ficaria conhecido como "Coligação Açucareira". Releva notar nesse caso, o apoio da SAAP e da Usap (União dos Sindicatos Agrícola do Pernambuco) e da SNA. Essa última sociedade acabaria auxiliando esses planos de forma indireta, através de seus boletins bissemanais que continham dados sobre o consumo e produção regional. Afora isso, a SNA distribuía quotas de exportação aos vários Estados produtores de açúcar, numa tentativa de coordenar seus cartéis.[58]

---

55 GNACCARINI, J. C. A. *Estado, ideologia e ação empresarial na agroindústria açucareira do Estado de São Paulo*. Tese de doutorado. São Paulo, FFLCH-USP, 1972, p. 137.

56 *Idem, Ibidem*, p. 137-138.

57 *Idem, Ibidem*, p. 137-138.

58 EISENBERG. *Op. cit.*, p. 52.

Apesar do esforço dos representantes do Nordeste, a Coligação funcionou somente nas safras 1906-1907 e 1907-1908. A ideia principal era regular a oferta pela restrição à produção das usinas e engenhos. Além disso, os associados desse cartel diminuiriam os estoques nacionais com a exportação dos excedentes de consumo interno a preços de *dumping* nos mercados externos.[59]

Segundo o Senador Luiz Correa de Brito, a Coligação Açucareira de Pernambuco atuaria como uma cooperativa de vendas, que aglutinaria os usineiros, bangueseiros e comissários de açúcar. O papel principal da Coligação seria criar uma oposição conjunta às especulações dos grandes exportadores e refinadores. Entre 1906 e 1908, ela atuaria somente no Nordeste, inicialmente em Pernambuco e posteriormente em Alagoas e na Bahia. Todavia, os associados da coligação perceberam que para o sucesso dos seus planos seria necessário incluir a indústria açucareira de Campos, no Estado do Rio de Janeiro, e as usinas paulistas. Assim, em 1907, criava-se a Coligação Açucareira do Brasil. Os proprietários de usinas, banguês e os pequenos comissários de açúcar esperavam, dessa forma, manter os preços nos mercados internos com garantia de margem estáveis e remuneradores.[60]

Por vários motivos, que não cabe neste momento examinar, essa coligação fracassou. Percebe-se, no entanto, que o principal problema desses cartéis era a manutenção da cooperação entre os produtores, agentes comerciais e armazenadores de diferentes estados. Todos com interesses conflitantes. Com efeito, a desintegração da coligação ocorreu na safra 1908-09, quando as refinarias do Rio de Janeiro compraram açúcar diretamente nos engenhos de Campos e da Bahia. Logo depois, os armazenadores do Recife também venderiam os seus estoques a baixo preço, inviabilizando a continuidade da coligação.[61]

Posteriormente, foi feita uma tentativa de organizar uma nova Coligação Açucareira, em 1909. Nesse caso, no entanto, verifica-se que os seus representantes tentaram comprar açúcar suficiente para estabilizar os preços. Os seus organizadores esperavam um sucesso maior se a Coligação atuasse como um comerciante ativo.

---

59 Idem, Ibidem, p. 52-53 e GNACCARINI. *Op. cit.*, p. 22.

60 Os latifundiários e comissários menores visavam impedir as especulações dos grandes compradores. Essas manobras especulativas levavam a uma violenta oscilação dos preços, sem nenhuma relação com o volume anual da produção das usinas e banguês ou dos estoques dos comissários na Praça do Recife. BRITO, Luiz Correa de. *Coligação açucareira.* Recife, 1909, p. 12-43.

61 EISENBERG. *Op. cit.*, p. 52-53.

Foi um engano supor que seria possível, naquele momento, levantar os capitais necessários para tal fim. Evidentemente, esses planos voltaram a fracassar. De modo concreto, pode-se dizer que esse processo de tentativas de formação de cartéis e o seu inevitável desmantelamento acabaram contribuindo para a perda de parte do mercado interno pelos produtores de Pernambuco. Entre 1905, o estado enviaria somente 23% do açúcar comprado pelo Rio de Janeiro. Esse mercado seria absorvido por Sergipe, que passou a representar 30% das exportações. Afora isso, o próprio Rio de Janeiro já supria 30% do seu consumo.[62]

Certo é que uma solução possível seria os usineiros conseguirem baixar o preço da produção e, desta forma, aumentar os seus lucros. No entanto, contrariando essa lógica, Luiz Correa de Brito afirmava que essa alternativa não era viável, pois os:

> "preços não obedeciam a nenhuma lei econômica. Os usineiros absolutamente sem defesa, obrigados a entregar o produto para satisfazer aos compromissos contraídos com os comissários, que lhes emprestam o capital de movimento. Os comissários muitas vezes não tinham inteira liberdade de ação, porque estão comprometidos junto aos exportadores e precisam dispor sem demorado do açúcar que recebem para solver seus compromissos e fornecer recursos aos seus comitentes".[63]

Nesta perspectiva, esse autor defendia que o consumo aumentaria se as margens dos especuladores fossem eliminadas. Para isso, ele apontava que "não basta saber produzir, é preciso saber vender".[64]

Em outros termos, Picard retomaria essa questão. Mas, para ele, o principal problema dos mercados brasileiro era a falta de elasticidade. Nesse caso, as oscilações dos preços eram oriundas dos grandes estoques manipulados pelos comerciantes. Esse técnico observaria que o mercado:

---

62 *Idem, Ibidem*, p. 53.
63 Brito. *Op. cit.*, 1909, p. 4-20.
64 *Idem, Ibidem*, p. 4-20.

"[...] do Rio é influenciado pelas grandes remessas de Pernambuco ou de Campos; o de São Paulo pelo do Rio. Os preços do Recife, que é o grande centro comercial para o açúcar do Norte do Brasil, estão geralmente 1$000 a 2$0000 réis abaixo dos do Rio, mas isso nem sempre é exato. Acontece que, algumas vezes, os especuladores do Rio, para fazer subir o preço de lá, despejam no mercado de São Paulo uma parte de seus estoques, disso resulta que os estoques baixando no Rio, o açúcar sobe nesse mercado enquanto baixa em São Paulo. A contrapartida não é possível, porque o Estado de São Paulo não produz o suficiente. Algumas vezes, os especuladores de São Paulo, para barrar este movimento de invasão de sua praça, vêem-se obrigados a baixar eles mesmos os preços, para deixar os agentes do Rio em posição desconfortável e obrigá-los a sacrifícios superiores àqueles com que contavam. De qualquer forma, quando cessam as remessas, as cotações sobem novamente."[65]

Pela sequência das proposições dos relatos acima vê-se que o principal problema dos produtores nordestinos jazia na sua dependência do Centro-Sul. Tal fato era decorrente do seu próprio mercado regional. Não obstante, o número de consumidores, em termos quantitativos, fosse muito mais amplo do que o do Sudeste, o número de habitantes inseridos nessa economia e o seu poder aquisitivo era muito baixo. Além disso, a distância dos principais centros produtores desfavorecia a sua competitividade. Somava-se a isso o período da safra nordestina, desfavorável para a sua comercialização no mercado interno. Pois, nesse caso, os Estados nordestinos eram prejudicados pelos grandes estoques nacionais acumulados nas safras dos próprios estados nordestinos, enquanto a produção do Rio de Janeiro e São Paulo tinham a vantagem de quase três meses antes de iniciar a safra do Nordeste.[66]

---

65 J. Picard foi contratado pela Société de Sucreries Brésiliennes para verificar o estado dos seus engenhos centrais, adquiridos no Rio de Janeiro e em São Paulo. PICARD, J. *Usinas açucareiras de Piracicaba, Villa-Haffard, Porto Feliz, Lorena e Cupim*. São Paulo: Hucitec; Campinas: Editora da Unicamp, 1996, p. 45.

66 QUEDA, Oriowaldo. *A intervenção do Estado e a agroindústria açucareira paulista*. Tese de Doutorado, São Paulo, FFLCH-USP, 1972, e GNACCARINI, J. C. A. "A economia do açúcar: processo de trabalho e processo de acumulação". In: FAUSTO, Boris (org.). *História geral da civilização brasileira*, vol. 8, Rio de Janeiro: Bertrand Brasil, 1997, p. 58, 330.

Ora, apesar do rendimento de Pernambuco ser mais elevado do que o dos produtores do Sudeste, oscilando entre 85 a 90 kg nas melhores usinas e o saco de 60 kg custando somente 14$200, os produtores ainda tinham que arcar com despesas extremamente onerosas, como os fretes, avaliados nesse caso em 700 réis até o Recife; os 7% de impostos cobrados pelo Governo Estadual equivalendo a 1$200, o que elevaria o preço total a 16$100. Essas despesas acabariam favorecendo o açúcar produzido pelas usinas paulistas, como detectou Picard:

> "Este é o preço do saco de açúcar, pronto a ser exportado para o Rio. Ele nivela os preços de venda, já que todo o açúcar aí fabricado não é cristal, e o álcool dificilmente chegar a cobrir a diferença dos preços entre os primeiros jatos e os outros. Nesse ínterim, Piracicaba estará produzindo ao mesmo preço, mas a cotação de São Paulo varia de 18 a 19 mil réis, conferindo vantagens a esta última usina, que vende quase todos os seus açúcares para o interior. Esta vantagem se tornará ainda mais acentuada quando as cotações tiverem subido e os fabricantes de Pernambuco estiverem pagando a sua cana a 20 mil réis a tonelada ou mais".[67]

Essa desvantagem do açúcar nordestino pode ser observada no desenvolvimento da sua produção em relação à nacional. Entre 1900 e 1927, a produção nacional aumentou em 130%, enquanto que a de Pernambuco teve um incremento de somente 50%. Consequentemente, a produção pernambucana de açúcar diminuiria o seu ritmo de crescimento, alcançado nas duas décadas finais do século XIX, quando se beneficiou da curta abertura dos mercados externos ao açúcar de tipo inferior.[68]

Destarte todos os empecilhos porque passava a indústria açucareira brasileira, na Primeira República, a sua produção teve um crescimento contínuo. Essa reconversão para o mercado interno intensificou a competição intra-setorial no âmbito social e regional. Ademais, as usinas produtoras de açúcares superiores e refinadoras competiriam desvantajosamente com os produtores de açúcar bruto, cujo preço era menor. Assim,

---

67 Picard. *Op. cit.*, p. 65.

68 Gnaccarini. *Op. cit.*, p. 329.

foram organizados vários congressos, cujo principal objetivo era solucionar os conflitos entre os produtores.[69]

Não poderia haver melhor exemplo dessas tentativas de sanar os problemas açucareiros do que a IV Conferência Açucareira Nacional. Nesse sentido, essa conferência abordou em profundidade os entraves da comercialização. As ideias defendidas passariam, assim, desde a redução da produção – de forma a ajustá-la ao consumo –, à exportação dos excedentes açucareiros. Note-se, porém, que nenhuma delas seria posta em prática no período. De uma forma geral, considerava-se que o controle da produção seria prejudicial aos produtores e quanto à exportação, nesse momento, era inviável, pois os preços externos menores do que os do mercado interno e insuficientes para cobrir os custos. Obviamente, a saída mais aceita perpassava pela comercialização da produção. Dessa forma, um dos pontos de defesa da Conferência, expostos no artigo 2º, apontava que:

> "A solução comercial, isto é, a venda do produto em condições favoráveis aos produtores, abre a estes as portas do crédito, faculta-lhes abundantes recursos, leva-os a fundirem em grandes e modernas usinas os seus atuais atrasados estabelecimentos e realizar, em breve tempo, o desideratum de produzir a baixo preço".[70]

Afora isso, os representantes desse congresso entendiam que uma solução necessária seria a regularização do mercado através da exportação dos excessos de produção e a normalização dos mercados internos dentro da lei da oferta e da procura. Nestes termos, foi organizada a "Cooperativa Açucareira do Brasil". A sua principal função seria atuar como cooperativa de crédito de responsabilidade limitada. O seu capital seria proveniente de uma taxa cobrada sobre a quinta parte do valor do açúcar negociado no

---

69 Esse período seria caracterizado pelos graves problemas econômicos e sociais no setor açucareiro. A realização de vários congressos de usineiros foram uma tentativa de organizar os produtores para controlar a expansão. Para isso, defendiam a necessidade de subsídios governamentais para superar a crise no setor. Além disso, na Primeira República ocorreram os primeiros movimentos sociais de fornecedores de cana. MENDONÇA, Sonia Regina. O ruralismo brasileiro (1888-1931). São Paulo: Hucitec, 1997, p. 64 e GNACCARINI. Op. cit., p. 323.

70 AMARAL, Luís. História geral da agricultura brasileira, vol. 1. São Paulo: Companhia Editora Nacional, 1939, p. 362-363.

mercado interno. Porém, por vários motivos a cooperativa acabou fracassando. Para Júlio Brandão Sobrinho, representante do Governo paulista na conferência, isso ocorreria inevitavelmente, posto que:

> "O principal objetivo da Quarta Conferência Açucareira, como sabeis, foi a valorização do açúcar. E coisa singular, tratou-se de valorizar um produto, justamente quando ele começava a encontrar nos mercados as mais altas cotações, devidos à crise do açúcar europeu, ocasionada pela tremenda seca que devastou a cultura da beterraba. O resultado desta, como das anteriores conferências, como de todas as conferências, congressos, etc., que se realizaram em nosso país, seja dito antecipadamente, foi, é será puramente platônico, posto em prática, o que duvido, o plano valorizador aprovado, seus efeitos serão desastrosos, seus resultados serão negativos".[71]

O Rio de Janeiro e São Paulo votariam contra o projeto apresentado pela Convenção. Júlio Brandão Sobrinho considerava ilógica a participação de São Paulo, sendo contrário ao próprio projeto econômico adotado por este estado.

> "Objetei que São Paulo não exportando uma só grama de açúcar, a lei taxativa que ele tinha em vista tornar-se-ia platônica; e que concorrer de qualquer maneira para elevar o preço de um gênero de primeira necessidade, como o açúcar seria contrário à política econômica seguida pelo governo paulista, que procurava baratear o mais possível para favorecer a imigração".[72]

Nesse caso, é exatamente no nível das oscilações dos preços que se entende a luta travada pelo controle do mercado interno. Assim, em 1892, o açúcar branco valia 420 réis, o someno 302 réis e o mascavado 250 réis. Em 1897, o açúcar cristal conseguiu o preço de 553 o quilo, o demerara 366 réis, o branco 506 réis, o someno 304 réis e o mascavado

---

71 *Idem, Ibidem*, p. 365.
72 *Idem, Ibidem*, p. 368.

280 réis. Nos três anos seguintes, permaneceram altos os preços do açúcar. Nas safras de 1898 a 1901, os preços médios do triênio, foram de 4$333 a arroba, e o máximo de 9$033 a arroba do açúcar cristal. O demerara alcançou a média mínima de 4$533 e a máxima de 6$066 em arroba. O mascavado atingiu a 3$300 a média mínima, e 5$200 a máxima em arroba. O açúcar branco chegou à média mínima, e 5$200 a máxima em arroba. O açúcar branco foi vendido à média mínima de 4$700 e a máxima de 9$866 em arroba.

Em 1901, no entanto, ocorreria uma queda brusca nos preços. A média, neste ano, em arroba de açúcar cristal, alcançou 3$000, do demerara de 1$80, do branco de 3$850, do mascavado de 1$700, do bruto seco de 1$850 e do retame de 1$550. Esses preços baixos duraram até a safra 1906-07, melhorando então, para baixar novamente durante as safras 1909-1911. Em 1912, os preços estabilizaram e melhoram com o início da Primeira Guerra, atingindo então altos níveis, até 8$000 a arroba dos somenos, 9$680 e do mascavado 3$090. Em 1923, registra-se uma brusca elevação dos preços para 15$300 no preço de arroba do açúcar cristal. O demerara subiu para 12$780 a arroba. A arroba do açúcar branco atingiu 14$505, a do somenos 13$350 e a do mascavado 8$535.[73]

Ora, esses dados demonstram que as variações dos preços, nesse período, passam de uma relativa elevação a momentos de queda. Em resumo, na safra de 1890-1900, ocorreu uma elevação dos preços. Já durante os anos de 1901-1914, houve uma prolongada queda, em 1915-1920, devido à Primeira Guerra, os preços do açúcar se elevaram. Porém, em 1921-1923, voltaram a cair, seguidos de uma pequena elevação nos anos de 1924-27. Mas, os preços sofreriam uma nova queda em 1928-1930.[74]

Não obstante essas oscilações nos preços do açúcar, a indústria açucareira continuou a se expandir. Assim, em 1910 já existiam 187 usinas no país, das quais 46 em Pernambuco, 31 no Rio, 62 em Sergipe, 12 em São Paulo, 7 na Bahia, 6 em Alagoas etc. A produção total dessas usinas alcançou, em 1910, o valor de 66.357 contos, dos quais 21.450 ou 32% eram produzidos pelo Rio de Janeiro, 18.738 (28%) de Pernambuco, 8.943 (13%) de São Paulo, 3.714 (6%) da Bahia e 3.150 (5%) de Alagoas. Entre 1912-18, o açúcar de usina era responsável por cerca de 50% da produção brasileira. O incremento das exportações no período da Primeira Guerra estimulou o aumento das usinas, assim, em 1918, já eram 215, das quais 54 em Pernambuco e 15 em Alagoas.[75]

---

[73] Dé CARLI, Gileno. *Aspectos de economia açucareira*. Rio de Janeiro, Editores Irmãos Pongetti, 1942, p. 29.

[74] GNACCARINI. *Op. cit.*, p. 319.

[75] SINGER. *Op. cit.*, p. 312.

Esse aumento do número das usinas foi propiciado principalmente pelos altos preços que as cotações do açúcar atingiram no mercado internacional. As cotações do saco de açúcar cristal foram em 1914, de Cr$ 18,50 a Cr$ 26,00; em 1915, de Cr$ 20,50 a Cr$ 40,00; em 1916, de Cr$ 34,00 a Cr$ 40,00; em 1917, de Cr$ 40,10 a Cr$ 40,20; em 1918, de Cr$ 50,60 a Cr$ 55,10; em 1919, de Cr$ 52,00 a Cr$ 68,00 o saco. Todavia, essa boa fase do açúcar brasileiro no mercado internacional seria de curta duração. Nesse caso, o novo equipamento da indústria de beterraba de após guerra foi o principal responsável pela recuperação da produção de açúcar europeia. Dé Carli nos lembra que, esta recuperação foi tão rápida, "a ponto da produção da safra 1926-1927 ter sido inferior à de 1915-1916, somente 3,2% e no ano seguinte já superior, 13,3%".[76] A vista disso, percebe-se que o Brasil passou a exportar somente de forma episódica, como foi no caso da Primeira Guerra.[77]

Para Singer, essa exclusão do açúcar brasileiro do mercado internacional ocorreu porque o lucro que o açúcar brasileiro poderia gerar para o capital monopolista norte-americano e europeu eram muito menores do que os das indústrias dos territórios metropolitanos ou dos territórios politicamente dominados pelas metrópoles. A principal causa

---

76 Cf. DÉ CARLI, Gileno. *Gênese e evolução da indústria açucareira de São Paulo*. Rio de Janeiro: Editores Irmãos Pongetti, 1943, p. 75 e DÉ CARLI, Gileno. *Aspectos de economia açucareira*. Rio de Janeiro: Editores Irmãos Pongetti, 1942, p. 22.

77 Truda aponta que "a devastação dos campos de beterraba da Europa durante a Primeira Guerra Mundial ensejou a retomada da liderança internacional, na produção e comercialização do açúcar, aos países canavieiros. A participação da produção de açúcar de cana, no total mundial, que era de 37% na safra 1900-1901, elevou-se para 46% na safra 1913-14, 48% na 1914-1915, 57% em 1915-16, 60% na 1916-17, 64% na 1917-18 e 73%, na 1919/20. Durante esse período, o volume da produção de beterraba caiu. A produção de açúcar de beterraba caiu da média de 7.867.000 ton. no período de 1909-10 e 1913-14, ao limite de 3.883.000 ton em 1918-19. A produção de açúcar de cana seguiria o rumo inverso, subindo de 9.623.000 ton produzidas em média entre 1909-10 e 1913-14, para 12.230.000 na safra 1918-19. Porém, restabelecida a paz, o açúcar de beterraba lançou-se à reconquista dos mercados perdidos. E a sua produção em acréscimo não só acabou voltando às cifras de antes da guerra, mas as foi superando, até atingir em 1930-31, a cifra máxima de 11.327.000". TRUDA, Leonardo. *A defesa da produção açucareira*. Rio de Janeiro: IAA/ Divisão Administrativa/ Serviço de Documentação, 1971, p. 62.

desse fato seria o crescente protecionismo acirrado pelo aumento da concorrência entre os capitais monopolistas das grandes potências.[78]

É preciso que se tenha em conta, no entanto, que essa tendência para a superprodução do açúcar brasileiro iniciou-se antes do incentivo dado pela Primeira Guerra. Entre 1900 e 1914, a produção nacional alcançou 230 milhões de toneladas anuais. Desta maneira, apesar do consumo interno ter aumentado, não conseguiria absorver todo esse aumento da produção, gerando um excesso permanente de açúcar que variava de 45 mil a 60 mil toneladas por ano, ou seja, 20 e 30% de cada safra. Consequentemente, os preços voltaram a cair, acerbando ainda mais a crise pela qual passava o setor açucareiro.[79] Segundo Szmrecsányi, esse aumento da produção dos estados do Rio de Janeiro e São Paulo seria "uma das principais origens da crise de superprodução que irrompeu no Brasil ao final dos anos vinte".[80]

Nessa conjuntura, é importante perceber que o crescimento do mercado interno no Brasil ainda era recente. Este incremento do consumo ocorreu de forma mais avultada com o crescimento do complexo cafeeiro exportador, que resultaria numa definitiva transferência do centro da economia brasileira do Nordeste para o Centro-Sul, ou seja, principalmente para São Paulo.

A política da Primeira República, voltada principalmente para os problemas da produção cafeeira, acentuaria a regionalização. Dessa forma, os estados passaram a competir pela participação nos privilégios, concedidos pelo poder central, a setores do consumo, dependentes da capacidade de importação. Nesse mesmo quadro, o surto de investimentos impulsionava o fim das barreiras impostas pela regionalização econômica e política.[81]

A conjuntura econômica, entre 1890 a 1920, se caracterizou pela formação de conjuntos regionais relativamente separados uns dos outros. A partir do momento em que se

---

78 SINGER, Paul. "O Brasil no contexto do capitalismo internacional: 1889-1930". In: FAUSTO, Boris (org.). *História geral da civilização brasileira*, vol. 1, Rio de Janeiro: Bertrand Brasil, 1997, p.347-390, p. 357-358.

79 GNACCARINI. *Op. cit.*, p. 335-336.

80 SZMRECSÁNYI, Tamás. "1914-1939: crescimento e crise da agroindústria açucareira no Brasil". In: *Revista Brasileira de Ciências Sociais*, jun. 1988, p. 46.

81 GNACCARINI, J. C. A. *Estado, ideologia e ação empresarial na agroindústria açucareira do Estado de São Paulo*. Tese de doutorado. São Paulo, FFLCH-USP, 1972, p. 135.

inicia a integração destes mercados, após 1920, a região econômica mais forte, no caso a de São Paulo, começou a invadir a zona de produção dos outros estados.[82]

Nesse quadro, o reflexo imediato do Pós-Guerra foi a retração das exportações, ao mesmo tempo em que o produção brasileira de açúcar continuava a crescer. Entre 1915 e 1924, o aumento da produção foi de mais de 16% ao ano. Percebe-se, nesse contexto, uma falta de correlação entre os produtores de açúcar da relação entre o aumento da produção, o declínio das exportações e a queda dos preços. Apesar do declínio dos preços, a produção continuou a aumentar.[83]

O perigo da superprodução dos países produtores de açúcar já era apontado desde 1902, pelo General Quintino Bocayuva, Presidente do Estado do Rio de Janeiro, nesse período:

> "Esse protecionismo, como via natural, teve por efeito o desenvolvimento considerável da produção de açúcar privilegiado e dentro de pouco tempo chegaram todos os países que adotarem esse regime, à superprodução".[84]

Dessa forma, a consequência da expansão da produção das áreas açucareiras secundárias, como São Paulo e Rio de Janeiro, pode ser vista já a partir de 1925. Entre 1926 e 1930, a média anual da produção de açúcar alcançaria o volume extremamente alto de 980 mil toneladas. Somente na produção de São Paulo, entre os anos de 1927 e 1930, houve um acréscimo de 40 mil toneladas para 70 mil toneladas. O Estado de Pernambuco dobrou a produção, com mais de 120 mil toneladas entre 1925 e 1931. [85]

---

82 SINGER, Paul. *Desenvolvimento econômico e evolução urbana*. São Paulo: Edusp, 1968, p. 70-71.

83 Várias tentativas de minorar os efeitos da grave crise do setor açucareiro foram feitos no período. Um exemplo foi a criação da Caixa Nacional de Exportação do Açúcar para o estrangeiro, através do decreto n. 4.456 de 7 de janeiro de 1922. *Coleção de Leis da República do Brasil*, Rio de Janeiro: Imprensa Nacional, 1889-1930. Biblioteca do Arquivo Nacional.

84 Mensagem apresentada à Assembleia Legislativa pelo Presidente do Estado do Rio de Janeiro General Quintino Bocayuva em 15 de julho de 1902. Rio de Janeiro: Typ. do Jornal do Comércio, 1902, p. 65.

85 GNACCARINI, J. C. A. "A economia do açúcar: processo de trabalho e processo de acumulação". In: FAUSTO, Boris (org.). *História geral da civilização brasileira*, vol. 8, Rio de Janeiro: Bertrand Brasil, 1997, p. 320.

À vista disso, os produtores de açúcar organizaram a Reunião Açucareira do Recife, convocada pelo Governo do Estado em 1928. Os apontamentos da Convenção levariam a defesa de um "Plano Geral da Defesa do Açúcar, Aguardente e Álcool", com o objetivo de disciplinar a economia canavieira em bases cooperativistas, e enfrentar os descontroles de superprodução e dos baixos preços que atingiam a comercialização do açúcar. Esses objetivos se consubstanciaram através do decreto n. 1.858, de 31 de dezembro de 1926, que criou o Instituto de Defesa do Açúcar.[86]

Apesar desse importante passo, o Governador do Estado de Pernambuco, Estácio de Albuquerque Coimbra, relatou que seria impossível, nos últimos anos da década de 1920, a normalização dos mercados devido à desordem das ofertas. Para ele, as causas dessa depressão no valor do açúcar eram consequências do:

> "O excesso da produção, a escassez de recursos pecuniários da nossa praça, a diminuição da capacidade aquisitiva do consumidor, e também o surto da especulação, aproveitando-se dos fatores de depreciação para agravá-la, e formar os seus estoques".[87]

Feitas estas considerações, percebe-se que se a produção de açúcar continuasse a crescer nesse ritmo, rapidamente o mercado brasileiro passaria por uma crise de superprodução. Esse fato só não ocorreu na Primeira República por causa da crise do mosaico,[88] que destruiu os canaviais paulistas e fluminenses, como veremos de forma mais detalhada no próximo tópico. Porém, era certo que, a crise de superprodução não tardaria. De fato, o seu esto-

---

86 IAA. *Brasil/Açúcar* (Coleção Canavieira n. 8). Rio de Janeiro: IAA, 1972, p. 67.

87 Mensagem apresentada ao Congresso Legislativo na Abertura da 3ª sessão da 13ª legislatura, pelo Governador do Estado Dr. Estácio de Albuquerque Coimbra. Recife, 1930, p. 151-152.

88 O mosaico é uma moléstia de caráter hereditário, que era resistente aos microbicidas e inseticidas conhecidos na época. O principal indício da contaminação dos canaviais eram as canas se tornarem raquíticas, os nós tomavam um aspecto anormal, as folhas ficavam estriadas e o canavial mirrava. Vizioli, diretor da Estação Experimental de Canas, em Piracicaba, aconselhava que uma das medidas que deveriam ser tomadas para o controle da praga era arrancar as touceiras mais contaminadas e enterrá-las profundamente. VIZIOLI, J. Medidas aconselháveis aos lavradores contra o mosaico da cana. In: *Progresso*, Catanduva, 17 abr. 1926, p. 2.

pim agregaria a grande colheita dos estados produtores do Nordeste, a queda do consumo provocada pela crise de 1929 e o agravamento da crise de superprodução do café.

O DESENVOLVIMENTO DA PRODUÇÃO AÇUCAREIRA PAULISTA NA PRIMEIRA REPÚBLICA

Apesar do principal produto agrícola de São Paulo ainda ser o café, o estado ainda tinha disponível cerca de dois milhões e quinhentos mil hectares de terras apropriadas para outras culturas. Agrega-se a isso, a defesa dos próprios representantes da grande burguesia paulista, que chamaram a si o ideal de diversificar a produção.[89] Essa ideologia pode ser visto na fala de Luiz de T. Piza e Almeida, Secretário da Agricultura do Estado. Para ele, o cultivo intensivo de novas culturas proporcionaria:

> "às nossas condições econômicas muitos e importantes benefícios, tais como o alívio da lavoura cafeeira de uma parte de seu capital morto representado por terras incultas; a variedade de produção, de onde o equilíbrio de produção assegurado atenuando senão impedindo, as crises internas; o barateamento da vida e com ela a diminuição das despesas de produção; o barateamento dos transportes pela multiplicação dos elementos que o alimentam".[90]

Como se viu no capítulo precedente, os quatro principais engenhos centrais paulistas foram comprados pelo capital francês.[91] Merece destaque na análise dos decretos de

---

89 Segundo Sonia Regina de Mendonça, isso ocorria "muito mais como um fator de compatibilização política e de maximização das eventuais potencialidades de expansão do complexo por eles dominado, do que como uma busca de alternativas ao baixo desempenho da agrícola regional". MENDONÇA, Sonia Regina de. Ruralismo: Agricultura, poder e estado na primeira república. Tese de Doutorado. São Paulo, FFLCH-USP, 1990, p. 93.

90 Relatório do Secretário da Agricultura, Dr. Luiz de T. Piza e Almeida *apud* DÉ CARLI, Gileno. *Gênese e evolução da indústria açucareira de São Paulo*. Rio de Janeiro: Editores Irmãos Pongetti, 1943, p. 69.

91 Pelo decreto n. 3333, de 4 de julho de 1899, foi fundada a Société Anonyme dela Sucrerie Villa-Raffard. Pelo decreto n. 3330, de 4 de julho de 1899, foi concedida autorização à

concessão o fato de que apesar de terem sido compradas separadamente, todas essas sociedades possuíam a mesma sede em Paris, os mesmos sócios e o mesmo estatuto. Em verdade, formavam conjuntamente uma grande empresa, cujo objetivo era explicitado no artigo segundo dos seus estatutos:

> "A exploração da cultura da cana e da indústria sacarífera e de todas as demais indústrias ou negócios que a isso se prendem, a compra, a construção, a revenda dos terrenos, imóveis, materiais e máquinas úteis a referida exploração, todas as operações móveis ou imóveis que se prendem direta ou indiretamente ao fim social. Ela poderá sob toda e qualquer forma, comprar, tomar todas as participações em todas as sociedades similares, existentes ou futuras (por se criarem)".[92]

Mais tarde, com o fim do processo de compra de todos os engenhos brasileiros de interesse desse capital francês, todas essas sociedades foram reunidas, em 24 de outubro de 1907, através do decreto n. 6.699, e formaram a Société de Sucréries Bresiliennes.[93] Segundo Fernand Doré, Conselheiro do Ministério do Comércio da França e acionista da companhia, essa sociedade foi constituída em 1889, por um pequeno grupo francês que criaria primeiramente inúmeras sociedades anônimas, com a finalidade de explorar a indústria açucareira no Brasil.[94]

Na época da sua fusão essa Sociedade passaria a ter como objetivo principal:

---

companhia denominada Sucréries de Piracicaba para funcionar na República. Pelo decreto n. 4090, de 22 de julho de 1901, foi fundada a Sucréries de Porto Feliz e pelo decreto n. 4092, na mesma data foi criada à Sucréries de Lorena. *Coleção de Leis da República do Brasil*. Rio de Janeiro: Imprensa Nacional, 1889/1930. Biblioteca do Arquivo Nacional.

92 *Coleção de Leis da República do Brasil*. Rio de Janeiro: Imprensa Nacional, 1889/1930. Biblioteca do Arquivo Nacional.

93 Além dos antigos engenhos centrais paulistas, foi anexado a Société de Sucréries Bresiliennes o Engenho Central de Cupim comprado em 15 de fevereiro de 1900.

94 AMAE-CC-Nouvelle Série, vol. 76, Rapport du 1-8-1909 *apud* PERRUCI. *Op. cit.*, p. 76.

"A exploração direta ou indireta de qualquer fábrica de açúcar e de destilações situadas no Brasil, quer nos Estados de São Paulo e Rio de Janeiro, e principalmente para as que forem trazidas a rol ou citadas aqui por diante, quer em outro qualquer Estado. A exploração da cultura da cana e a da indústria sacarina e de quaisquer indústrias e negócio que com isso tenham relação. A compra, a construção, a administração, a locação, a venda de quaisquer imóveis e materiais relativos a essas explorações. A participação direta ou indireta da Sociedade em quaisquer operações comerciais ou industriais que possam relacionar com um dos objetos precitados por via de criação de novas sociedades francesas ou estrangeiras, de entrada de fundos ou capitais, subscrição ou compra de título ou direitos sociais, fusão, associação em cooparticipação ou por outro modo qualquer. E, em geral, quaisquer operações industriais, comerciais, imobiliárias, mobiliárias, financeiras, ligando-se direta ou indiretamente com a indústria açucareira."[95]

Anteriormente ao processo de fusão das Sociedades, Frederic Sawyer visitou todos os engenhos paulistas da Société. No seu relatório, publicado em 1905, destaca que os acionistas tinham aumentado a capacidade dos maquinismos da parte fabril, no entanto, quase nada tinha sido realizado para aperfeiçoar essas usinas, ou seja, elevar o rendimento e reduzir a mão-de-obra e o combustível. Para o autor, o melhor engenho da Société era o de Piracicaba. Esse engenho teria os mais baixos preços de custo do Estado de São Paulo e seria um dos melhores do Brasil. Sendo assim, Sawyer acreditava que quando os preços subissem, esse engenho teria lucros enormes. Porém, para ele, isso somente aconteceria:

"Se os administradores delegados em Paris, renunciando ao sistema de tudo tirar e nada dar, fizerem melhoramentos progressivos de modo a se manterem sempre na frente, tanto na cultivação como no engenho, formando um fundo de movimento para pagar tudo a dinheiro e um fundo de reserva para fazer

---

95 Decreto n. 6.699, de 24 de outubro de 1907. *Coleção de Leis da República do BrasiL*. Rio de Janeiro: Imprensa Nacional, 1889/1930. Biblioteca do Arquivo Nacional.

face aos anos maus (de preço baixo, de seca, por exemplo), será sempre um negócio magnífico a exploração deste engenho."[96]

Já para o técnico enviado pela própria Société para vistoriar os seus próprios engenhos, a grande vantagem da usinas paulistas consistia no fato do açúcar ser destinado basicamente para o interior do estado. Nesse caso, as usinas da sociedade deveriam temer a concorrência dos estados vizinhos, visto que, São Paulo consumia muito açúcar de baixa qualidade, quase dois terços do consumo total. Dessa forma, a venda dos cristalizados superiores era bem difícil.[97]

Um outro ponto positivo, segundo Picard, era o alto consumo de açúcar de baixa qualidade no Estado, a ponto das usinas não conseguirem suprir essa demanda. Quanto ao açúcar cristal, os únicos compradores eram os refinadores, que apesar de utilizarem procedimentos sumários, eram bons clientes. A venda de todo o açúcar da Société era feita pela Casa Comissária Dreyfus. Além da venda do açúcar, essa casa comissária se comprometia a realizar empréstimos para a movimentação dos estoques.[98]

Esse técnico possuía uma clara noção de que as usinas da Société não tinham o mesmo valor. Além do mais, tinham sido compradas caras e ainda com os pesados ônus hipotecários adquiridos quando ainda funcionavam como engenhos centrais. Somava-se a isso a necessidade de modernizá-las. No momento em que elas foram examinadas, os maiores gastos nesse quesito já tinham sido feitos, restando apenas algumas contas para serem liquidadas. Nesse sentido, Picard conclui afirmando que para ele não se pode dizer "que qualquer usina seja um mau negócio, e por isso eu não direi".[99]

Picard estava certo quando afirmou que nenhuma dessas usinas seria um mau negócio. Nesse período, as usinas francesas que mais se desenvolveram no Brasil foram as da Société de Sucréries Bresiliennes. Em 1909, o lucro líquido da Société se elevou a

---

96 SAWYER, Frederic H. *Estudo sobre a indústria açucareira no Estado de São Paulo, comparada com a dos demais países*. Apresentada ao Dr. Carlos Botelho M. D. da Secretária da Agricultura pelo engenheiro Frederic Sawyer. São Paulo: Typographia Brazil de Carlos Gerke & Rothschild, 1905,. p. 116.

97 PICARD. *Op. cit.*, p. 42-43.

98 *Idem, Ibidem*, p. 43-44.

99 *Idem, Ibidem*, p. 133.

1.674.331 francos e a sua produção chegaria às vésperas da crise do mosaico a cerca de 60% da produção paulista de açúcar de usina.[100]

Além desses antigos engenhos centrais, o estado de São Paulo possui, em 1905, as usina Monte Alegre, Londres, Indaiá-Ester, Cachoeira, Freitas e Pimentel. Dé Carli afirma que todas essas usinas eram de pequena produção. Afora essas usinas, que praticamente formavam o parque açucareiro nessa época, São Paulo se destacaria pelo grande número de engenhocas e pela grande produção de aguardente, chegando a ter um consumo anual per capita de 26 litros.[101]

Como forma de incentivar o crescimento do número das usinas em São Paulo foi aprovada uma lei municipal, em 27 de novembro de 1900, que estabeleceu isenção de impostos a pessoas ou companhias que montassem fábricas de açúcar, álcool e aguardente no município de Sertãozinho. A lei era justificada pelo amedrontamento dos lavradores frente às baixas do café, o progressivo aumento dos canaviais e o fato de que a cana era mais resistente à geada do que o café. Esses fatores acabaram incentivando o aumento do plantio da cana na região. Um exemplo ilustrativo desse fato é o que aconteceu com o Coronel Schimdt, que devido às fortes geadas, de 1902, faria a maior plantação de cana do município, com sessenta alqueires, pois já havia preparado as terras para o café, mas preferiu iniciar a lavoura intensiva da cana por causa da geada.[102]

Em 1900, um levantamento estatístico já contabilizava em São Paulo 2.494 engenhocas, sendo 2.299 para produzir aguardente, 123 para açúcar e 72 para rapadura. A média anual da produção entre 1901-02 era de 1.094.358 sacos de 60 kg. A produção de engenhocas foi de 943.346 sacas e das usinas 150.922. A média das engenhocas, que passaram por um certo processo de modernização foi de 7.500, enquanto das usinas foi de 15.000 sacos. Nessa época, São Paulo comprou do Nordeste 866.655 sacos de açúcar. As 1.094.358 sacas produzidas, somadas as 866.655 importadas de outros estados, totalizavam de 1.961.013. A Secretária acreditava que tal avanço era consequência de ser esse um produto voltado para

---

100 OLIVER, Graciela e SZMECSÁNYI, Tamás. A crise do mosaico e a modernização tecnológica da agroindústria canavieira paulista, 1920-1950. Comunicação apresentada nas XVII *Jornadas de História Econômica*. Tucuman (ARG), 20, 21 y 22 de setembro, 2000, p. 7 e PERRUCI. *Op. cit.*, p. 76.

101 Os principais municípios produtores de aguardente no período eram Sertãozinho, Jardinópolis, Santa Bárbara e Vila Americana. Relatório do Secretário da Agricultura de São Paulo, Dr. Luiz de Toledo Piza e Almeida, 1903 *apud* DÉ CARLI, Gileno. *Gênese e evolução da indústria açucareira de São Paulo*. Rio de Janeiro, Editores Irmãos Pongetti, 1943, p. 62.

102 IANNI, Octavio. *Origens agrárias do Estado brasileiro*. São Paulo: Brasiliense, 2004, p. 32.

o mercado interno e porque as suas engenhocas tinham um consumidor cativo de açúcar, de rapadura e de aguardente na população da roça. Em relação à produção de aguardente, São Paulo produzia mais de 80.000.000 litros, sendo 99% dessa produção fabricada pelos mais de 2 mil engenhos espalhados pelo estado.[103]

Entre 1889 a 1903, foram fundadas mais sete usinas em São Paulo. Em 1889, foi inaugurada a Usina Freitas, em Araraquara, no Alto Planalto Ocidental Paulista. O seu proprietário era o comendador Freitas. Essa usina ficava próxima à Estação Tamoio da Companhia Paulista de Estradas de Ferro. Porém, por motivos financeiros foi transferida para o Banco da República e vendida, no início do século XX, para José T. Marques Valle, comissário de café em Santos. As suas terras somavam 2.950 hectares. Podendo chegar a uma produção de 35 mil sacos de sessenta quilos por ano. Em relação a essa Usina, Sawyer esclarece que:

> "As culturas são feitas por conta da fazenda e pagam 400$000 por alqueires de canaviais formados, incluídas neste preço derrubadas de matas, plantação e limpeza até o corte. Os colonos recebem uma casa, pastagem para os seus animais e terras para plantar milho, feijão e outros mantimentos".[104]

Nesse mesmo ano foi comprada uma fazenda pelos herdeiros do Marquês de Monte Alegre. Essa sociedade obteve, em 1889, empréstimos do Banco Real de São Paulo, para modernizar um antigo engenho da fazenda. Fundava-se, assim, a Usina Monte Alegre. No início da década de XX, a usina seria vendida para Antonio Alves de Carvalho.[105]

Em 1898, foram fundadas duas usinas no Município de Franca, junto à Estrada de Ferro Mogiana: a Indaiá e a Cachoeira. A Usina Indaiá foi implantada por Augusto

---

103 Secretária da Agricultura, Comércio e Obras públicas. Lavouras de cana e algodão e Industrial do Açúcar e de Tecidos, no Estado de São Paulo. *Boletim da Agricultura*. São Paulo, 1903, p. 578-562.

104 SAWYER. *Op. cit.*, p. 61.

105 Essa usina originou-se de um típico engenho colonial e passou por diversos proprietários. Em 1898, a usina possuía 2.228 hectares. Em 1912, ela foi comprada pela Companhia União de Refinadores, empresa atacadista-refinadora. SAMPAIO, Sellingardi S. *Geografia industrial de Piracicaba*: um exemplo de interação industrial – Agricultura. Tese de Doutorado. São Paulo, FFCL de Rio Claro, Rio Claro.

Ramos. Já a Usina Cachoeira foi construída com aparelhos usados adquiridos em Campos, no estado do Rio de Janeiro. Essa Usina foi montada por Manuel Dias de Prado próxima à estação restinga da Companhia Mogiana de Estradas de Ferro, ao sul do município de Franca. Porém, em 1903, foi comprada pelo Coronel Francisco Schimidt, o maior produtor de café da região. Posteriormente, o Coronel Schimidt fundaria uma segunda usina em Sertãozinho, chamada de Engenho Schimidt.[106]

Entre 1898 e 1899, foi criada a Usina Londres, no município de São Simão. O seu proprietário, Henrique Dumont, era um importante fazendeiro de café da região de Ribeirão Preto. Em 1901, o Coronel Paes de Barros fundou a Usina da Barra, no Município de Pirassununga.

Em 1903, em Jaboticabal foi implantada a Usina Pimentel. Essa Usina seria montada equipamentos com maquinário usado comprados em Campos, pelo Dr. Albano Pimentel. Sawyer enfatizaria o fato dessa usina estar muito bem localizada para o escoamento da produção, fosse ela de açúcar, aguardente ou de álcool. Isso ocorria porque a cidade de Jaboticabal consumia nessa época três vezes mais do que a sua produção.[107]

Em 1905 foi fundada a Usina Esther, junto à Estrada de Ferro Funilense. Os seus proprietários eram "Arthur Nogueira & Cia.", comissários de café. Em 1905, já possuía 8915 hectares e 450 hectares de canaviais. Essa era a usina mais moderna dessa época, chegando a adotar o sistema de difusão, com maquinário da Five-Lille.[108]

Sawyer caracterizou essas usinas separadamente. Para ele, seis delas teriam sido construídas da mesma maneira: Piracicaba, Villa Raffard, Porto Feliz, Lorena, Freitas e London. As outras quatro foram montadas com máquinas de segunda mão: Monte Alegre, Indaiá, Cachoeira Pimentel. Além disso, ele afirmava que em todas essas usinas, a extração era insuficiente:

> "[...] o bagaço deixa as moendas com tanta umidade, que não é quase um combustível e exige lenha para queimá-lo. Assim há uma grande perda dos dois lados, perda de rendimento, consumo inútil de lenha para queimar o bagaço molhado e emprego de foguistas para um trabalho que pode-se fazer melhor, quase sem despesas, por um simples condutor que arrasta bagaço. Não

---

106 BRAY. *Op. cit.*, p. 98.

107 SAWYER. *Op. cit.*, p. 63.

108 Secretária da Agricultura, Comércio e Obras Públicas do Estado de São Paulo. Apreciações sobre o Engenho Esther. *Boletim da Agricultura*, 1906. São Paulo.

acreditamos que os seis Engenhos sejam inferiores aos dos outros Estados do Brasil, ou aos Engenhos das Colônias Francesas, onde não se passou além da dupla pressão seca, perdendo mais de 35% do açúcar contidas nas canas".[109]

Segundo um relatório da Secretária da Agricultura, Comércio e Obras Públicas de São Paulo, a cana se transformou, em 1903, no Terceiro Distrito, na melhor lavoura, depois da do café, principalmente nos municípios de Franca, São Simão, Pirassununga, São João da Boa Vista, Jardinópolis e Sertãozinho. As plantações já abrangiam 6.237 alqueires divididos por 540 fazendas principais, produzindo todo o distrito anualmente 35.000 pipas de aguardente e cerca de 1.000.000 arrobas de açúcar provenientes de 2 usinas de 1ª ordem, 6 de 2ª ordem e 501 engenhocas, sendo 20 centrais, 64 movidas a água, 131 por vapor e 286 por animal. No 4º Distrito, a lavoura de cana estava mais ou menos desenvolvida, principalmente nos municípios de Boa Vista das Pedras e Ibitinga e depois Bauru, Bebedouro, Bariri, Barretos, Boa Esperança, Brotas, Dourados, Monte Alegre, Pederneiras, Pitangueiras, Ribeirãozinho, Rio Preto e, especialmente, Araraquara e Jaboticabal, que tinham duas importantes usinas de açúcar. Produziam, todos estes municípios, uma média anual de 1.500.000 arrobas de açúcar. Destaca-se, nesse contexto, o fato de que 50% dessa produção encontrava-se nas novas áreas cafeeiras. Esses dados demonstram a importância do café para o desenvolvimento da cana nesse momento.[110]

Nesse sentido, o café foi fundamental para o abastecimento de mão-de-obra das usinas, que sofreram durante todo o Império com a escassez de trabalhadores, principalmente nos seus canaviais. Com efeito, as frequentes crises que atingiram o café, durante a Primeira República, levaram muitos colonos e trabalhadores a se voltarem para a cana. Dé Carli defende que se não fossem essas crises, somente depois de totalmente saturada a produção cafeeira, poderia o estado investir em outras culturas. Porém, a baixa dos preços do café gerou uma demanda tão grande por outras atividades, que começaram a sobrar trabalhadores na própria lavoura canavieira. Para o autor:

---

109 SAWYER. Op. cit., p. 139.

110 Secretária da Agricultura, Comércio e Obras Públicas. Lavouras de cana e algodão e industrial do açúcar e de tecidos, no Estado de São Paulo. *Boletim da Agricultura*. São Paulo,1903, p. 562.

"havia uma atração para um produto que tinha a garantia de um mercado interno, quanto o café, produto do mercado internacional deixava de ser uma fonte de grande riqueza."[111]

Além disso, os lucros alcançados pelos colonos no início do século XX eram compensadores. Segundo os cálculos de Dé Carli:

"Em 1904, o custo de um saco de açúcar era de Cr$ 12,39. O preço médio do açúcar dos diversos tipos de usina alcançava Cr$18,64, o que dava um lucro bruto de Cr$ 6,25 por saco. O custo de produção da tonelada de cana era avaliado em Cr$ 6,00, para plantar e cultivar e Cr$2,50 para corte, transporte e enchimento no vagão. Custava, pois a tonelada de cana Cr$ 8,50, sendo vendida geralmente por Cr$12,00, o que proporcionava um lucro de Cr$ 3,50 por tonelada. Ora, nessa época estimava-se a média de rendimento agrícola entre 30 e 50 t de cana, por hectare, representando assim uma receita que oscilava de Cr$105,00 e Cr$175,00 por hectare. Nesse preço não estava incluído o aluguel da terra, mas apesar de tudo não se pode negar que era um regular negócio o lucro que se apresentava ao colono paulista, para plantar cana. Daí a grande procura de colonos".[112]

Júlio Brandão Sobrinho relatou que algumas usinas paulistas cultivavam os seus próprios canaviais, mas, na sua maioria, as usinas eram abastecidas pelo sistema do colonato. Esse sistema sofria variações nas diferentes usinas do estado. As próprias usinas da Societé de Sucréries Brésiliénnes variavam as suas formas de colonato. Em Piracicaba, os colonos eram pagos segundo a cotação do açúcar no mercado, tinham um contrato de trabalho com a usina e podiam possuir as suas lavouras brancas, porém, não podiam ter outro emprego fora da usina e precisavam trabalhar em serviços internos da usina fora das suas lavouras.

---

111 Dé Carli, Gileno. *Gênese e evolução da indústria açucareira de São Paulo.* Rio de Janeiro: Editores Irmãos Pongetti, 1943, p. 64-65.

112 *Idem, Ibidem,* p. 63.

Já em Villa-Raffard, os colonos trabalhavam de forma totalmente diversa dos de Piracicaba. Segundo Sawyer, devido à inferioridade do terreno, os colonos não pagavam aluguel e tinham direito a uma bonificação de 1$000 sobre o peso de cada carro de cana, de 1500 kg, recebendo 13$000 em lugar de 12$000, como era pago em Piracicaba. Eles também não pagavam juros sobre os empréstimos que se lhe faziam sobre a cana plantada. Além disso, a própria cultura era feita de um modo diverso de Piracicaba.[113]

O próprio Picard apontava que não deveria se suprimir os colonos, pois esses eram a praga e a fortuna das usinas. A usina deveria ter suas lavouras próprias apenas como forma de disciplinar essa mão-de-obra. Além disso, o engenheiro era favorável ao estabelecimento de contratos com os fornecedores, que seriam extremamente lucrativos para as usinas. Segundo os seus cálculos, se:

> "o preço mínimo teria sido fixado em 8$000 por tonelada, qualquer que seja a cotação do açúcar. Ele só atinge em contrapartida o nível de 10$000 quando a cotação do açúcar chega a 28 ou 30 mil réis. Trata-se da confirmação do fato que anunciei mais acima; fazendo contratos de canas para vários anos entre 8 ou 9 mil réis a tonelada com os colonos ou com os fornecedores, as usinas têm pouco risco a correr. Se mais tarde, os colonos quiserem ser pagos conforme os preços do açúcar, será preciso conceder-lhes no máximo 27,5 quilos de açúcar por tonelada de cana entregue. A cifra de 25 quilos parece mais de acordo com os preços atualmente praticados".[114]

A vantagem do colonato era a manutenção de um contingente fixo de mão-de-obra e a divisão dos prejuízos de uma baixa dos preços do açúcar, principalmente porque a forma de pagamento dos colonos era extremamente escusa e flexível, pelos descontos sobre o peso das canas na hora da pesagem. O colonato funcionava quase que da

---

113 Brasil. Secretaria da Agricultura, Comércio e Obras Públicas. Diretoria de Indústria e Comércio. *A lavoura da canna e a indústria assucareira dos estados paulista e fluminense: Campos e Macahe em confronto com São Paulo*: relatório/apresentado ao Illm. e Exm. Sr. Dr. Antonio de Padua Salles por Julio Brandão Sobrinho, 1912, p. 21-22 e SAWYER. *Op. cit.*, p. 39.

114 PICARD. *Op. cit.*, p. 42.

mesma forma do sistema de fornecedores de cana, mas com algumas vantagens para o usineiro. Nesse caso, os colonos pagavam um aluguel pelo uso da terra e havia uma obrigatoriedade de entregar a sua produção para a usina. A esperança desses colonos era futuramente adquirir uma propriedade. No entanto, a relação entre as duas partes por vezes era conflituosa. Um exemplo foi a greve realizada por trinta colonos da Société de Sucréries Bresiliennes.[115]

Apesar dos conflitos existentes, esse sistema de trabalho era muito defendido e visto como uma das principais vantagens da produção açucareira paulista frente às outras regiões. À vista disso, a maioria dos técnicos defendia o pagamento em dia dos colonos ou até mesmo adiantamentos. Ademais, apontavam que os colonos deveriam ser tratados com toda a consideração. Essa defesa do colonato pode ser vista no relatório apresentado a Sociedade Paulista de Agricultura por Frederic Sawyer, em 1905:

> "Em terras boas um colono com família pode prosperar, e enriquecer, dando cana em vagões da estrada de ferro do engenho, a distância não excedendo de 2.000 metros de seu campo por 8$000 à tonelada métrica, e o Engenho Central pode prosperar também, conseguindo cana por tal preço. Não se deve prescindir da fiscalização, pois é obrigação do colono cultivar secundum artem, e tirar o maior produto da terra. Fomos testemunha, nas plantações de Piracicaba, Villa Raffard, do trabalho constante, infatigável, dos colonos europeus e de suas famílias, sobretudo na época da safra, trabalho intenso que somente se pode alcançar estimulando o interesse próprio pela esperança, digo pela certeza, de conseguir, mediante alguns anos de esforços, pujantes, uma posição independente como recompensa. [...] São a base da prosperidade de um engenho, que sem colonos e fornecedores não podem conseguir a cana necessária para aproveitar a cana da moenda".[116]

---

115 PINASSI, Maria Orlanda. Do engenho central à agroindústria: o regime de fornecimento de canas. Cadernos do Cedec n. 9, 1987, p. 29 e TERCI, Eliana. *Agroindústria canavieira de Piracicaba*: relações de trabalho e controle social, 1880-1930. Dissertação de mestrado, São Paulo, PUC/SP, 1991.

116 SAWYER, Frederic H. *Relatório apresentado à Sociedade Paulista de Agricultura, Comércio e Indústria*. São Paulo: Typ. De Carlos Gerke, 1905, p. 22-23.

Esse relatório também apontava a persistência da dificuldade do fornecimento de matéria-prima para suprir a capacidade das usinas. Um exemplo seria a Usina Indaiá, de propriedade de Augusto Ramos, que:

> "num município vasto e excelente para a cultura de cana como é o de Franca, vê-se forçado a mandar vir cana até de Conquista, localidade de território mineiro, distante 100 km de Indaiá, pagando além de pesado frete um elevado imposto mineiro de 20$000 por vagão de cana e, ainda assim, satisfazendo mais ou menos 1/3 somente da capacidade da sua usina. E, dada a hipótese de todas as usinas satisfazerem a capacidade e das engenhocas continuarem a produzir a mesma quantidade, a produção será de 56.606.000 kg nas engenhocas e 24.690.000 kg, sem levarmos em conta o aumento da população, quantidade que daria para outros tantos engenhos centrais de maior capacidade."[117]

De todo modo, essa dificuldade em prover a matéria prima necessária era decorrente da falta de aprimoramentos na lavoura, o que prejudicava um rendimento sacarífero maior das canas. Sawyer descreveu esse cultivo como arraigado a rotina e extremamente prejudicial para o desenvolvimento da indústria açucareira brasileira:

> "[...] um pequeno rego cavado a enxada num terreno duro como pedra, onde se plantam (persuadidos da economia) más soqueiras, ligeiramente cobertas de terras, deixando-as à mercê das chuvas: relatamos o trabalho primitivo de alguns engenhos, onde funcionam ainda moendas antigas, dirigidas por um pessoal satisfeito por ficar na práticas antigas. Como comparar este sistema, onde não se quer (ou não se pode) despender nada, com o que se faz em outros países, as lavras profundas, multiplicadas, canais de irrigação custando milhões, associações para espalhar os conhecimentos científico, a boa vontade dos

---

117 Secretária da Agricultura, Comércio e Obras Públicas. Lavouras de cana e algodão e Indústria do Açúcar e de Tecidos, no Estado de São Paulo. *Boletim da Agricultura*. São Paulo, 1903.

plantadores e engenheiros para se porem em comunicação e discutirem suas experiências e para aprenderem tudo que é útil, a coragem dos capitalistas, prontos a despenderem milhões nos engenhos para alcançarem economias em mão de obra e de combustível e para aumentar o rendimento, não hesitando em jogar fora como ferragem velha bons aparelhos, se há possibilidade de se acharem melhores."[118]

Em São Paulo, como no restante do país, as usinas aumentavam a sua produção e os seus lucros através da expansão da área plantada. Além disso, as canas eram compradas por peso e não pela medição do seu nível de sacarose, o que não forçava uma melhora da qualidade por parte dos colonos e dos fornecedores. Contrariando essa prática, alguns plantadores, técnicos e estadistas passaram a defender a melhora da qualidade da lavoura canavieira, principalmente através da implantação de novas variedades em São Paulo. Um autor anônimo já defendia, em 1904, no *Boletim da Agricultura*, a introdução de novas espécies de cana mais aperfeiçoada no país:

> "[...] Os nossos plantadores de cana estão desperdiçando seu tempo e dinheiro com a cultura de canas paupérrimas em açúcar. As canas que esses senhores enviam aos nossos engenhos muito pouco valem comparadas com as boas variedades obtidas de sementes nas Antilhas. Perdem os nossos agricultores só com isso, de 25% a 30%, pois nossas canas são 25% a 30% mais pobres em açúcar do que as boas canas de países adiantados nessa cultura. [...] O Congresso federal votou a verba de 100 contos para a introdução de plantas e sementes... por Barbados passam vapores diretos para o Brasil; portanto, nada mais fácil do que

---

118 SAWYER, Frederic H. *Estudo sobre a indústria açucareira no Estado de São Paulo, comparada com a dos demais países*. Apresentada ao Dr. Carlos Botelho M. D. da Secretária da Agricultura pelo engenheiro Frederic Sawyer. São Paulo. Typographia Brazil de Carlos Gerke & Rothschild, 1905, p. 146.

a importação de um grande carregamento de mudas de canas selecionadas daquelas procedências. É preciso, é preciso".[119]

Infelizmente, apesar da defesa da introdução de novas variedades, os usineiros não reconheciam que o principal problema era o abandono dos canaviais nas mãos dos colonos e a utilização de métodos atrasados de cultivo na lavoura. Graziela Olivier e Tomás Smerecsányi apontam que tal fato era decorrente da grande expansão das usinas paulistas entre 1894 e 1904. A implantação de seis novas usinas no período faria a produção paulista crescer de 96 mil para 381.366 sacas de 60 kg. Dessa forma, os usineiros esperavam que a introdução de novas variedades permitisse o aumento da produção, sem a necessidade de introduzir melhoramentos na lavoura canavieira.[120]

Ora, por todas as razões já expostas percebe-se que havia no período um descaso do próprio Estado e dos usineiros quando a necessidade de implantação dos novos meios técnicos na agricultura. Gustavo D'Utra, diretor do Instituto Agronômico de Campinas, foi uma das poucas vozes que defenderia a necessidade política de aplicação de novas pesquisas científicas na lavoura canavieira:

> "[...] A cultura moderna não é mais tão somente empírica, ela dispões de meios de pesquisas, e a hibridação, a criação de novas variedades é hoje um dos fatores mais potentes para o progresso da agricultura, tanto mais que, tratando-se de cana, os resultados já obtidos inspiram a maior confiança no futuro das melhores variedades criadas [...]. Parece-nos que o Senhor Secretário procederia com acerto, fazendo importar as melhores variedades de cana vindas de sementes e ordenando a criação de variedades paulistas, pois as novas canas, sujeitas desde sécu-

---

119 Boletim da Agricultura. São Paulo: Typ. do Diário Oficial, 1904, p. 463-465 *apud* OLIVER, Graciela de Souza e SZMRECSÁNYI, Tamás. "A estação Experimental de Piracicaba e a modernização tecnológica da agroindústria canavieira (1920 a 1940)". *Revista Brasileira de História*, v. 23, n. 46S, São Paulo, 2003.

120 *Idem, Ibidem*.

los à seleção negativa, como o próprio Sawyer em vários lugares afirma, devem haver degenerado consideravelmente."[121]

A esse respeito, Sawyer esclareceu que a degeneração das canas e de outras plantações em São Paulo ocorreu pela prática absurda de plantarem as socas mais velhas. Além disso, destacava que essas canas eram plantadas em regos pouco profundos, sem a utilização do arado, o que impedia as raízes das plantas se desenvolverem. Particularmente, a sua análise perpassava pela própria estrutura administrativa mantida pelos usineiros.

> "[...] que se pode esperar de tão bárbaro procedimento, senão a degeneração progressiva, que se atribui a qualquer motivo a verdadeira causa; a sordidez, a ignorância e a negligência do colono, a incúria dos administradores de fazenda, e o menosprezo dos gerentes e proprietários, os quais fazem a consideração errônea que pouco lhe importa, pois só pagam a cana por peso."[122]

Um outro ponto importante, segundo Picard, para se melhorar a produtividade dessas usinas, seria a substituição da lenha pelo bagaço de cana como combustível para as fornalhas. Esse gasto excessivo de lenha onerava os custos da produção e provocariam a diminuição de chuva na região:

> "Sob esse ponto de vista, não tivemos até aqui muito do que nos lamentar. De um modo geral, as chuvas têm sido suficiente, mas há algum tempo que se começou a achar que elas têm rareado. Isso provém do fato de que se desmatou enormemente a região, seja para a cultura do café, seja para a da cana-de-açúcar. Pode-se observar neste sentido que os terrenos mais secos são precisamente aqueles cultivados há mais tempo e nos quais as florestas, que a alguns anos cobriam quase todo o Brasil, tornaram-se

---

[121] D'UTRA, Gustavo. *Boletim da Agricultura*. São Paulo: Typ. do Diário Oficial, 1904, p. 577-578.

[122] SAWYER, Frederic H. *Relatório apresentado à Sociedade Paulista de Agricultura, Comércio e Indústria*. São Paulo: Typ. De Carlos Gerke, 1905, p. 8.

cada vez mais espaçadas. Este é o caso de Villa Raffard, onde não se vê mais do que alguns pequenos bosques aqui e ali. As culturas ali estão mais ressequidas do que em outros lugares, e neste ano, a seca foi suficiente intensa para causar uma grande queda das colheitas".[123]

É contundente também nesse sentido o relatório do Secretário da Agricultura de São Paulo, Luiz de Toledo Piza e Almeida, que afirmava que o principal problema das usinas do estado era os altos fretes das estradas de ferro, visto que, limitavam a produção e a compra da matéria-prima, além de encarecer o açúcar destas usinas.

"Quanto à cana de açúcar, em virtude de serem demasiado elevados os fretes para o seu transporte, os engenhos centrais não podem em geral, contar senão com a matéria-prima das próprias fazendas ou com a que adquirem de pequenos proprietários nas proximidades das respectivas usinas, por quanto, conforme a tabela em vigor nas nossas estradas de ferro, o frete da tonelada de cana num percurso de 50 km, já fica quase na metade do custo da produção".[124]

Apesar de esse período caracterizar-se pela expansão do parque açucareiro paulista, a sua representatividade em relação a área cultivada era muito pequena e muito abaixo do consumo atingido pelo estado. Assim, na safra 1894-95, a cana de açúcar representou somente 1,6% da área total cultivada, de 561.970 hectares; em 1900-01, contribui com 2,2%; em 1904-05, essa área teve um pequeno aumento, chegando a alcançar 4,1%; Porém, na safra de 1910-11, voltaria a representar somente 3,0%; e em 1914-15, aumentaria apenas 3,1%. Na década de 1910, São Paulo produzia 8% do açúcar brasileiro.[125] Tal fato pode ser observado na produção das usinas paulistas, no período entre 1907-1911, representada no gráfico 10:

---

123 PICARD. *Op. cit.*, p. 17.
124 Relatório do Secretário da Agricultura. Dr. Luiz T. Piza e Almeida – 1903 *apud* DÉ CARLI. *Op. cit.*, p. 71.
125 *Idem, Ibidem*, p. 71-74.

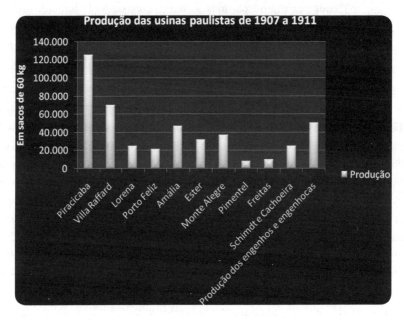

Fonte: Dé CARLI, Gileno. *Gênese e evolução da indústria açucareira de São Paulo.* Rio de Janeiro: Editores Irmãos Pongetti, 1943, p. 72.

Decisiva mesmo, para a expansão da produção açucareira paulista, foi a criação, em 1910, de um proteção para o seu açúcar. Esse seria um grande auxílio para os produtores de açúcar paulistas, pois, a partir dessa data, todo o açúcar produzido no estado e despachados pelos próprios fabricantes gozava de uma redução de 40% sobre a tarifa comum. São Paulo protegia, assim, os seus produtores do açúcar da concorrência fluminense e nordestina.

Para Ramos, um outro ponto de destaque era a interiorização das atividades econômicas com o avanço do café. Tal fato incentivaria a construção de pequenas engenhocas, principalmente nas regiões em que ainda havia dificuldade de transportar os açúcares vindos de outras regiões.[126]

Julio Brandão Sobrinho explicava, ao comentar essa proteção, a grande vantagem por ela representada para os usineiros paulistas. Segundo ele, enquanto, em 1911, as Usinas Piracicaba, Vila Raffard, Porto Feliz e Ester pagavam, em média, 1$680 para mandar um

---

126 DÉ CARLI. *Op. cit.*, p. 71 e RAMOS, Pedro. *Agroindústria canavieira e propriedade fundiária no Brasil.* São Paulo: Hucitec, 1999, p. 78-79.

saco de açúcar de 60 kg à capital, as usinas de Campos tinham que dispender 2$700 e as usinas de Pernambuco, 5$166, para fazê-lo.[127]

Afora isso, um fator que contribuiria para a expansão do açúcar em São Paulo foram as crises cafeeiras de 1913 e 1921. Nesse momento, muitos fazendeiros e pequenos produtores de café substituíram-no pelas lavouras de cana-de-açúcar, o que fez a produção quase dobrar entre 1910 e 1921. Esses fazendeiros perceberam a expansão do mercado açucareiro paulista para o crescimento demográfico, a urbanização e a industrialização. Assim, pode-se dizer que quase todos usineiros do período tiveram ligação com o café.[128]

Apesar de não ser um estado exportador de açúcar, a Primeira Guerra Mundial incrementaria a produção açucareira paulista. Isso ocorreria principalmente pela elevação dos preços. Dessa forma, na safra 1915-16, o estado produziu 615.951 sacos, vendidos por Cr$ 33,60 por saco. Em 1916-17, alcançou 612.924 sacos, no valor de Cr$ 36,20 por saco. Na safra de 1917-18, em decorrência da geada, a safra foi de somente 238.141, vendidos por Cr$ 45,40 por saco. Em vista dessa queda da produção paulista, o açúcar oriundo do Norte, que em 1917 foi de 45.299 ton., subiu, em 1918, para 68.854 ton..[129]

No entanto, em 1925, o Presidente do Estado de São Paulo, Carlos de Campos, afirmava que o estado ainda era dependente das importações de açúcar do Nordeste:

"Por ser a produção paulista insuficiente para o consumo do Estado, faz-se sempre grandes importações de açúcar de

---

[127] Brasil. Secretaria da Agricultura, Comércio e Obras Públicas. Diretoria de Indústria e Comércio. A lavoura da canna e a indústria assucareira dos estados paulista e fluminense: Campos e Macahe em confronto com São Paulo: relatório /apresentado ao Illm. e Exm. Sr. Dr. Antonio de Padua Salles por Julio Brandão Sobrinho, 1912, p. 107-116.

[128] Gnaccarini destaca que "antigos fazendeiros-comerciantes de café como Nogueira, Alves, Dumont, Junqueira, Schimidt, Ferreira Ramos, Pimentel, Miranda, Pinto, tornaram-se grandes usineiros, e, em muitos casos, passaram a dedicar-se exclusivamente à produção açucareira. Nessa época, algumas dessa firmas entraram também no comércio atacadista de açúcar. Dumont, por exemplo, fazia tão somente o comércio de seu açúcar, mas outros usineiros como Alves e Nogueira, tornaram-se grandes comerciantes do próprio açúcar e de açúcar de terceiros. Nogueira, proprietário da grande usina Ester e anteriormente ligado ao comércio da comissão de café, aparece nesse período como um grande 'importador' do açúcar nordestino". GNACCARINI. Op. cit., p. 66-135.

[129] Relatório do Secretário da Agricultura, Sr. Cândido Nazianzeno Nogueira da Mota apud DÉ CARLI. Op. cit., p. 75.

> Pernambuco, Sergipe, Alagoas, etc. Em 1923 por Santos entraram 88.874.549 kg, valendo 40.613:000$000; e no mesmo ano foram comprados 59.053.045 kg por 53.554:000$000. É este o gênero que mais influi na importação por cabotagem, pelo porto de Santos".[130]

A tais considerações subjazem problemas ainda mais complexos, que estão na base mesma do processo de comercialização da produção açucareira. Nesse caso, a inserção do capital mercantil na produção do açúcar estava principalmente ligada à sua comercialização, por serem nessa esfera os lucros mais altos. Essa luta pelo mercado interno formaria grandes oligopsônios no comércio atacadista. A sua ação era facilitada pelas oscilações nos preços que ocorreram durante a Primeira República. Como pontua Gnaccarini, era na esfera da comercialização e refino do açúcar que estavam dadas as possibilidades de maiores ganhos para os grandes capitais.[131]

Em São Paulo, o poderio dos comerciante-refinadores de açúcar era muito grande. Nas décadas de 1910 e 1920, alguns refinadores mais poderosos conseguiram unir-se a um grande número de pequenos refinadores independentes, formando uma única empresa. Além disso, travaram contra os refinadores concorrentes uma guerra de preços que alijaria parte deles da disputa pelo mercado. Anteriormente à formação dessa organização, a compra de açúcar pelos refinadores dava-se principalmente de forma separada, e, afora isso, muitos dos grandes usineiros possuíam refinarias anexas, sendo também comerciantes atacadistas de açúcar. Frederic Sawyer, de forma mais detalhada, relatou a grande dificuldade dos usineiros em comercializar o seu próprio açúcar e a sua dependência frente aos refinadores e as grandes de comerciante-refinadores:

> "A refinação em São Paulo resumia-se a uma 'mudança de forma', simples moagem do cristal por elevação e baixa rápida da temperatura. A quase totalidade da produção das usinas dependia da rede de distribuição desses comerciante-refinadores, desde que dois terços do açúcar cristal de primeira eram vendidos na capital do Estado, sendo todo o açúcar de segunda e terceira

---

130 Mensagem apresentada ao Congresso Legislativo, em 14 de julho de 1925, pelo Dr. Carlos de Campos, Presidente do Estado de São Paulo, p. 115.

131 GNACCARINI. *Op. cit.*, p. 131-142.

(redondo e amarelo) e o terço restante do cristal de primeira vendido no interior. Apenas nas vendas para o interior, é que algumas usinas conseguiram-se organizar-se na comercialização de seu próprio açúcar, como a de Henrique Dumont. Este usineiro só produziu açúcar amarelo, de menor custo de fabricação, e maior procura no interior, para vendê-lo diretamente através de seus caixeiros-viajantes. Esta solução, no entanto, se mostraria difícil e onerosa, para usineiros que não dispusessem de um elevado capital de giro próprio".[132]

Nestes termos, percebe-se que apesar dos usineiros já serem grandes capitalistas e tentarem de várias formas inviabilizar as especulações dos comissários, havia uma dificuldade muito grande de quebrar esse vínculo. Em verdade, a disputa entre esses dois grupos ainda seria prolongada por vários anos. O principal entrave aos usineiros era a sua dependência do crédito fornecido pelos comissários, possuidores de ligações com as filiais dos grandes bancos e com as casas bancárias das praças açucareiras.[133]

Dessa forma, a criação da Companhia União de Refinadores,[134] em 1910, por conseguir concentrar a demanda, passou a representar um sério problema para muitas usinas. Nesse período, as refinarias em São Paulo somavam 22. Porém, na depressão de 1926 e 1932, esses grupos são excluídos, e praticamente, dois grandes grupos passaram a disputar o mercado atacadista paulista: Matarazzo e a União/Morganti.[135]

---

132 Estudo sobre a indústria açucareira no Estado de São Paulo, comparada com a dos demais países. Apresentada ao Dr. Carlos Botelho M. D. da Secretária da Agricultura pelo engenheiro Frederic Sawyer. São Paulo: Typographia Brazil de Carlos Gerke & Rothschild, 1905, p. 25.

133 É importante destacar que a maioria das casas comissárias, no período, eram brasileiras. GNACCARINI. *Op. cit.*, p. 125-126.

134 A Companhia União dos Refinadores foi criada em 22 de setembro de 1910 pelo decreto n. 8.246. *Coleção de Leis da República do Brasil*. Rio de Janeiro: Imprensa Nacional, 1889-1930. Biblioteca do Arquivo Nacional.

135 A firma Matarazzo & Cia. passaria a dominar os comércios de cabotagem, de açúcar e charque, entre o Rio Grande do Sul e os Estados de Paraíba e Rio Grande do Norte. Para facilitar essa comercialização, Matarazzo organizou o seu próprio serviço de navegação costeira, e, em 1923, instalou a sua própria refinaria de açúcar, em São Paulo. Além

Apesar da criação da Companhia União dos Refinadores, o acordo entre os refinadores-comerciantes e a divisão carterizada do mercado de São Paulo sempre foi instável e esteve marcado por uma violenta competição. Em 1919, apesar da boa safra paulista, e da grande oferta de açúcares nordestinos, os preços continuaram altos. Tal fato retraía os comerciantes paulistas ante as ofertas do Nordeste, o que prejudicava a economia global daqueles estados. Todavia, esses comerciantes não conseguiram manter os preços elevados e, em 1925 e 1926, ocorreu uma brusca queda nos preços dos açúcares. Essa queda se manteve ainda em 1927, como um aviso da baixa dos preços de 1929-31.[136]

Para tentar barrar essas especulações, em 1928, a Cooperativa os Usineiros de Pernambuco associou-se aos comerciantes do Rio de Janeiro e São Paulo e assinaram um convênio visando à defesa de preços. Para isso, os nordestinos estocariam a sua safra para manter a oferta de açúcar e estabilizar o mercado.[137]

Esses usineiros chegaram a acumular estoques de um milhão de sacas em Recife; porém, com o prenúncio da falência do plano regulador, os usineiros pernambucanos tentaram repassar esses estoques para os especuladores cariocas, que recusaram a oferta, porque já dispunham de um milhão de sacas em estoque. Ao perceber a grave situação em que ficaram os usineiros Nordestinos, Matarazzo planejou o seu golpe. Para isso, compraria 400 mil sacas, na baixa, às firmas Barcelos e Magalhães, e 900 mil sacas do estoque do Recife, a um preço certo mais uma pequena participação nos lucros futuros.

O objetivo de Matarazzo era garantir preços elevados na safra a iniciar-se em maio e, assim, destruir o poder dos usineiros paulistas que não participavam dos esquemas dos grandes usineiros-refinadores-comerciantes: Morganti-Publisi, Nogueira, Alves e Almeida, Ferraz de Camargo. O sucesso do plano foi viabilizado principalmente porque nesse período havia uma grande concentração da demanda atacadista do açúcar, o que acabava submetendo os usineiros independentes às especulações.[138]

---

disso, Matarazzo, juntamente com o Governo Estadual e a firma Bezerra & Cia., era o proprietário do Banco do Rio Grande do Norte. GNACCARINI. *Op. cit.*, p. 19 e 134.

136 *Idem, Ibidem*, p. 21.

137 Já em 1911, durante a 4ª Conferência Açucareira Nacional, os usineiros independentes de São Paulo haviam apoiado a ideia de uma coligação comercial de usineiros do país, visando a manter os preços no mercado interno, enquanto a facção dos usineiros que era ao mesmo tempo comerciante e refinadores, se opusera à defesa "artificial" de preços, mantendo uma posição acirradamente livre cambista. BRANDÃO SOBRINHO, Júlio. *Memorial sobre a 4ª Conferência Açucareira*. São Paulo: 1912, p. 12-45.

138 GNACCARINI. *Op. cit.*, p. 141-142.

Gnaccarini agrega a esse golpe especulativo a intenção de Matarazzo de valorizar o açúcar nordestino, pois esse empresário possuía um forte vínculo comercial com essa região. A sua firma comprava algodão, vendia tecidos, sacarias e farinha de trigo nos mercados do Norte. Além disso, era sócio da maior firma de descaroçadores-comerciantes de algodão produzido na Paraíba e Rio Grande do Norte, e possuía ligações diretas no Banco do Estado da Paraíba e na firma exportadora-atacadista Leão, do Rio Grande do Norte.[139]

Como consequência da disputa acirrada desses especuladores ocorreu uma rápida centralização dos capitais comerciais e a falência de tradicionais formas de comercializadores e refinadores, como a firma Puglisi. Nessa época, ocorreria também a transferência do domínio acionário da União dos Refinadores, a redução ou cessação das atividades comerciais de alguns capitais usineiros, como a Refinadora Paulista e a Ester, além da falência de várias pequenas refinarias. Naturalmente, os usineiros paulistas e pernambucanos passariam a cobrar medidas do governo para inviabilizar a ação dos especuladores tais como o subsídio de parte dos fretes e esquemas de cartelização da produção como uma forma de barrar a ação desses especuladores.[140]

Isto posto, a grande questão passa a ser a circunstância que permitiram ao estado de São Paulo aumentar vertiginosamente a sua produção, superando a forte concorrência do açúcar nordestino e as dificuldades impostas pelas especulações dos comerciantes e refinadores.

A chave para o crescimento dessa produção pode ser encontrada na expansão das novas usinas nas áreas cafeeiras, apropriando-se de toda uma estrutura já montada. Tomando por base o levantamento das usinas paulistas realizado pelo Ministério da Agricultura, Indústria e Comércio, em 1918, percebemos que essas usinas estavam localizadas em doze municípios, concentrando-se no Oeste Paulista. Em Campinas, localizava-se a Usina Ester; em Piracicaba, a Piracicaba e a Monte Alegre; em Capivari, a Vila Raffard; em Porto Feliz, a Porto Feliz; em São Simão, a Amália; em Araraquara, a Freitas; Em São José do Rio Pardo, a Itaiquara; em Sertãozinho, a Schmidt; em Jaboticabal, a Pimentel; em Franca, a Indaiá e a Cachoeira; em Pirassununga, a da Barra; e em Lorena, a Lorena.[141]

---

139 *Idem, Ibidem*, p. 142.

140 GNACCARINI, J. C. A. "A economia do açúcar: processo de trabalho e processo de acumulação". In: FAUSTO, Boris. (org.). *História geral da civilização brasileira*, vol. 8, Rio de Janeiro: Bertrand Brasil, 1997, p. 341.

141 Ministério da Agricultura, Indústria e Comércio. Diretoria Geral de Estatística. *Indústria açucareira no Brasil*. Rio de Janeiro: Tip. da Estatística, 1919, p. 38-40.

A capacidade diária de esmagamento dessas usinas somava na época 3.000 ton de cana. É importante destacar que o maquinário dessas usinas era variado, podendo ser desde um sistema simples a da quádrupla pressão. O seu capital alcançava 10.500:000$000. Nesse caso, às quatro usinas da Societé Anonyme de Sucréries Brésiliennes valiam 3.780:000$000; o capital da Ester era avaliado em 2.000:000$000, enquanto o capital da Usina da Barra chegava a apenas 70:000$000. Entre 1907 e 1920, o valor de produção dessas usinas elevou-se de 7.332 contos de réis para 22.992. Pode-se afirmar que, já em 1907, as usinas paulistas possuíam média de capital, de trabalhadores e de valor de produção por estabelecimento superior às do restante do país. Porém, em relação à produção do açúcar de usina, São Paulo, em 1920, representava 45,7%, enquanto que, nos Estados de Pernambuco, Rio de Janeiro e Bahia, essa porcentagem alcançava respectivamente 64,6%, 55,6% e 56,1%.[142]

De uma forma geral, o mercado consumidor dessas usinas era o próprio estado de São Paulo. Tal importância já era destacada por Picard:

> "[...] o consumo do Estado deve estar atingindo 900 mil sacos de 60 quilos. Ora, as quatro usinas das Sociedades, trabalhando a todo vapor, poderiam produzir 150 mil sacos. A estes pode-se acrescentar uns cinquenta mil produzidos pelas seguintes usinas situados igualmente no Estado: Usina Santos-Dumont, Estação da Gloria, 25 mil sacos; Usina de Monte Alegre, 15 mil sacos; Usina Franca de Augusto Ramos, 6 mil sacos; Usina Fortaleza, 3 mil. Com o resto produzido por pequenos fazendeiros dispersos aqui e ali, chega-se ao total de 200.000 sacos, que o Estado deve estar produzindo atualmente. O restante precisa ser importado das regiões de Campos e de Pernambuco".[143]

Sem dúvida, seria impossível desvincular o crescimento dessas usinas da expansão das estradas de ferro paulistas, principalmente em relação à possibilidade de aquisição da ma-

---

142 Ministério da Agricultura, Indústria e Comércio. Diretória geral de Estatística. Resumo de várias estatísticas financeiras, 1924 *apud* Normano, J. F. *Evolução econômica do Brasil*. São Paulo: Nacional, 1945, p. 34-35.

143 Picard. *Op. cit.*, p. 42.

téria prima mais afastada.[144] Picard é notavelmente explícito ao se referir à importância das estradas de ferro nesse processo:

> "As vias férreas partem da usina e se dirigem, como as patas de uma aranha, aos lugares onde se cultivam as canas. Os desvios estão dispostos nos pontos mais favoráveis para trazer as canas dos campos vizinhos. As mais longas distâncias a percorrer sobre as linhas próprias das usinas não ultrapassam oito quilômetros. Mas, algumas vezes, como em Piracicaba, as Sociedades podem enviar seu material e trafegar pela via férrea da Cia. Ituana; dessa forma, frequentemente vão buscar canas a vinte quilômetros de distância."[145]

Não obstante, as ferrovias significariam uma faca de dois gumes para a comercialização do açúcar da Société. A implantação da ferrovia de São Paulo para Santos possibilitaria que os açúcares oriundos de Pernambuco chegassem em duas horas de Santos para São Paulo. O prejuízo e a ameaça representada pela facilitada da entrada desse açúcar proveniente do Nordeste só não seria maior porque esse frete era muito oneroso e os açúcares produzidos em São Paulo contavam com uma redução de 40% em relação às tarifas cobradas dos outros estados. Picard enfatizava que: "esta é uma das vantagens que os açúcares das usinas paulistas têm sobre os concorrentes".[146]

Em seu estudo, esse técnico relacionaria o principal problema da lavoura canavieira do Brasil ao comportamento dos usineiros, que não se preocupavam com a lavoura de cana, com o processamento industrial, com a produtividade, com os custos da produção ou com a qualidade do produto. Nesse caso, o aumento da lavoura com um cuidado maior das plantações, como a utilização de adubos era preterida em relação à utilização das terras que deveriam ser mantidas como reservas.[147]

---

144 Em 1920, essa rede ferroviária interligava 7 mil quilômetros do Estado de São Paulo. TARTAGLIA, José Carlos. *Agricultura e urbanização em São Paulo*: 1920-1980. Tese de doutorado. Rio Claro. Unesp, 1993, p. 14-26.

145 PICARD. *Op. cit.*, p. 33.

146 *Idem, Ibidem*, p. 42.

147 *Idem, Ibidem*.

"Nós temos constatado a inferioridade e temos indicado a causa. Quanto aos meios de combatê-la, trata-se de nada menos do que mudar radicalmente as ideias e os hábitos dos proprietários dos engenhos, operação que achamos bem difícil. Respondemos, pois, que o que falta é o capital, a coragem de empregá-lo e a prática industrial. Como para o Estado seria bem grande a vantagem, se chegássemos a fabricar no Estado todo o açúcar para nosso consumo local e mesmo a exportá-lo de certos lugares, vale bem a pena fazer sacrifícios para chegar a este ponto, e, sobretudo à vista do preço baixo do café e da diminuição progressiva que vemos no rendimento."[148]

No caso de São Paulo, deve-se levar em conta que ocorreu um incentivo a expansão da produção açucareira no período, incentivado pelas crises de superprodução do café. Assim, os capitais ociosos empregados em culturas tornadas não-lucrativas foram investidos na produção açucareira. Por conseguinte, São Paulo somaria mais oito usinas durante a década de 1920 e a sua produção total de açúcar cresceria 41%.

No cerne dessa questão estava os investimentos na diversificação agrícola do estado e a introdução de novas técnicas em muitos desses setores produtivos. De uma forma mais específica, já em 1902, Júlio Brandão Sobrinho apontava, num estudo sobre a produção açucareira de Ribeirão Preto, que essas usinas eram superiores às de Pernambuco, Campos ou da região de Piracicaba. Nesse período, o autor passou a defender a diversificação agrícola em São Paulo, principalmente através dos incentivos a agroindústria canavieira, através da transformação dos pequenos engenhos em usinas, e a fabricação de álcool pelos produtores de aguardente para fins industriais e energéticos.[149]

Pelo menos do ponto de vista da produtividade, o crescimento da produção açucareira paulista, na Primeira República, seria elevado. Em 1925, São Paulo já possuía dezoito usinas com o capital de 19.771.000$000, possuindo 2.581 operários e 7.095 cavalos de força.[150]

---

148 SAWYER. *Op. cit.*, p. 150.

149 BRANDÃO SOBRINHO, Júlio. A Indústria Açucareira no 3º Distrito Agronômico. *Boletim da Agricultura*. São Paulo: Typ. Oficial, 1902, p. 519-527 e Lavora de cana e de algodão e indústrias de açúcar e de tecidos no Estado de São Paulo. *Boletim da Agricultura*. São Paulo: Typ. do Diário Oficial, 1903, p. 559-606.

150 Mensagem apresentada ao Congresso Legislativo, em 14 de julho de 1925, pelo Dr. Carlos de Campos, Presidente do Estado de São Paulo, p. 115.

Percebe-se que apesar da expansão contínua do café, a cana conseguiu se expandir extraordinariamente. Tal fato pode ser observado na expansão da área cultivada com a cana-de-açúcar em São Paulo, representada no gráfico 11:

Fonte: DÉ CARLI, Gileno. *Gênese e evolução da indústria açucareira de São Paulo*. Rio de Janeiro: Editores Irmãos Pongetti, 1943, p. 73-74

Apesar da modernização e do crescimento das usinas constata-se, igualmente, a ampliação das engenhocas na produção açucareira paulista no período da Primeira República. De toda evidência, podemos afirmar que foi a existência dessas engenhocas de açúcar bruto e aguardente que possibilitariam o sucesso da criação da Oficina Dedini, em 1920. Este fato merece destaque, pois a oficina teria um papel essencial na modernização do parque açucareiro paulista nos anos seguintes. Primeiramente, os Dedini se especializariam na reposição de peças. Para isso, começaram adquirindo diversas máquinas usadas, provenientes de São Paulo e Rio de Janeiro, as quais eram obtidas com recursos gerados pela oficina e em algumas vezes por meios de empréstimos junto a amigos e empresários ligados à produção açucareira.[151]

---

151 A importância da Companhia Dedini será discutida de forma mais detalhada no próximo capítulo, porque apesar de ter uma certa importância na Primeira República, essa empresa só teria uma grande expansão no pós-1930. NEGRI, Barjas. *Um estudo de caso da indústria nacional de equipamentos:* Análise do grupo Dedini (1920-1975). Dissertação de mestrado. Campinas, ICC/UNICAMP, 1977, p. 5.

Em verdade, essa insistência na importância das engenhocas relaciona-se ao abastecimento do interior de São Paulo e nos lucros auferidos com a venda desse tipo de açúcar, que chegou a representar uma cifra expressiva da produção. Isto explica a importância da guerra travada entre usineiros e esses pequenos produtores. Assim, no final da década de 1920, Vizioli afirmava que a produção de açúcar inferior, álcool e aguardente era muito maior do que realmente se supunha. A produção das usinas chegaria, em 1922, a 653.418 sacas, enquanto as engenhocas fabricaram quase 600 mil sacas, isto é, quase 50% do total estadual.[152]

Da mesma maneira, é praticamente impossível desvincular o posterior incremento da produção açucareira paulista de um grave problema que assolou os canaviais paulistas no final da República Velha, ou seja, a sua devastação pelo vírus do mosaico.

A primeira constatação do mosaico nos canaviais paulistas foi feita, em 1923, por José Vizioli, pertencente ao Instituto Agronômico de Campinas. Em 1925, o Presidente do estado de São Paulo, Carlos de Campos afirmava que:

> "A produção de açúcar, que estava progredindo bastante nos últimos anos, alcançou o 'record' em 1921-22. Decaiu, porém, de modo sensível, nos dois anos mais recentes, em razão das secas e da praga do mosaico, que atacou especialmente os canaviais de Piracicaba".[153]

Apesar disso, o principal papel contra a propagação da moléstia foi feito pela Estação Experimental de Piracicaba.[154] A principal defesa da estação foi a renovação dos cana-

---

152 VILIOLI, José. A presente situação da Indústria açucareira no Estado de São Paulo. *Boletim da Agricultura*. São Paulo, 1926, p. 323.

153 Mensagem apresentada ao Congresso Legislativo, em 14 de julho de 1925, pelo Dr. Carlos de Campos, Presidente do Estado de São Paulo, p. 115.

154 A defesa da criação dessa Estação foi feita por José Vizioli e apesar do seu papel fundamental só foi regulamentada em 1930, por causa das disputas existentes entre o Instituto Agronômico de Campinas e a Escola Superior de Agricultura Luiz de Queiroz. Vizioli defendia a criação da Associação em Piracicaba, afirmando que: "em vista do resultado deste estudo, baseado em observações locais de todas as zonas açucareiras do Estado e em trabalhos de laboratório, fica plenamente justificada a ideia de fundação de uma estação experimental destinada a estudos de todos os problemas agrícolas aqui anunciados e, em adição, os das várias fases nos processos

viais através de variedades de canas javanesas resistentes ao mosaico. O sucesso dessa medida se daria de forma rápida. Em 1923, quase não havia canas resistentes. Em 1924 já representavam 1%; em 1926, 12% e, em 1928, 75%.[155]

O episódio do mosaico demonstrou a importância da atuação do Estado para solucionar esse tipo de problema. A defesa dessa atuação e o seu alcance foi descrita pelo Presidente do estado de São Paulo, em 1927, Antônio D. da Costa Bueno. Diante disso, ele afirmava que as demandas e medidas providências deveriam ser tomadas pelo Estado, devido a sua complexidade, sendo assim, "incumbe tão somente ao Governo, como único capaz de orientar superiormente industriais e lavradores".[156]

Essa ação governamental seria firmada principalmente através da Estação Experimental de Piracicaba. Nesse mesmo relatório, o Presidente do estado de São Paulo esclarecia que:

> "A adoção dessas providências e medidas abraça largo âmbito de esforços e estudos que, todos se podem consubstanciar na criação de uma estação experimental da cana, cujo estabelecimento e atuação devem ter em vista, além da adaptação e aclimatação, as condições climatéricas, as condições das zonas canavieiras a facilidade da comunicação ferroviária, a localização das usinas e engenhos, a inspeção e estudos práticos locais das grandes plantações.[...] Com esse fito, foi promovida a importação de mudas de cana da Ilha Formosa, Extremo Oriente, as quais são refratárias ao 'mosaico'. Transplantadas

---

aqui enumerados e, em adição, os das várias fases nos processos de fabricação do açúcar [...]. Preenchendo estas condições, encontrei que a zona de Piracicaba é a que apresenta maior soma de vantagem". VILIOLI, José. A presente situação da Indústria açucareira no Estado de São Paulo. *Boletim da Agricultura*. São Paulo, 1926.

155 Dé Carli afirma que foi um pequeno canavial de cana javanesa na Usina Companhia Guatapará foi o centro de irradiação para a renovação dos canaviais paulistas. As canas que iniciaram o ressurgimento da lavoura paulista foram a POJ 36, POJ 213, POJ 228 e a POJ 234. DÉ CARLI. *Op. cit.*, p. 81.

156 Mensagem apresentada ao Congresso Legislativo em 14 de julho de 1927, pelo Dr. Antônio da Costa Bueno, Presidente do Estado de São Paulo, p. 91.

para Piracicaba, estão hoje em pleno desenvolvimento e em ótimas condições de sanidade".[157]

A estratégia da Estação passou pela formação da organização de campos de seleção, que distribuiriam as canas selecionadas de acordo com os pedidos recebidos pela estação. No período foram organizados cinco campos: em Piracicaba, junto à usina Monte Alegre; em Villa Raffard, junto à usina do mesmo nome; em Igarapava, junto à usina Junqueira; em Jaboticabal, junto à usina Pimentel; e em Campo Largo de Sorocaba.

Esse bem sucedido combate ao mosaico levou a rápida recuperação da produção açucareira paulista. A sua atuação serviu de exemplo para os outros estados infestados, principalmente o Rio de Janeiro e Minas Gerais. O Ministro do Estado da Agricultura, Indústria e Comércio, Geminiano Lyra Castro, em 1928, relatou o sucesso da política paulista de combate ao mosaico e a retomada do crescimento da sua produção:

> "O Estado de São Paulo, o primeiro a sentir os efeitos calamitosos da enfermidade, tendo a sua produção reduzida em 1925 a 149.864 sacas de açúcar, conseguiu ver a lavoura completamente substituída pelas variedades javanesas, e em 1926 produzia 371.439 sacas; em 1927 a produção aumentou para 870.000, chegando quase a 1.000.000 em 1928".[158]

Isto explica porque o mosaico, apesar de ter prejudicado os produtores paulistas, seria um dos responsáveis pelo grande aumento da produção de São Paulo e do Rio de Janeiro. Essa renovação ocorreu rapidamente, em menos de três anos e, foram substituídos quase que integralmente os canaviais dessa região. Nesse caso, o Nordeste não sofreu os mesmos estragos e em poucas áreas das suas lavouras foram feitas renovações.

---

157 *Idem, Ibidem.* p. 91.

158 Relatório apresentado ao Ministério da República dos Estados Unidos do Brasil pelo Ministro do Estado da Agricultura, Indústria e Comércio Geminiano Lyra Castro no ano de 1928. Rio de Janeiro: Typ. do Serviço de Informações do Ministério da Agricultura, 1929, p. 209.

Criavam-se, assim, as bases de superação da produção açucareira do Nordeste pelas do Sudeste, principalmente por São Paulo.[159]

Percebe-se pelo que foi posto acima, que foram várias as causas durante a Primeira República para o crescimento da produção açucareira paulista. Dé Carli defende que São Paulo tinha algumas vantagens em relação aos outros estados produtores de açúcar, que passavam principalmente por um meio propicio à cultura, um consumo relativamente grande, terra boas, facilidades de crédito e o seu sistema de trabalho; ou seja, o colonato.

A defesa da superioridade das usinas e canaviais paulistas já era feita, desde 1905, por Frederic Sawyer. Para ele, os usineiros paulistas não teriam nada para aprender com os pernambucanos, que já seriam muito mais atrasados que os de São Paulo.[160] Parecia que se firmava nesse momento a vocação das terras paulistas para a cana de açúcar.

O ÁLCOOL NA PRIMEIRA REPÚBLICA

Como diria Quintino Bocayuva, Presidente do estado do Rio de Janeiro, no ano de 1902, "resta-nos tratar do álcool, questão conexa por seu um produto, um derivado da fabricação do açúcar".[161]

A valorização do álcool como solução para os problemas de superprodução do setor açucareiro começou a ser defendida mais arraigadamente na Primeira República. Isso se dava porque no Império a venda do álcool, rum e melaço não chegavam a atingir um quinto da comercialização do açúcar em si. A venda desses produtos era inviabilizada pela produção dos próprios países importadores e de suas colônias. Esse seria o caso dos Estados Unidos, as Índias Ocidentais Britânicas, Cuba e Porto Rico.[162]

No início da República, o álcool passou a ser visto como um produto com usos diversos e com um grande potencial para o setor canavieiro. O principal defensor e divulgador do

---

159 As POJ tinham um alto rendimento em tonelada por hectare, auxiliando o aumento da produção. DÉ CARLI, Gileno. *História Contemporânea do Açúcar no Brasil*. Rio de Janeiro: IAA, 1940 e OLIVER e SZMERECSÁNYI. *Op. cit.*

160 SAWYER, Frederic H. *Relatório apresentado à Sociedade Paulista de Agricultura, Comércio e Indústria*. São Paulo: Typ. De Carlos Gerke, 1905, p. 27.

161 Mensagem apresentada à Assembleia Legislativa pelo Presidente do Estado do Rio de Janeiro General Quintino Bocayuva em 15 de julho de 1902. Rio de Janeiro: Typ. do Jornal do Comércio, 1902.

162 EISENBERG. *Op. cit.*, p.53.

álcool era a Sociedade Nacional da Agricultura. Assim, nos Congressos e Conferências organizados pela Sociedade e depois pelo MAIC, a utilização do álcool passou a ser defendida como um substitutivo para a gasolina, para a indústria farmacêutica, para a iluminação e outras diversas atividades.[163] Segundo Quintimo Bocayuva, para o álcool:

> "estão voltadas as esperanças da lavoura da cana e fundamentalmente na minha opinião. [...] A excessiva produção do açúcar tinha de acompanhar forçosamente a fabricação de álcool"[164]

Na Primeira Conferência Açucareira do Brasil, Miguel Calmon du Pin e Almeida, que foi Ministro do MAIC e presidente da SNA, já defendia a produção do alcooleira como uma saída para a crise do setor. Na sua fala sobressaia-se, principalmente, a defesa de concessões especiais do Governo para os interessados em produzir álcool desnaturado e carburetado. Além disso, seria necessário: a criação de sindicatos agrícolas, que tornariam intensiva as lavouras voltadas para a produção do álcool; divulgar os novos processos de fabricação construir usinas centrais de desnaturação e carburetação e criar estabilidade nos preços de venda.[165]

Para o autor, o governo teria uma importância crucial no desenvolvimento da indústria alcooleira. Para isso, deveria ser criada uma política fiscal e seletiva de incentivos ao uso industrial do álcool, através de prêmios de produção para o álcool desnaturado e carburetado. As divisas para tal incentivo deveriam provir do aumento dos impostos sobre as bebidas alcoólicas. Ademais, o governo poderia conceder auxílios diretos de

---

163 A propaganda do álcool começou a ser feita também na Europa nesse período. A Alemanha, produtora de álcool de batata, criou uma central de propaganda e venda do álcool em 1899. Como incentivo foram doados lampiões às principais cidades e administrações como forma de disseminar o papel do álcool na iluminação. Já no final do século XIX tiveram início na Alemanha e na França experiências para a utilização do álcool em automóveis. MORELLI, Bernardo. *Álcool desnaturado e suas aplicações industriais*. São Paulo: Tipografia Brasil de Rothschild & Cia, 1920, p. 53.

164 Mensagem apresentada à Assembleia Legislativa pelo Presidente do Estado do Rio de Janeiro General Quintino Bocayuva em 15 de julho de 1902. Rio de Janeiro: Typ. do Jornal do Comércio, 1902, p. 72.

165 ALMEIDA, Miguel Calmon du Pin e. "Aplicações industriais do álcool". Trabalho apresentado na *Primeira Conferência Açucareira do Brasil*, Bahia, junho-julho de 1902, p. 90-92.

usinas centrais de desnaturação e carburetação; e isentar os impostos de importação para os aparelhos que funcionassem a base de álcool.[166]

Nesse sentido, as políticas governamentais começaram a criar as bases para a construção de um parque alcooleiro no país. No período, foram vários os decretos visando incentivar o uso do álcool para fins indústrias. Exemplos ilustrativos dessa ação governamental foram: o decreto n. 4812, de 1 abril de 1903, pela qual o Governo concedeu um crédito de 50:000$000 para o Ministério da Indústria, Viação e Obras Públicas auxiliar ou promover um concurso ou exposição de aparelhos destinados às aplicações industriais, a fim de vulgarizar o álcool por todo o país; e o decreto n. 4977, de 22 de setembro de 1903, que atribuiu uma quantia de 150.000$000 para auxiliar a Exposição Industrial de Aparelhos a Álcool, a ser realizada em outubro de 1903, no Rio de Janeiro, sob o patrocínio da Sociedade Nacional da Agricultura.[167]

O próprio técnico enviado pela Société de Sucréries Bresiliennes para fiscalizar os seus engenhos observou a importância do álcool na futura sustentação do setor açucareiro:

> "Atualmente, o álcool refinado vale 450 réis o litro no mercado de São Paulo; ou seja, aproximadamente 380 réis postos nas usinas, o que representa 45 francos em moeda francesa. Vimos anteriormente que o seu custo de produção é de 15 centavos de franco, mas que, com um bom trabalho, esta cifra poderia ser reduzida a dez. É, portanto, com um resultado líquido de 35 centavos de franco por litro que se pode contar. As quatro usinas do Estado de São Paulo, que, em 1904, não terão mais contratos com as Sociedades arrendatárias ou com comerciantes, podem, através do processamento de 100 mil toneladas de cana, produzir conjuntamente 9 mil hectolitros de álcool, que representam uma soma líquida (deduzidos os custos de fabricação) de 300 mil francos. Isto é mais do que necessário para pagar toda a mão-de-obra das usinas. Trata-se, portanto, de um negócio a ser estudad [...] Todas as usinas, com exceção de Porto Feliz, possuem equipamentos que lhes permitem produzir álcool retificado de boa qualidade, aceitável no

---

166 Idem, Ibidem, p. 91-92.

167 Conselho Nacional de Petróleo. *Legislação Nacional de Álcool, Programas, Planos, Governamentais.* Brasília: CNP, p. 57-58.

mercado. Só lhes falta, para levar o empreendimento a bom termo, alguns pequenos aparelhos especiais para as culturas de leveduras e o tratamento preliminar do melaço: tanques de mistura, tanques de ferver, refrigeradores, além de um técnico capaz de dirigir esses trabalhos em todas elas. Um bom químico de usina açucareira e destilaria parece constituir uma necessidade obrigatória; ele prestaria grandes serviços, tanto para a fabricação do açúcar quanto para a do álcool".[168]

Nesse quadro destaca-se a Exposição Industrial de Aparelhos a Álcool. Essa exposição foi dividida em várias secções, de acordo com as principais funções que o álcool poderia desempenhar. A primeira secção voltou-se para o emprego do álcool nos vários tipos de motores, sendo, assim, subdividida em motores fixos; locomoveis; automóveis; carburantes, motores para navegação. A segunda secção tencionava incentivar a utilização de aparelhos para iluminação e foi separada em duas secções: a de lâmpadas que queimam com o álcool puro e a de lâmpadas de gaseificação. A terceira secção tratava dos aparelhos para aquecimento. E a quarta e última secção buscava difundir os pequenos aparelhos de fabricação e retificação do álcool.[169]

Essas várias funções do álcool pareciam servir como a sua principal propaganda e uma forma dos seus defensores cobrarem diferentes medidas legislativas para assegurar cada uma dessas novas aplicações:

"O seu emprego como combustível, como elemento de força motriz e força iluminante, abriu um novo e largo horizonte a esse produto que pode ser, sobretudo no nosso país e com grandes vantagens para as populações do interior, o sucedâneo ao petróleo e de todos os óleos destinados à iluminação das casas e das povoações."[170]

---

168 PICARD. *Op. cit.*, p. 130-131.

169 Conselho Nacional de Petróleo. *Legislação Nacional de Álcool, Programas, Planos, Governamentais*. Brasília, CNP, p. 57-58.

170 Mensagem apresentada à Assembleia Legislativa pelo Presidente do Estado do Rio de Janeiro General Quintino Bocayuva em 15 de julho de 1902. Rio de Janeiro: Typ. do Jornal do Comércio, 1902, p. 73.

Pode-se dizer que foi no I Congresso de Aplicações Industriais do Álcool, em outubro de 1903, que foram delineadas as primeiras conclusões sobre a utilização do álcool como solução para a crise de produção açucareira. O congresso traçaria as principais diretrizes seguidas nos próximos anos para o desenvolvimento da produção alcooleira no país. Assim, estabeleceu como objetivo principal de seus trabalhos promover a prosperidade da lavoura de cana pela vulgarização das aplicações industriais do álcool. Ademais, entendia e proclamava que o estado precário dessa lavoura era oriundo da situação do mercado, quer para o açúcar, em virtude da barreira que o excesso de similar impusera à sua exportação, quer para o álcool, pelas restrições impostas no país à sua propagação durante os últimos anos corridos.[171]

Por reconhecer a dificuldade e a lentidão de ampliar-se o mercado de açúcar, no país ou no exterior, julgava o congresso que a vulgarização das aplicações do álcool de cana, como agente de luz, calor e força motriz, dilatando rapidamente o consumo desse produto, prestaria ao açúcar nacional, o necessário amparo, o que permitiria equilibrar-se a produção de ambos com o respectivo consumo e garantir-lhe-ia remuneradores preços, resolvendo desse modo a crise da lavoura de cana.[172]

Por último, os representantes do setor concluíram que a Exposição Internacional de Aparelhos a Álcool demonstrou a conveniência e superior vantagem das mais variadas aplicações desse líquido em substituição de seus concorrentes como agentes de luz, calor e força mecânica. O Congresso era de parecer que os lavradores de cana e os poderes públicos da União e de todos os Estados da República deveriam fazer convergir maiores esforços para vulgarizar as aplicações industriais do álcool, ampliar a sua produção, e baratear o seu custo.[173]

Além dessas diretrizes, os congressistas defenderam várias medidas para a divulgação das aplicações industriais do álcool, sendo as principais: o emprego de aparelhos de iluminação à álcool pelo Ministério da Indústria, Viação e Obras Públicas, pelos estados e municípios; a criação de estações agronômicas nas diversas zonas açucareiras, a fim de estudar tudo que se refere a cultura, fitopatologia (patologia vegetal) e seleção de cana-de-açúcar mais apropriada para a produção e barateamento do álcool; a criação de um Ministério da Agricultura; a aplicação de uma política fiscal seletiva, com isenção de impostos ao álcool destinado a fins industriais e, pesados impostos ao álcool destinado

---

171 IAA. *A política do álcool motor no Brasil*. Rio de Janeiro: IAA, 1941, p. 277-278.
172 *Idem, Ibidem*, p. 277-278.
173 *Idem, Ibidem*.

a bebidas, estas taxas sobre as bebidas seriam revertidas para os produtores de álcool; e isenção de impostos para as desnaturantes.[174]

Afora isso, apontaram a necessidade do Ministério da Indústria, Viação e Obras Públicas destinar verbas para a transformação dos aparelhos de iluminação a querosene de modo a empregarem exclusivamente álcool nas estações, oficinas e depósitos das estradas de ferro pertencentes à união e por elas trafegadas; exigir o mesmo dos arrendatários das estradas de ferro federais e das administrações das estradas concedidas pela União e que gozem de favores pecuniários; consignar verba para essa transformação em todas as repartições federais; promover, após estudos necessários, a substituição pelo álcool da iluminação dos faróis da costa do Brasil; introduzir motores a álcool nos serviços federais; lembrar aos governos estaduais que exijam das estradas de ferro, que gozam de favores pecuniários concedidos pelo mesmo Estado, a transformação dos aparelhos de iluminação a querosene para o uso de álcool; consignar verba nos orçamentos estaduais e municipais para a mesma transformação em todas as repartições do Estado; solicitar a intervenção governamental para que o álcool e toda a matéria-prima e aparelhos destinados a seu fabrico obtenham tarifas protetoras nas ferrovias e empresas de navegação e cabotagem.[175]

Devido a todo o histórico da SNA, no amparo a agricultura brasileira e de incentivador da indústria alcooleira, conclui-se que a Sociedade seria o principal núcleo divulgador das aplicações industriais do álcool.[176] A importância do papel da SNA no incremento da produção alcooleira seria apontada pelo Ministro da Indústria, Viação e Obras Públicas, Lauro Severino Müller, já em 1905:

> "A propaganda das aplicações industriais do álcool bastaria para caracterizar a tenacidade e a dedicação dessa útil associação na defesa da causa agrícola, [...] Após a realização da exposição realizada em 1903 e na qual figuraram aparelhos

---

174 Idem, Ibidem, p. 280-297.

175 Idem, Ibidem.

176 Para realizar essa divulgação, a Sociedade Nacional da Agricultura organizou, entre 1903 e 1908, mais de trezentas exibições de aparelhos a álcool na capital federal e em vários estados, além de encaminhar ofícios a todos os dirigentes estaduais e municipais solicitando apoio. Porém, os resultados de tais esforços não foram expressivos. SANTOS, Magda Carmo dos. O álcool-motor no Brasil e a sua relação com a produção açucareira (1903-1954). Dissertação de Mestrado. São Paulo: FFLCH/USP, 1997, p. 15.

diversos, destinados a utilizar o álcool como agente de força, luz e calor, tem a Sociedade envidado os maiores esforços por difundir essas aplicações, promovendo exposições locais, aproveitando as oportunidades, que se lhe oferecem, para patentear as vantagens do álcool sobre seus sucedâneos."[177]

Para que a Sociedade alcançasse esses objetivos, foram concedidos a ela:

"[...] plenos poderes, devendo organizar nos Estados, centros filiais destinados a promoverem a propaganda do álcool como força iluminativa, calorífica e motriz, por meio de artigos de imprensa, folhetos, livros, conferências e exposições de aparelhos, contando com o auxílio dos poderes públicos da República".[178]

Carlos Gabriel Guimarães defende que a principal dificuldade para o uso industrial do álcool na Primeira República relaciona-se aos poucos aparelhos para a produção do álcool, as divergências políticas, o pouco interesse dos próprios usineiros em produzir o álcool e a disputa entre os setores cafeeiros e os outros setores agrários voltados para o mercado interno, fundamentalmente em relação às políticas estatais de fomento a agricultura, o que perpassaria necessariamente pelo controle do MAIC.[179]

Uma outra exposição importante para a propaganda do álcool foi o Primeiro Congresso Brasileiro de Carvão e outros Combustíveis Nacionais. Nesse congresso, foram apontadas novas medidas para o incremento da produção alcooleira, perpassando por diversos medidas, como por exemplo: o desenvolvimento do ensino de fabricação científica do álcool, especialmente em escolas e instituições, tanto oficiais como particulares; favores do transporte e a circulação do álcool industrial e especialmente do álcool combustível, e, também, dos aparelhos e motores que o empregam exclusivamente; a criação, em ordem sucessiva de cooperativas centrais de álcool, na capital da República e nos estados

---

177 Relatório apresentado ao Presidente da República dos Estados Unidos do Brasil pelo Ministro de Estado dos Negócios da Indústria, Viação e Obras Públicas Lauro Severino Müller no ano de 1905. Rio de Janeiro: Imprensa Nacional, 1905, p. 4.

178 IAA. *A política do álcool motor no Brasil*. Rio de Janeiro: IAA, 1941.

179 GUIMARÃES, Carlos Gabriel. *A indústria álcool-motora no primeiro governo Vargas (1920-1945)*. Dissertação de Mestrado. ICHF/UFF, 1991, p. 44.

produtores mais importantes; e a criação de uma sobretaxa especial para a aguardente, cuja renda reverteria às cooperativas centrais, que estabelecessem prêmios em favor dos agricultores, a fim de ser conseguido o barateamento do álcool industrial.[180]

No Terceiro Congresso Nacional de Agricultura e Pecuária, em 1922, foi proposta uma nova medida. Nesse caso, o papel do Governo seria crucial, visto que os congressistas defendiam a transformação do álcool em um produto de utilidade pública e de interesse nacional. Afora isso, o Estado deveria facilitar o seu transporte com a compra de vagões-tanque, com a construção dos primeiros centros de consumo, de armazéns ligados às estradas de ferro, o aprimoramento do estudo e do ensino de técnicas para a fabricação do álcool, financiamentos para a modernização das salas de fermentação e incentivos para a criação de fábricas de éter, dentre outras.[181]

Percebe-se pelos objetivos apontados nesses congressos que os usineiros acreditavam ser imprescindível para o desenvolvimento da indústria alcooleira o apoio estatal. Essa política de incentivos deveria ser ampla e abranger o controle da política de preços, tributária, tarifaria, de transporte e, principalmente, de financiamentos para a introdução do maquinário necessário para a montagem do parque alcooleiro.

Na década de 1910, a produção alcançou 30 milhões de litros de álcool e 100 milhões de litros de aguardente. Mais de 90% do álcool fabricado era oriundo do melaço.[182] Apesar disso, o dobro dessa quantidade poderia ser fabricado se houvesse consumo. Porém, a falta de mercado e o preço inviabilizavam os investimentos dos usineiros em destilarias. Assim, nessa década e na subsequente, as políticas voltadas para o álcool foram relegadas para um segundo plano. Além dos fatores elencados no parágrafo acima, ocorreu uma recuperação dos usineiros do Nordeste e de sua influência política com o controle momentâneo dos

---

180 Essas cooperativas deveriam realizar a montagem de institutos de fermentação, de grandes destilarias centrais, de instalações para desnaturar o álcool, de aparelhagem para fabricar o material de acondicionamento, e bem assim a aquisição e emprego de tonéis, tanques e vagões destinados ao depósito e transporte do álcool. *Primeiro Congresso Brasileiro de Carvão e Outros Combustíveis Nacionais*. Rio de Janeiro: out./nov. 1922, p. 48.

181 IAA. *Congressos Açucareiros do Brasil*. Rio de Janeiro: IAA, 1949, p. 82-95.

182 O álcool produzido com um subproduto do melaço é chamado álcool residual, mas também pode ser obtido diretamente da cana e não precisa anteriormente ser transformado em açúcar ou melaço. Existe também uma diferença entre dois tipos de álcool ou etanol: o álcool hidratado, que é utilizado como matéria prima ou como insumo industrial e o álcool anidro, utilizado como um aditivo oxigenado para a gasolina. SZMRECSÁNYI. *Op. cit.*, p. 62.

preços dos mercados açucareiros do sudeste. Ademais, a Primeira Guerra aumentou as exportações, favorecendo o apoio à produção do açúcar em si mesma.[183]

Um ponto negativo para ao aumento do consumo do álcool combustível era a dificuldade de adaptação dos motores dos automóveis ao álcool. Foram frequentes no período acusações de que o álcool corroia e ressecava os motores.

> "Dizia-se que o álcool, ressecando horrivelmente as máquinas e, ainda, intumescendo os cilindros com fuligem, a ponto até de fazer voar pelos ares os tampões, deveria ser condenado; o seu uso arriscava a vida humana à destruição por estilhaços de carcaças. As corrosões e inutilizações das máquinas pelo ataque ao metal; a perfuração dos tanques e canalizações e outros danos representavam sério prejuízo e anulariam qualquer vantagem que pudesse haver, de ordem econômica, pelo uso do moderno combustível".[184]

Segundo Sanchez Gondora, técnico da SNA, essa péssima fama do álcool seria consequência da má vontade e desconhecimento técnico dos proprietários de automóveis:

> "Os insucessos têm sido devido a várias causas das quais não foi a menor a má vontade dos condutores de automóveis que com o emprego do álcool 'in natura' tinham que procurar modificar as condições de carburetação; sua ignorância por um lado e seu comodismo por outro emprestavam ao problema proporções exageradas. Daí nascia a fábula do 'ressecamento dos motores' e do estrago consequente".[185]

As pesquisas tentaram resolver esses problemas. Mas, com os frequentes problemas advindos da utilização das misturas à base de álcool motor de baixa produção, só no

---

183 GUIMARÃES. *Op. cit.*, p. 45 e SANTOS. *Op. cit.*, p. 11.

184 BELO LISBOA, J. C. "Álcool-motor". *Brasil açucareiro*, ano X, jun. 1942, p. 41.

185 "O emprego do álcool para fins industriais". *A lavoura*. Rio de Janeiro, ano XXVII, mai. 1923, p. 497.

Governo Vargas se adotaria oficialmente a obrigatoriedade da mistura de 5% de álcool anidro à gasolina importada, como veremos no próximo capítulo.

Um outro fator que inviabilizaria um maior incremento do álcool motor era a existência de um número muito pequeno de automóveis no Brasil até a década de 1920 e, por conseguinte, a quase inexpressiva importação de gasolina pelo Brasil. Tal quadro, no entanto, começou a mudar com as dificuldades encontradas para a importação de petróleo durante a Primeira Guerra Mundial. A partir desse momento, a necessidade de se encontrar um combustível alternativo começava a ser uma necessidade premente. Em 1916, o Brasil comprou 22,4 milhões de litros de gasolina e, em 1917, somente conseguiria adquirir 17,7 milhões. Por outro lado, no período Pós-Guerra surgiram especulações sobre o término do petróleo mundial. Essas divagações sobre o fim eminente do petróleo, no momento em que ocorria um grande crescimento da indústria automobilística, começaram a preocupar os países importadores de gasolina. No Brasil, tal contexto levou o deputado federal Geminiano Lyra Castro, vice-presidente da SNA, a defender a criação de um Instituto do Álcool no Ministério da Agricultura.[186]

Sobressai-se, nesse caso, a própria formação da SNA e do MAIC. A partir de 1913, os representantes dos setores voltados para o mercado interno, articulados em torno da SNA, passaram a controlar as políticas do MAIC. Além do que, 36% dos ministros do MAIC, a partir desse momento até o final da Primeira República, seriam representantes do Nordeste.[187]

Toda a ênfase dada, no período, ao álcool combustível, era incentivada pelo crescimento da indústria automobilística no país, principalmente após 1920. Em 1922, o país já possuía 40.390, passando para 220.914 automóveis em 1929. Em 1930, somente o estado de São Paulo consumiu 140 milhões de litros de gasolina, no valor aproximado de 140.000 contos de réis. Acompanhando essa demanda, a produção de álcool aumentou de 3.542.624 litros em 1921, para 70.321.900 litros em 1929.[188] Em 1930, o álcool já era definido pelo vice-presidente do estado de São Paulo, Heitor Teixeira Penteado, como a

---

[186] Nesse momento, começaram a ser testados vários compostos carburantes, principalmente na Europa e nas regiões produtoras de cana-de-açúcar, como o Brasil, Java, Cuba, etc. No Brasil, a experiências com o uso do álcool como combustível datam de início da década de 1920. SANTOS. *Op. cit.*, p. 1-18 e DÉ CARLI, Gileno. *Os caminhos da energia*. Rio de Janeiro: IAA, 1979 p. 99-101.

[187] MENDONÇA, Sonia Regina de. *Ruralismo*: agricultura, poder e Estado na Primeira República. Tese de Doutorado. São Paulo, FFLCH/USP, 1990, p. 427.

[188] SANTOS. *Op. cit.*, p. 18.

nova válvula regularizadora do mercado açucareiro, pois as suas aplicações eram numerosas. Porém, para isso seria necessário:

> "para que esta industrialização do álcool como motor possa alcançar o desejado êxito, torna-se necessário remover certos obstáculos de ordem fiscal, facilitar o seu transporte e o seu comércio, e intensificar a sua fiscalização".[189]

As diretrizes seguidas pelas políticas de desenvolvimento da indústria alcooleira começaram a ser indicadas para os principais países produtores de cana-de-açúcar, que sofriam com a superprodução nesse período. O técnico Henry Armstein visitaria, no final da década de 1930, Cuba e o Brasil e, para ambos os países, indicaria a criação de uma grande indústria alcooleira.

> "Seu principal e imediato objetivo seria transformar em álcool para motores, e outros subprodutos de grande valor, como éter, gás carbônico, levedura para forragem, vinagre, e outros, o excesso da cana e açúcar inferior, diminuindo em Cuba a massa das safras a exportar, e entre nós suprimindo em absoluto as chamadas cotas de sacrifício, pois em verdade o nosso açúcar por várias causas não pode competir com o de outras origens nos mercados mundiais."[190]

Em São Paulo, no final da Primeira República, a produção de álcool se eleva rapidamente, acompanhando o crescimento vertiginoso da produção de açúcar e aguardente, logo após o controle da praga do mosaico. Tal fato pode ser observado no gráfico 12:

---

189 Mensagem apresentada ao congresso Legislativo, em 14 de julho de 1930, pelo Dr. Heitor Teixeira Penteado, Vice-Presidente em exercício do Estado de São Paulo, 1930, p. 38.

190 Mensagem apresentada ao Congresso Legislativo na abertura da 3ª sessão da 13ª legislatura, pelo Governador do Estado Dr. Estácio de Albuquerque Coimbra, Recife, 1930, p. 154.

182 Banguês, engenhos centrais e usinas

Fonte: Mensagem apresentada ao Congresso Legislativo, em 14 de Julho de 1928, pelo Doutor Julio Prestes de Albuquerque, Presidente do Estado de São Paulo. São Paulo, 1928, p. 93.

O apoio governamental, no caso de São Paulo, perpassaria pelo incentivo a diversas pesquisas na utilização do álcool. Um exemplo foram os trabalhos realizados pela Estação Agronômica de Piracicaba. Nessa atuação específica da Estação, o Presidente do estado de São Paulo, Dr. Júlio Prestes de Albuquerque relatou que esse trabalho era de um valor inestimável para o estado, visto que:

> "Num estado como o de São Paulo, em ativo desenvolvimento de suas indústrias, o barateamento do custo da produção do álcool poderá refletir-se de modo tão favorável nessa marcha ascendente que não será descabido admitir-se uma rápida transformação dos processos em voga e implantação de novas atividades industriais, porque o álcool tem um aumento considerável de aplicações".[191]

Por tudo isso, o Governador de Pernambuco, Dr. Estácio de Albuquerque Coimbra, em 1930, defendia que o álcool impediria a saída de numerosas divisas despendidas com a im-

---

191 Mensagem apresentada ao Congresso Legislativo, em 14 de Julho de 1928, pelo Dr. Julio Prestes de Albuquerque, Presidente do Estado de São Paulo, p. 93-94.

portação de combustíveis para motores. O álcool evitaria também a necessidade de enviar os excessos da produção para o mercado externo por preços inferiores ao custo.[192]

À vista de todo o exposto, percebe-se que, apesar da produção alcooleira não ter se sobressaído nesse período, a propaganda conjunta do MAIC e da SNA firmou a ideologia do álcool como o combustível nacional, posto que, além de controlar a crise de superprodução e recuperar a decadente indústria açucareira nacional, substituiria a gasolina como o principal combustível para motores de explosão.

O CAMINHAR DAS USINAS NO FINAL DA PRIMEIRA REPÚBLICA

Apesar da modernização advinda com as usinas, não ocorreu uma mudança nas bases sociais e econômicas do setor açucareiro. Assim, a indústria tradicional do açúcar permaneceu intacta. Tal fator explica-se pela manutenção dos antigos senhores de engenho no poder, agora transformados em usineiros. As usinas, todavia, trariam o acirramento da tensão entre senhores de engenho, transformados em fornecedores de cana, e os usineiros. Essas disputas eram originárias principalmente das divergências nas cláusulas dos contratos de fornecimento de cana e nos atrasos no pagamento. Essa tensão se agravaria com a expansão das usinas, através da compra das terras dos senhores de engenho mais fracos e, consequentemente, a sua transformação em fornecedores de cana.[193] Diante disso, Barbosa Lima Sobrinho aventa que:

> "Foram assim surgindo diversos tipos de plantadores, muito diferentes do antigo lavrador de engenho, quanto aos recursos, ao padrão de vida, aos antecedentes e tradições. O lavrador mane-

---

192 Mensagem apresentada ao Congresso Legislativo na abertura da 3ª sessão da 13ª legislatura, pelo Governador do Estado Dr. Estácio de Albuquerque Coimbra. Recife, 1930, p. 154.

193 Os constituidores da elite açucareira pernambucana nesse período continuaram a ser as "velhas famílias pernambucanas, [...] constatando-se que a atividade econômica se intensificava se modernizava, mas continuava sob o controle dos velhos grupos familiares formados na colônia e consolidados no Império. Chegaram mesmo a ter o seu poder de pressão aumentado com a autonomia administrativa concedida aos Estados e, consequentemente, com o crescimento do poder político local." ANDRADE, Manuel Correia de. *História das usinas de açúcar de Pernambuco*. Recife: Fundação Joaquim Nabuco/Massangana, 1989, p. 73.

java ele próprio a enxada, morando em cabanas humildes. O fornecedor era um antigo senhor de engenho, com todos os sentimentos dessa classe de dominadores da terra. Aquele conhecia a dependência em que vivia, diante da usina; o fornecedor procurava conservar sua autonomia e queria ser tratado de igual para igual. Era de prever que o usineiro preferisse tratar com os lavradores. Daí os conflitos mais violentos entre as duas classes, o desenvolvimento de uma incompreensão recíproca e cada vez mais séria. De resto, quanto às garantias, não havia o que distinguir entre os vários tipos de fornecedores de canas. A proteção legal era escassa e precária para todos eles. As próprias tabelas de preços variavam de usina a usina. A pesagem não comportava fiscalização. A obrigação de fornecer, ou de receber canas só existia em função e como consequência do financiamento".[194]

É importante destacar que nesse momento inicial de formação do sistema de usinas no país não era interessante para os usineiros eliminar totalmente os seus fornecedores de cana, pois dessa forma, dividiam-se os riscos maiores, ou seja, os agrícolas. Apesar das quedas frequentes no preço do açúcar, a parte industrial era mais segura. Segundo Barbosa Lima Sobrinho, era interessante deixar esses riscos agrícolas com os lavradores independentes, mesmo que para isso a usina tivesse que concorrer com os capitais de financiamento.[195]

Concomitantemente à manutenção relativa dos fornecedores de cana, os usineiros iriam progressivamente expandindo as suas lavouras próprias e diminuindo a sua dependência em relação aos fornecedores de cana.[196] Por outro lado, ao perceberam o

---

[194] LIMA SOBRINHO, Barbosa. *Dos engenhos centrais às usinas de açúcar de Pernambuco*. Rio de Janeiro: Separata de Jurídica, 1971, p. 14-15.

[195] *Idem, Ibidem*, p. 15.

[196] No caso específico do Nordeste, Manuel Correia de Andrade aponta que o processo de formação das usinas deveria permitir que os antigos senhores de engenho mantivessem o controle político do Estado, elegendo governadores ligados aos mesmos até proprietários de usinas e, consequentemente, possibilitar a recomposição do latifúndio que passou a se expandir de tal forma que quase chegava a atingir os limites das sesmarias. "Isto fez com que surgissem em Pernambuco, no início do século, as maiores usinas brasileiras. O avanço da produção das usinas fazia com que as áreas dos pequenos engenhos fossem se transformando em propriedades fornecedoras de cana. O passo seguinte era o usineiro procurar adquirir as

agravamento da sua situação, os fornecedores-proprietários buscavam aumentar os seus lucros reduzindo a participação dos lavradores não-proprietários às suas áreas de gêneros de subsistência. Gestava-se, assim, uma verdadeira guerra entre os diversos setores do complexo açucareiro, que iria assumir o seu ápice com a crise de 1929.[197]

Além dessa tendência, é interessante destacar para o caso de São Paulo, que essa concentração de terras pelas usinas era um processo proveniente da própria estrutura apropriada da lavoura cafeeira. Segundo Gnaccarini, em São Paulo, a cana pode ser caracterizada como uma "grande lavoura". Afora isso, o estado manteria os maquinários antigos dos antigos engenhos, que somente passaram por poucas melhorias e a falta de inovações técnicas na lavoura.[198]

O final da República Velha seria marcado, dessa forma, pela percepção de uma crise de superprodução que poderia desestabilizar a indústria açucareira, principalmente, à do Nordeste. Esse processo se acentuaria com o grande aumento das regiões consideradas anteriormente como áreas secundárias de produção açucareira, que tendiam a transformar-se em estados compradores de açúcar em auto-suficientes e até mesmo em exportadores, como era o caso de São Paulo, que alcançaria a produção de um milhão de sacos na safra de 1929/30. Vizioli já apontava está tendência do crescimento da produção paulista desde 1925:

---

terras dos engenhos, que iam ficando de fogo morto. Esse processo se expressava na luta em torno dos preços: dos preços do açúcar e de cana. O que havia sido evitado com o malogro dos engenhos centrais – a perda do controle completo sobre o complexo produtor – estava se dando agora no interior da própria classe dominante". ANDRADE. Op. cit.

197 Essa luta teria proporções bem menores no Estado de São Paulo, principalmente por causa da importância do sistema de colonato utilizado pelas usinas. Os fornecedores paulistas não tinham o mesmo poder de pressão ou o controle político dos Nordestinos, principalmente porque como aponta Dé Carli, "o fornecedor de cana, em São Paulo, antes de 1929, surgia, quando o açúcar subia de preços e regredia, à proporção que os preços rebaixavam e submergia quando o recalque de preços se prolongava". Dé CARLI, Gileno. Gênese e evolução da indústria açucareira de São Paulo. Rio de Janeiro: Editores Irmãos Pongetti, 1943, p. 149.

198 GNACCARINI, J. C. A. "A economia do açúcar: processo de trabalho e processo de acumulação". In: FAUSTO, Boris (org.). História geral da civilização brasileira, vol. 8, Rio de Janeiro: Bertrand Brasil, 1997, p. 327.

"Com o melhoramento da lavoura canavieira e o aperfeiçoamento dos processos de fabricação de açúcar e álcool, também os engenhos pequenos aumentarão de eficiência, podendo depois produzir no mínimo 20% a mais, sem aumento da área cultivada com cana ou instalação de novos engenhos. Adicionando-se à produção media atual dos pequenos engenhos aquela porcentagem, a produção total do Estado se elevará quase à quantidade necessária ao consumo. [...] Com essa produção, o Estado terá um excesso de álcool e aguardente, que poderá exportar, e uma falta de apenas 250.000 sacas de açúcar, de acordo com o consumo atual, que poderá ser fabricado com a instalação de mais uma ou duas usinas no Estado, o que se dará desde que se melhorem as condições da lavoura canavieira".[199]

O crescimento da produção dos estados do Rio de Janeiro e de São Paulo, os maiores compradores do mercado interno, e o fim das exportações, com a recuperação do açúcar de beterraba na Europa, levaria os produtores nordestinos a tentarem resguardar a sua posição no mercado. Na visão dos representantes do setor, nesse momento, isso só seria possível com o apoio do Estado. A criação do Instituto de Defesa do Açúcar foi uma das primeiras tentativas de uma ação dos usineiros apoiada na interferência estatal no período, principalmente porque os seus principais objetivos eram: regular a oferta, concentrando o recebimento do açúcar; unificar as vendas e criar depósitos para a produção de álcool, de forma a facilitar as suas vendas.[200]

Apesar dos esforços, os planos do instituto fracassariam, principalmente devido à crise de 1929 e a uma safra recorde, que acentuaria ainda mais o problema da superprodução nesse ano. Assim, para a safra de 1929-30, de 19,6 milhões de sacos, ocorreu um consumo de mais ou menos 18,1 milhões. Esse subconsumo levaria o preço do saco de açúcar no mercado do Distrito Federal passar de 76$500 em março de 1929 para 26$500 em outubro do mesmo ano. No caso de São Paulo, o estado produziu 1.113.717 sacos contra

---

199 VIZIOLI, José. *A presente situação da Indústria açucareira no Estado de São Paulo. Boletim da Agricultura.* São Paulo, 1926, p. 332.

200 MELO, A. Joaquim. "Um decênio da defesa do açúcar". *Anuário Açucareiro*. Rio de Janeiro: IAA, 1941, p. 4.

a produção média dos quatro anos anteriores de 155.347 sacos. A queda nos preços foi tão drástica que não chegava a pagar os custos da produção.[201]

Pinassi esclarece que o início da perda do mercado interno pelo Nordeste era consequência do processo de interiorização da economia brasileira. O período de expansão do café garantia a hegemonia da produção açucareira do Nordeste, porém com a mudança da estrutura agrícola paulista e a retorno dos investimentos na produção açucareira no estado, o Nordeste passaria a perder progressivamente o seu principal mercado. A crise de 1929 e a depreciação de 65% dos preços do açúcar nordestino apenas intensificariam essa crise. Em virtude do mercado interno ser o único disponível nesse momento, os produtores de açúcar brasileiros iniciariam uma concorrência cada vez mais acirrada entre si.[202]

O período ainda seria marcado pela forte atuação dos banguês. Que apesar de atrasados tecnicamente em relação às usinas tinham vantagens concorrência devido ao baixo custo da sua produção e a preferência por parte da população. O consumo da população mais pobre e do interior foi descrita pelo General Quintino Bocayuva, em 1902:

> "No interior a maior parte da população contenta-se com os açúcares baixos, com a rapadura, com o melaço, com o próprio caldo de cana. Ao paladar grosseiro e mal educado (e é a maior parte) o açúcar fino não merece a preferência, pelo contrário é rejeitado por uma circunstância até muito extravagante, alagada por essa classe de gente – porque o açúcar não adoça. Além disso, já pela questão do frete, já pelo custo da refinação ou da cristalização do açúcar ele chega ao interior gravado de ônus que elevam consideravelmente o seu preço de modo à só ficar ao alcance das bolsas ricas ou abastadas".[203]

Ao se questionar a respeito dessa questão Barbosa Lima Sobrinho diz que:

---

201 DÉ CARLI, Gileno. "História Contemporânea do açúcar no Brasil". *Anuário Açucareiro*. 1940. Rio de Janeiro: IAA, p. 236.

202 PINASSI. *Op. cit.*, p. 5 e SZMRECSÁNYI. *Op. cit.*, p. 50.

203 Mensagem apresentada à Assembleia Legislativa pelo Presidente do Estado do Rio de Janeiro General Quintino Bocayuva em 15 de julho de 1902. Rio de Janeiro: Typ. do Jornal do Comércio, 1902, p. 72.

> "As transformações da paisagem açucareira foram e ainda continuam a ser muito lentas, permitindo esse estranho espetáculo, que se apresenta a história da indústria do açúcar, tão fácil de evocar ou reconstituir, na evolução de suas técnicas, pelos documentos e pelos livros, como de surpreender na coexistência dos vários tipos de fabricação de açúcar, desde os mais antigos, de molde colonial, ainda em franca atividade, com suas moendas arrastadas por juntas de bois, até os mais modernos, das grandes empresas, de concentração capitalista e industrial. A realidade, atual e viva, que se pode apanhar ao ar livre, nas várzeas, nos vales e nas encostas, reproduz ainda, aos olhos do observador, a história quatro vezes secular dessa evolução".[204]

Esse lento processo de modernização e, por conseguinte, da imbricação do velho e do novo, pode ser exemplificado pelo caso de São Paulo. Em 1929, o estado possuía 5 mil engenhos e engenhocas. Desses, quase 4 mil fabricavam aguardente e os seus maquinismos eram rudimentares e imperfeitos. Apesar disso, o estado já possui grandes usinas, que contavam com maquinismos aperfeiçoados e já destilavam e produziam álcool.[205]

Dé Carli afirma que a permanência dos banguês era oriunda do atraso da parte industrial, que apesar de adorar algumas modificações, somente no final da década de 1920, começaria a implantar grandes usinas. Segundo o autor, o país não pôde acompanhar o surto industrial do Pós-Guerra, devido à proibição do presidente Epitácio Pessoa de se aumentar a exportação de açúcar no período, por causa dos altos preços do produto no mercado interno. Assim, "Não tendo o Brasil aproveitado quase da desorganização da produção europeia de beterraba, cingindo-se as quotas do consumo nacional, o equipamento para as usinas não se processou de um modo imediato."[206]

Frederic Sawyer apontava esse atraso das usinas brasileiras frente outros países produtores desde 1905. Para ele, não havia no país nenhum engenho moderno. Dessa forma, a única solução visualizada por esse engenheiro, era o Governo Federal ou o Governo

---

204 AZEVEDO. *Op. cit.*, p. 220.

205 Mensagem apresentada ao Congresso Legislativo na 2ª sessão da 14ª legislatura, em 14 de julho de 1929, pelo Doutor Julio Prestes de Albuquerque, Presidente do Estado de São Paulo, p. 27.

206 DÉ CARLI, Gileno. *História contemporânea do açúcar no Brasil*. Rio de Janeiro: Edição do IAA, 1940, p. 7.

Estadual auxiliaram eficazmente na construção de engenhos modernos, através de prêmios, subvenção ou empréstimo condicional. Sem esse auxílio, dificilmente essa modernização se processaria na indústria açucareira brasileira. Para Sawyer, a atuação dos usineiros e do próprio Governo só estava contribuindo para o atraso do setor.

> "Legislar para controlar a vida de engenhos velhos de simples pressão, de engenhocas e banguês de outrora, seria um grande erro econômico e traria consigo o correspondente castigo".[207]

Em síntese, o que transpareceu na produção açucareira, nesses anos, foi o início da luta entre os produtores do Nordeste e do Sudeste, a disputa entre usineiros e bangueseiros e a tentativa de eliminar os intermediários e, consequentemente, as especulações. No entanto, o mais importante desdobramento do período seria um crescimento vertiginoso em todo o país, culminando em uma crise de superprodução no final da década de 1920. Com todos os percalços que tal crise representaria para o setor açucareiro, os seus representantes pareciam não atentar para a gravidade desse problema, apontado desde os tempos da produção açucareira do período colonial, na clássica obra de Frei Vicente de Salvador:

> "Mas que aproveita fazer-se tanto açúcar, si a copia lhe tira o valor, e dão pouco preço por ele que nem o custo se tira?"[208]

Poderíamos dizer que, apesar dos anos entre 1889-1930, serem considerado como de menor importância em relação à história da agroindústria açucareira e alcooleira no Brasil, percebe-se ao estudar tal período, que ele estruturaria as bases para o período subsequente, fossem elas estruturais, políticas, ideológicas ou sociais.

---

207 SAWYER, Frederic H. Relatório apresentado à Sociedade Paulista de Agricultura, Comércio e Indústria. São Paulo: Typ. De Carlos Gerke, 1905, p. 43.

208 SALVADOR, Frei Vicente de. *História do Brasil*: 1500-1627. Rio de Janeiro: Biblioteca Nacional, 1889, p. 422.

CAPÍTULO III

O Primeiro Governo Vargas
e a hegemonia das usinas

A POLÍTICA DE DEFESA DA PRODUÇÃO AÇUCAREIRA NO PÓS-1930

"Sem a cooperação, ao menos dos principais estados exportadores, a defesa de um justo preço para o açúcar, será empreendimento precário, pois das tentativas feitas têm-se verificado que o acordo interestadual não chegou ainda a concretizar-se numa fórmula permanente. Estou, entretanto, persuadido, que a intervenção coordenadora do Poder Federal logrará conseguir o agrupamento daqueles Estados numa poderosa organização reguladora da produção e do comércio do açúcar dentro do Brasil, com proveito real para os lavradores, industriais e consumidores, como para os Estados e para o país. Prosseguindo o esforço para melhorar o cultivo da matéria-prima com o objetivo de aumentar-lhe o teor sacarino, pela seleção de sementes, através de novos métodos de trabalho nos campos, onde precisam ser introduzidas a máquina, a adubação e irrigação, e para substituir a antiquada aparelhagem das nossas fábricas, lograr-se-á diminuir o custo da produção".[1]

O trecho acima citado foi apresentado ao Congresso Legislativo pelo Governador do Estado de Pernambuco, Dr. Estácio de Albuquerque Coimbra, em 1930. As suas palavras ilustram de forma bastante clara as profundas dificuldades que o setor açucareiro enfrentava para normatizar o mercado interno, principalmente em razão do excesso de produção, da escassez de recursos pecuniários na praça, da diminuição da capacidade aquisitiva do consumidor e do surto de especulação que vinha atingindo o setor desde a Primeira República.[2]

O governador referir-se-ia ainda ao malogro das tentativas de atuação do Instituto de Defesa do Açúcar, pela impossibilidade de conciliar os interesses dos diversos estados produtores. De uma forma geral, passava-se a considerar como único meio de atuação valida e eficaz, uma política açucareira que agrupasse todos os estados consumidores e produtores de açúcar, ou seja, uma política de cunho nacional. Porém, para isso,

---

1 Mensagem apresentada ao Congresso Legislativo na abertura da Terceira Sessão da décima terceira legislatura, pelo Governador do Estado Dr. Estácio de Albuquerque Coimbra, Recife, 1930, p. 152.

2 *Idem, Ibidem*, p. 151.

novamente, esperava-se que o auxílio para a grave crise açucareira, exacerbada pela queda dos preços gerada pela conjuntura negativa dos anos de 1929-30 e o aumento da produção, viesse do Estado.

Segundo Celso Furtado, o Governo Federal de Vargas contou com uma liberdade para exercer o poder que nenhum outro país conheceu anteriormente. Tal fato era decorrente desse governo não traduzir a hegemonia de nenhuma região nem de nenhum grupo de interesse. Dessa forma, o Estado buscou institucionalizar os diferentes grupos econômicos para utilizá-los como "pontos de apoio do poder central". Para isso, Vargas tentou pautar sua ação de modo a contentar ou apaziguar os interesses das diversas classes produtivas ou sociais.[3]

É importante considerar que a intervenção estatal nos diversos setores da economia, ou mais especificamente no caso desse estudo, – na produção açucareira – , não foi uma característica do Brasil.[4] A crise de 1929 incentivaria novamente os países a firmarem acordos que propiciassem um equilíbrio entre a produção e o consumo mundial. Assim, em 1931, foi assinado o Acordo de Chadbourn,[5] na qual o Brasil não foi signatário. Não obstante

---

[3] FURTADO, Celso. *Análise do "modelo" brasileiro*. Rio de Janeiro: Civilização brasileira, 1978, p. 22.

[4] Em vista da complexidade do assunto não abordaremos a crescente intervenção do Estado nos outros ramos da economia no Brasil ou em outros países. De qualquer forma, algumas referências desse trabalho foram encontradas em: MENDONÇA, Sonia Regina de. "Da República Velha ao Estado Novo" e "As bases do desenvolvimento capitalista dependente: da industrialização restringida a internacionalização". In: LINHARES, Maria Yedda (org.). *História geral do Brasil*. Rio de Janeiro: Campus, 1999, p. 237-273; PRADO JÚNIOR, Caio. *História Econômica do Brasil*. São Paulo, Brasiliense, 1994. SKIDMORE, Thomas. *Brasil*: de Getúlio a Castelo: 1930-1964. São Paulo: Paz e Terra, 2003. SZMRECSÁNYI, Tamás e GRANZIERA, Rui G. *Getúlio Vargas & a economia contemporânea*. Campinas: Ed. da Unicamp, São Paulo: Hucitec, 2004. SZMRECSÁNYI, Tamás e SUZIGAN(orgs.). *História econômica do Brasil Contemporâneo*. São Paulo, Hucitec, Associação Brasileira de Pesquisadores em História Econômica, Editora da Universidade de São Paulo/Imprensa Oficial, 2002, dentre outros.

[5] Segundo Soares, "o Acordo de Chadbourne, do qual Cuba e Java – então os maiores produtores de açúcar de cana para o mercado mundial – eram signatários. Embora não tenha produzido os resultados esperados, conseguiu iniciar um processo de limitação da produção e das exportações, que veio a se consolidar nos convênios posteriores. E chegou mesmo a reduzir o volume global de produção de açúcar entre 1930-31 e

o país não aderir ao Convênio, as políticas adotadas internamente seguiriam as mesmas diretrizes defendidas no Acordo. Um exemplo seria a defesa de equilibrar a produção e o consumo de açúcar pela limitação da produção e da exportação. Com o fim do acordo, foi realizada em 1937, a Conferência Açucareira Internacional, em Londres, que dessa vez, contaria com a participação do Brasil. Neste particular, Mont'Alegre esclarecia que:

> "O novo Acordo, concluído após um mês de negociações, tinha como objetivo primordial estabelecer e manter uma relação ordenada entre os movimentos de oferta e procura de açúcar no mercado mundial, estimulando particularmente a exportação dos produtos mais eficientes. Cuidava, porém, de resguardar a ação de novos entendimentos preferenciais, estabelecendo que qualquer convênio internacional para regulamentação da produção e distribuição devia ser igualmente equitativo tanto para os produtores quanto para consumidores".[6]

Em realidade, no âmbito interno, o Estado brasileiro recorreria a uma política de certa forma contraditória, pois apesar de defender medidas de caráter nacional, agiria abertamente de forma a privilegiar determinadas regiões. De forma mais explícita, o Estado tentou fortalecer um importante ponto de apoio do Governo Provisório, ou seja, os produtores de açúcar nordestinos, que estavam passando por um processo de declínio. As bases para a justificativa da intervenção seriam os próprios pedidos de "ajuda" dos produtores de açúcar, como podemos observar pelas palavras de um dos futuros presidentes do IAA, Gileno Dé Carli:[7]

1936-37. No Brasil, a crise açucareira internacional manifestou-se com grande intensidade, sem chegar, contudo, a adquirir a gravidade com que ocorreu em outros países canavieiros, como Cuba e Java, por exemplo, pelo fato da produção brasileira voltar-se basicamente para o mercado interno". SOARES, Alcides Ribeiro. *Um século de economia açucareira*: evolução da moderna agroindústria do açúcar em São Paulo, de 1877 a 1970. São Paulo, Cliper, 2000, p. 84.

6 MONT'ALEGRE, Omer. *Açúcar, economia caprichosa*. Rio de Janeiro: IAA, 1964, p. 10.
7 Gileno Dé Carli exerceu esse cargo entre dezembro de 1951 a agosto de 1954. OLIVEIRA, Hugo Paulo de. *Os presidentes do IAA*. Coleção Canavieira n. 19. Rio de Janeiro: IAA, 1975.

"Ante o clamor dos produtores, completamente perdidos sem uma intervenção do Governo, o Estado interveio para que se transformasse o problema do açúcar num problema nacional, se saneassem os mercados dos remanescentes das safras anteriores, acumulados, e para que se traçassem normas de regulamentação da produção, a fim de diminuir, dentro das possibilidades econômicas, a capacidade de produção das fábricas de açúcar".[8]

Por outro lado, essa conjuntura esteve diretamente relacionada às políticas adotadas pelo setor açucareiro na primeira fase do Governo Vargas. Mais ainda, faziam parte da ideologia dominante cunhada pelos "tenentes". No nível das transformações trazidas no bojo do Movimento de 1930, o problema nacional passou a ser visualizado fundamentalmente como uma questão de "segurança nacional". Em verdade, no caso específico da produção açucareira, pode-se afirmar que a intervenção no setor sucro-alcooleiro foi pautada e justificada ideologicamente da mesma maneira, ou seja, como uma questão de "segurança nacional". Aliás, nos discursos do próprio Presidente Getulio Vargas ficava explicita a defesa de que da unidade econômica da nação proviria a sua integridade social e política. Dessa forma, nada mais natural, que as questões econômicas fossem vistas, sobretudo, pelo seu aspecto político.[9]

Como se sabe, o açúcar brasileiro estava, nesse momento, quase que totalmente voltados para o mercado interno. Como consequência desse quadro, poderíamos classificar os estados em importadores e exportadores de açúcar. Nesse período, os estados exportadores permaneceriam os mesmos, portanto, eram representados por Pernambuco, Rio de Janeiro, Alagoas e Sergipe. Já os estados importadores abarcavam o estado de São Paulo, a Capital Federal[10], o Rio Grande do Sul, Minas Gerais e Paraná. Ora, através dessa classificação, percebe-se que os estados importadores eram aqueles que já possuíam economias industriais desenvolvidas. Contrariamente, os exportadores dependiam basicamente da venda de produtos primários. Gnaccarini argumenta que, "essa divisão nacional do trabalho foi que

---

8 Dé Carli, Gileno. *Aspectos de economia açucareira*. Rio de Janeiro: Editores Irmãos Pongetti, 1942, p. 155.

9 Gnaccarini, J. C. A. *Estado, ideologia e ação empresarial na agroindústria açucareira do Estado de São Paulo*. Tese de doutorado. São Paulo, FFLCH-USP, 1972, p. 52-54.

10 O Distrito Federal era também um grande reexportador de açúcar.

condicionou, ao longo do tempo, as relações entre os grupos proprietários nas economias açucareiras regionais, tanto a nível econômico como a nível político".[11]

Em decorrência dos péssimos preços do açúcar no mercado externo, as exportações realizadas para diminuir a crise de superprodução eram chamadas de "quotas de sacrifício". De fato, entre os anos de 1929-30 e 1934-35, o Nordeste açucareiro representou 63% da média da produção açucareira e o Sudeste, 37%. No entanto, dessa produção, Pernambuco enviou para os mercados externos uma média anual de 603.637 sacos ou 16,2%, e Alagoas, 147.525 sacos, ou 13,7%. Claramente, esses dados demonstram os prejuízos nordestinos, pois os seus estados abasteciam somente 59,2% do mercado interno, enquanto o Sudeste, já representava 40,8%.[12]

Concretamente, pode-se considerar que a importância da atividade açucareira do Nordeste para o Governo Vargas relacionou-se ao fato da produção de açúcar, além da produção cafeeira, representar o outro grande mercado consumidor e empregador de mão-de-obra.[13] E ainda mais, a produção açucareira nordestina possuía uma forte vinculação com as charqueadas sulinas. Sem dúvida, estruturou-se uma divisão de trabalho, na qual cada estado possuía um produto de exportação utilizado como a sua principal moeda de troca. No caso do Nordeste, o açúcar destacava-se claramente como a principal base da economia. Assim é que a continuidade desse *status quo* passaria a ser fundamental para os principais dirigentes do Primeiro Governo Vargas. Consequentemente, a

---

11 GNACCARINI. *Op. cit.*, p. 23-25.

12 DÉ CARLI, Gileno. *Aspectos de economia açucareira*. Rio de Janeiro: Editores Irmãos Pongetti, 1942, p. 60-61.

13 Para Szmrecsányi, "Os dias da multissecular indústria açucareira do Nordeste pareciam estar contados. Alguma coisa tinha que ser feita a fim de se evitar a sua bancarrota pelo menos parcial; e isto efetivamente ocorreu, graças à revolução política de 1930, a qual derrubou do poder o regime oligárquico da Primeira República, dominado pelos interesses agrários, comerciais e financeiros relacionados à economia exportadora de café. Os novos governantes postos no poder pela mencionada revolução adotaram prontamente uma série de programas intervencionistas, cuja principal intenção era de pelo menos garantir a sobrevivência da indústria açucareira nordestina". SZMRECSÁNYI, Tamás. 1914-1939: Crescimento e crise da agroindústria açucareira no Brasil. *Revista Brasileira de Ciências Sociais*, jun. 1988, p. 61.

importância da manutenção desse comércio interestadual foi exaustivamente apontada pelos idealizadores da política açucareira.[14]

Indubitavelmente, essas trocas comerciais entre as diversas regiões do país perpassavam necessariamente pelo crescimento contínuo e vertiginoso do Sudeste. Como quer que seja, esse quadro não se restringia à agroindústria açucareira. Nesse sentido, era quase um padrão na economia brasileira. Celso Furtado desenvolve tal ideia, ao chamar a atenção para o fato de que:

> "O fator dinâmico principal, nos anos que se seguem à crise, passa a ser, sem nenhuma dúvida, o mercado interno. A produção industrial que se destinava em sua totalidade ao mercado interno sofre durante a depressão uma queda de menos de 10%, e já em 1933 recupera o nível de 1929. A produção agrícola para o mercado interno supera com igual rapidez os efeitos da crise. É evidente que, mantendo-se elevado o nível de procura e representando-se uma maior parte dessa procura dentro do país, através do corte das importações, as atividades ligadas ao mercado interno puderam manter, na maioria dos casos, e em alguns aumentar, sua taxa de rentabilidade. Esse aumento da taxa de rentabilidade se fazia concomitantemente com a queda dos lucros no setor ligado ao mercado externo. Explica-se, portanto, a preocupação de desviar capitais para um outro setor. As atividades ligadas ao mercado interno não somente cresciam impulsionadas por seus maiores lucros, mas

---

14 Nesse caso Gnaccarini esclarece que no Governo Vargas "buscou-se, além disso, fortalecer o poder de compra, nos setores que empregavam grande contingente de mão-de-obra assalariada, e cujas relações internas de intercâmbio eram razoavelmente monetarizadas, como foi o caso, por exemplo, da defesa da economia açucareira do Nordeste, a sustentação pelo Estado das rendas dos fornecedores de cana (em Pernambuco, onde os refinadores eram numerosos, foi posta em prática já em inícios de 1932, pelo interventor Lima Cavalcanti), a defesa da indústria riograndense do charque e as amplas facilidades creditícias, oferecidas, pelo Estado, a atividades escolhidas, de acordo com essas estratégias". GNACCARINI. *Op. cit.*, p. 27 - 52.

ainda recebiam um novo impulso ao atrair capitais que se formavam ou desinvertiam no setor de exportação".[15]

Acredito, à vista de todo o exporto, que a política de defesa do açúcar e de outros produtos, como seria o caso do café, adotada entre os anos de 1930 a 1945, estruturou-se de forma a superar a crise econômica que abrangeu em sua totalidade, todos os ramos econômicos do país. Pina acrescenta que esse sistema de intervenção do Estado foi adotado seguindo a tendência mundial de "dividir com o Estado ou mesmo confiar-lhe atividades até então exercidas livremente pelas empresas".[16]

Com efeito, o Estado atuaria de forma a implantar soluções que debelassem a crise no setor açucareiro. Mas, nesse caso, a intervenção estatal pode ser implementada tão somente devido às próprias divergências entre usineiros, bangueseiros e fornecedores de cana. As suas desavenças eram os principais entraves para o estabelecimento das medidas tantas vezes apontadas nos inúmeros congressos açucareiros. Curiosamente, o Estado conseguiria estabelecer uma certa normalidade e controlar razoavelmente os problemas mais graves do setor, através de uma política que colocaria em prática as tão defendidas medidas nos períodos anteriormente estudados, ou seja, limitação da produção, formação de estoques reguladores como forma de minar a ação dos especuladores, e o incremento da indústria álcool-motora.

O ponto de partida para a compreensão da política intervencionista é o próprio agravamento da crise de superprodução, que já no primeiro ano do Governo Provisório seria exacerbada pelas grandes safras nas regiões produtoras como um todo. Fundamentalmente, a produção nordestina foi favorecida nesses anos pelo clima propício. Por outro lado, a região Sudeste teve um incremento muito grande da sua produção devido à renovação dos seus canaviais, com variedades de cana mais resistentes depois da praga do mosaico. Um exemplo ilustrativo foi o aumento da produção dos dois grandes produtores dessa região. Assim, o estado de São Paulo, que em 1925, produziu 155.348 sacos, e o estado do Rio de Janeiro, que alcançou 861.070 sacos, em 1929, alcançaram respectivamente, 1.113.417 sacos e 21.023.019.[17]

Em 1929-30, a produção brasileira foi de 10.804.034 sacos de açúcar de usina, o que representava um aumento de 2.803.627 sacos ou de 35% sobre a safra anterior, considerada superior à capacidade de absorção dos mercados consumidores. Ademais, releva notar

---

15 FURTADO, Celso. *Formação econômica do Brasil*. São Paulo: Companhia Editora Nacional, 1982, p. 198.

16 PINA, Hélio. *A agroindústria açucareira e sua legislação*. São Paulo: Apec, 1954, p. 20.

17 DÉ CARLI, Gileno. *História contemporânea do açúcar no Brasil*. Rio de Janeiro: Edição do Instituto do Açúcar e do Álcool, 1940, p. 7-14.

que esses anos foram caracterizados pela desorganização de todos os mercados devido à crise de 1929-30. Visto por outro ângulo, as oscilações e as quedas dos preços advinham da formação de grandes estoques de todos os produtos agrícolas e industriais. Soma-se a isso, uma diminuição dos salários e, consequentemente, a retração do consumo nesses anos. Em relação à produção açucareira, tal conjuntura ocasionaria grandes estoques de açúcar, pois o produto somente alcançava preços ínfimos, o que inviabilizava a sua própria comercialização.[18] Tal constatação pode ser observada na tabela 5:

TABELA 5 - PREÇOS DO AÇÚCAR NO MERCADO DO DISTRITO FEDERAL (1928-35)

Ano	Preço do saco de 60 kg
1928	64$900
1929	49$200
1930	28$200
1931	36$700
1932	37$700
1933	49$100
1934	50$900
1935	50$100

Fonte: DÉ CARLI, Gileno. *Aspectos de economia açucareira*. Rio de Janeiro: Editores Irmãos Pongetti, 1942, p. 24.

---

18 Dé Carli aponta que "No mercado do Distrito Federal os preços caíram de 76.$500 o saco de açúcar cristal, em março de 1929, para 72$000, 63$000, 51$500, 41$500, 36$500, 33$500 e 26$500 em outubro, demonstrando na verticalidade da queda, uma profunda perturbação econômica, evidenciada na depressão de 65% no valor do produto. Em 1930, a média geral obtida por saco de açúcar cristal nos mercados do Distrito Federal era de 28$166, o que representava 18$000, nos armazéns das usinas nortistas. Tal preço não compensava o custo da fabricação e o valor da matéria-prima". DÉ CARLI, Gileno. *Aspectos de economia açucareira*. Rio de Janeiro: Editores Irmãos Pongetti, 1942, p. 154-155 e DÉ CARLI, Gileno. *História contemporânea do açúcar no Brasil*. Rio de Janeiro: Edição do Instituto do Açúcar e do Álcool, 1940, p. 7-14.

Naturalmente, a primeira iniciativa para tentar elevar os preços, em 1930, foi a exportação de 1.407.602 sacos. No entanto, essa ação ainda seria insuficiente para normalizar os estoques oriundos da safra de 1929-39. Ora, nem mesmo a quebra da safra de 1930-31, que atingiu 2.547.881 sacos, conseguiu melhorar os preços, visto que as exportações alcançaram somente 184.936 sacos. No Distrito Federal, as cotações não passaram de 40$000 a 33$000 o saco de açúcar cristal. Dé Carli chegou a afirmar que, "era a falência da indústria, porque os preços nos centros de produção estavam abaixo de 20$000 o saco".[19] Nesse sentido, para o futuro presidente do Instituto do Açúcar e do Álcool, a intervenção do Estado na agroindústria açucareira foi uma decorrência desse contexto, uma vez que:

> "Ante o clamor dos produtores, completamente perdidos sem uma intervenção do governo, o Estado interveio para que se transformasse o problema do açúcar num problema nacional, se saneassem os mercados dos remanescentes das safras anteriores, acumulados, e para que se traçassem normas de regulamentação da produção, a fim de diminuir, dentro das possibilidades econômicas, a capacidade de produção das fábricas de açúcar."[20]

Pode-se considerar que a primeira medida intervencionista foi o Decreto n. 20.401, de 15 de setembro de 1931. Esse Decreto possui uma significação especial, em razão do Governo já assumir a impossibilidade de atender a todas as solicitações dos produtores de açúcar. Não obstante, através desse Decreto, o Estado justificaria a necessidade da sua intervenção. Assim, em um primeiro momento, a sua atuação limitar-se-ia a ações que majorassem os preços defasados do açúcar no mercado nacional, através de uma política de equilíbrio entre a produção e o consumo, como ficava claro no texto do próprio decreto:

> "que a situação mundial presente obriga os governos, cada vez mais, a modificar as causas da desorganização econômica, pela aplicação de uma economia logicamente organizada, o que obriga o Estado, em proveito dos interesses gerais a seguir

---

19 Dé Carli, Gileno. *Aspectos de economia açucareira*. Rio de Janeiro: Editores Irmãos Pongetti, 1942, p. 154-155.

20 *Idem, Ibidem.*

uma política de intervenção defensora do equilíbrio de todos os interesses em jogo".[21]

Mais efetivamente, iniciar-se-iam, nesse momento, as medidas preliminares de regulação do mercado através do depósito de 10% da produção. Percentual este que funcionaria como fator regulador em relação ao comportamento do mercado. Afora isso, teria o objetivo de limitar o crescimento indefinido da produção açucareira, pois o principal problema tanto para o Governo como para os produtores era o da superprodução. Não entanto, esse Decreto seria a expressão mais evidente da dificuldade de equacionamento dessa questão, uma vez que, como não tentou limitar à expansão da produção açucareira do Sudeste, não conseguiria o apoio dos produtores do Nordeste, que receavam perder também o mercado interno.

De qualquer modo, o Governo esperava conter a crise do setor açucareiro com a implantação de uma política que fundamentalmente apoiar-se-ia na formação de estoques reguladores e no uso do álcool-motor para conter a problema da superprodução. No caso específico da política de estoques reguladores, o Banco do Brasil deveria desempenhar a função de órgão regulador, capaz de controlar as oscilações dos preços, comprando açúcar quando para isso fosse necessário, financiando a sua retenção pelos usineiros, e eventualmente exportando-o a preços gravosos. Se os preços internos se elevassem em demasia deveria lançar seus estoques novamente no mercado interno. Entretanto, a política de formação de estoques reguladores acabaria se mostrando falha, principalmente no que tange a atuação do Banco do Brasil.[22]

Consequentemente, o Governo tentaria uma nova atuação, com a criação Comissão de Defesa da Produção do Açúcar, pelo decreto n. 20.761, de 1 de dezembro de 1931. A Comissão era composta por representantes do Ministério do Trabalho, Indústria e Comércio, do Ministério da Fazenda, do Banco do Brasil e de representantes de cada estado produtor de açúcar. Inicialmente, a CPDA deveria regular os preços do açúcar no mercado interno, através da sistematização da política de estoques reguladores. Para isso, foi criada a taxa de 3$000 por saco, para todo o açúcar de usina do país. Ademais, foram exportados em forma de "dumping", 674.315 sacos, em 1932. Nesse caso, Dé Carli argumentava que:

---

21 VELLOSO, Lycurgo. *Legislação açucareira e alcooleira (1931-1942)*. Vol. 1, Rio de Janeiro: IAA, 1942.

22 GUIMARÃES, Carlos Gabriel. *A indústria álcool-motora no Primeiro Governo Vargas (1920-1945)*. Dissertação de Mestrado. Niterói (RJ), ICHF/UFF, 1991, p.59.

"O problema palpitante, portanto, quando se iniciou a defesa do açúcar, foi o da superprodução, decorrente, entre nós, do subconsumo, pois que o coeficiente de consumo de açúcar de toda a população trabalhadora dos campos, principalmente no setentrião brasileiro, é quase nulo, em relação ao açúcar de usina, e praticamente ridículo em relação aos tipos baixos, como bruto, seco, melado, retame, ou rampa. No sertão, a rapadura vai entrar na dieta, como alimento complementar da carne seca e farinha de mandioca".[23]

Em 1931, seguindo essa mesma linha de atuação, foi criada a Comissão de Estudos sobre o Álcool-Motor.[24] No ano seguinte a criação dessas comissões, o decreto 22.152 estabeleceu, pela primeira vez, a limitação da produção por usinas e por estados. Além disso, dispôs sobre o estabelecimento de quotas individuais de produção de açúcar e destacou a produção alcooleira como a solução para os problemas do excesso da produção. Releva notar que esse decreto foi o primeiro a relacionar concomitantemente a produção açucareira e alcooleira.[25] Talvez devido ao seu próprio caráter inovador, as suas diretrizes não seriam postas em prática antes de quatro anos. Essa demora explicasse, em grande parte, pela intensa campanha promovida pelos usineiros paulistas, somada a ideologia do livre-cambismo, defendida pelos formuladores iniciais da política de defesa da produção açucareira.

Graças às oposições, a CPDA iniciaria a sua política com um plano de defesa da produção do açúcar que, fundamentalmente, adquiria os excedentes. Dessa forma, uma parte desse açúcar era exportada, apesar dos baixos preços do mercado internacionais, e a outra parte formava os estoques reguladores do mercado interno, que somente seriam disponibilizados quando os preços no Distrito Federal ultrapassassem 45$000 por saco de 60 quilos de açúcar cristal. Apesar dos frequentes problemas apontados na atuação

---

23 DÉ CARLI, Gileno. *Aspectos de economia açucareira*. Rio de Janeiro: Editores Irmãos Pongetti, 1942, p. 155-156.

24 A Comissão de Estudos sobre o Álcool-Motor, a CEAM, será trabalhada de forma mais detalhada na terceira parte desse capítulo.

25 Em vista da amplitude e a complexidade do papel do álcool-motor na política açucareira no Governo Vargas, trataremos da legislação e todos os assuntos concernentes ao álcool na terceira parte do capítulo.

da CPDA, os preços do açúcar tiveram uma ligeira alta, passando de 38$500 o saco em março de 1932, para 40$500 em junho.[26]

Leonardo Truda,[27] na transmissão da presidência do Instituto do Açúcar e do Álcool ao Sr. Andrade Queiroz,[28] em 1º de dezembro de 1937, apoiaria as quotas de exportação. Para ele, as quotas deveriam ser vistas como um benefício e não como um sacrifício, como eram então chamadas. Sob tal prisma, a CPDA adquiriu, na safra de 1931-32, em Pernambuco e Alagoas, 68.157 sacos de açúcar demerara a Rs. 27$000 e Rs. 25$500. Como nesse período, a cotação média do açúcar foi de Rs. 24$600, podemos calcular que a CPDA pagou a mais Rs. 2$400 e $900, respectivamente, por saco. Na mesma safra, foram adquiridos pela CPDA 468.280 sacos de açúcar cristal a Rs. 30$000 e a cotação média dos preços do açúcar em Recife e Alagoas foi de Rs. 27$000, pagando, assim, Rs. 3$000 a mais. De qualquer forma, essa política cumpriria o papel de "desafogar" o mercado e de melhorar as condições dos preços para os produtores.[29]

Dé Carli ressaltava que a principal dificuldade na intervenção estatal era o problema da equação na formação dos estoques. Para ele, o maior perigo era a recuperação excessiva, quando devido à diminuição da oferta de açúcar no mercado, os preços reagissem, pois era evidente que o país caracterizava-se por uma marcante tendência para a superprodução. Como já foi frisado ao longo desse trabalho, esse quadro seria agravado pela recuperação dos canaviais do Sudeste após a praga do mosaico. Além disso, o desenvolvimento da região era impulsionado pela sua própria localização, às portas dos grandes centros de consumo, o que propiciava maiores vantagens aos seus produtores de açúcar.

---

26 SZMRECSÁNYI, Tamás. *O planejamento da agroindústria canavieira do Brasil* (1930-1975). São Paulo: Hucitec; Campinas: Universidade Estadual de Campinas, 1979, p. 174-176.

27 Leonardo Truda foi o primeiro presidente do Instituto do Açúcar e do Álcool, ocupando o posto de março de 1933 a maio de 1937. OLIVEIRA. *Op. cit.*, p. XIII.

28 Alberto de Andrade Queiroz por sua vez ocuparia a presidência do IAA entre dezembro de 1937 e maio de 1938. *Idem, Ibidem.*

29 Um exemplo seria que somente a retirada dos excessos e a exportação de 750.964 sacos ocasionaram o aumento dos preços, que se elevaram nos dez primeiros meses da intervenção oficial, em 1932, a uma média de 38$500 por saco de açúcar cristal, na praça do Distrito Federal.Pronunciamento de Leonardo Truda na transmissão da direção do IAA à Andrade Queiroz in: *Brasil Açucareiro*, ano VI – vol. X, dezembro de 1937, n. 4, Rio de Janeiro, Instituto do Açúcar e do Álcool, 1937, p. 263-264 e DÉ CARLI, Gileno. *História contemporânea do açúcar no Brasil*. Rio de Janeiro: Edição do Instituto do Açúcar e do Álcool, 1940, p.14-15.

Claro está que, nesse caso, Dé Carli temia que esse quadro motivasse a mudança das fábricas do Nordeste para o Sul. Nesse sentido, tal fato poderia gerar um problema de ordem social e econômica para o Brasil.[30]

É sabido que no conjunto da sua obra, os planos da CPDA acabaram não tendo o resultado esperado. Apesar de conseguir aumentar relativamente o preço do açúcar no mercado interno, a Comissão não conseguiu conter o aumento da produção açucareira. A sua atuação seria prejudicada diretamente pela quebra do sigilo nos trabalhos da Comissão e suas seções estaduais, as perdas ocasionadas pelos erros na exportação das quotas de sacrifício, e a participação na direção da CPDA de usineiros que tinham seus principais interesses ligados ao comercio de açúcar, o que acabaria beneficiando os especuladores. Como consequência, a situação da produção açucareira pioraria ainda mais.[31] Essa ação negativa seria tão explícita que o próprio Gileno Dé Carli afirmava que essa política teve um efeito extremamente prejudicial para a produção nordestina:

> "Quando as safras se avolumam como reação aos imprevistos das secas, Pernambuco se sangra remetendo a baixos preços uma grande parte da sua produção para o estrangeiro, no que é somente acompanhado por Alagoas, que compartilha a sua sorte. [...] quando as safras baixam como consequência da perturbação climática, Pernambuco perde os seus mercados, porque o fenômeno econômico do deslocamento do centro de gravidade da produção, ora sutil, ora tenazmente, ameaça subverter a economia açucareira do Nordeste. [...] é visível que Pernambuco, longe de ter conservado o seu mercado nacional, está dia a dia perdendo-o".[32]

Nessa ordem de ideias, percebe-se que a ideologia predominante, durante os anos iniciais do Primeiro Governo Vargas, ou seja, de 1931 a 1933, atuou como uma versão livre-cambista, pela qual o Estado deveria apenas intervir para que as forças do mercado

---

30 DÉ CARLI, Gileno. *História contemporânea do açúcar no Brasil*. Rio de Janeiro: Edição do Instituto do Açúcar e do Álcool, 1940, p.14-15.

31 GNACCARINI. *Op. cit.*, p. 57.

32 DÉ CARLI, Gileno. *Aspectos de economia açucareira*. Rio de Janeiro: Editores Irmãos Pongetti, 1942, p. 150-151.

voltassem a agir regularmente e livremente. Explica-se, dessa forma, a importância dada à política dos estoques reguladores.

Gnaccarini conclui que esse esquema falhou em razão dos gravames da exportação a preços de dumping recaírem totalmente sobre os usineiros, deprimindo ainda mais as suas rendas; a inevitável acumulação de estoques nos primeiros meses das safras, viabilizando a continuidade das especulações; a permanência do controle do mercado por parte dos especuladores, o que retirava o poder de intervenção sobre as condições do mercado exercida pelo organismo controlador e passava esse poder às mãos dos especuladores, pois o Banco somente poderia intervir posteriormente; esses mecanismos acabarem beneficiando os usineiros paulistas, devido à proximidade dos mercados consumidores; e ao fato da Comissão intervir entre o término da safra nordestina e o início da paulista, na medida em que essa intervenção deveria ser feita no início da safra nordestina, pois esse momento coincide com o auge da safra no Centro-Sul.[33]

Ora, como a CPDA não conseguiu debelar a crise de superprodução, ao contrário, exacerbou-a devido aos preços estabilizados e a oposição dos produtores a política de limitação da produção, foi criado o Instituto do Açúcar e do Álcool, através do decreto n. 22.789, de 1 de junho de 1933. Neste particular, Fernando de Azevedo defende que a política intervencionista do Governo Vargas no setor açucareiro só se concretizaria com a criação do IAA, que foi instituído para:

> "atender às aspirações das próprias classes interessadas. [...] No jogo ou no mecanismo das tensões, isto é, das oposições inter grupais que tem por objetivo uma discordância existente no julgamento

---

[33] Gnaccarini defende que um dos principais problemas da CPDA foi as exportações a preços gravosos para o mercado externo. Além disso, essa política foi prejudicial aos produtores nordestinos, visto que: "as cotações dos açúcares nordestinos sempre foram inferiores à média nacional, em virtude das dificuldades de colocação nos mercados do Centro-Sul e devido à coincidência das safras do Nordeste e do Centro-Sul e devido à coincidência das safras do Nordeste e do Centro-Sul, ocorrerem justamente nos meses iniciais das safras nordestinas (setembro-dezembro). Teriam de recair, desta feita, como recaíram, os maiores sacrifícios sobre os usineiros de Pernambuco e Alagoas, os maiores produtores do Nordeste. Embora a Comissão de Defesa tivesse pago, nas safras de 1931-32 e 1932-33, às 'cotas de sacrifício', destinadas à exportação e provenientes de Alagoas e Pernambuco, preços acima das cotações vigentes no mercado, não realizaram estes usineiros nenhum lucro".GNACCARINI. *Op. cit.*, p. 56-58.

do Estado, entre as forças reais e as necessidades, de uma parte, e a situação jurídica existente, de outra, prevaleceram àquelas forças e necessidades que obrigaram o Estado, em 1931 e 1933, a encarar novamente o problema do açúcar, nas suas perspectivas históricas e a reexaminá-lo no seu estatuto jurídico que aprecia então como ultrapassado pela evolução das estruturas e pela transformação dos engenhos nas usinas. Impunha-se uma completa revisão na legislação anterior, com o fim de regular as relações entre lavradores e usineiros, e entre os produtores e os consumidores, no país. [...] Era como se vê, por uma política francamente intervencionista que enveredara o Estado, em 1933, para atender aos interesses de produtores, intermediários e consumidores, e sob a pressão de crises sucessivas, nacionais e mundiais, de superprodução do açúcar, com suas consequências de retraimento e mesmo colapso dos mercados, internos e estrangeiros".[34]

Segundo Carlos Gabriel Guimarães, a criação do IAA vinha de encontro a uma saída definitiva do Governo de tentar barrar a expansão do açúcar paulista, considerada como uma ameaça as já debilitadas regiões produtoras nordestina e fluminense. Dessa forma, o Governo viria "não apenas consolidar as normas da defesa do açúcar e do álcool até então adotadas, mas, sobretudo, dotar o sistema de intervenção estatal de elementos mais seguros para alcançar os seus objetivos".[35]

Não se pode desconsiderar que o anteprojeto do IAA já tinha sido divulgado para recebimento de emendas e de sugestões nos primeiros meses de 1933. Possuía inicialmente 28 artigos dos 33 da versão definitiva. Certo é que, para ser aceito pelos representantes dos produtores de açúcar, o anteprojeto teve que passar por várias mudanças. Szmrecsányi defende que esse texto era mais completo e coerente do que o projeto definitivo, principalmente em relação à questão da limitação da produção. Sem dúvida, a crítica mais forte recairia sobre o ponto que assinalava uma menor representação dos produtores nos

---

34 AZEVEDO, Fernando. *Canaviais e engenhos na vida política do Brasil*: ensaio sociológico sobre o elemento político na civilização do açúcar. Rio de Janeiro: Instituto do Açúcar e do Álcool, 1948, p. 204-206.

35 GUIMARÃES. *Op. cit.*, p. 67.

órgãos decisórios da política açucareira, o que, consequentemente, significaria um maior controle governamental sobre a agroindústria canavieira como um todo.[36]

À vista disso, o IAA teria o seu estatuto aprovado somente em julho de 1933, depois das várias mudanças realizadas no seu anteprojeto. As principais oposições vieram dos usineiros fluminenses, dos usineiros e bangueseiros alagoanos e dos usineiros Pernambucanos. A questão principal dessas críticas perpassava pela possibilidade do governo intervir na agroindústria açucareira como um todo, particularmente os aspectos relacionados à limitação da produção.[37]

Não obstante à rejeição dos produtores de açúcar, a nova autarquia estruturou as suas principais diretrizes através de levantamento de dados que permitissem por em prática a política de limitação da produção das usinas e engenhos. Ao mesmo tempo, acenava com o incremento da produção alcooleira como a solução para a crise de superprodução e da própria política de limitação, visto que os excessos seriam redirecionados para a fabricação do álcool. Como escreve Gnaccarini, o Instituto foi criado:

> "por inspiração corporativista, como uma organização dos corpos funcionais do setor açucareiro da economia. Encarregado de estudar os problemas de ajustamento entre os grupos funcionais, ele encaminharia ao chefe do Governo as soluções que o consenso estabelecesse; com atribuições do Governo, ele executaria, sob a vigilância do chefe do Governo, a política de coordenar os corpos funcionais nele incorporados; tendo atribuições legisferantes, a corporação, pelo consenso de seus oriundos dos corpos funcionais, regulamentaria a lei; com funções judicantes e dirimiria em primeira instância os conflitos entre os corpos funcionais em todas as esferas, e não meramente as questões administrativas".[38]

Apesar das objeções dos produtores à política de limitação, eles próprios reconheceriam essa como uma medida necessária. A principal questão colocar-se-ia, desse modo, em torno das quotas de produção dos estados e das usinas, regularizada pelo

---

36 SZMRECSÁNYI. *Op. cit.*, p. 178-179.
37 GUIMARÃES. *Op. cit.*, p. 69.
38 GNACCARINI. *Op. cit.*, p. 228.

art. 8, do decreto n. 22.789. Logicamente, este artigo foi rejeitado pela maior parte dos produtores, não conseguindo, assim, ser aplicado imediatamente. No decreto n. 22.769, esses critérios foram estabelecidos pelo artigo 28, que teria como base a capacidade do maquinário das usinas e a área das lavouras, sendo, nesse caso, apenas direito do IAA diminuir o limite, dependendo das necessidades do mercado. Outro item importante, apresentado no artigo 8º, foi a proibição da montagem de novas usinas, engenhos, banguês em todo o território nacional, sem prévia consulta ao Instituto e sem aprovação por parte deste dos planos de instalação.[39]

Gileno Dé Carli esclarecia que a limitação foi feita de modo a proporcionar uma margem ampla à produção açucareira, pois o IAA estabeleceu um limite de 11.925.690 sacos, tendo sido a safra de 1935-1936 de 11.807.190 sacos. Dessa forma, para ele, a limitação no Brasil teve mais um caráter de "fixação de um nível determinado de produção".[40] Mais ainda, essa política seria de fundamental importância para a produção de açúcar nordestina:

> "É um fato consumado e aceito, que perigará a defesa do açúcar, se as exportações, consequentes do aumento de produção, ultrapassarem as possibilidades financeiras do IAA. A limitação, pois, para o Brasil é necessária, e para o Norte, uma medida salvadora. E a obra que o Instituto do Açúcar e do álcool tem de processar nesse setor, será a maior garantia da indústria do açúcar. Mas, sendo o caso brasileiro, completamente diferente do que ocorre em outros países açucareiros, e dada a excepcional oportunidade de vermos quase resolvido, dentro da nossa realidade, o nosso mais palpitante problema, temos que atentar que não poderemos jamais limitar a área de cultura".[41]

---

39 SZMRECSÁNYI. *Op. cit.*, p. 183-185.

40 Dé Carli aponta que de "acordo com a autorização outorgada por lei ao IAA, para fixação das quotas de limitação, a sua comissão executiva, pela Resolução de 20-3-934, deliberou que nenhuma usina teria limite inferior à media quinquenal, de 1929/30 a 1933/34, e que, quando a capacidade das moendas fosse superior à média quinquenal, o limite seria beneficiado até 20%".DÉ CARLI, Gileno. *Aspectos de economia açucareira*. Rio de Janeiro: Editores Irmãos Pongetti, 1942, p. 25-71.

41 *Idem, Ibidem*, p. 45-46.

Não se pode deixar de aludir, nesse contexto, que uma das principais vantagens do IAA, em relação aos outros órgãos até então criados, era o seu sistema administrativo. O instituto desenvolveu ao longo de sua história novas formas de atuação e, para isso, complementou os seus quadros através da criação de seções específicas. Assim, a administração do IAA seria uma incumbência da Comissão Executiva, formada por um delegado do Ministério da Agricultura, por um do Ministério do Trabalho, Indústria e Comércio, e por um representante de cada estado cuja produção de açúcar de usina fosse superior a 200 mil sacos de 60 kg.

Porventura, uma das seções mais importantes para a definição das políticas postas em prática pelo IAA, era a Seção da Contadoria, subdividida em Serviços de Fiscalização e de Estatística. A atuação desses dois serviços abrangia todos os fabricantes de açúcar, aguardente e álcool, bem como as empresas importadoras e distribuidoras de carburante.[42]

O Serviço de Fiscalização seria responsabilizado inicialmente por arrecadar a Taxa de Defesa, pois não haviam sido fixadas ainda as quotas de produção das usinas. O seu papel fiscalizador, assim, só teria início na safra 1935-36, indo até meados da década de 1940, quando a produção de açúcar teve que ser liberada pelo IAA, devido aos problemas de comunicação entre os estados produtores e consumidores, ocasionados pela Segunda Guerra. Para facilitar a fiscalização, os estados foram separados em zonas fiscais com determinado número de municípios e de fábricas. Dessa forma, os fiscais deveriam visitar periodicamente as fábricas que estavam sob a sua respectiva jurisdição e averiguar as informações respectivas ao limite da fábrica, a estimativa inicial da safra, a produção efetiva da fábrica, as saídas, os estoques, a área cortada nos canaviais, o rendimento industrial, o controle da produção e de arrecadação das taxas de defesa.[43]

Outra importante Seção foi a de Estatística, que era dividida em quatro partes: o Serviço de Estatística Cadastral, como o próprio nome já esclarece, e que, inicialmente, cadastraria todos os produtores de açúcar do país. Como a inscrição era obrigatória essa tarefa seria facilitada. Além disso, esse cadastro deveria ser sempre atualizado e conter algumas informações essenciais para o controle do instituto, como as transferências de controle e propriedade, os pedidos de baixa, as mudanças de jurisdição, dentro outras. Já o Serviço de Estatística Industrial controlaria a produção do açúcar de usina, do álcool, da aguardente, e do álcool-motor. Para isso, deveria manter dados sobre o rendimento de cada fábrica, o número de dias de safra, a tonelagem de cana moída etc., ou seja, dados que facilitassem a direção do IAA acompanhar o desenvolvimento de cada safra. O

---

42 SZMRECSÁNYI. *Op. cit.*, p. 189 e GUIMARÃES. *Op. cit.*, p. 78.

43 SZMRECSÁNYI. *Op. cit.*, p. 224-227.

Serviço de Estatística Comercial controlaria os dados sobre a comercialização do álcool e do açúcar nas diversas praças do país e as informações sobre as exportações de açúcar. Por último, o Serviço de Divulgação era responsável pelos boletins estatísticos mensais e anuais e pelo Anuário Açucareiro do Instituto.[44]

O IAA contava também com uma Seção de Estudos Econômicos. A sua principal atuação era elaborar planos e medidas de política econômica para o desenvolvimento do setor sucro-alcooleiro. Além disso, essa Seção realizava a elaboração dos estudos preliminares e de avaliação dos Planos de Safra, com o enfoque das questões relativas a preços, distribuição, consumo, quotas de produção e produção efetiva; a manutenção de um inquérito permanente sobre os custos de produção da cana, do açúcar, do álcool, e da refinação do açúcar; a realização de estudos periódicos sobre o desenvolvimento da produção, do consumo, da distribuição, e dos preços dos vários produtos da agroindústria canavieira, com base nos dados fornecidos pela seção de estatística; a realização periódica de estudos sobre a evolução da economia açucareira internacional; a confecção das tabelas de pagamento, a fim de orientar as relações comerciais entre os usineiros e seus fornecedores; a manutenção de um cadastro do maquinismo das usinas, com base em tombamentos periódicos, através da qual se verificava a capacidade instalada de cada uma, a fim de fornecer os elementos necessários ao reajustamento das suas respectivas cotas de produção, e para poder auferir, sempre que necessário, a capacidade global de produção da agroindústria canavieira e o grau de utilização.[45]

Apesar das dificuldades no seu primeiro ano de funcionamento, o IAA já colocaria algumas medidas em prática, referentes à comercialização da safra 1933-1934, na qual se estimava um excesso de 600 mil sacos de açúcar. Para isso, tornou obrigatório o registro das fábricas de açúcar, álcool e aguardente. Assim, seguindo a nova política de contingenciamento, a safra de 1934-1935 poderia alcançar 11,8 milhões de sacos. Ora, ao analisarmos as divisões das quotas, percebemos que o estado de Pernambuco foi beneficiado, visto que lhe caberia 37,6% da produção açucareira nacional. Os outros estados teriam direito a taxas bem menores, como forma de barrar o aumento da sua produção. Dessa forma, a São Paulo caberia 17,4%, ao Rio de Janeiro 16,9%,

---

44 Outra seção seria a do Álcool-motor, que será trabalhada de forma mais detalhada na terceira parte do capítulo.

45 Dentro desse quadro administrativo do IAA, somente destacamos as seções mais importantes e as organizadas até 1941. Para uma visão mais detalhada ver: SZMRECSÁNYI. *Op. cit.*, p. 228-229.

Alagoas 11%, Sergipe 6,1%, Bahia 5,8%, Minas Gerais 2,9% e Paraíba 0,4%, Pará, Maranhão, Ceará e Rio Grande do Norte com somente 0,4%.[46]

Pina relacionou essa política com uma tentativa de manutenção das características açucareiras presentes em uma divisão de trabalho secular entre os estados brasileiros. Naturalmente, o autor defenderia essa política como necessário, na medida em que:

> "O resguardo da unidade econômica preocuparia os dirigentes, dirigindo-se para o Nordeste as medidas de proteção, o que se explicava pelo fato de socorrer a sua principal indústria e afastar uma crise que repercutiria no parque industrial do Sul. O interesse se orientava no sentido de manter ou mesmo de aumentar o nível desse mútuo suprimento. A garantia do preço do açúcar, a par das demais medidas adotadas, tranquilizaria o setor, desde que o Sul se constituía, então, em mercado consumidor do produto nordestino".[47]

Embora o Nordeste possuísse uma quota de produção maior para as suas usinas, os seus estados sofriam uma certa desvantagem, uma vez que, obrigatoriamente, deveriam exportar seus excessos de produção quase sempre a preços baixos. É preciso que se frise que as exportações a preços gravosos, como forma de equilibrar o mercado interno, era uma prática comum de minorar os efeitos da crise de superprodução e, nesse caso, o Instituto não agiu diferentemente dos seus predecessores. Aliás, ainda no seu primeiro ano de atuação, o IAA determinou que o excesso de açúcar fosse exportado, sendo esse sob a forma de açúcar demerara, proveniente dos produtores de Pernambuco e Alagoas. Em realidade, os produtores nordestinos novamente arcariam sozinhos com os prejuízos das quotas de sacrifício. A manutenção dessa política, aplicada desde o período da CPDA, favoreceria enormemente os produtores

---

46 Nesse caso, é interessante notar que 37,2% do total da produção foram atribuídos aos três Estados do Centro-Sul, cabendo os restantes 62,8% à região Norte/Nordeste. Além disso, somente a quota do Estado de Pernambuco era maior do que a atribuída aos três Estados do Centro-Sul. SANTOS, Magda Carmo dos. *O álcool-motor no Brasil e a sua relação com a produção açucareira* (1903-1954). Dissertação de Mestrado. São Paulo, FFLCH/USP, 1997, p. 3 e SZMRECSÁNYI. *Op. cit.*, p. 193-194.

47 PINA. *Op. cit.*, p. 22.

de açúcar do Centro-Sul. Aliás, os principais beneficiados eram os paulistas, uma vez que esse estado beneficiava-se dos aumentos dos preços do açúcar no mercado interno, sem contribuir em nada para isso.[48]

Dando continuidade a sua atuação e visando um maior controle da produção pelo IAA, o decreto n. 23.664, de 29 de dezembro de 1933, tornou obrigatório o registro de todas as fábricas de açúcar, álcool e aguardente, disciplinou a circulação do açúcar em todo o território nacional e regulamentou o fomento do consumo de álcool carburante e das suas misturas. No ano seguinte, como a produção dos pequenos engenhos e banguês alcançou 40% da produção do açúcar consumido no mercado interno, o IAA promulgou o Decreto n. 24.749, de 14 de julho de 1934, que passou a controlar também a produção desses pequenos produtores de açúcar bruto, limitando-lhes a produção e impondo-lhes uma taxa de $300 sobre cada porção produzida de 60 quilos de rapadura ou de açúcar mascavo. Essa taxa, no entanto, tinha mais o papel de controle, pois a partir desse decreto todas as fábricas de açúcar deveriam ser cadastradas no IAA, para não serem consideradas clandestinas. Ademais, retificou-se novamente a proibição de instalação de novas usinas e engenhos e a transferência de fábricas de açúcar de um estado para outro, sem prévia aprovação por parte da Autarquia.[49]

Ao analisarmos esses decretos, percebemos que apesar do Instituto conseguir impor o princípio da limitação em si, ele teria maiores problemas para fixar as cotas de produção. Os decretos que regulamentariam os critérios do sistema de cotas tiveram que passar por algumas modificações. Na teoria, as propostas do IAA e dos produtores abarcavam desde a capacidade atual das fábricas ao critério da média da produção no quinquênio anterior. Nesse caso, é sintomático que as primeiras cotas foram fixadas em 1934 e, ainda mais, tiveram que ser ampliadas no ano seguinte. Todavia, a sua ação seria limitada, já que os estados burlavam a cota estipulada através da produção extra-limite. Dé Carli explicava que o critério da liberação de açúcar em função dos excessos e não do limite das usinas justificava-se porque beneficiava as usinas que tendo pequenos limites, logravam uma maior percentagem no rateio.[50]

Truda observaria que o Instituto ainda teria problemas para equilibrar a produção da safra de 1934-35. Nesse ano, a quota de sacrifício enviada para o exterior atingiu quase um milhão de sacos. Essa situação perduraria na safra seguinte, sendo necessária a retirada por parte do

---

48 SZMRECSÁNYI. *Op. cit.*, p. 191-192.
49 *Idem, Ibidem*, p. 191-94.
50 WANDERLEY, Maria de Nazareth Baudel. *Capital e propriedade fundiária*. Rio de Janeiro: Paz e Terra, 1979, p. 59-61 e Dé Carli, Gileno. *História contemporânea do açúcar no Brasil*. Rio de Janeiro: Edição do Instituto do Açúcar e do Álcool, 1940, p. 60-61.

Instituto quase 1.800.000 sacos de açúcar. Já na safra de 1936-37, devido à seca que atingiu o Norte, não foi preciso realizar nenhuma cota de sacrifício. A queda na produção nordestina ainda permitiria a liberação dos excessos de produção dos estados do Rio de Janeiro, Minas Gerais e São Paulo. É perceptível, no entanto, que esse ano-safra foi uma exceção, até porque a queda na produção seria provocada por fatores climáticos, o que indubitavelmente, significaria novo aumento nos anos com o clima mais propício. Na visão de Truda, esses dados demonstram que, a permanência de todo esse açúcar no mercado levaria fatalmente a derrocada dos produtores de Pernambuco e Alagoas. Nesse sentido, as quotas de sacrifício deveriam ser consideradas mais como "quotas de equilíbrio" do mercado interno.[51]

Como já foi dito, a exportação de açúcar no Brasil apresentava-se há muitos anos somente como um fator de equilíbrio estatístico interno, ou seja, justificava-se o nome adotado pelos produtores: quota de sacrifício. O açúcar já não tinha nenhuma importância no rendimento econômico das exportações, chegando em 1936 a ocupar o último lugar dos sete principais produtos exportados, como podemos ver através dos dados apresentados na tabela 6:

Tabela 6 - Principais produtos de exportação do Brasil (1936)

Produto	Total das exportações
Café	2.231.437:000$000
Algodão	930.281:000$000
Cacau	258.015:000$000
Borracha	68.015:000$000
Fumo	66.591:000$000
Mate	64.074:000$000
Açúcar	43.724:000$000

Fonte: DÉ CARLI, Gileno. "Geografia econômica e social da cana de açúcar no Brasil". *Brasil Açucareiro*, ano V, vol. X, set. 1937, p. 139.

---

51 TRUDA, Leonardo. *A defesa da produção açucareira*. Rio de Janeiro: IAA/Divisão Administrativa/Serviço de Documentação, 1971, p. 264-266.

No entanto, deve-se considerar que o açúcar possuía um alto valor no mercado interno. No quinquênio 1931-35, a sua comercialização alcançou 576.280:000$000, cifra somente superada pelo café e pelo algodão. Em relação a essa questão, Dé Carli observaria que:

> "É, portanto o açúcar um elemento de valor na economia brasileira, porém um produto que tendo deixado de influir nas trocas internacionais, não canalizando ouro; perdeu a influência preponderante nos destinos econômicos e políticos do país. A economia brasileira que vivia antigamente dos valores de exportação do açúcar, depois do deslocamento do eixo econômico para o Sul, vive quase dos valores do café. É uma fatalidade que não diminui o Nordeste, mas que o põe na dura realidade de inferioridade econômica. Faltou ao Nordeste a revolução técnica, em todos os setores de sua atividade açucareira".[52]

Analisando os dados fornecidos pelo IAA para o período, percebemos que a dificuldade de implantação da política de limitação relacionava-se ao elevado número de fábricas de açúcar, nos seus diversos tamanhos e desenvolvimento tecnológico. Assim, já existiam, na safra de 1936-37, 302 usinas de açúcar. Dessas, 61 localizavam-se em Pernambuco, 22 em Alagoas, 76 em Sergipe, 34 em São Paulo e, assim, sucessivamente. Além disso, a capacidade total diária das usinas já atingia 99.415 ton. Nesse caso, Pernambuco representava uma capacidade diária de 32.597ton., Alagoas 9.479 ton., o estado do Rio de Janeiro 14.856 ton. e São Paulo 14.311 ton. Dentre os três maiores estados produtores, isto é, Pernambuco, Rio de Janeiro e São Paulo, somente o segundo não atingiu a um milhão de sacos, em qualquer dos meses do ano de 1937.[53]

Dé Carli defenderia que um dos pontos falhos da legislação açucareira eram as questões relativas aos preços. De modo mais específico, essa problemática relacionava-se com as

---

52 DÉ CARLI, Gileno. "Geografia econômica e social da canna de açúcar no Brasil". In: *Brasil Açucareiro*, ano V, vol. X, set.1937, p. 139.

53 Quanto à média do rendimento industrial, a maior foi a do Estado de São Paulo, com 9,5%, em seguida Alagoas com 9%, Estado do Rio com 8,9% e Pernambuco com 8,7%. O maior comprador de açúcar, em 1937, foi o Distrito Federal, com 2.237.644 sacos, depois São Paulo com 1.673.227. DÉ CARLI, Gileno. *Aspectos de economia açucareira*. Rio de Janeiro: Editores Irmãos Pongetti, 1942, p. 139-140.

especulações e as variações de preços nos diferentes estados, já que a legislação só controlava os preços no Distrito Federal. Segundo ele, tal fato deveria ser rapidamente corrigido, porque "nunca é a produção que lucra. É o intermediário atuando quer no centro de produção, quer longe dele, fazendo recalcar os preços, pela abstenção das ofertas".[54]

A partir do Estado Novo, o IAA ganharia mais força para aplicar de forma mais eficaz a limitação da produção açucareira, em razão do próprio fortalecimento do poder governamental. A questão do açúcar tornava-se, nesse momento, um problema nacional, e a ideia da intervenção estatal consolidou-se de forma plena na ideologia dominante. À vista disso, o primeiro plano do Instituto posto em prática, após 1937, foi controlar, regularizar e limitar a produção de açúcar bruto, descrito quase sempre como uma ameaça a toda a política que pretendesse debelar a crise de superprodução do setor açucareiro. O IAA também assumiria a responsabilidade pela montagem e operação de refinarias, que realizariam o beneficiamento final do açúcar destinado ao mercado interno. Essa política se tornaria mais eficaz ainda, a partir de 1939, com o surgimento dos Planos de Safra, que estipulavam anualmente as cotas de açúcar para cada usina ou engenho do país.[55]

É nessa perspectiva de fortalecimento da intervenção da atuação do instituto que, em 4 de dezembro de 1939, através do decreto-lei n. 1.831, foram modificados vários dispositivos. Destaca-se, dentre esses, o estabelecimento de taxas para o açúcar de engenho e a produção de rapadura. Ademais, esse decreto manteve a proibição de instalação de novas fábricas, estabeleceu normas para vendas de maquinaria, para o cancelamento da inscrição, além de disciplinar as atividades das refinarias. De qualquer forma, o seu principal ponto encontra-se nas providências de ordem fiscal, atinentes à produção e circulação do açúcar. Pina chama a atenção para o fato que:

> "As penalidades ali estatuídas, a documentação fiscal criada, a previsão para a requisição, constituíram-se em evidente demonstração de que o sistema passaria a dispor de força punitiva, ensejando uma delas motivo para polêmicas, pois a apreensão prevista no artigo 60 importa em perda de mercadoria. O legislador ainda se ateve à parte da escrituração fiscal e comercial, e no conjunto, passou a autarquia a dispor de fartos elementos para controlar a indústria".[56]

---

54 *Idem, Ibidem*, p. 141-142.
55 Santos. *Op. cit.*, p. 49-50 e Szmrecsányi. *Op. cit.*, p. 196-198.
56 Pina. *Op. cit.*, p. 31.

Nesse mesmo ano, o IAA começou a controlar as transações de compra e venda de equipamentos novos e usados destinados à produção de açúcar. Afora isso, definiu que todas as unidades de produção não cadastradas seriam consideradas clandestinas podendo ter o maquinário apreendido. Para melhorar o seu sistema de fiscalização, estipulou que os produtores não podiam mais estocar ou vender açúcar a granel e que toda a produção tinha que estar acondicionada em sacos de sessenta quilos. Mais ainda, o IAA começaria a monopolizar a exportação de açúcar. Dando continuidade a política de acabar com as especulações, o instituto proibiria a aquisição de açúcar cristal, para refino, por parte das refinarias anexas às usinas do Centro-Sul. Nesse sentido, o principal objetivo, com a centralização do refino, era facilitar o controle. A lei também estabeleceu um preço máximo, a ser pago pelos consumidores, e uma margem de 10% de lucro aos refinadores.[57]

Assumindo definitivamente essa nova política de atuação mais ampla no setor sucroalcooleiro, a Autarquia, no ano de 1939, promulgou uma série de importantes decretos-lei. Dentre eles, destacam-se os decretos que legalizaram os Planos de Defesa da Safra, ou Planos de Safra, cujo primeiro foi aprovado pela Resolução n. 009/39, de 29 de junho de 1939. Igualmente importante foi o decreto-lei n. 1546, de 29 de agosto de 1939, que autorizou a montagem de novas usinas e engenhos nos estados cuja produção fosse inferior a 100 mil sacos anuais e, que, na época já tivessem canaviais sem possibilidades de escoamento alternativo. Nessa mesma diretriz foi promulgado o decreto-lei n. 1669, de 11 de outubro de 1939, que legislava sobre o aumento das quotas de produção das usinas de açúcar. Nesse sentido, o decreto-lei n. 1831, de 4 de dezembro de 1939, consolidaria todos as normas dos decretos anteriores.[58]

Releva notar, nesse quadro, que em 1939, o Brasil já possuía 54.495 fábricas de açúcar, dentre as quais 321 eram usinas de maior porte, que contavam com técnicas modernas de produção e produziam quase a totalidade do açúcar brasileiro; 316 eram engenhos turbinadores, chamados assim porque já dispunham de algum equipamento moderno, as turbinas, podendo mais tarde alcançar a posição de usinas. O restante desse total, ou

---

57 Santos. *Op. cit.*, p. 50 e Gnaccarini. *Op. cit.*, p. 77.

58 Szmrecsányi observa que a limitação da produção açucareira foi oficialmente instituída pelo instituto em março de 1934, mas devido às oposições dos produtores, somente foi posta em prática cinco anos depois, com a promulgação do decreto-lei n. 1130, de 02/03/1939, pelo qual foram fixadas as quotas de produção das usinas e engenhos de todo o país. A partir desse decreto, o IAA pode passou a formular anualmente os seus Planos de Safra para o açúcar, colocados em vigor através de Resoluções de sua Comissão Executiva. Szmrecsányi. *Op. cit.*, p. 196-337.

seja, 53.858, eram banguês, na qual poderíamos acrescentar 8.514 destilarias de aguardente, com as mesmas características.[59]

Todas essas fábricas conjuntamente produziram na safra de 1939-40, 19.631.952 sacos de 60 quilos, alcançando o valor de 730.947 contos de réis. Assim, a produção de açúcar de usina somou 14.406.239 sacos de 60 quilos ou 78,4% e a produção de engenhos, 5.225.713 ou 26,6%.[60]

Os três primeiros Planos de Defesa realizados para as safras de 1939-40, 1940-41 e 1941-42 foram feitos seguindo os mesmos pressupostos defendidos anteriormente pelo IAA. Dentre eles destaca-se a questão da necessidade de intervenção estatal no subsetor, limitando a sua produção, como forma de equilibrar o consumo e a produção. Esperava-se, dessa forma, controlar a crise de superprodução e as oscilações nos preços do açúcar no mercado interno, no sentido de que, "esses preços deveriam ser suficientemente elevados para garantir rentabilidade ao subsetor, e suficientemente baixos para não desestimular a expansão do consumo de açúcar no país".[61]

No que se refere à tendência de migração da indústria açucareira, o instituto ligaria as cotas de açúcar, através do decreto-lei n. 1831, a sua localização geográfica. Consequentemente, no caso de fechamento de uma usina, a sua quota só poderia ser redistribuída entre às fábricas situadas na mesma área municipal ou, no máximo, na estadual.[62]

Essa política relacionou-se diretamente aos problemas enfrentados pelos estados do Nordeste e do Rio de Janeiro. Tal situação era decorrente desses estados não contarem com um mercado à porta, como o caso dos paulistas. Além disso, não estavam ligados a fortes grupos capitalistas, o que dificultava a obtenção de empréstimos, e, ao mesmo tempo, não tinham uma posição privilegiada junto à refinação e ao comércio atacadista. Os produtores paulistas ainda tinham uma melhor infraestrutura na parte de transporte, seguro e cobertura bancária. Entende-se, nesse caso, a importância dada pelo IAA

---

59 SZMRECSÁNYI, Tomás. "1914-1939: Crescimento e crise da agroindústria açucareira no Brasil". In: *Revista Brasileira de Ciências Sociais*, jun. 1988, p. 50-51.

60 Relatório apresentado ao Presidente dos Estados Unidos do Brasil, Excelentíssimo Senhor Doutor Getúlio Vargas pelo Ministro de Estado dos Negócios da Agricultura Fernando Costa, 1941, vol. I. Serviço de Informação Agrícola. Ministério da Agricultura. Rio de Janeiro: 1941, p. 22.

61 SZMRECSÁNYI, Tomás. *O planejamento da Agroindústria canavieira do Brasil* (1930-1975). São Paulo: Hucitec, Ed. Unicamp, 1979, p. 334-337.

62 GNACCARINI. *Op. cit.*, p. 75-76.

em salvaguardar o mercado paulista para o açúcar nordestino e fluminense, pois, esses estados perdiam gradativamente a sua capacidade de concorrência.[63]

Releva notar nesse período, que muitas das medidas adotadas foram influenciadas pela conjuntura decorrente da Segunda Guerra Mundial, uma vez que o comércio internacional foi prejudicado pelas dificuldades impostas às comunicações entre os países. Consequentemente, nessa fase, observa-se um maior esforço de aparelhamento da indústria do álcool anidro. Nesse caso, além de substitutivo da gasolina importada, o álcool minimizou a necessidade de limitação da produção açucareira, beneficiando principalmente aos paulistas.

Ora, nesse contexto, a exportação era prejudicada pela ocupação territorial pela Alemanha, o racionamento de açúcar pela Grã-Bretanha e Estados Unidos, os riscos causados pelo ataque de submarinos no transporte marítimo de longo curso, e pela distante geograficamente dos mercados. Dessa forma, diferentemente da Primeira Guerra, os produtores de açúcar não conseguiram nenhuma vantagem no mercado externo.[64]

Outro grave empecilho seria a dificuldade de realizar o transporte de cabotagem, pois esse era o principal meio de transporte dos açúcares nordestinos para os mercados do Centro-Sul. Aliás, tal fato pressionaria o IAA a liberar as quotas do Sudeste. Tal quadro auxiliaria a transferência progressiva do eixo da agroindústria canavieira da região Nordeste para o Centro-Sul. Ademais, o país passaria por dificuldades para importar petróleo e seus derivados, óleo-diesel, gasolina e lubrificante. Assim, a indústria alcooleira passou a ser considerada como uma produção estratégica para o país.[65]

Szmrecsányi postula que toda a legislação açucareira desenvolvida pelo IAA, na década de 1930, contribuiu definitivamente para a estabilização dos preços ao igualar a produção ao consumo interno. Além disso, o instituto conseguiu garantir preços mais equilibrados em relação aos gastos dos produtores. Nesse sentido, "Dentro de poucos anos, a intervenção do Estado na indústria açucareira foi capaz de normalizar inteiramente sua situação, ao menos a nível das usinas".[66]

---

63 *Idem, Ibidem*, p. 76-77.

64 Tal fato pode ser verificado nos dados sobre as exportações brasileiras no período, já que as exportações brasileiras de açúcar alcançaram somente 3.636,8 sacos no quinquênio 1940-44, contra 3.774,3 mil sacos no quinquênio 1935-1939. Szmrecsányi. *Op. cit.*, p. 202-203.

65 Essa mudança embora só tenha se completado na década de 1950, já começava a se delinear nesse período. Guimarães. *Op. cit.*, p. 106-107 e Szmrecsányi. *Op. cit.*, p. 204-205.

66 Szmrecsányi, Tomás. 1914-1939: Crescimento e crise da agroindústria açucareira no Brasil. *Revista Brasileira de Ciências Sociais*, jun., 1988, p. 63.

No entanto, a bem sucedida política de limitação do IAA exacerbou um velho problema da economia açucareira brasileira. A estabilidade dos preços transformaria a lavoura canavieira em um ótimo negócio, o que incentivou os usineiros a aumentar o processo das suas plantações próprias e à rejeição cada vez maior dos fornecedores. Como coloca Barbosa Lima Sobrinho, a partir do momento que o instituto eliminou o risco agrícola, os usineiros buscaram monopolizar também os lucros da lavoura. Consolidava-se, desse modo, a situação problemática dos fornecedores. Foi justamente nesse momento, que o crescimento vertical das usinas passou ser visualizado como uma potencial ameaça ao equilíbrio do setor açucareiro.[67]

Nesse caso, é preciso que se considere que, ao perceberem que a atuação do IAA ajudou a acelerar o processo de exclusão dos fornecedores, alguns deputados, como Severino Mariz, apresentaram à Câmara dos Deputados projetos de lei que pudessem remediar essa situação e protegessem os fornecedores. É de lembrar que na sessão de 15 de julho de 1935, esse deputado descrevia as consequências da ação do IAA para os fornecedores do Nordeste:

> "Era princípio corrente nos estados nortistas, entre os industriais do açúcar, que as usinas não considerassem como objeto de sua atividade o cultivo da cana. Mesmos as terras destas empresas industriais eram arrendadas a terceiros, para que os cultivassem, com a obrigação natural e lógica de serem as canas produzidas vendidas às mesmas. De modo inteiramente diferente agora as coisas estão se processando, com a criação do Instituto do Açúcar e do Álcool. Começaram diversas usinas promovendo o despejo coletivo de seus antigos colaboradores – os fornecedores de cana".[68]

Essa mesma argumentação pode ser encontrada no livro de Hélio Pina. Segundo ele, a partir do momento que o IAA conseguiu controlar a crise de superprodução do setor, os produtores adaptaram-se rapidamente ao novo sistema, buscando tirar o máximo de vantagem da estabilização dos preços. Dessa forma, como o auto-

---

67 LIMA SOBRINHO, Barbosa. *Problemas econômicos e sociais da lavoura canavieira*: exposição dos motivos e texto do Estatuto da Lavoura Canavieira, Rio de Janeiro: IAA, 1941, p. 107.

68 Severo Maris *apud Idem, Ibidem*, p. 20-21.

abastecimento sempre foi algo considerado ideal, principalmente por acabar com a dependência da usina frente aos fornecedores, o processo acelerou-se, até porque os fornecedores eram validos para os usineiros apenas nos anos de crise. Apesar de alguns bangueseiros terem um certo poder, a maioria dos fornecedores, sendo eles proprietários, lavradores, parceiros ou rendeiros, estavam subordinados ao controle exercido pelas usinas. A falta de normas impossibilitava, nesse caso, que as poucas reclamações de ultrapassarem o âmbito dos governos estaduais.[69] Fernando de Azevedo comprova esse processo ao demonstrar que:

> "os números acusam a redução progressiva da participação relativa dos fornecedores de cana, em quase todos os Estados produtores, com exceção apenas da Bahia e do Sergipe. A participação do fornecedor foi-se tornando cada vez mais reduzida de 1929-30 a 1940-41, caindo na Usina Bulhões de 64.856, em 1930 a 7.622 toneladas, em 1940, e, portanto de 100 a 15 (porcentagem), e na Usina Catende, ambas em Pernambuco, de 251.482, em 1930, a 41.646 toneladas, em 1940, ou seja de 84 para 15 (porcentagem) de matéria prima de fornecedores. É, em geral, o mesmo fenômeno que se pode observar em quase todos os Estados produtores (Paraíba, Pernambuco, Alagoas, Sergipe, Bahia, Rio de Janeiro, São Paulo e Minas Gerais) que avulta, se considerarmos o conjunto da produção, na safra 1940-41, em que do total de cana esmagada para produção do açúcar, cerca de quatro milhões constituíram a quota de matéria prima de fornecedores e mais de cinco milhões e meio, a da cana das usinas. Mas dessa acumulação e centralização da produção e do capital resultou, como tinha de resultar, um acréscimo do proletariado ou aumento do número de trabalhadores, dependentes dessa produção, com os quais se criou uma outra classe, com tendências a organizar-se em sindicatos e a participar, na defesa de seus interesses, na luta em que já estavam empenhados os lavradores e fornecedores de cana, na reação quer contra a absorção da pequena propriedade pelas usinas

---

69 PINA. *Op. cit.*, p. 32.

e o impulso que tomou o regime da grande exploração, quer contra o crescente poderio econômico e político da nova e poderosa classe de industriais, os usineiros".[70]

Como se sabe, esse processo seria mais intenso nas áreas de produção açucareiro do Nordeste e de Campos, no estado do Rio de Janeiro. Tal fato era decorrente da falta de terra nessas regiões. A Zona da Mata ilustra bem esse caso, visto que as suas terras já tinham sido quase que completamente apropriadas, o que levava as usinas a expandir os seus canaviais através da expropriação das terras dos seus fornecedores. A usina lutava para garantir a sua matéria-prima, mas, principalmente, para assegurar uma futura ampliação e a eliminação de concorrentes na sua área.[71]

Ora, nesses estados, a luta entre fornecedores e usineiros seria mais intensa. Acompanhando de perto os casos mais emblemáticos percebemos que tal situação ligava-se em Pernambuco ao fato de os fornecedores serem descendentes dos antigos senhores de engenhos. Assim, a sua força era oriunda da grande quantidade de cana fornecida por eles às usinas, podendo, dessa forma, ser classificados como grandes fornecedores de cana. Por outro lado, em Campos, a situação entre usineiros e fornecedores também era explosiva; não obstante, predominarem na região os pequenos fornecedores. A sua força encontrava-se, nesse caso, no fato de serem muito numerosos. Assim, em Pernambuco, em 1941, para um limite de produção, de 4.500.000 sacos, os fornecedores de cana somavam apenas 4.000; já em Campos, com 1.800.000 sacos de quota municipal, o número de fornecedores orçava extraordinariamente em 15.000.[72] À guisa de exemplificação, esse processo de diminuição dos fornecedores pode ser visualizado através dos dados da Usina Catende, em Pernambuco, expostos no gráfico 13:

---

70 Azevedo. *Op. cit.*, p. 223-224.

71 Ramos, Pedro. *Agroindústria canavieira e propriedade fundiária no Brasil*. São Paulo: Hucitec, 1999, p. 93.

72 Dé Carli, Gileno. *Aspectos de economia açucareira*. Rio de Janeiro: Editores Irmãos Pongetti, 1942, p. 293-294.

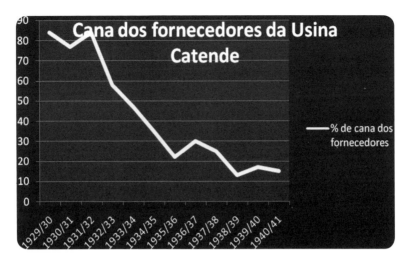

Fonte: LIMA SOBRINHO, Barbosa. *Problemas econômicos e sociais da lavoura canavieira:* exposição dos motivos e texto do Estatuto da Lavoura Canavieira. Rio de Janeiro: IAA, 1941, p. 28.

À vista disso, os próprios ideólogos da política açucareira começaram a repensar os benefícios da ação do Estado para as classes envolvidas no setor açucareiro, mais especificamente, em relação aos fornecedores de cana, que estavam perdendo suas terras. O que no fundo se temia era o agravamento da luta entre essas duas classes proprietárias, principalmente depois das greves nos estados de Pernambuco e Campos. Essa ideia fica explicita nas palavras de um dos presidentes do IAA, Gileno Dé Carli:

> "Se ao Estado compete preservar a economia coletiva de crises de produção e de preços, compete-lhe ainda mais defender o produtor mais fraco. Fortalecer a economia do mais fraco e impedir a ganância açambarcadora do mais forte, a fim de trazer o equilíbrio social entre os produtores de açúcar".[73]

Percebendo o perigo que corriam, os fornecedores, desde 1932, já começaram a pressionar o governo para conseguir uma certa proteção. Assim, o interventor de Pernambuco, Lima Cavalcanti, promulgou o decreto estadual n. 111, que estabelecia uma tabela para

---

73 *Ibidem*, p. 130-131.

pagamento das canas dos fornecedores e o preço básico de uma tonelada de canas, que deveria corresponder em média a 60% do preço do açúcar na praça do Recife. Afora isso, o fornecedor passava a ter o direito de fiscalizar a pesagem das canas e receber meio litro de álcool, uma camada de álcool e uma camada de mel a cada tonelada de cana entregue. Determinava, também, que as canas entregues pelos fornecedores estariam isentas de qualquer desconto, no preço legal da liquidação.[74] As "considerandas" desse decreto explicam a intervenção do Estado devido à falta de acordo entre as partes envolvidas no processo:

> "Considerando que não foi possível chegar a um acordo entre as partes interessadas, a fim de resolver esse dissídio, que já começa a interessar a ordem pública; Considerando a situação de muitos fornecedores, cujas propriedades isoladas não lhes permitem oferecer os seus produtos em livre concorrência, que é condição por excelência da legitimidade do preço; Considerando que no momento se impõe uma medida de emergência, que faça

---

[74] A agitação no estado do Rio de Janeiro teve início quase no mesmo período. Posteriormente, voltariam a ocorrer em 1936 e, dessa vez, só teriam fim com a intervenção do Governador junto ao Presidente, ou seja, a provação de medidas que atendessem conjuntamente às reivindicações de fornecedores, usineiros, trabalhadores de usinas e à Associação Comercial de Campos. Neves defende que a situação do Estado do Rio de Janeiro é um caso a parte por ter sofrido mais fortemente com esses conflitos, devido ao seu elevado número de pequenos fornecedores de cana. Além disso, as ações reguladoras implantadas pelo instituto acabaram favorecendo apenas um dos lados, principalmente em Campos. Para a autora, dentre os mecanismos acionados para a subordinação e controle das condições de participação dos fornecedores na produção social do açúcar, se destacam: expansão crescente da produção de matéria-prima, de modo a intensificar a sua oferta sob preços mínimos; o controle da participação política dos fornecedores, a partir do tabelamento do preço da cana, da regulação das formas de comercialização traduzidas em direitos adquiridos; a transformação das instituições de representação social dos fornecedores em órgãos tutelados pelo aparelho estatal; e o estimulo à política creditícia, de modo a compensar os limites impostos à reprodução do capital agrário e inserir os fornecedores no circuito de reprodução do capital financeiro privado e principalmente público. NEVES, Delma Pessanha. *Lavradores e pequenos produtores de cana*: estudo da subordinação dos pequenos produtores agrícolas ao capital. Rio de Janeiro: Zahar, 1981.

desaparecer essa fonte de discórdia, até que um estudo sério e demorado regule, num justo equilíbrio, os interesses dessas duas importantes classes; Considerando que a concepção social moderna, em face do desenvolvimento das indústrias, justifica uma oportuna intervenção do Estado, nas relações das forças produtoras; Considerando que o mais antigo órgão da lavoura do Estado, ou seja, a Sociedade Auxiliadora da Agricultura, já se pronunciou, desde 1927, pela intervenção do poder público no caso em apreço (...)".[75]

A partir desse momento, firmaram-se algumas conclusões definitivas para a intervenção estatal na agroindústria açucareira e alcooleira, como a necessidade da intervenção do Estado, nas relações entre usineiros e fornecedores de canas; a percepção de que o dissídio interessava a ordem pública; a aceitação da impossibilidade de ajustar as divergências dentro das classes interessadas e o reconhecimento da necessidade de inserir na legislação açucareira leis que regulassem os interesses dessas duas importantes classes.[76] O IAA tentaria demonstrar que nunca foi intenção dos seus dirigentes prejudicar os fornecedores, como esclareceria o próprio Barbosa Lima,[77] presidente do IAA no período mais conturbado dessa disputa:

"Se, pois, ocorreu a absorção, é que os novos fatores a tornaram interessante e conveniente para o industrial. Esses novos fatores foram a tabela de cana de 1932, a limitação da produção e a estabilidade dos preços. A mesma tendência imperialista, que levava à disputa de zonas com as fábricas circunvizinhas, inspirava o desejo de concentrar as quotas na usina, para que esta não ficasse numa relativa dependência de seus fornecedores. O que se deixava de dispender na expansão territorial poderia ser destinado ao novo empenho da conquista de quotas. De modo que a absorção das parcelas de fornecimento, entre os vários

---

75 LIMA SOBRINHO. Op. cit., p. 17.
76 LIMA SOBRINHO. Op. cit., p. 18-19.
77 Barbosa Lima foi presidente do Instituto do Açúcar e do Álcool de maio de 1938 a março de 1946. OLIVEIRA. Op. cit.

motivos que a determinaram, teve este também do estabelecimento de quotas. Não foi essa, todavia, a intenção com que se criou a limitação da produção, ou com que se assegurou a estabilidade dos preços. A política de defesa do açúcar, inaugurada em 1931, de certo nunca imaginou que pudesse trazer semelhantes consequências. Ao contrário, o que ela visou foi a manutenção do status quo encontrado, a defesa de todos os que viviam e trabalhavam dentro da indústria do açúcar. A limitação da produção equivale a uma espécie de monopólio, que só se justifica pelos grandes interesses coletivos, vinculados à indústria açucareira. Mas esse monopólio deveria continuar com os valores que o integrassem, e não ainda mais estreito e rígido, pela eliminação ou redução, de uma das categorias mais numerosa que a de proprietários de fábricas".[78]

A amplitude das medidas adotadas com o decreto n. 111 alcançariam nível nacional, ao ser mais tarde, aprovado como o Decreto Federal n. 21264, de 8 de abril de 1932. Posteriormente, com o acirramento dos conflitos sociais, o Congresso aprovaria a lei n. 178, em 1935, cujo objetivo principal era assegurar aos fornecedores o direito à moagem de suas canas e pagamentos remuneradores. Assim, o Estado passou a obrigar os usineiros a receberem as canas dos seus fornecedores ou lavradores, usando como base a quantidade de cana que tinha sido entregue no quinquênio da limitação. No caso de recusa por parte da usina, ela perderia a cota correspondente da produção. Em contrapartida, se o fornecedor se recusasse a entregar a cana à usina contratante, ele também perderia o direito à cota.[79]

Além disso, a lei outorgou cotas de produção a todos os fornecedores do quinquênio anterior, criando, assim, duas cotas distintas, ou seja, uma de fabricação, já existente da usina, e outra de produção de cana de açúcar, separada entre os usineiros e os lavradores ou fornecedores, na proporção das respectivas médias de produção. Desse modo, a cota passou a pertencer ao produtor e não ao fabricante, embora a lei estipulasse que ambos não tivessem o direito de disponibilidade de suas cotas.[80]

---

78 Lima Sobrinho. *Op. cit.*, p. 38-39.
79 Gnaccarini. *Op. cit.*, p. 60-80 e Lima Sobrinho. *Op. cit.*, p. 34-37.
80 Lima Sobrinho. *Op. cit.*, p. 23-24.

Destarte as suas boas intenções, essa lei apresentaria falhas, provenientes da sua elaboração ter sido feita numa grande Assembleia que reunia várias correntes divergentes, o que acabou minando a sua eficácia. Um dos seus principais problemas relacionava-se ao recebimento das canas pelas usinas. Curiosamente, a lei não impedia os usineiros de continuarem a absorver as canas dos seus fornecedores, o que significava a continuidade do processo de concentração territorial. Não obstante as suas falhas, essa lei proporcionaria um direito liquido de uma cota de produção no limite da usina e regulou as normas de compra e venda de cana, que anteriormente eram firmadas segundo as regras dos usineiros. Enfim, poderíamos dizer que a lei 178 evitou a imediata absorção das terras dos fornecedores pelas usinas, ou seja, o seu desaparecimento.

Barbosa Lima Sobrinho concluiu que os principais defeitos da lei 178 ocorreram pela falta de referência ao caso dos fornecedores que viessem posteriormente a sua promulgação; por estipular um quinquênio de fornecimentos, diverso do quinquênio de limitação; por não precisar o número de fornecimentos que dariam direito à cota; por estabelecer a obrigação de indenização ao fornecedor, mas sem esclarecer o processo de julgamento das reclamações; admitir comissões de tabelamento, mesmo sem cuidar dos casos dos estados onde não existiam tabelamentos e sem cuidar da fiscalização correspondente; por criar as comissões de tabelamento, por somente três meses, podendo dar margem a fraudes no período subsequente. Como a lei não cuidava de vários pontos, Barbosa Lima Sobrinho teria razão ao afirmar que a lei deixava a impressão de "que cada qual se houvesse como a Deus fosse servido!".[81]

Grosso modo delineado, esse processo desdobrar-se-ia em duas faces: de um lado havia o fechamento de muitos engenhos banguês, que não conseguiram sustentar-se diante do avanço da produção das usinas; do outro, as terras desses engenhos e dos lavradores-proprietários sem engenho iam sendo adquiridas pelos proprietários que haviam conseguido constituir suas usinas. Assim, a concentração fundiária fazia decrescer o número de proprietários rurais nos municípios em que se iam constituindo as usinas e, consequentemente, fazia com que o açúcar cristal fosse gradativamente ampliando seu espaço face ao açúcar dos engenhos. Finalmente, a batalha parecia estar cambiando para o lado dos usineiros. Na análise de Ramos:

---

81 A intervenção do IAA se circunscreveria, assim, aos dissídios, assumindo apenas o papel de órgão julgador de litígios. Escapam da sua alçada os casos de tabelamento, a fiscalização da pesagem da cana, as condições de recebimento e de pagamento das canas. *Idem, Ibidem*, p. 25-26.

> "estava em curso um processo de concentração/centralização que tinha duplo caráter: industrial pelo fechamento dos engenhos e concentração da produção em usinas de maior porte; fundiário por meio das aquisições de terras feitas pelas usinas e usineiros que conseguiam se sobrepor aos demais. Fundamentalmente, tratava-se de um processo de expropriação que, contudo, era caótico".[82]

A importância dessa lei, porém, não pode ser considerada pela sua eficácia, mas por representar um marco. A atuação governamental passou a intervir, pela primeira vez, diretamente na relação entre fornecedores e usineiros. Mais ainda, fixou um preço para as canas entregues pelos fornecedores. Nos períodos anteriores, apesar dessa relação já ser conflituosa, o Estado pautou-se por não interferir de forma direta no conflito, nem mesmo no Estatuto de criação do IAA havia previsão de ampliação da interferência. Consideramos possível assim que, nesse momento, alguns dirigentes do Instituto voltaram a idealizar o velho princípio da separação da lavoura e da indústria. O próprio Barbosa Lima Sobrinho defendia essas diretrizes, adotadas, segundo ele, em outros países:

> "lavoura e indústria vivem dissociadas, o que equivale a uma das vantagens da produção que precisa de uma e de outra. Essa interdependência obriga os industriais e lavradores a estabelecerem um regime de entendimento e de colaboração".[83]

Dessa forma, em outubro de 1937, as discussões sobre as falhas da lei n. 178 levaram o Congresso a aprovar a lei n. 519. Essa lei determinaria, então, que uma comissão de tabelamento, composta por representantes do Ministério da Agricultura, do Governo Estadual, do Instituto do Açúcar e do Álcool, dos fornecedores e dos usineiros, teria competência para estipular os critérios de pagamento. Esta lei, no entanto, acirraria ainda mais os conflitos existentes, por confundir tanto usineiros como fornecedores em razão das inúmeras variações quanto aos critérios de pagamento, descontos, disposições sobre corte e entrega das canas.[84]

---

82 Ramos. *Op. cit.*, p. 92.
83 Lima Sobrinho. *Op. cit.*, p. 92.
84 Gnaccarini. *Op. cit.*, p. 80.

Por conseguinte, o fracasso dessas medidas levaria à discussão do anteprojeto do Estatuto da Lavoura Canavieira. Esse anteprojeto previa que as usinas deveriam conceder até a safra seguinte 25% das canas próprias aos seus fornecedores, quando não tivessem tal percentagem. Além disso, a sua produção deveria progressivamente atingir 40% de canas de fornecedores, com a transferência de 2% por safra. Nesse caso, a concessão considerada como máxima pelos usineiros seria reservar 25% dos aumentos futuros das cotas, em benefício das usinas sub-limitadas. Mas, como coloca o próprio Barbosa Lima Sobrinho, o Projeto Final tomaria um rumo bem diferente, pois:

> "Partiu da consideração de que a distribuição dos aumentos futuros deveria ser proporcional ao limite das usinas, que, entretanto, só receberiam as novas parcelas proporcionalmente à quantidade de cana de fornecedores com que contassem. [...] Desse modo haveria perfeita igualdade entre os fornecedores de todas as usinas, ao mesmo passo que se estabeleceria um prêmio, ou um estímulo, às fábricas que contassem com maior percentagem de canas de fornecimento. Seria uma espécie de compensação pela obrigação, que o proprietário criou, de manter inflexivelmente as quotas atuais de fornecimento, no limite em que se encontrem".[85]

Não obstante à oposição dos usineiros, o IAA tentaria realizar, seguindo a ideologia de "paz social no campo" defendida pelo governo, um processo de redistribuição de renda que beneficiasse a parte mais fraca, ou seja, os fornecedores. Assim, as leis anteriores, apesar das falhas, criariam as bases para a aprovação do Estatuto da Lavoura Canavieira. Nesse sentido, o estatuto baseou-se na política de pacificar os conflitos rurais, ou seja, à manutenção das pequenas propriedades como forma de fixação do homem ao campo. Esse ideário é apresentado pelo próprio Getúlio Vargas, em um discurso feito no Recife:

> "No tocante, propriamente, à lavoura da cana, as medidas a executar precisam ser generalizadas, compreendendo, também o amparo aos pequenos cultivadores, geralmente sacrificados às exigências do usineiro e do grande industrial. A

---

85 LIMA SOBRINHO. *Op. cit.*, p. 130-133.

maioria deles planta rudimentarmente, em terras emprestadas, para vender pelo preço que lhe quiserem pagar. Não raras vezes, o produto da colheita mal recompensa o trabalho de transportá-la até ao engenho, quase sempre pertencente ao proprietário do solo, onde o lavrador vive a título precário. A proteção mais proveitosa seria a que lhes garantisse os meios necessários, para se tornarem donos da terra cultivada. Facilitar-lhes o acesso à propriedade equivaleria apor ao seu alcance a riqueza, com o trabalho estável e organizado, e o bem estar, com a posse do teto, refúgio da família".[86]

Mas não poderia deixar de passar despercebida, nessa questão, o fato de o Estatuto da Lavoura Canavieira estar ligado ao acirramento das disputas nos estados de Pernambuco e no município de Campos, no Rio de Janeiro. Nesse período, os fornecedores pernambucanos ainda tinham muita força e contavam com o apoio do então Presidente do IAA, membro de uma importante família pernambucana. Como colocou o próprio Barbosa Lima Sobrinho:

"A política de defesa do açúcar [...] visou foi a manutenção do 'status quo' encontrado, a defesa de todos os que viviam e trabalhavam dentro da indústria do açúcar [...] a limitação da produção equivale a uma espécie de monopólio [...] que deveria continuar com os valores que o integrassem, e não ainda mais estreito e rígido, pela eliminação ou redução de uma das categorias".[87]

Nesse sentido, o estatuto serviria para disciplinar as relações conflituosas entre as diversas classes do setor açucareiro, principalmente os fornecedores. É preciso que se tenha em conta, no entanto, que a complexidade dessas disputas sociais em Pernambuco estava criando condições para uma aliança entre fornecedores-proprietários e lavradores não-proprietários, fato considerado extremamente perigoso tanto para o governo como

---

86 O estatuto veio no bojo das várias de leis de caráter paternalistas do Governo Vargas. LIMA SOBRINHO. Op. cit., p. 86.
87 LIMA SOBRINHO. Op. cit., p. 69-70.

pelas elites. Demais, esse processo significaria a exclusão de uma classe proprietária de terras. Dé Carli tentaria justificar o estatuto aos olhos dos usineiros ao afirmar que:

> "O Estatuto da Lavoura Canavieira não é uma vingança nem uma afronta. Não veio restabelecer a situação de 1933, época em que se fez a limitação açucareira, porque ninguém procurou punir o usineiro pelo fato dele ter procurado, através de sua própria orientação, o regime de ampliação das culturas próprias. Se isso não lhe era proibido, não houve crime no fato da preterição do fornecedor nos trabalhos do campo. Ora, se existia uma limitação na capacidade produtora do açúcar e, se o usineiro dilatava os seus campos de campos de cana, alguém teria de ir sobrando. Sobraram assim muitos fornecedores. Não sendo um Estatuto para efeito punitivo. Não se poderia conceber qualquer resquício de vingança: vingar o fornecedor que foi aniquilado".[88]

Como o principal ponto do estatuto era defender o fornecedor, o primeiro passo foi definir essa categoria. Assim, o primeiro capítulo do estatuto denomina-se "dos fornecedores". Segundo o artigo 1º, fornecedor de cana seria todo lavrador que tenha cultivado cana em terras próprias ou não e que tenha fornecido essas canas a uma mesma usina diretamente ou não. Além disso, o ELC abrangeu os parceiros, arrendatários e todos os lavradores sujeitos ao risco agrícola. Percebe-se, ademais, que a principal característica para definir o fornecedor de cana era o risco agrícola.[89] Segundo Chermont de Miranda, a definição dessa categoria perpassava pela situação duvidosa do lavrador de lucrar ou perder com a sua lavoura:

> "Aplicando esse conceito verificamos que, nessa situação, se encontram todos aqueles que se dedicam a uma atividade agrária como um dos requisitos para a caracterização da figura do fornecedor, não se quer referir, evidentemente, à simples exposição ao risco, porque tal exposição, por ser comum a todos os lavradores,

---

88 DÉ CARLI, Gileno. *Aspectos de economia açucareira*. Rio de Janeiro: Editores Irmãos Pongetti, 1942, p. 296.

89 VELLOSO. *Op. cit.*, p. 465.

> não poderia servir como circunstância diferenciadora entre uns e outros". [...] Daí a necessidade de distinguir exposição ao risco de sujeição ao risco; expostos ao risco agrícola, isto é, à eventualidade de dano ou cômodo na exploração agrícola, estão todos os lavradores, de um modo geral; sujeitos a esses riscos, porém, estão somente aqueles que, além de expostos ao risco, sofrem as consequências derivadas da efetivação daqueles acontecimentos futuros e incertos, isto é, aqueles para quem esses eventos representam uma privação, prejuízo ou lucro [...]".[90]

O estatuto também tentaria resolver uma das principais queixas dos fornecedores, a fraude na pesagem das canas. Assim, as canas passavam a ter que ser pesadas em balanças próprias das usinas, auferidas e fiscalizadas pelo IAA, os fornecedores teriam o direito de verificar a pesagem e o responsável pela balança deveria fornecer um certificado ao fornecedor que assim o desejasse. Outro problema abordado era a frequente recusa dos usineiros de receberem as canas dos seus fornecedores. Assim, manteve-se a disposição já definida na lei 178:

> "os proprietários ou possuidores de usinas são obrigados a receber dos seus fornecedores a quantidade de cana que forem fixadas pelo IAA, para a transformação em açúcar ou em álcool, de acordo com a disposição desse Estatuto".[91]

O mesmo princípio era aplicado ao fornecedor. Porém, como os abusos por parte dos usineiros deveriam ser mais frequentes, a Lei evidenciava no artigo 39, que:

> "A usina ou destilaria que se recusar a receber as canas do fornecedor, ou não as receber na proporção devida, ou insistir na recusa, [...], ficará obrigada a ressarcir o dano sofrido pelo mesmo, sem prejuízo do disposto no artigo seguinte. [...] Não sendo

---

90 MIRANDA, Vicente Chermont de. *O Estatuto da lavoura canavieira e sua interpretação*. Rio de Janeiro: Gráfica Sauer de Fred H. Sauer & Filho, 1943, p. 140-141.

91 VELLOSO. *Op. cit.*, p. 470.

paga a quantia da condenação dentro de 30 dias, a contar da notificação da decisão, o Instituto promoverá a respectiva cobrança por meio de Ação executiva [...]. No caso de cobrança judicial, a quantia da condenação será acrescida da multa de 20%."[92]

Em contrapartida, o estatuto ligaria definitivamente o fornecedor à usina, até como forma de evitar problemas de abastecimento, como no período dos engenhos centrais. Assim, os artigos 18, 43 e 44 vinculavam cada fornecedor a uma usina específica.

> "Art. 18 – Os fornecedores são obrigados a entregar à usina ou usinas a que estejam vinculados a quantidade de canas que for fixada, [...].
>
> Art. 43 – O fornecedor que deixar de entregar, durante uma safra, parte ou a totalidade de suas quotas de fornecimento à usina ou destilaria a que esteja vinculado, terá o seu limite reduzido à quantidade de canas que haja efetivamente entregue, se a falta for parcial, ou perderá os direitos que lhe são reconhecidos neste Estatuto se a falta for total.
>
> Art. 44 - O fornecedor que dispuser de sua proteção antes de garantir a integralização de sua quota na fábrica e que esteja vinculado terá o seu limite reduzido à quantidade de cana que haja efetivamente entregue".[93]

A proteção do fornecedor chegaria ao seu máximo nos artigos 28 e 29. Segundo esses artigos, o Instituto garantiria a moagem de canas dos fornecedores, mesmo em caso de fechamento da usina. Em contrapartida, o IAA eliminaria os riscos econômicos para os usineiros, pois o artigo 28 promulgava que:

> "A requerimento dos usineiros ou dos fornecedores, intervirá, provisoriamente, na usina ou destilaria que, sem motivo

---

92 *Idem, Ibidem*, p. 474.
93 *Idem, Ibidem*, p. 470-475.

justificado, devidamente comprovado, ou em consequência de falência, insolvência ou execução judicial, paralisar a respectiva atividade industrial, por mais de oito dias".[94]

Por outro lado, é de lembrar que essa intervenção teria caráter provisório. O Instituto agiria somente até a recuperação da empresa, pois fica clara no estatuto que, "Essa intervenção terminará com a cessação do fato que a haja determinado ou, no caso do processo judicial, com o definitivo encerramento deste".[95]

As cotas dos fornecedores e das usinas foram tratadas num capítulo intitulado "Das limitações e restrições à atividade agrícola das usinas". A forma de barrar a expansão das usinas, nesse caso, foi a estipulação de uma porcentagem das canas próprias da usina, que não poderiam passar de 60%, sendo que o restante deveria ser obrigatoriamente fornecido pelos fornecedores. Porém, esses artigos só se aplicavam as usinas de maior porte, como uma forma de proteger os pequenos usineiros, que não teriam como arcar com uma menor rentabilidade no caso de terem que aumentar os seus fornecedores. Assim, na § 1º e § 2 º do artigo 48, o Estatuto esclarecia que:

> "A disposição deste artigo não se aplica às usinas cujas quotas sejam iguais ou inferiores a 15.000 sacos [...]. A percentagem a que se refere este artigo, para as usinas limitadas em 15 a 30.000 sacos, será calculada sobre a parte excedente de 15.000 sacos".[96]

Percebe-se assim que o principal alvo do ELC era assegurar a sobrevivência dos fornecedores em relação às usinas de maior porte, que estavam progressivamente se tornando auto-suficiente. Ora, mesmo que essas usinas já produzissem mais de 60% da sua matéria-prima, deveriam progressivamente devolver a percentagem correspondente aos fornecedores. Assim, os artigos 49 e 50 pontuam que:

---

94 Idem, Ibidem, p. 472.
95 Idem, Ibidem.
96 Idem, Ibidem, p. 476.

> "Art. 49 – As usinas que, na atualidade, utilizem canas próprias em percentagem superior a 75%, serão obrigadas a transferir o excedente para os fornecedores na safra de 1942/43.
>
> Art. 50 – As usinas que tiverem mais de 60% de canas próprias transferirão o excedente para os fornecedores, a partir da safra 1943/44 e à razão de 2% sobre o limite da usina por safra, até completarem aquela percentagem máxima".[97]

Ao tentar corrigir os problemas das leis anteriores, como a lei n. 178, o estatuto legislava também sob os futuros fornecedores. Ademais, tentava resguardar a sobrevivência das usinas menores através dos aumentos de quotas de produção. Essas diretrizes podem ser vistas nos artigos 63 e 65:

> "Art. 63 b) – fixado o montante da quota complementar, será atribuído à usina a parcela dessa quota correspondente à percentagem de canas de fornecedores recebidas pela usina.
>
> Art. 65 – As sobras da quota geral de aumento, resultantes da aplicação do disposto no art. 63, serão distribuídas, pelo Instituto, às usinas sub-limitadas".[98]

Deixava bem claro no artigo 66, que essa quota seria distribuída entre os fornecedores:

> "A totalidade dos aumentos de quota concedidos às usinas, de acordo com o disposto nos arts. 63 e 65, será distribuída exclusivamente entre os fornecedores de cana, de acordo com o plano proposto pela usina e aprovado pela comissão executiva".[99]

---

97 *Idem, Ibidem*, p. 476.
98 *Idem, Ibidem*, p. 480-482.
99 *Idem, Ibidem*, p. 483.

As cotas seriam estipuladas de forma a garantir a sobrevivência mínima das famílias, podendo ser divididas somente até esse grau, como apontava os artigos 92 e 95:

> "Art. 92 - Será vedada a divisão de quotas de fornecimento, em consequência de divisão da terra, sempre que as quotas daí resultantes não assegurem recursos suficientes para a manutenção regular do proprietário e sua família, a juízo do Instituto.
>
> Art. 95 - Serão nulos, de pleno direito, e não poderão ser transcritos no Registro de imóveis, os atos judiciais ou extra-judiciais de divisão de propriedades agrícolas, em virtude dos quais haja sido atribuída, a qualquer dos lotes resultantes da divisão, quota ou área inferior à estabelecida pelo Instituto, para a região, nos termos do artigo anterior".[100]

Segundo Barbosa Lima Sobrinho, o IAA achou melhor aderir as cotas à terra, além de estarem ligadas aos interesses dos estados onde estavam localizadas, seguindo, assim, os princípios de zoneamento da produção. Pois, ao contrário:

> "A livre disponibilidade das quotas, ou a sua existência como um simples direito pessoal, constituiria ameaça perigosa a interesses coletivos, dependentes da existência da produção relacionada. A formação de um 'fundo agrícola', em torno desse núcleo, que é a quota, vale por uma garantia a todos os que em torno dela gravitam. O que não quer dizer que se negue o direito de dispor da quota. Apenas ficará subordinado a condições, que representam interesses coletivos. Pode-se alienar o fundo econômico, integrado por todas as suas peças essenciais; o que não se pode é mutilar livremente essa unidade produtora, com o deslocamento de sua quota, a menos que se apresentem circunstâncias comprovando a inexistência de prejuízos para a comunhão. Desse princípio houve que deduzir a consequência natural: a quota adere à terra. Constitui, pois, não um direito

---

[100] *Idem, Ibidem*, p. 500.

pessoal, mas um direito real, jus in re, vinculado direta e imediatamente a uma coisa, que é a terra. Daí decorrem consequências, que o projeto previu e regulou: o direito à quota deve estar subordinado ao mesmo regime instituído para o direito de propriedade, por exemplo. No primeiro momento, esse dispositivo poderá impressionar desagradavelmente. Não demorará, porém, que o aceitem como salutar. Nos regimes de limitação de produção, o que vale não é a fábrica, a propriedade imóvel, mas a quota. Sujeitava-se a propriedade a uma série de exigências, e deixava-se de parte o que era a substância de seu próprio valor patrimonial: a quota reconhecida".[101]

O ponto máximo dessa política seria o retorno do ideal de separar a fábrica da produção no caso da montagem de novas usinas. Porém, essa lei acabaria beneficiando as usinas já estabelecidas, que passaram a não temer novos concorrentes. Assim, o artigo 54 dispõe que:

"O IAA somente concederá a montagem de novas usinas, [...], desde que as mesmas se organizem sob o regime da absoluta separação entre a atividade agrícola e a industrial."[102]

Segundo Chermont de Miranda, o Estatuto da Lavoura Canavieira teria o intuito:

"de garantir a classe média dos campos, cuja existência é primordial para a segurança política e social da nação, procurou fortalecer a posição do lavrador fornecedor, quer protegendo-o diretamente outorgando-lhe uma garantia de escoamento para sua produção, como valorizando a sua propriedade agrícola através da aderência da cota".[103]

---

101 LIMA SOBRINHO. *Op. cit.*, p.143-144.
102 VELLOSO. *Op. cit.*, p. 476.
103 MIRANDA. *Op. cit.*, p. 140-141.

Para colocar em práticas essas disposições, o IAA organizaria um cadastro dos fornecedores, que regulamentava as condições do fornecimento e da absorção da cana pelas usinas. Afora isso, o instituto ao estabelecer restrições à produção canavieira das usinas passou a distribuir, entre ambas as partes, ou seja, usineiros e fornecedores, os encargos ou vantagens decorrentes de uma futura limitação ou do aumento da produção. Além disso, o Estatuto teria o poder de julgar os litígios entre as usinas e seus fornecedores. Esse aumento das atribuições do IAA tinha como objetivo excluir os problemas da produção açucareira da apreciação judicial. Essa situação seria tão complexa que, Chermont de Miranda chegou a afirmar que para cumprir todas as normas do Estatuto da Lavoura Canavieira, o IAA não precisava de funcionários, mas sim, de apóstolos.[104]

A AGROINDÚSTRIA AÇUCAREIRA E ALCOOLEIRA PAULISTA NO PRIMEIRO GOVERNO VARGAS

De uma forma romântica, poder-se-ia dizer que os canaviais paulistas renasceram das cinzas do mosaico. Em 1932, completou-se o processo de substituição das antigas variedades infectadas pelas canas javanesas.[105] Assim, o fim da doença marcaria as safras que ultrapassaram um milhão de sacos. O estado de São Paulo rumava, como foi preconizado, desde a Primeira República, por estudiosos como Sawyer e Picard, rumo à auto-suficiência. As décadas seguintes seriam marcadas por esse avanço e a consequente oposição do Nordeste e do próprio Governo Federal.

Apesar de São Paulo ser apontado como um estado monocultor, voltado principalmente para a cultura do café, percebemos que outras culturas estavam ganhando força nesse momento. A mensagem apresentada por Heitor Teixeira Penteado, Vice-Presidente de São Paulo, ao Congresso Legislativo, apontava a expansão, em 1929, das lavouras de

---

104 SZMRECSÁNYI. *Op. cit.*, p. 200- 201e MIRANDA. *Op. cit.*, p. 178.

105 Como já foi colocado no capítulo anterior, foram fundamentais para a vitória da praga do mosaico as pesquisas da Estação Experimental de Cana de Piracicaba. A Estação seria responsável pela substituição dos canaviais das usinas: Amália, Boa Vista, Cillo, Esther, Itaiquara, Itaqueré, Junqueira, Miranda, Monte Alegre, Piracicaba, Santa Bárbara, Santa Eliza, Tamoio, Vassunumga e Vila Raffard. O total de mudas distribuídas entre os anos de 1927-1929 somaram 488.011 mudas. Mensagem apresentada ao Congresso Legislativo, em 14 de julho de 1930, pelo Dr. Heitor Teixeira Penteado, Vice-Presidente em exercício do Estado de São Paulo, p. 19-41.

cana-de-açúcar, cereais e fumo. A produção de aguardente e álcool alcançou o quinto lugar no valor total da produção agrícola do estado, com o valor de 81.439:754$240 e o açúcar o sexto lugar, com 66.664:620$000.[106]

Dé Carli afirmava que a substituição das antigas lavouras de café foi decorrente da exaustão das terras. A verdade é que o peso da crise econômica do café deve ter sido maior durante esse período do que o próprio esgotamento dos solos. Naturalmente, a área ocupada pela cana ainda era pequena, mas, já abrangia 174 municípios, representando uma área de 110 a 242 hectares. Curiosamente, parece-nos que quando Dé Carli, tratando no seu estudo clássico sobre a indústria açucareira em São Paulo, apresenta o desenvolvimento vertiginoso dessa produção, ele teve uma antevisão do papel que a cultura da cana teria no estado:

> "A diversificação de lavouras em São Paulo é o maior atestado de que passou, há muito, a fase de monocultura cafeeira, e de que não existe, nem nunca existiu, monocultura canavieira, mesmo dentro do município. Há uma diferença muito grande entre municípios da zona da mata de Pernambuco e de Alagoas, do Recôncavo baiano e da baixada canavieira fluminense, e os municípios canavieiros paulistas. Os municípios de Americana e Salto se destacam, pois se apresentam com mais de 5% da área cultivada em relação à área municipal. Apesar de não ser uma grande extensão, tem-se de convir que as terras canavieiras representam muito maior área que a área cultivada. Não há dúvida, porém, que a cultura canavieira já representa bastante na vida econômica desses municípios, principalmente daqueles dois que possuem os índices percentuais mais elevados".[107]

Em realidade, o crescimento da produção açucareira no estado de São Paulo era decorrente da sua produção açucareira ter se voltado para o mercado interno, o que significava um mercado em expansão à porta e com preços razoáveis. Aliás, essa proximidade do centro consumidor favorecia os paulistas que conseguiam obter maiores lucros, por não terem

---

106 Idem, Ibidem, p. 19-41.

107 DÉ CARLI, Gileno. *Gênese e evolução da indústria açucareira de São Paulo*. Rio de Janeiro: Editores Irmãos Pongetti, 1943, p. 131.

que arcar com pesados fretes. Além disso, em São Paulo, as zonas de produção se distribuem por diversos municípios, ligados aos principais centros paulistas tanto por ferrovias como por rodovias, o que facilitava bastante a distribuição e o consumo, já que a comercialização do açúcar das usinas paulistas era maior no interior. Já a cidade de São Paulo e Santos eram abastecidos quase que totalmente com o açúcar de procedência nordestino.[108]

O estado possuía juntamente com o Rio de Janeiro um número maior de refinadores do que a região Nordeste. Afora isso, a sua menor dependência dos fornecedores seria um fator importante, já que os canaviais das usinas eram de responsabilidade dos seus colonos. Dé Carli considerava a questão da mão-de-obra como uma das grandes vantagens de São Paulo, pois esse mercado de trabalho já estava estruturado pela cafeicultura. Essa afirmação relacionava-se às serias disputas travadas entre os usineiros nordestinos e os seus fornecedores. À vista disso, o futuro presidente do IAA concluiria que:

> "O usineiro paulista tinha ao seu lado a técnica de exploração agrícola do café com o trabalho organizado do colono. Este filho de italiano, ou mesmo italiano, afeito à faina agrícola, se adaptou imediatamente ao regime de colonato na indústria açucareira".[109]

O estado ainda possuía uma maior cobertura bancária, apesar de depender menos dos empréstimos dessas instituições, já que dispunha de uma maior circulação de meios de pagamento. Outra diferença fundamental entre as usinas paulistas e as de outros estados era a sua idade, ou seja, possuíam maquinário mais moderno. Soma-se a isso a vantagem dos seus canaviais serem mais produtivos devido à substituição dos canaviais velhos pelas canas javanesas com a praga do mosaico. A principal diferença, no entanto, perpassava pelo tipo de produção. Nesse sentido, São Paulo especializou-se na produção de açúcar branco, enquanto que o Nordeste continuou a fabricar em grande proporção açúcar mascavo e demerara, este último voltado para o mercado externo.[110]

Na visão de Ramos, a preponderância paulista ligava-se às origens comerciais dos grandes grupos açucareiros de São Paulo. Dessa forma, os produtores paulistas conseguiam lucros muito maiores, pois comercializarem o açúcar e não somente a produção,

---

108 Dé Carli, Gileno. *Aspectos de economia açucareira*. Rio de Janeiro: Editores Irmãos Pongetti, 1942, p. 173-174.

109 *Idem, Ibidem*, p. 294.

110 Gnaccarini. *Op. cit.*

como no caso de muitos produtores do Nordeste, ou seja, "para eles o lucro advinha do refino e do comércio atacadista mais do que da própria produção açucareira".[111]

Gnaccarini enumera as vantagens da agroindústria açucareira pelos seguintes fatores: o crescimento da industrialização paulista, propiciada pelos lucros da cafeicultura, facilitou a importação de máquinas, equipamentos e assistência técnica pelos usineiros; o mercado consumidor era maior em São Paulo que nos demais estados, por causa do crescimento da economia industrial do estado; as usinas paulistas contavam com um maior poder econômico dos setores de refino e comercialização, além de disporem de uma infraestrutura mais completa, como transporte, seguro e cobertura bancária, o que reduzia os custos de produção; o parque industrial das usinas paulistas, em sua maioria, pertencia a uns poucos e fortes grupos capitalistas, com posição dominante na refinação e comércio do açúcar; o estado dispunha de fontes de financiamento próprio e bancário relativamente menos onerosos; a política de defesa da produção açucareira proporcionaria aos usineiros paulistas, as parcelas relativas aos fretes, armazenagem, despesas portuárias e de seguros; os usineiros paulistas quase não tiveram despesas com a manutenção de estoques; e por fim, as safras nordestinas possuem um atraso biológico em relação às regiões canavieiras do Centro-Sul, fator prejudicial visto que a produção nordestina enfrentava o acúmulo de grandes estoques das safras dos estados do Centro-Sul no início das suas moagens.[112]

Como quer que seja, entre 1930-35, os maiores grupos açucareiros de São Paulo eram a Societé de Sucreries Brésiliennes, Morganti, Junqueira e Matarazzo. Esses grupos possuíam oito das 31 usinas existentes no estado e produziam quase dois terços do açúcar

---

111 Os grandes refinadores-comerciantes localizavam-se em São Paulo, Distrito Federal, Recife, Campos e Minas Gerais. Pode-se dizer que as refinarias dos Estados de São Paulo e Rio de Janeiro eram as maiores do país e pertenciam a grandes grupos econômicos, que atuavam em todo o mercado nacional de açúcar. Podemos citar o exemplo das firmas Magalhães, Barcelos, Zenha & Ramos, Anglo-Brazilian, Avellar, Cia. Açucareira, todas do distrito Federal, e Lathan, Cia. Comercial de São Paulo, João Jorge e Figueiredo, F. Matarazzo, Falchi & Crespi, Magalhães, Prado Chaves, Nogueira, Andrade Junqueira, Schimdt, Cia. Comissária Paulista, Cia. Guatapará, Refinadora Paulista, Dubeaux-Leão &Ferraz de Camargo, estas de São Paulo. Ramos, Pedro. *Um estudo da evolução e da estrutura da agroindústria canavieira do Estado de São Paulo* (1930-1982). Dissertação de mestrado. São Paulo, EAESP/FGV, 1983, p. 79 e Gnaccarini. *Op. cit.*, p. 169-170.

112 Gnaccarini. *Op. cit.*, p. 169.

fabricado.[113] A tabela 7 estabelece a relação entre os municípios produtores de açúcar, a sua área agrícola e a porcentagem dessa área ocupada pelos canaviais.

TABELA 7 - MUNICÍPIOS AÇUCAREIROS EM SÃO PAULO (1942)

Municípios	Área municipal em hectare	Área cultivada em hectares	% da área cultivada sobre área municipal.
Igarapava	103.600	4.584,00	4,42
Piracicaba	146.500	6.205,40	4,23
Santa Bárbara	29.000	4.328,70	14,92
Capivarí	55.500	2.715,80	4,89
Pontal	31.800	2.804,70	8,81
Portal Feliz	60.000	3.437,00	5,72
Santa Rosa	25.400	3.315,40	13,05
Sertãozinho	70.200	3.510,80	5
Campinas	115.200	2.287,50	1,47
Lençóis	119.000	1.347,90	1,13
Limeira	185.300	1.568,70	1,57
Pirajuí	185.500	1.568,10	0,84
Rio das Pedras	16.000	1.797,40	11,23
Santa Branca	33.600	1.642,50	4,88
Santa Rita	69.500	1.383,60	1,99
São Simão	134.300	1.356,40	1
Tapiratuba	22.500	1.244,40	5,53

Fonte: DÉ CARLI, Gileno. *Gênese e evolução da indústria açucareira de São Paulo*. Rio de Janeiro: Editores Irmãos Pongetti, 1943, p. 131-133.

---

113 Na safra 1933-34, as usinas paulistas somavam 29 e localizavam-se principalmente nas regiões de Piracicaba, Sertãozinho, Iguarapava, Campinas e Araraquara. O Estado ainda possuía seis usinas de açúcar paradas: a Boa Vista (Victorio Mazer), localizada em Sertãozinho; a Irmãos Azanha, em Santa Bárbara D'Oeste; a Lambari, em Bebedouro; a Lorena, em Lorena; a Rochelle, em Santa Bárbara D'Oeste; e a São Joaquim, em Araçatuba. RAMOS. *Op. cit.*, p. 100 e SOARES. *Op. cit.*, p. 109.

Ora, os dados contidos na tabela acima demonstram que vários municípios paulistas possuíam lavouras de cana-de-açúcar, sendo que, nesse momento, a média da área por usina paulista era de 3.730 hectares. Ao analisarmos esses números, percebemos que os três municípios com maior percentual de área utilizada com a lavoura de cana-de-açúcar eram: o de Santa Rosa, onde fica situada a Usina Amália; o segundo município seria o de Santa Bárbara, onde localizam-s e as usinas De Cilo, Furlan, Irmãos Azanha, Rochele e Santa Bárbara; e posteriormente, coloca-se o município de Capivari, onde se localizavam as usinas Bom Retiro, Santa Cruz, Vila Raffard e São Francisco. Dentre esses municípios se destaca o de Piracicaba que, apesar de ter a maior área de produção cultivada com a cana, não possui grande concentração fundiária na mão de uma usina. Aliás, o município possuía cinco usinas: a Capuava, a Costa Pinto, a Monte Alegre, a Piracicaba e a Tamandupá, com uma área de 13.731 hectares, que correspondem a 9,3% da área total do município.[114]

Alice Canabrava esclarece que nesse período houve uma tendência a ação monocultura das grandes usinas. Essa tendência destacou-se de forma mais pronunciada nos municípios de Capivari, Piracicaba e Santa Bárbara, que possuíam conjuntamente quatorze usinas. No entanto, essas usinas possuíam uma área cultivada com cana de 5.702 alqueires, como fica espificado no gráfico 14.

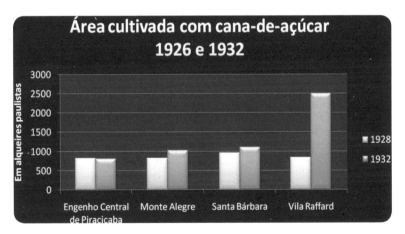

Fonte: Relatório da Secretária da Agricultura, 1938, p. 14 e 1932 p. 13 apud CANABRAVA, Alice. "A região de Piracicaba". Revista do Arquivo Municipal, Vol. X. São Paulo, 1938, p. 301.

---

114 DÉ CARLI, Gileno. Gênese e evolução da indústria açucareira de São Paulo. Rio de Janeiro: Editores Irmãos Pongetti, 1943, p. 136-140.

O aumento da produção paulista, no entanto, seria razoável. Assim, São Paulo possuía, no início da década de 1940, um limite de produção de açúcar de usina de 2.329.295 sacos e uma área total plantadas com cana de açúcar de 141.765 hectares. Dessa área, 38.980 hectares pertenciam aos 1.832 engenhos de açúcar bruto e de rapadura, o que daria uma média de 21,2 hectares por engenho. São Paulo possui ainda 149 dos chamados engenhos turbinadores. Para Dé Carli, os dados acima demonstravam que:

> "Não há excessos de terras, ou melhor, terras sem utilização em poder das usinas paulistas. Existe, sim, um sistema quase autárquico de produção de cana e de açúcar. Dir-se-ia que em São Paulo há uma unidade agro-industrial".[115]

Consequentemente, Dé Carli concluía que se os produtores nortistas não se aparelhassem perderiam a hegemonia da produção açucareira para São Paulo, comprovando a tese do deslocamento "do centro de gravidade de produção do Norte para o Sul". Já no quinquênio de 1929-30 a 1933-34, São Paulo já tinha o maior rendimento por usina, com 95 quilos de açúcar por tonelada. Já no ano de 1930, a maior parte do açúcar produzido no estado era oriundo das usinas, ou seja, 79% desse açúcar e, apenas, 21% era produzido pelos engenhos. Essa tendência se acentuaria cada vez mais, de tal forma que, em 1940, as usinas já alcançavam 85% do açúcar e os engenhos apenas 15%.[116]

Esses dados são demonstrativos de que a região Centro-Sul conseguia um nível mais alto de produção média por usina do que os estados do Norte-Nordeste. Na safra 1939/40, os estados com os níveis mais altos foram Rio de Janeiro, São Paulo e Pernambuco. O avanço técnico e a maior proximidade do mercado consumidor,

---

115 DÉ CARLI, Gileno. *Gênese e evolução da indústria açucareira de São Paulo*. Rio de Janeiro: Editores Irmãos Pongetti, 1943, p. 144.

116 DÉ CARLI, Gileno. Aspectos de economia açucareira. Rio de Janeiro: Editores Irmãos Pongetti, 1942, p. 233-235 e BRAY, Silvio Carlos. *A formação do capital na agroindústria açucareira de São Paulo*: revisão dos paradigmas tradicionais. Tese de Livre Docência. Instituto de Geociências e Ciência Exatas, Unesp, 1989, p. 142.

segundo Szmrecsányi, ajuda a compreender o "progresso das mesmas através do tempo, vis-à-vis os seus rivais de Pernambuco e Alagoas".[117]

Essa maior produtividade relacionava-se, como já foi apontado, com as novas variedades introduzidas depois da praga do mosaico, que eram mais resistentes a geada, mais ricas em sacarose e mais produtivas. Afora isso, havia a influência da localização das usinas nortistas, o aumento da densidade demográfica no Sul e o seu maior nível de vida. Tais fatores seriam os responsáveis pela "mobilidade incaracterísticas da cana de açúcar". Rapidamente, esse deslocamento lento, porém contínuo, começou a alarmar os produtores nortistas. Nesse caso, em relação à safra paulista de 1925-26, a safra de 1936-37 teve um aumento de 1.347,3%.[118] Assim, Dé Carli relacionava esse aumento da produção do Sudeste ao desequilíbrio da produção brasileira:

> "Com números não há pessimismo ou otimismo. Existe exclusivamente a realidade. E ela grita, adverte e ensina. Ela demonstra gritantemente e adverte sobejamente que, nos quadros econômicos da produção açucareira do Brasil, algo de anormal ocorre para ameaçar o ritmo da economia nordestina. A explicação numérica desse desequilíbrio se encontrará no cotejo das safras do Estado do Rio de Janeiro e São Paulo, a partir de 1932".[119]

Efetivamente, esse aumento da produção paulista pode ser visualizado através dos dados apresentados no gráfico 15.

---

117 SZMRECSÁNYI, Tomás. 1914-1939: Crescimento e crise da agroindústria açucareira no Brasil". *Revista Brasileira de Ciências Sociais*, jun. 1988. p. 59.

118 DÉ CARLI, Gileno. *Aspectos de economia açucareira*. Rio de Janeiro: Editores Irmãos Pongetti, 1942, p. 133-135.

119 *Idem, Ibidem*, p. 153.

Fonte: Anuários Estatísticos do IAAa *apud* OLIVER, Graciela de Souza e SZMRECSÁNYI, Tamás. "A estação Experimental de Piracicaba e a modernização tecnológica da agroindústria canavieira (1920 a 1940)". *Revista Brasileira de História*, v. 23, n. 46S, São Paulo, 2003.

Como específica Caio Prado: "Como consumidor que era, sua vantagem sobre outras regiões produtoras que tinham de exportar quase toda sua produção era considerável".[120]

Do ponto de vista técnico, a expansão da produção açucareira para abastecer a crescente demanda do seu próprio mercado iniciaria um processo de procura por máquinas com uma maior capacidade produtiva. Consequentemente, a alta dos preços dos maquinários importados, a queda das exportações de açúcar e a consequente falta de capitais para importar levaram a criação de pequenas oficinas mecânicas. Esse processo desencadearia a rápida transformação dessas pequenas oficinas em importantes fábricas de maquinário para a indústria açucareira. Um caso ilustrativo foi o Grupo Dedini, responsável, em grande parte, pela implantação de uma nova estrutura técnica nas usinas e engenhos paulistas, a preços mais acessíveis.[121]

Nesse sentido, os Dedini conseguiram atender as necessidades dos produtores de açúcar, com uma tecnologia própria, aprimorando a tecnologia estrangeira já existente no país. O grupo atuaria principalmente na fabricação de moendas com maior capacidade

---

120 PRADO JUNIOR, Caio. *História Econômica do Brasil*. São Paulo: Brasiliense, 1956, p. 251.

121 CANO, Wilson. *Raízes da concentração industrial em São Paulo*. Rio de Janeiro: Difel, 1977, p. 218-224.

de esmagamento e no aperfeiçoamento de acessórios e partes auxiliares no processo de preparação da cana, extração de caldo etc. Apesar de não podermos falar que os Dedini introduziram as técnicas mais modernas na produção de álcool e de açúcar, eles foram os responsáveis por possibilitar a transformação de engenhos em engenhos turbinadores ou, mesmo em usinas, com preços mais baixos do que os maquinismos adquiridos no Nordeste. Tal fato acabaria sendo uma grande vantagem para a produção açucareira paulista.[122] Além disso, os Dedini teriam uma maior maleabilidade para vender os seus produtos, como aponta o clássico estudo de Negri:

> "Sempre com o objetivo de ampliar o mercado, o Sr. Mário Dedini, quando encontrava dificuldades para realizar as vendas dos seus equipamentos, devido às barreiras financeiras, adotava a pratica de participar como sócio dos novos empreendimentos quer seja de ampliação e modernização das instalações produtoras ou, na instalação de novas unidades, justamente com as pessoas que de uma ou de outra maneira, estavam ligadas à lavoura canavieira: fornecedores de cana-de-açúcar dispostos a instalarem engenhos ou mesmo os produtores de açúcar que desejavam ampliar suas instalações ou transformá-las em usinas de açúcar [...] a agressiva política de comercialização realizada pelo M. Dedini, não somente redundava na ampliação contínua do mercado, como também implicava em estimular sensivelmente o ritmo de modernização e adoção de processos mais eficientes e de maiores escalas na indústria açucareira paulista, de forma muito racional e econômica para as condições da época".[123]

---

122 Os Dedini desenvolveram o seu processo de produção através da reforma de caldeiras e moendas, adquiridas por seu cliente. Dessa forma, eles conseguiam absorver essa tecnologia e fabricar cópias dessa peças. RAMOS, Pedro. *Um estudo da evolução e da estrutura da agroindústria canavieira do Estado de São Paulo* (1930-1982). Dissertação de mestrado. São Paulo, EAESP/FGV, 1983, p. 23-24.

123 NEGRI, Barjas. *Um estudo de caso da Indústria Nacional de equipamentos*: análise do Grupo Dedini- 1920-1975. Dissertação de mestrado. Campinas, IFCH - Unicamp, 1977, p. 29-30.

A crise de 1929 acabaria impulsionando os Dedini, pois a Oficina conseguia vender os seus produtos a preços mais baixos do que o maquinário importado. Demais, o grupo não pagava direitos de patente pela técnica e possuía um mercado à porta, o que evitava as despesas com os elevados fretes marítimos. Porém, o fator mais importante seria a assistência técnica oferecida por Mário Dedini, uma vez que, essa era uma necessidade apontada desde os tempos da produção açucareiro do período colonial. Até a Primeira República, os produtores de açúcar tiveram que contratar técnicos estrangeiros, o que encarecia ainda mais a produção brasileira. Assim, a proximidade entre a Oficina e as usinas de açúcar facilitava a introdução de novos mecanismos, além da sua manutenção, o que faria aumentar de forma brusca a demanda pelos produtos da Dedini. Esse sucesso levaria a uma crescente diversificação da sua linha de produção. Um exemplo da atuação da Oficina Dedini foi a mediação da compra de um engenho por Pedro Ometto em Campos e a sua posterior reforma, como relata Negri:[124]

> "uma vez reformada a usina foi transportada para Iracemápolis, sendo montada pelos técnicos da Oficina Dedini. Um detalhe importante vem a ser o fato de que o conjunto de moendas tamanho 20x30 e um conjunto de dois rolos acionados por máquina a vapor. A experiência adquirida na reforma dessa moenda 20x30, possibilitou que no ano de 1935/36 a Oficina Dedini construísse um conjunto de moendas do mesmo tamanho e capacidade pelos técnicos da Dedini [...]. Por ocasião da mencionada reforma, onde todos os aparelhos foram praticamente desmontados, a Dedini pode assimilar a tecnologia da maior parte dos mesmos. [...] Os novos equipamentos que começaram a fabricar, são entre outros, os seguintes: aquecedores, evaporadores, vácuos, cristalizadores, condensadores, caldeiras, geradores de vapor, etc. Como no caso das moendas, estes equipamentos não possuíam patentes – sendo considerados de domínio público, entretanto, os projetos e desenhos específicos foram realizados pela M. Dedini. Caberia destacar

---

[124] "Em 1929, a Oficina já desenvolve um conjunto completo de moendas de três cilindros horizontais, que permitia uma produção de 15.000 e 18.000 sacos de 60 quilos de açúcar por ano, com uma média de 100 a 120 dias de atividade. A construção desta moenda inauguraria a produção de peças até então somente importadas. *Idem, Ibidem*, p. 14-22.

que, em geral, a primeira peça produzida – era sempre de pequeno porte, destinando-se inicialmente às pequenas usinas. Dominada a fabricação do novo produto, cabia aos seus técnicos apenas projetar e desenhar outras – maiores, dimensionadas para atender às grandes usinas".[125]

É exatamente nesse nível que a atuação da Oficina Dedini propiciaria aos produtores de açúcar, que quisessem modernizar suas fábricas ou montarem destilarias de álcool -, um serviço completo. O crescimento seria de tal ordem que em meados dos anos 1940, as três primeiras empresas do Grupo, M. Dedini S/A – Metalúrgica; Mausa – Metalúrgica de Acessórios para Usinas S/A e a Codistil – Construtora de destilarias Dedini S/A, já conseguiam atender todo o parque nacional produtor de açúcar e de álcool.[126]

É importante destacar que o Grupo, em um primeiro momento, não teria concorrente. Como já foi colocado, durante o período anterior, os produtores de açúcar sofreram com a falta de oficinas ou dispunham apenas de pequenas unidades. Na sua maioria, essas oficinas localizavam-se no interior de São Paulo ou na região canavieira de Campos, no estado do Rio de Janeiro. Devido à falta de acessória, frequentemente as usinas montavam a suas próprias oficinas de reparo. Ademais é importante relevar que as usinas paulistas tiveram suas origens ligadas aos pequenos engenhos. Como a política do IAA apenas limitava a produção e, ao mesmo tempo, incentivava a modernização dos engenhos, ocorreu um processo, muitas vezes mediados pelos Dedini, de venda de aparelhos adquiridos da usinas maiores e reformados por eles, para as usinas menores ou engenhos de açúcar de maior porte que queriam tais equipamentos. À vista do exposto, é praticamente impossível não perceber que essas trocas baratearam e, por conseguinte, agilizaram o processo de modernização das usinas em São Paulo.[127]

É preciso que se atente, também, que a expansão da agroindústria açucareira paulista estava diretamente ligada, no início da década de 1930, com os problemas oriundos

---

125 *Idem, Ibidem*, p. 22.

126 *Idem, Ibidem*, p. 102.

127 Os Dedini facilitavam a negociação através de acordos pessoais com os produtores de açúcar, na qual ofereciam conjuntos de moagem novos maiores, aceitando como entrada os conjuntos de moagem usados e menores. Estes passavam por uma total reforma dentro de sua própria oficina, para serem posteriormente revendidos às usinas menores. Além disso, Mario Dedini chegou a participar como sócio em várias usinas, para incrementar a venda de seus equipamentos. NEGRI. *Op. cit.*, p. 20-29 e BRAY. *Op. cit.*, p. 157.

da crise de 1929 e os baixos preços do café no mercado mundial. Os formuladores da política implementada pelo IAA, como já foi apontado anteriormente, tentavam proteger a região com mais problemas econômicas e mais dependente do açúcar, ou seja, o Nordeste. Apesar disso, o crescimento da produção de São Paulo manteve-se porque a cana-de-açúcar transformou-se em uma alternativa para o setor cafeeiro. Pode-se dizer que o retorno da cana as terras antes ocupadas pelo café marcaram o início da hegemonia paulista. Essa conjuntura econômica foi explicado por Villela e Suzigan:

> "Durante os anos que se seguiram à Grande Depressão, a produção agrícola do Brasil passou por importantes transformações. Primeiro, dentro das próprias culturas de exportação, o algodão substituiu o café como produto mais importante [...] nas mesmas regiões antigas produtoras de café, no Estado de São Paulo. Em segundo lugar...as culturas para o mercado interno tornaram-se mais importantes que as culturas de exportação. A partir dos anos trinta, o ritmo de crescimento da produção (física) das culturas para o mercado interno superou o crescimento das culturas de exportação. No final dos anos trinta e princípios de quarenta, essa supremacia estendia-se também à participação no valor da produção e na área cultivada. Assim, foi a partir dos anos trinta que a produção agrícola, no Brasil, tornou-se menos dependente dos mercados externos."[128]

É justamente no escopo da reação da produção canavieira paulista que se explicita a incapacidade do IAA em preservar o mercado paulista para o açúcar nordestino e fluminense. Assim, a safra de 1936-37 foi o marco inicial das grandes safras paulistas. No entanto, durante os anos anteriores São Paulo quase tinha atingindo a sua limitação de 2.071.439 sacos. Ora, essa grande produção ainda teria sido maior, se o estado não houvesse aumentado concomitantemente a sua produção alcooleira. Diante da perspectiva de São Paulo tornar-se auto-suficiente, o Governo começou a temer ainda mais pela situação da indústria açucareira do Nordeste, como podemos perceber na defesa dramática de Gileno Dé Carli:

---

128 VILLELA, A. V. e SUZIGAN, W. *Política do Governo e crescimento da economia brasileira, 1889-1945*, Rio de Janeiro: Ipea/Inpes, 1973, p. 61.

"Que seria da indústria açucareira do Brasil se o Governo Federal não zoneia a produção canavieira, evitando assim que São Paulo se transformasse até em Estado exportador de açúcar, em detrimento das zonas seculares açucareiras? Os motivos se ordem histórica, social, econômica e humana impediram o deslocamento de toda a produção açucareira do país, para os Estados de São Paulo e Rio de Janeiro, os dois grandes centros de atração. Não fora isso, e o deserto iria até o Atlântico no Nordeste ou então a mata tropical em breve teria novamente alcançado a região dos coqueirais".[129]

Uma vez iniciado o processo de expansão, mesmo o próprio instituto, dificilmente poderia contê-lo. Assim, a partir de 1937, São Paulo começou a ultrapassar a sua limitação, aumentando continuamente a sua produção, como pode ser observado no gráfico 16:

Fonte: DÉ CARLI, Gileno. *Gênese e evolução da indústria açucareira de São Paulo*.
Rio de Janeiro: Editores Irmãos PONGETTI, 1943, p. 206.

Esses dados ajudam a entender a preocupação do Estado Federal com a contenção da expansão da produção paulista, até porque ainda existiam muitas terras disponíveis

---

[129] DÉ CARLI, Gileno. *Gênese e evolução da indústria açucareira de São Paulo*. Rio de Janeiro: Editores Irmãos Pongetti, 1943, p. 206-207.

em São Paulo. Como se pode ver, apesar da política de defesa da produção açucareira ter sido pautada para proteger a região Nordeste, ele teria um caráter nacional, o que significava obrigatoriamente que a mesma proteção deveria estender-se aos produtores da região Centro-Sul. Entretanto, é de lembrar que apesar da falta de mercados ser um problema especificamente nordestino, enfrentado desde a perda dos mercados externos, a região Sudeste também sofria com os baixos preços gerados pela crise de superprodução. Dessa forma, a política de limitação e retirada dos excessos beneficiava concomitantemente os produtores de São Paulo, que mesmo produzindo para um mercado restrito, não conseguiam suprir nem mesmo a sua própria demanda. Esses produtores podiam assim contar com os preços mais favoráveis gerados pelas políticas do Instituto.

Não obstante a imposição de certas normas, como foi o caso da política de contingenciamento da produção, permaneceriam os parâmetros básicos da livre competição. Dessa forma, pode-se dizer que as vantagens da produção açucareira paulista manter-se-iam, ou melhor, seriam acentuadas por contarem com uma forte proteção estatal, principalmente após o controle da crise de superprodução. Para Gnaccarini, tal fato era decorrente dos usineiros paulistas, que dispunham de um menor custo de comercialização, lucrarem, assim, de um quarto a um terço do preço de venda a mais do que os outros estados. Não por acaso, após 1937, os próprios mentores da política de proteção do açúcar começaram a denunciar as desvantagens do Nordeste frente à produção de São Paulo.[130]

Deixando transparecer nitidamente esse pensamento, o presidente do IAA, Leonardo Truda, tentaria convencer os paulistas que a perda do mercado interno representaria a derrocada dos estados Nortistas e, consequentemente, tal fato iria afetar o país como um todo, principalmente São Paulo, que perderia um importante comprador dos seus produtos.

> "Feche-se a Pernambuco ou reduza-se-lhe a possibilidade de escoar o produto que está, para a sua economia, como o café para São Paulo, e ter-se-lhe-á tolhido, ao mesmo tempo, a possibilidade de comprar aos fabricantes e produtores paulistas, os tecidos de que, só em 1931, importou mais de oito mil contos de réis; os calçados e chapéus que representam mais de dois milhares de contos; os linhos, que ascenderam, em 1931, a mais de cinco mil contos; os sacos, que concorreram com mais de mil contos, e bem assim o charque, de que recebeu seis mil e quatrocentos contos de réis. Assim, liquidadas as contas, o "bastar-se a si

---

130 GNACCARINI. *Op. cit.*, p. 94-176.

mesmo", levado até as últimas consequências, ferindo de morte o intercâmbio inter-estadual, iria atingir profundamente os produtores paulistas, e não só os industriais, mas os próprios agricultores, porque também não são indiferentes as cifras do comércio de cereais, em que só o feijão paulista figura nas exportações destinadas a Pernambuco, com quase dois mil contos de réis em 1931. Levantado o balanço final, suprimidas as entradas de açúcar do Norte, mas eliminadas as exportações que o empobrecimento das populações das regiões açucareiras teria tornado impossíveis, os valores quase equivalentes de umas e outras se contrabalançariam, e como quantidades iguais com sinais contrários, elas se destruiriam para a economia paulista".[131]

Como parte fundamental do seu pensamento, Truda afirmava que a limitação da produção paulista não afetaria de modo algum a sua expansão, pois:

"Há apenas dez anos, São Paulo não alcançava produção de açúcar superior a 650 mil sacos. Em 1931, quando a defesa açucareira teve início, essa produção era de um milhão e meio de sacos. Em 1934, quando se aplicou, pela primeira vez a limitação, as usinas paulistas alcançavam a 1.844.496 sacos. Hoje, o limite total das usinas de São Paulo se traduz pela cifra considerável de 2.075.000 sacos. Esta cifra não diminui, pois, as quantidades anteriormente alcançadas. Ao contrário, ela excede de quase três centenas de milhares de sacos a produção do próprio ano em que a lei entrou em execução."[132]

---

[131] Conferência do Sr. Leonardo Truda, a convite da Associação dos Usineiros de São Paulo, e publicado em *Economia e Agricultura*, n. 24, de 15 de fevereiro de 1934 apud DÉ CARLI, Gileno. *História contemporânea do açúcar no Brasil*. Rio de Janeiro: Edição do Instituto do Açúcar e do Álcool, 1940, p. 47-48.

[132] TRUDA, Leonardo. "A Victoria do Álcool Motor". *Brasil Açucareiro*, ano V, vol. X, out. 1937, p. 100.

Em nome da sustentação do equilíbrio entre os estados produtores de açúcar brasileiros, Gileno Dé Carli também apontava a necessidade do Estado controlar a produção paulista. A sua justificativa acrescentaria às de Leonardo Truda, o fato de São Paulo só ter obtido lucros com a política de proteção implementada pelo IAA, o que, concomitantemente, causou grandes prejuízos aos produtores nordestinos. Nesse sentido, o futuro presidente do IAA perguntar-se-ia se essa situação criada pelo Instituto seria justa ou não:

> "Será justo, legal, humano, que se beneficie, ainda mais a produção açucareira de Estado importadores desse produto que querem o regime autárquico – agora que sobre o sacrifício incalculável dos produtores de açúcar no Brasil, se conseguiu a estabilidade dos preços em nível remunerador?"[133]

Dé Carli iria mais longe ao apontar o enriquecimento dos usineiros paulistas como uma decorrência dos sacrifícios nordestinos, que exportavam os seus excessos a preços gravosos para manter o preço no mercado interno, enquanto isso, os produtores paulistas conseguiam obter lucros muito maiores. A melhor solução, nesse caso, para ele, seria estabelecer um preço único para todos os estados como forma de concertar essa injustiça. Assim, através da ótica apresentada em seus trabalhos percebemos que o pêndulo que orientou as políticas do Instituto pendeu quase sempre para o lado da defesa da produção açucareira nordestina:

> "É contristador saber que se ignora a trilogia em que há quatrocentos anos vive o produtor de açúcar do setentrião. Ao se defrontar alguém, com os palácios de cristal erigidos por produtores de açúcar da Pauliceia, transformando em renda imobiliária o produto da exportação da terra, teria sido motivo de meditação que o produtor nortista precisa de financiamento de entressafra, de retro venda durante a safra, embarca ainda altas quotas de açúcar demerara para o exterior, a fim de manter a estabilidade dos preços nos mercados internos? E como se poderia impedir que o produtor sulista ganhe muito mais que o

---

133 Dé Carli, Gileno. *Aspectos de economia açucareira*. Rio de Janeiro: Editores Irmãos Pongetti, 1942, p. 73.

nortista, se o frete marítimo não onera a produção dos que encontram o consumo quase à porta? [...] Se se quer coibir o lucro exagerado em certas zonas, que se marche, então, para o preço único, para todos os produtores de açúcar do Brasil".[134]

É ilusório supor que a defesa dessa tese por Dé Carli e por vários outros representantes do IAA tenham influenciado os usineiros paulistas. Na verdade, seria muito difícil convencer os paulistas que a expansão da sua produção pudesse resultar em prejuízo para o estado de São Paulo ou até mesmo "ameaçar a unidade nacional". É de fato, esses usineiros opuseram-se frontalmente a algumas das políticas do IAA.

Naturalmente, uma das primeiras oposições desses produtores de açúcar foi contra o decreto n. 20761, de dezembro de 1931. Como já foi visto, esse decreto criaria a CPDA e instituiria a taxa de defesa. A sua justificativa escorava-se na ideia de que eram contrários a uma política de defesa de âmbito nacional. Além disso, o estado não teria interesse ou condição de suportar a manutenção de grandes estoques em Santos ou em São Paulo, principalmente por causa das pesadas despesas de frete e armazenagem que tal prática acarretaria. Apontavam, de uma maneira mais enfática, que os produtores paulistas nunca tiveram a prática de manter grandes estoques, uma vez que, o seu açúcar ia diretamente para o mercado. Assim, só os comerciantes faziam estoques, mas nem mesmo eles realizavam tal prática de forma regular. Mas, na realidade, o principal temor desses produtores era a invasão do mercado paulista pelos açúcares nordestinos de tipo mascavo e somenos, prejudicando a venda dos açúcares de tipo superior das usinas paulistas.[135]

De uma forma geral, a oposição paulista era mais enfática em relação à taxa de defesa e à limitação. Nesse caso, é importante relevar que os usineiros paulistas eram também comerciantes e refinadores de açúcar. Outro canal de discórdia foi a política oficial do álcool anidro, baseada na construção de destilarias centrais dirigidas pelo Instituto. Para os paulistas era preferível que a produção do álcool pertencesse a iniciativa privada, ou seja, as próprias usinas. Entretanto, o Governo não cedeu a essas pressões, passando a cobrar, a partir de abril de 1932, a taxa de defesa, que seria utilizada para amortizar os gastos com as cotas de sacrifício e iniciar a construção das destilarias centrais nos estados de Pernambuco e Rio de Janeiro. Interessa notar que a resposta paulista se fez ouvir atra-

---

134 *Idem, Ibidem*, p. 206.
135 GNACCARINI. *Op. cit.*, p. 61-62.

vés da criação da Associação dos Usineiros de São Paulo, formada por grandes usineiros paulistas, associados a refinadores e comerciantes de açúcar.[136]

Igualmente interessante é que apesar do governo procurar auxiliar a produção açucareira nordestina e fluminense e impor uma política de defesa de âmbito nacional, os produtores paulistas conseguiram contornar a situação. As ações do instituto pareciam funcionar como o reflexo de uma imagem no espelho, ou seja, invertidas. Em outras palavras, a dificuldade inicial do IAA para controlar a produção extra-limite e impulsionar a produção alcooleira, beneficiaria enormemente São Paulo em razão da política de sustentação dos preços e aos auxílios concedidos à instalação de destilarias particulares.[137]

Sob tal prisma, somente em 1935, São Paulo decidiria apoiar a política de limitação defendida pelo IAA. Isso só ocorreu, no entanto, em razão das graves disputas entre os usineiros do próprio país após a liberação dos extra-limites. Os usineiros paulistas passariam a defender, nesse momento, que só o Instituto poderia controlar essa situação. O importante é considerarmos que, nesse caso, passou a ser interessante para os paulistas a política de limitação, uma vez que os dirigentes do IAA garantiram que ela duraria apenas até que o Instituto conseguisse normatizar a situação. Esse novo posicionamento foi exposto durante o congresso convocado pelo IAA, em outubro de 1935. Aliás, a delegação paulista, aprovaria unanimemente a política de defesa do Instituto.[138] Em meio a quadro tão complexo, o próprio Dé Carli assumia o caráter restritivo que a limitação teve no caso da produção açucareira paulista, apesar de ser essa uma medida necessária:

> "Não há dúvida que o plano de limitação veio atingir as usinas paulistas cujas produções vinham nos últimos anos, em ritmo acelerado. Não fora a política de limitação e, dentro de três ou quatro anos, São Paulo não mais importaria açúcar. Teria executado a política de auto-abastecimento. [...] Apesar de

---

136 Idem, Ibidem, p. 62-63.

137 Como já foi apontado, o IAA teve uma grande dificuldade para colocar em vigor a política de limitação. O Instituto só conseguiu legalizar essa situação em 1935, porém, só em 1939, elas seriam definitivamente fixadas. Idem, Ibidem, p. 64-65.

138 Em relação a isso, Queda também aponta que a atuação do IAA foi fundamental para o desenvolvimento da agroindústria açucareira e alcooleira paulista, o que tem sido bastante subestimado pela maioria dos estudiosos do assunto. GNACCARINI. Op. cit., p. 73 e QUEDA, Oriowaldo. A intervenção do Estado e a agroindústria açucareira paulista. Tese de Doutorado. São Paulo, FFLCH-USP, 1972, p. 64-92.

molestados pelo plano de restrição de safra, os usineiros paulistas compreenderam ser preferível colaborar com o órgão intervencionista do que ser a indústria açucareira intermitentemente sacudida por crises de preços que acarretam sempre crises de produção"[139]

Deve-se levar em conta, no entanto, que apesar do estado de São Paulo ver sua expansão limitada pela política do instituto, favoreceu-se com a modernização do seu parque industrial açucareiro. Ademais, sob esse aspecto evitava-se uma maior concorrência, já que a instalação de novas usinas estava proibida no estado. De certa forma, neste período da limitação, o que se exigia dos usineiros paulistas era que equipassem melhor o seu setor industrial. Assim, como os usineiros não precisavam mais comprar terras como forma de proteger a sua zona de atuação, canalizaram esse capital para a modernização das suas fábricas.[140]

Curiosamente, a primeira proposta para a implantação da limitação partiu da associação paulista contrária ao IAA, ou seja, a Associação dos Usineiros de São Paulo. Apesar do instituto ter alterado alguns pontos, adotaria quase todas as medidas dessa proposta. O documentado apresentado ao IAA demonstra inicialmente à mudança de posição dos paulistas, que passariam a apoiar o Instituto, devido à retomada dos problemas da superprodução. Além disso, os usineiros paulistas perceberam o potencial de crescimento da indústria alcooleira e apoiariam enfaticamente a ideia de que a questão do álcool deveria ser considerada sob um ponto de vista nacional. Ao mesmo tempo, entretanto, concluíam afirmando que a política de contingenciamento deveria ser provisória:

> "Admitimos a limitação da produção das usinas como medida provisória, e que deverá ser estimulada em cada safra, por considerar que esse processo de combater a superprodução nunca deu resultado satisfatório. Na permanência desse regime iremos fomentar a criação de pequenos engenhos de fabricação de açúcares baixos, cuja instalação torna-se incontrolável pelo limitante, ocasionando que vivamos sempre em superprodução

---

[139] DÉ CARLI, Gileno. *Gênese e evolução da indústria açucareira de São Paulo*. Rio de Janeiro: Editores Irmãos Pongetti, 1943, p. 155-156.

[140] QUEDA. *Op. cit.*, p. 94.

a pesar dos sacrifícios dos usineiros. Essa limitação deverá perdurar, entretanto, até que as situações econômicas antagônicas à superprodução sejam criadas. Entre elas está naturalmente a da produção de álcool-motor – campo vastíssimo para a nossa indústria – cuja produção tem sido até hoje perturbada por questões de fácil remoção".[141]

A despeito de suas diferenças com o Instituto, os usineiros paulistas precisariam da sua ajuda para barrar a produção dos pequenos engenhos. Nesse sentido, apontavam a necessidade do Instituto fazer uma fiscalização mais severa no país das numerosas fábricas clandestinas de açúcar bruto, que por não pagar taxas, impostos ou outros ônus fiscais, faziam uma concorrência desleal aos produtores de açúcar legalizados. Dessa forma, essas fábricas deveriam ser registradas e arcar com os devidos ônus fiscais, sob pena de serem consideradas clandestinas, podendo ser multadas se assim não procedessem. Esses açúcares, na visão dos usineiros e dirigentes do IAA, continuavam a ser considerados anti-higiênicos e responsáveis pelos excessos de produção e concorrência desleal, como pode ser vista na Ata da Comissão Executiva do IAA, em 1932:

"Não se atribuem aos grandes usineiros paulistas as responsabilidades da superprodução. O acréscimo da safra do Estado tem sido, nestes dois anos, produzido pelos pequenos fabricantes que, não encontrando mercado para o seu produto, que era a aguardente, aparelham-se, à revelia da fiscalização, para a produção de açúcar, sem sacrifício de qualquer natureza, fazendo concorrência às grandes usinas oneradas com a limitação e taxas."[142]

Em relação às criticas a produção dos pequenos engenhos produtores de açúcar inferior, o próprio Gileno Dé Carli daria razão aos usineiros paulistas:

---

141 Ata da 17ª sessão ordinária do ano de 1934 da Comissão Executiva do Instituto do Açúcar e do Álcool *apud* DÉ CARLI, Gileno. *Gênese e evolução da indústria açucareira de São Paulo*. Rio de Janeiro: Editores Irmãos Pongetti, 1943, p. 157-158.

142 *Idem, Ibidem*, p. 159.

"Tinham razão os usineiros paulistas que prognosticou a proliferação do açúcar clandestino como uma consequência do cerceamento da atividade produtora. Mas uma vez assistia razão aos produtores quando afirmavam a proliferação de pequenos engenhos, incontroláveis na sua produção, ilimitados em seu número, e que faziam séria concorrência a todas as fábricas maiores que estivessem legalmente registradas".[143]

A única discordância à proposta paulista seria em relação aos cálculos da limitação. Pois os representantes desse estado usaram para calcular o limite das usinas a capacidade das moendas multiplicada por 150 dias de trabalho e pelo coeficiente dez. Porém, o IAA apontaria que essa fórmula aumentaria muito o nível de limitação de São Paulo e do restante do país. Assim, apesar das modificações, a fórmula paulista serviu como arcabouço para a fixação dos limites de produção das usinas, fundamentados na sessão extraordinária de 6 de março de 1934, que regularizou a limitação das safras, de acordo com a média quinquenal de produção e com a capacidade dos maquinismos; os casos de exceção; o rateio dos excessos dentro dos limites de produção dos estados; e a produção extra-limite. Ademais, os limites de produção deveriam ser estipulados anualmente pelo Instituto, tendo como base os estoques já existentes e a demanda do mercado interno. Assim, nessa primeira safra de 1934-35 foi calculado o limite em relação à média quinquenal das safras de 1929/30 e 1933-34.[144]

O novo contexto, a partir de 1937, propiciaria ao Instituto agir de forma mais definitiva, estipulando para a safra de 1838-39, as cotas de sacrifício, na qual todos os estados contribuiriam com os prejuízos, que tinham até então recaído exclusivamente sobre as usinas de Pernambuco e Alagoas. Logicamente, os usineiros paulistas foram contra essas medidas. O representante de São Paulo, Monteiro de Barros, na discussão da participação de todos os Estados nas cotas de sacrifício apontou que era contrário a participação de São Paulo, pois:

"a produção de um centro importador do mesmo gênero não deve ser eliminada, dentro de um regime econômico, por não constituir solução a problema de superprodução nacional".[145]

---

143 Idem, Ibidem, p. 160.

144 Idem, Ibidem, p. 160-161 e SZMRECSÁNYI. Op. cit., p. 192-193.

145 Apud DÉ CARLI, Gileno. Aspectos de economia açucareira. Rio de Janeiro: Editores Irmãos Pongetti, 1942, p. 92-93.

Apesar de voto vencido, São Paulo continuou a se posicionar contra o projeto que chamou de "sacrifício para a defesa da produção alheia". Os representantes do estado apontavam que como eram produtores e importadores em grande escala, para o seu próprio consumo, não consideravam justo estender aos seus produtores os ônus das quotas de sacrifício. Os usineiros nortistas rebateram essa posição afirmando que:

> "não podem escapar ao mais leigo observador as vantagens que tem advindo à sua economia (paulista) pública, do extraordinário surto de desenvolvimento de sua indústria açucareira, indubitavelmente à sombra da defesa promovido pelo Instituto".[146]

Nesse caso, o Instituto do Açúcar e do Álcool apoiaria os produtores nortistas, afirmando que graças às exportações gravosas feitas as safras de 1933-34, 1934-35 e 1935-36 com o açúcar nordestino, o preço no mercado interno tinha se estabilizado. E se essas medidas não tivessem sido realizadas, o próprio estado de São Paulo teria sofrido as consequências desses superávits da produção nortistas jogados no mercado interno, como podemos perceber na defesa de Dé Carli:

> "A indústria açucareira sulista ganhara demasiadamente com as quotas de sacrifício do Norte, que sozinho sustentava os preços. Teria sido, de fato, pior para Pernambuco e Alagoas, se não tivessem feito sacrifício que chegassem a atingir 30% de sua safra. Lograram com esse sacrifício- açúcar para a exportação oscilando entre 24$000 e 30$000 – a manutenção dos preços compensadores para o restante de suas safras. Mas o Sul, mercê de sua situação geográfica, com o consumo quase que à porta de suas usinas, com os preços sempre altos, desde que em Recife funcionava a verdadeira bolsa de açúcar, e o sulista tinha em seu favor, acrescendo ao seu preço os impostos e taxas que gravam o açúcar pernambucano e a margem dos fretes, o Sul se enriqueceu, e viveu mesmo uma época de fastígio. [...] A imposição pelo Instituto, através do trabalho de articulação, de coordenação do seu Presidente, trouxe

---

146 *Idem, Ibidem*, p. 93-94.

um verdadeiro elo de solidariedade nacional entre a produção açucareira no Brasil".[147]

Importante perceber que como compensação, os estados do Rio de Janeiro e São Paulo puderam comercializar o seu excesso de produção, como dispôs o decreto-lei n. 1931, de 1939. Como coloca acertadamente Gnaccarini:

> "O Governo da Ditadura de Vargas, ao menos no que se pode verificar com o caso do dirigismo açucareiro, comprometeu-se decididamente com os problemas conjunturais de reprodução do capital, estabelecendo limites muito precisos e bastante conscientes à interferência do aparelho estatal. A ideologia e a prática do expansionismo capitalista orientaram as instituições do Governo, inclusive o suporte militar. O Governo sujeito as pressões classistas dos setores com possibilidade de exercerem hegemonia. O que ocorreu foi que a configuração estrutural destes setores proprietários era bastante complexa para que eles pudessem reivindicar unanimemente uma política econômica não contraditória; além do mais, em virtude dessa complexidade de sua constituição estrutural, o seu interesse predominante, entre os muitos interesses, variou conjunturalmente. É a observação que se pode fazer a respeito da oscilação do comportamento de usineiros influentes de São Paulo face às questões do fornecimento de canas, da política de manutenção de preços do açúcar, da política do álcool-anidro. Apesar da instituição do IAA seguir um modelo corporativista, a influência predominante dos problemas relativos à reprodução do grande capital usineiro sempre acabou se impondo à própria autarquia açucareira pelos meios convencionais de que se vale a hegemonia política de classe".[148]

---

147 *Idem, Ibidem*, p. 94-95.
148 GNACCARINI. *Op. cit.*, p. 231.

Outro ponto de discórdia surgiria com as discussões sobre o Estatuto da Lavoura Canavieira. Em São Paulo, a utilização quase que generalizada do sistema de colonato e, consequentemente, a elevada percentagem de canas próprias das usinas geraria dúvidas no estado, visto que os usineiros paulistas temiam a imposição de aumentar os seus fornecedores, principalmente devido aos graves conflitos entre usineiros e fornecedores nos estados do Nordeste e no Rio de Janeiro. Ademais, São Paulo vinha reduzindo a participação dos seus fornecedores desde a década de 1930, pois os usineiros paulistas possuíram grandes extensões de terras, herdadas da estruturas de concentração fundiária legada pelos cafeicultores, muitos deles usineiros nesse momento.[149] Tal fato pode ser observado na tabela 8:

TABELA 8 - CANAS PRÓPRIAS E CANAS DE FORNECEDORES DAS USINAS PAULISTAS (1933 A 1936)

Usinas	1933/34 Canas próprias	1933/34 Canas fornecedores	1934/35 Canas próprias	1934/35 Canas fornecedores	1935/36 Canas próprias	1935/36 Canas fornecedores
Albertina	8.087	5.270	6.519	7.201	11.237	9.037
De Cilo	11.651	6.417	13.526	5.310	8.552	6.284
Ester	60.257	6.108	68.623	7.060	63.222	9.979
Itaiquara	22.925	905	20.483	1.002	27.042	1.419
Junqueira	77.190	66.879	69.214	57.452	79.808	64.933
Monte Alegre	79.313	3.851	70.785	5.725	93.805	9.578
Piracicaba	74.548	15.946	61.755	10.241	72.175	12.450
Porto Feliz	74.410	10.373	95.966	7.882	122.023	7.736
Santa Bárbara	67.267	12.672	63.905	7.042	74.300	15.491
Vassu-nunga	9.554	16.601	9.599	23.622	10.575	21.030
Vila Raffard	86.278	8.879	84.536	11.021	92.697	17.163

Fonte: DÉ CARLI, Gileno. *Gênese e evolução da indústria açucareira de São Paulo*. Rio de Janeiro: Editores Irmãos Pongetti, 1943, p. 163.

---

149 BACELLAR, Carlos de Almeida Prado e BRIOCHI, Lucila Reis (orgs.). *Na Estrada do Anhanguera*: uma visão regional da história paulista. São Paulo: Humanitas, 1999.

O artigo que mais gerou controvérsias foi o primeiro, que definiu o fornecedor de cana como aquele que cultiva terras próprias ou alheias numa mesma usina durante pelo menos três safras consecutiva. Os usineiros paulistas receavam que os seus colonos fossem vistos como fornecedores, como foi apontado no anteprojeto do estatuto.[150] Ademais, o estatuto criaria dúvidas em relação à utilização das terras das usinas, já que muitos deles não possuíam fornecedores de cana. Assim, o usineiro paulista passou a alegar que o estatuto criava uma categoria, a de fornecedor, onde ela não existia.[151]

Os representantes dos produtores de açúcar de São Paulo apontavam como graves obstáculos, para a implementação das normas do ELC, o fato de só 50% dos colonos e trabalhadores agrícolas seriam contemplados com as vantagens dessa lei, e, a questão das canas moídas, no estado, atingirem 1.500.000 toneladas, assim, 50% seriam 750 mil toneladas. Segundo os cálculos fornecidos, como em média os fornecedores paulistas produzem até três mil toneladas, o estado precisaria de 250 novos fornecedores aquinhoados com quotas vinculadas às terras alheias, o que resolveria o problema agrário canavieiro apontado pelos dirigentes do IAA.

Apontavam, ademais, que pelos dispositivos do anteprojeto do estatuto existiriam dois tipos de fornecedores de cana: o fornecedor tradicional, capitalista, dono das terras cultivadas com assalariados, o que pela lei seria definido como "empregador", e, o fornecedor, que seria na verdade o colono, pois trabalhava em terra alheia, tendo direito a assistência financeira, técnica e social, sendo na verdade, segundo as leis trabalhistas, "empregado". Além disso, os produtores paulistas justificavam que:

---

150 Como aponta Soares: "as objeções dos representantes dos usineiros paulistas na Comissão Executiva do IAA contra a indicação, pelo Instituto, do representante dos fornecedores de cana de Igarapava para integrar, na qualidade de convidado, o Congresso Açucareiro de fins de julho, já prenunciavam o agravamento dos choques de interesse entre integrantes dessas duas categorias canavieiras". SOARES. *Op. cit.*, p. 136.

151 Segundo Gnaccarini, em São Paulo, "os fornecedores de canas só se tornaram uma categoria numerosa a partir das aplicações das normas legais do Estatuto da Lavoura Canavieira, decreto-lei n. 3855, de 1941, pois ele estabelecia que os aumentos de quota de açúcar em cada usina seriam deferidos proporcionalmente ao volume de canas de fornecedores, e que os aumentos de produção de cana, consequentes aos aumentos de açúcar, seriam deferidos exclusivamente a fornecedores, devendo ainda todas as usinas, obrigatoriamente, contar com pelo menos 40% de canas de fornecedores no total de suas moagens". GNACCARINI. *Op. cit.*, p. 111.

"exigindo a cultura racional da cana uma orientação segura e minuciosa; exigindo o seu corte o transporte rápido, uma absoluta coordenação sob orientação única do superintendente industrial, quaisquer medidas legais que se afastassem dessa realidade técnica para abranger apenas criações abstratas no terreno social, viriam anarquizar a lavoura canavieira, encarecer e depreciar a qualidade do produto, prejudicando diretamente a totalidade das populações do país".[152]

Tal leque de explicações auxiliaria as reivindicações paulistas a serem aceitas quase que na sua totalidade, principalmente em razão do forte apelo da questão do colonato. Em relação a essa questão, o próprio Gileno Dé Carli defenderia os paulistas:

"Não tendo havido absorção de fornecedores pelas usinas, não se pode dizer que o problema fundamental da economia açucareira paulista seja a preservação dos fornecedores, porque eles sobreexistiriam mesmo sem medidas de ordem legal. Também a melhoria dos preços da matéria prima não é mais problema a resolver porque, de acordo com a nova tabela, a exploração canavieira por parte dos fornecedores paulistas, será, inegavelmente, um dos melhores negócios do país. O problema básico de São Paulo açucareiro é o seu regime de trabalho agrícola: o colonato. No colonato reside a racionalização da lavoura paulista, a excelência dos seus canaviais e o alto rendimento de muitas fábricas de açúcar. A todo transe deve-se manter esse regime, pois que desmoronar a organização existente, para criar no colono a consciência de fornecedor de cana, é disseminar a luta histórica e eterna entre o fornecedor e a usina. Onde for uma tradição a figura do fornecedor deve-se ampará-la para que não desapareça ante a tendência de absorção da usina. Onde porém ele não existe, como problema, porque criar uma situação de

---

152 Observações preliminares sobre o anteprojeto do "Estatuto da Lavoura Canavieira" apresentadas pelo Sindicato da Indústria do Açúcar no Estado de São Paulo *apud* DÉ CARLI, Gileno. *Gênese e evolução da indústria açucareira de São Paulo*. Rio de Janeiro: Editores Irmãos Pongetti, 1943, p. 210-211.

intranquilidade nos campos de cana? Qualquer alteração que se julgue necessário fazer nas relações das usinas com os seus colonos, deve ser sempre dentro do regime do colonato. Assim, não sobreviverá a anarquia ao trabalho organizado".[153]

No entanto, o caso de São Paulo pode ser dividido em duas situações distintas. Situar-se-iam, em um primeiro caso, as regiões que começaram a expandir as suas plantações canavieiras com a crise do café, como Ribeirão Preto e Araraquarense. Essas regiões não tinham problemas com fornecedores, devido ao predomínio do colonato.[154] No segundo caso, encontravam-se as regiões de produção açucareiras mais tradicionais, que se mantiveram apesar do avanço do café, como a região de Piracicaba. Nesse caso, poderíamos dizer que os conflitos entre usineiros e os seus fornecedores se assemelhavam aos de Pernambuco e aos de Campos.

À vista dessa diferenciação, o IAA propôs-se a intervir no primeiro de caso, de forma apenas a regulamentar as relações entre as diferentes classes, como nas relações de trabalho dos colonos. Porém, no segundo caso, o Instituto pretendia intervir para manter como no restante do país a figura do fornecedor a salvo da expansão vertical das usinas. Como coloca Ramos, o Estatuto não pretendeu criar a figura do fornecedor em São Paulo, mas sim, "disciplinar ou baixar medidas que pudessem defender a todos – usineiros, fornecedores e operários, buscando para o Governo Vargas o apoio maior possível".[155]

Nesse sentido, o Estatuto dedicaria os artigos 5.º ao 9.º do Capítulo II "dos lavradores de cana" para cuidar especificamente do caso paulista e das usinas que só se utilizavam do regime agrícola do colonato. As regras impostas no caso dos fornecedores não se aplicavam aos colonos, pois, estes não corriam propriamente o risco agrícola. Mais especificamente, os colonos não tinham direito a uma quota de produção, porque o seu trabalho se resumia as limpas, os cortes e o transporte das canas. O próprio Dé Carli apontava a necessidade de uma diferenciação nesse caso:

---

153 Idem, Ibidem, p. 228.

154 PINASSI, Maria Orlanda. *Do engenho central à agroindústria*: o regime de fornecimento de canas. Cadernos do Cedec, n. 9, 1987, p. 15-17.

155 RAMOS, Pedro. *Um estudo da evolução e da estrutura da agroindústria canavieira do Estado de São Paulo* (1930-1982). Dissertação de mestrado. São Paulo, EAESP/FGV, 1983, p. 117-118.

> "Em São Paulo, o problema do fornecedor de cana é inteiramente original. Os usineiros paulistas não têm, na sua generalidade, a figura do fornecedor de cana, como nas outras zonas açucareiras do país. Na zona açucareira de São Paulo não houve a substituição do banguezeiro pelo fornecedor de cana, porque com a febre do café, a sua indústria açucareira entrou em declínio. [...] Depois que o café começou a desinteressar os capitais, após as continuadas crises motivadas pelas valorizações artificiais, o usineiro paulista resolveu tratar seriamente da produção de açúcar. [...] Tinha ao seu lado a técnica da exploração agrícola do café com o trabalho organizado do colono. Este filho de italiano, ou mesmo italiano, afeito à faina agrícola, se adaptou imediatamente ao regime de colonato na indústria açucareira. Não é fornecedor de cana, porque, pela atual legislação não lhe cabe o direito a uma quota, e não é proprietário. Rendeiro da terra do usineiro, recebe o solo lavrado e plantado. Cabe-lhe o trabalho das limpas, do corte e do transporte".[156]

O IAA regularia os contratos tipos entre os usineiros e os seus fornecedores, que deveriam obedecer às seguintes normas:

> "concessão ao trabalhador, a título gratuito, da área de terra suficiente para plantação e criação necessárias à subsistência do lavrador e de sua família; [...] proibição de reduzir a remuneração devida ao trabalhador, com fundamento na má colheita, resultante de motivo de força maior; [...] direito a moradia sã e suficiente, tendo em vista a família do trabalhador; [...] assistência médica e hospitalar; [...] ensino primário gratuito às crianças em idade escolar; [...] garantia de indenização no caso de despedida injusta do trabalho".[157]

---

156 DÉ CARLI, Gileno. *Aspectos de economia açucareira*. Rio de Janeiro: Editores Irmãos Pongetti, 1942, p. 294.

157 VELLOSO. *Op. cit.*, p. 463.

Nessas condições, todavia, o Estatuto teria a função de barrar a concentração fundiária no segundo caso apontado. O próprio Barbosa Lima Sobrinho justifica essa intervenção utilizando-se do caso extremo do município de Piracicaba, relatado pelo Prefeito Luís Dias Gonzaga, no ano de 1936, que reclamava "contra a redução do número de pequenas propriedades, naquele município, dadas as compras crescentes realizadas pelas usinas". Segundo ele, se essa situação continuasse ocorreria um processo de divisão do município em "algumas imensas propriedades para as grandes culturas, em prejuízo da policultura e da múltipla subdivisão do solo, entre numerosas famílias de lavradores proprietários".[158]

O ELC determinaria, assim, que tão somente nas usinas onde imperasse exclusivamente o colonato não seria imposto a observância do recebimento de pelo menos 40% de cana dos seus fornecedores. Porém, o estatuto funcionaria, nesse caso, como um nó górdio: isentava os usineiros paulistas de aumentarem o número de fornecedores, mas estipulava que se assim o fizessem, não poderiam aumentar futuramente a sua produção, nem em caso das suas usinas estarem sub-limitadas, como apontava o artigo 55:

> "Serão dispensadas da observância no artigo 48 as usinas quer atualmente se abasteçam exclusivamente com canas próprias e não disponham de fornecedor algum ou de lavrador que lhe seja equiparado [...]. As usinas a que se refere este artigo ainda que sub-limitadas, não participaram de quaisquer aumentos concedidos, a título transitório ou definitivo, à limitação de produção, nem serão contempladas na distribuição dos saldos da produção intra-limite, ou na liberação dos excessos".[159]

---

158 *Apud* LIMA SOBRINHO. *Op. cit.*, p. 48-49. Peres também cita o caso da expansão territorial da Usina Monte Alegre. A usina teria adquirido somente durante os anos de 1932 a 1945: 24 sítios, fazendas e faixas de terra, totalizando cinco mil hectares. Assim, a usina passou a possuir terras em três municípios da região. PERES, Maria Thereza Miguel. *O colono de cana na modernização da Usina Monte Alegre*: Piracicaba (1930-1950). Dissertação de mestrado em História. São Paulo, PUC/SP, 1990, p. 87-97.

159 VELLOSO. *Op. cit.*, p. 477-478.

Barbosa Lima Sobrinho justificaria esse artigo defendendo que o projeto não poderia estabelecer diferença ao tratar a questão nos diversos estados produtores de açúcar no país. Noutros termos, nada mais justo do que adotar:

> "a orientação de subordinar todas as usinas, que tivessem fornecedores, ou vivessem em zonas de fornecimento, à obrigação de quota mínima. Quanto às outras, que possuem apenas colonato, não quis o projeto forçá-las a criar uma categoria agrícola, de que não houvesse exemplo na fábrica. Achou, porém, que deveria negar a essas usinas vantagens e benefícios, que foram considerados compensação de um regime de divisão da parte agrícola. Não receberão elas aumento de quotas. Não participarão da redistribuição dos saldos do Estado. E para que não houvesse prejuízo para o Estado com o desfalque dos aumentos recusados a essas usinas, o projeto autoriza o IAA a aproveitar as sobras dessas quotas, para fundar novas usinas nessas regiões. Será o meio de fazer uma experiência concludente em torno da possibilidade, ou não, da criação de fornecedores de canas, em determinadas zonas do sul do país." [160]

Nesse caso, percebe-se que o ELC seria uma imposição do IAA. Os usineiros não concordaram com as suas diretrizes. Deve-se levar em conta que, nesse momento, quando o IAA garantiu um preço mínimo de remuneração para as usinas, era de interesse para os usineiros passarem a produzir a sua própria matéria-prima, principalmente os usineiros de São Paulo, que possuíam ao controle do seu mercado. Segundo Barbosa Lima Sobrinho, o usineiro paulista foi o "adversário mais obstinado e mais ativo" do Estatuto da Lavoura Canavieira. Apesar de ter cedido às pressões dos interventores estatais e terem recebido promessas de compensações com a aprovação do Estatuto, na Quarta Conferência Canavieira, que ocorreu em 1941, os produtores paulistas ainda afirmariam que o Estatuto: "obriga a usina que tem as dificuldades naturais do negócio

---

160 LIMA SOBRINHO. *Op. cit.*, p. 140.

– a criar fornecedores, emprestar-lhes dinheiro, fazê-lo produzir (...) e estabelecê-la (essa classe) e fazê-la prosperar".[161]

Ora, em São Paulo, o que se percebeu foi o aumento do número dos fornecedores de cana desde o início da intervenção do IAA. Entretanto, ao mesmo tempo, ocorreria a diminuição da percentagem de cana desses atores. Certamente, a expectativa do IAA, através da ação do Estatuto, era aumentar progressivamente a participação dos fornecedores e diminuir o alto índice de canas próprias apresentados pelo estado.[162] A evolução desse processo pode ser observada no gráfico 17:

Fonte: Dé Carli, Gileno. *Gênese e evolução da indústria açucareira de São Paulo*. Rio de Janeiro: Editores Irmãos Pongetti, 1943, p. 223-226.

Por fim, pode-se concluir que a expansão da produção alcooleira e açucareira no estado de São Paulo relaciona-se com o próprio processo de hegemonia econômica dos estados do

---

161 Lima Sobrinho. *Op. cit.* e IAA. *Conferência Canavieira de 1941*, Rio de Janeiro: IAA, 1943, p. 126.

162 O IAA teria sucesso nesse caso, visto que entre as safras de 1945-46 a 1950-51 a percentagem da participação dos fornecedores cresceria de 19,6% para 33,9% e a partir da safra 1951-52 ultrapassaria os limites assegurados pela legislação. Soares. *Op. cit.*, p. 138.

Centro-Sul frente à região nordestina, principalmente o processo de concentração industrial em São Paulo. Nas palavras de Fernando de Azevedo fica claro esse processo:

> "Esse fenômeno de absorção da parte agrícola pela usina e da expansão do regime de grande exploração observou-se particularmente em São Paulo, onde se iniciou a cultura de cana, e, depois de um colapso de três séculos ressurgiu, com grande intensidade, a indústria do açúcar, e para onde, em consequência, ameaçou deslocar-se do norte o centro de gravidade da produção. O século XX registra, de fato, um surto sem igual da lavoura da cana e da indústria de açúcar em São Paulo, com suas 38 usinas, em 1942-43, das quais duas com produção superior a 320 mil sacos, e sete com produção variável entre 100 mil e 230 mil aços, - progresso realmente notável, tanto em virtude e como reflexo, nesse domínio, da crescente industrialização do Estado, quanto pelo acréscimo de braços, quer por via das migrações internas (deslocamento de população do Norte para o Sul), quer por força de levas constantes de imigração".[163]

O IAA E A POLÍTICA DO ÁLCOOL-MOTOR

> "A utilização do álcool industrial poderá constituir uma nova válvula regularizadora do mercado açucareiro. São numerosas as suas aplicações. Por ser mais perfeita e resistirem a uma compressão maior os seus gases, o álcool, não obstante possuir menos valor calorífico que a gasolina torna-se, quando empregado em mistura com certos corpos, bastante eficiente para acionar motores a explosão. [...] Todavia, para que esta industrialização do álcool como motor possa alcançar o desejado êxito, torna-se ne-

---

[163] AZEVEDO. *Op. cit.*, p. 224.

cessário remover certos obstáculos de ordem fiscal, facilitar o seu transporte e o seu comércio, e intensificar a sua fiscalização".[164]

A mensagem apresentada ao Congresso Legislativo pelo Vice-Presidente do estado de São Paulo, Heitor Teixeira Penteado, em 1930, são ilustrativas para a compreensão da importância que a indústria alcooleira[165] passou a ter com o acirramento da crise do setor açucareiro após a conjuntura negativa do pós-1929. Assim, retoma-se o ideal da indústria alcooleira como a solução para a crise de superprodução do setor açucareiro e uma alternativa para o setor energético.

Como aponta o Sr. Heitor Teixeira Penteado, para que essa indústria tomasse o impulso necessário seriam necessárias certas medidas por parte do Estado. Sob tal prisma, o Governo implementaria, através do decreto n. 19.717, de 20 de fevereiro de 1931, a obrigatoriedade da mistura de 5% de álcool em toda a gasolina importada.

> "Art. 1º. – A partir de 1 de julho do corrente ano, o pagamento dos direitos de impostação da gasolina somente poderá ser efetuado, depois de ter feito a prova de haver o importador adquirido, para adicionar à mesma álcool de procedência nacional, na proporção mínima de 5% sobre a qualidade de gasolina que pretender despachar, calculada em álcool a 100% . Até 1 de julho de 1932, tolerar-se-á a aquisição de álcool de grau não inferior a 96 Gay Lussac a 15º C., tornando-se obrigatória, dessa data em diante, a aquisição de álcool absoluto (anidro)".[166]

---

164 Mensagem apresentada ao Congresso Legislativo, em 14 de julho de 1930, pelo Dr. Heitor Teixeira Penteado, Vice-Presidente em exercício do Estado de São Paulo, p. 37-38.

165 Como é sabido, o álcool pode ser obtido não apenas do melaço, ou seja, álcool residual, mas diretamente da cana. Ademais, o álcool dividi-se em dois produtos diferentes: o álcool hidratado, usado principalmente como matéria-prima, como insumo industrial ou como um substitutivo inferior para a gasolina; já o álcool anidro é usado como um aditivo oxigenante para a gasolina. Foi a produção do álcool anidro que o Governo Vargas tentaria promover. SZMRECSÁNYI, Tamás. 1914-1939: Crescimento e crise da agroindústria açucareira no Brasil". *Revista Brasileira de Ciências Sociais*, jun., 1988, p. 62-63.

166 VELLOSO. *Op. cit.*, p. 7.

Além disso, esse decreto estabeleceu que os automóveis a serviço da União, Estados e Municípios deveriam utilizar álcool ou na falta deste um carburante com pelo menos 10% de álcool. As estradas de ferro também só poderiam cobrar um frete inferior a 50% do estabelecido para a gasolina e os automóveis de carga ou de passageiros com motores de compressão um para seis, teriam um abatimento de 20% sobre os direitos de importação.

Em um primeiro momento, tal leque de iniciativas seria contrário aos interesses dos usineiros. Especificamente, no que se refere à imposição de produzir álcool de melhor qualidade. Para tentar contornar essa dificuldade, o Estado criaria a Comissão de Estudos sobre o Álcool-Motor, em 4 de agosto de 1931. Caberia a CEAM receber todas as reclamações, petições e sugestões referentes à questão do álcool, além de, propor medidas para o desenvolvimento dessa produção. Essa Comissão seria composta tão somente por representantes do Ministério da Agricultura, da Fazenda e do Trabalho, Indústria e Comércio, não contando com a participação de representantes dos produtores de açúcar e fornecedores. Essa organização administrativa pode ser considerada como um demonstrativo da centralização, por parte do Governo Federal, da produção alcooleira no país.[167]

Para tanto, os próprios representantes do Governo legitimaram as suas ações utilizando-se do ideário defendido tradicionalmente desde a Primeira República, isto é, o incremento da indústria alcooleira seria o principal meio para debelar a crise de superprodução e diminuir os gastos com a importação de gasolina. Essa visão pode ser encontrada nos apontamentos de Dé Carli:

> "Ocorrerá, fatalmente, portanto, o aumento da matéria prima. Impossibilitado de produzir açúcar, abre-se-nos o caminho da fundação de um gigantesco parque industrial para álcool anidro. Rota acertada. Diretiva econômica lógica. Consequência: - gradativa nacionalização do combustível e segurança absoluta dos justos preços do açúcar. [...] O Brasil, em matéria de combustível, é um país colônia. Andamos arrastando cifras fantásticas, para transformação em movimento, em circulação, em força. Porém, nem sempre é motivo de orgulho a ostentação nas colunas de importação, de números astronômicos."[168]

---

167 Idem, Ibidem, p. 43-44.

168 Dé Carli, Gileno. *Aspectos de economia açucareira*. Rio de Janeiro, Editores Irmãos Pongetti, 1942, p. 46.

Significativamente ampliados no pós-1930, os gastos com gasolina já eram discutidos nos diversos níveis de poder, principalmente nas cidades mais industrializadas, como São Paulo. Aliás, o Vice-Presidente do estado Heitor Teixeira Penteado, contabilizava que:

> "No ano transacto, segundo as estatísticas, o consumo de gasolina no Estado de São Paulo, foi de 140 milhões de litros, na importância aproximada de 140.000 contos de réis. Essa elevada quantia, como é sabido, se escoa para o estrangeiro. Se adotássemos o regime do álcool-motor, a exemplo de muitos países, como a França, Alemanha, a Austrália, Sul da África e outros, poderia ser ela perfeitamente reduzida a metade."[169]

Em torno dessas ideias estava o desenvolvimento de pesquisas há muito financiadas pelo governo, tanto para aperfeiçoar o carburante nacional como para justificar a sua supremacia frente a outros produtos. Assim, já em 1931, o chefe do Serviço Geológico do Ministério da Agricultura, Luiz Flores de Morais Rego, na conferência organizada pela SNA, afirmava que dentre os recursos brasileiros em carburantes de substituição:

> "o álcool, derivado da indústria do açúcar e futuramente extraído de outros produtos vegetais por processos modernos, é incontestavelmente o produto nacional mais apto ao emprego intensivo como carburante de substituição. Diversas razões concorreram para tanto: a multiplicidade de fontes capazes de produzi-lo, espalhadas por todo o país; a facilidade de intensificação imediata de sua produção pela indústria açucareira, com melhor aproveitamento dos melaços e aumento de rendimento da fermentação, e pelo tratamento por processos modernos de outros produtos vegetais e, finalmente, a possibilidade de obtê-lo por preço muito baixo pelo fator de aperfeiçoamento dos processos de fabricação".[170]

---

169 Mensagem apresentada ao Congresso Legislativo, em 14 de julho de 1930, pelo Dr. Heitor Teixeira Penteado, Vice-Presidente em exercício do Estado de São Paulo, p. 38.

170 "Os carburantes nacionais e o álcool". Conferência feita em 03/03/1931, na Sociedade Nacional de Agricultura pelo chefe do Serviço Geológico do Ministério da Agricultura,

Uma vez superadas as primeiras dificuldades técnicas de utilização do álcool, o governo tentaria incentivar a iniciativa privada a investir na indústria alcooleira. Assim, estabeleceu um premio de 50:000$000 para a primeira destilaria produtora de álcool anidro construída no país. Porém, o elevado custo de montagem de uma destilaria, que orçava no período em torno de Rs 2.000:000$000, acabaria desestimulando os produtores. Aliás, nenhuma destilaria seria construída. O próprio Governo criaria casualmente um dos principais empecilhos, uma vez que, pelo decreto n. 22.008, o preço do álcool foi fixado em Rs1$000 o litro, inviável para o produtor.

Dessa forma, o governo tomaria como uns dos seus fins específicos a transformação dos excessos de açúcar em álcool. Para isso, designaria a CPDA e o CEAM. Malgrado os esforços, nenhuma dessas comissões conseguiram desenvolver a indústria alcooleira. Releva notar que, uma das últimas medidas da CPDA, a fim de incentivar a produção alcooleira no país, foi conceder uma verba de Rs 2.400:000$000, como forma de auxiliar na montagem do parque industrial alcooleiro. Porém, é incontestável que essa e as outras medidas implantadas pelo órgão foram insuficientes para debelar a crise de superprodução açucareira através do direcionamento dos seus excessos para a produção alcooleira. É importante acentuar que, essas medidas só seriam eficazes em longo prazo, isto é, com o desenvolvimento do parque alcooleiro. No entanto, a julgar pelas amostras iniciais da atuação da CPDA, pode-se dizer que foi somente com a criação do Instituto do Açúcar e do Álcool que iniciou-se o efetivo planejamento da produção alcooleira no Brasil.[171]

Para além desses aspectos, cabe também apontar a imaturidade dessas primeiras medidas. Acreditamos que um dos principais pontos de entrave das políticas implementadas pela CEAM e pela CPDA tiveram pouca eficácia por tratar separadamente do problema do açúcar e do álcool. O que fez supor a assertiva de nossa hipótese foram os dizeres de um dos presidentes do Instituto do Açúcar e do Álcool, Autarquia sucessora dessas Comissões, Gileno Dé Carli:

> "Reunia o Governo os dois problemas – o do açúcar e o do álcool – que até então se estudavam e se encaminhavam separadamente. E essa fusão deu ensejo a criar uma feliz situação para a indústria açucareira do Brasil, pois que, sendo um país de economia

---

Luiz Flores de Moraes Rego. A Lavoura, abr./mai./jun. 1931, p. 72.

171 Guimarães afirma que para o produtor o preço do álcool deveria orçar em Rs 1$000 o litro do álcool a 96° G, e o álcool anidro, Rs 1$092 o litro. GUIMARÃES. *Op. cit.*, p. 63-65 e SZMRECSÁNYI. *Op. cit.*, p. 176-178.

nitidamente agrária, não foi obrigado a reduzir os seus canaviais. Aliás, a limitação açucareira, entre nós, têm um sentido *"sui generis"*, pois, como veremos, não se diminui e produção. Ela foi simplesmente estabilizada. Não houve sacrifícios profundos. Coibía-se somente que a ambição de maiores e crescentes lucros levassem o produtor a aumentar progressivamente suas safras".[172]

Por outro lado, o IAA incentivaria muito mais a política de desenvolvimento do álcool-motor do que o açúcar em si. Para nós, tal fato relaciona-se a própria visão do álcool como alternativa para a produção açucareira, ou ainda, uma forma de controlar a crise de superprodução e diminuir os gastos com combustíveis. Em relação a isso, Moacyr Soares Pereira, já destacava, em 1942, que:

> "o Governo já incentivava a produção alcooleira antes de cuidar de proteger a do açúcar. No caso do álcool, tão pouco, a intervenção revestia-se do caráter de defesa. O que se visava em primeiro lugar era ajudar a balança comercial do país, restringindo as importações. Diante do colapso de nossa exportação arrastada para baixo, principalmente pela queda do café". [173]

Esse discurso seria efetivado no próprio Estatuto de criação do Instituto do Açúcar e do Álcool, que justificaria a atuação do Estado em relação ao álcool, devido às assertivas anteriores e a própria expansão do mercado desse produto.

> "Considerando que, desde as medidas iniciais, de emergência e preparatórias, sempre se considerou que a solução integral e a mais conveniente à economia nacional para as dificuldades da indústria açucareira, está em derivar para o fabrico do álcool industrial uma parte crescente das matérias-primas utilizadas

---

172 Dé Carli, Gileno. *Aspectos de economia açucareira*. Rio de Janeiro: Editores Irmãos Pongetti, 1942, p. 28-29.

173 Pereira, Moacyr Soares. *O problema do álcool-motor*. Rio de Janeiro: José Olympio, 1942, p. 10.

> para a produção de açúcar. [...] considerando que o consumo de álcool industrial oferece um mercado cada vez maior, com possibilidades quase ilimitadas;"[174]

Fica explicita tal intenção quando o Governo decretou que caberia ao IAA:

> "assegurar o equilíbrio interno entre as safras anuais de cana e o consumo de açúcar, mediante aplicação obrigatória de uma quantidade de matéria-prima, a determinar, ao fabrico do álcool; [...] fomentar a fabricação do álcool anidro, mediante a instalação de destilarias centrais nos pontos mais aconselháveis ou auxiliando, nas condições previstas neste decreto e no regulamento a ser expedido, as cooperativas e sindicatos de usineiros que, para tal fim se organizarem, ou os usineiros individualmente, a instalar destilarias ou melhorar suas instalações atuais; [...] determinar, periodicamente, a proporção de álcool a ser desnaturado em cada usina, assim como a natureza ou a fórmula do desnaturante; [...] fixar os preços de venda do álcool anidro destinado às misturas carburantes e, bem assim, o preço da venda destas aos consumidores; [...]".[175]

A breve apreciação do Estatuto de criação do IAA atesta o alto grau de controle que o IAA teria sobre a produção alcooleira. Vale ainda ressaltar que devido à complexidade do assunto, o Instituto criaria uma Secção para cuidar das questões especificas da produção alcooleira, a Secção do Álcool-Motor. Assim, essa seção cuidaria do:

> "recebimento do álcool destinado à mistura, entrega da parte pertencente às companhias e empresas importadoras de gasolina, preparação e venda do novo carburante para as repartições públicas e distribuição por todos os centros de consumo"[176]

---

174 Velloso. *Op. cit.*, p. 85.

175 *Idem, Ibidem*, p. 87-88.

176 IAA. *A política do álcool-motor*. Rio de Janeiro: IAA, 1942, p. 323.

Essa seção era responsável por todas as operações relativas ao álcool, estipuladas anualmente nos planos de safra elaborados pela Comissão Executiva. Não por acaso, inicialmente, as suas funções se restringiram principalmente para a produção e comercialização do álcool-anidro resultante de sua mistura à gasolina. Assim, tão somente, com o advento da Segunda Guerra Mundial, passaria a abranger também o controle da produção e da distribuição do álcool hidratado. Foi graças a essa seção que o Instituto conseguiu implementar a política de difusão do emprego do álcool-motor nos automóveis oficiais e particulares, o que acabou minando as resistência iniciais ao consumo do álcool-motor.[177]

Ora, como a sede da Secção do Álcool-Motor localizava-se no Distrito Federal, foi construído no Rio de Janeiro, o Depósito Geral da Secção, onde se produzia o álcool-motor a ser distribuído às repartições públicas e aos consumidores locais. O Depósito contava com três tanques subterrâneos, cuja capacidade para 40.000 litros, e um tanque, para 2.300.000 litros de álcool anidro, localizado na Ilha do Governador. O Instituto também possuía quatro carros tanques, com capacidade total de 14.000 litros, e um caminhão aberto para a distribuição de tonéis de álcool. Ainda dispunha de três bombas: uma instalada na Praça Mauá, uma na Esplanada do Castelo e uma na praia de Botafogo. Contava também com cerca de 9.000 tonéis e 80 vagões-tanques. Além disso, as destilarias centrais possuíam:

> "três tanques de 9.000.000 litros localizados na zona portuária do Brum, no Recife, um tanque de 3.000.000 litros para o armazenamento de álcool anidro na cidade de São Paulo, um tanque de 1.000.000 litros em Ponte Nova, Minas Gerais, um tanque de 2.300.000 litros para o armazenamento do álcool anidro em Santos, São Paulo".[178]

Seguindo as diretrizes para melhorar a fiscalização adotada no período dos engenhos centrais, o instituto separaria o país em zonas administrativas. Porém, nesse caso, tal medida seria uma forma de facilitar a administração. Assim, o país foi dividido em quatro zonas de consumo. A primeira zona abarcou a sede da empresas e companhias importadoras de gasolina do Centro Sul, ou seja, o Distrito Federal, e mais os estados do Rio de Janeiro, Espírito Santo, Bahia, Minas Gerais; a segunda abrangeu os estados de Pernambuco, lo-

---

177 SZMRECSÁNYI. *Op. cit.*, p. 227-228.

178 IAA. *A política do álcool-motor.* Rio de Janeiro: IAA, 1942, p. 70-73.

cal das empresas e companhias importadoras de gasolina que abasteciam a região Norte-Nordeste, e mais, os estados de Alagoas, Rio Grande do Norte e Sergipe; a terceira limitava-se a cidade de São Paulo, nesse caso, o IAA trabalharia em conjunto com as companhias e empresas importadoras de gasolina; e por último, a quarta zona, que compreendia os estados do Pará, local das empresas e companhias importadoras de gasolina, e mais, os estados do Amazonas, Maranhão, Piauí e territórios do Acre. Essa zona, na verdade era abastecida pelo álcool produzido em Pernambuco.[179] Logicamente, os estados que mais receberam álcool anidro da Secção foram São Paulo e Distrito Federal, em razão do seu maior consumo. Como ilustram os dados do gráfico 18:

Fonte: GUIMARÃES, Carlos Gabriel. *A indústria álcool-motora no primeiro governo Vargas* (1920-1945). Dissertação de Mestrado. Niterói, ICHF/UFF, 1991, p. 138-139.

Diante dos diagnósticos apresentados acerca do agravamento da crise do setor açucareiro, em 1932, o governo implementaria uma forte campanha para a divulgação do álcool-motor, chegando a autorizar misturas contendo 60% de álcool de baixa qualidade com 40% de gasolina. Além disso, para incentivar o consumo, o preço da mistura foi fixado em $875 em concorrência aos 1$100 cobrados pela gasolina na Capital Federal. Não por acaso, a incidência de variação da percentagem das misturas de região para região era o principal problema relatado no período. Tal fato é perceptível quando comparamos

---

179 *Idem, Ibidem*, p. 69-70.

as misturas utilizadas em Pernambuco e no Distrito Federal. Enquanto no primeiro estado, a mistura era composta de 94% de álcool hidratado, no segundo caso, o álcool representava somente 10,2%.[180]

Claro está que um dos primeiros problemas sérios que o IAA deveria resolver era a questão do aperfeiçoamento da mistura carburante, para que não houvesse problemas de danificação dos motores. Essa parte ficaria a cargo do Instituto Nacional de Tecnologia. Em relação a esse aspecto, o seu diretor Ernesto Lopes da Fonseca Costa, em setembro de 1934, discorre em seu relatório para a Presidência do IAA:

> "As experiências realizadas na França e na Alemanha, tendo por base a natureza da gasolina e os tipos de motor e carburador comumente utilizados nesses países, levaram os respectivos governos a fixar o carburante álcool-gasolina na proporção de perto de 25% de álcool anidro e 75% de gasolina. As experiências realizadas na América do Norte infirmaram, porém, esses resultados, ou porque fosse diferente a gasolina empregada ou porque fossem diversos os tipos de motor ou carburador. Era imprescindível, por conseguinte, que o Instituto Nacional de Tecnologia procurasse resolver, diretamente o assunto, estabelecendo, de modo sistemático, ensaios sobre todos os tipos de mistura com as diferentes gasolinas que vêm ao nosso mercado e o maior número possível de motores, antigos e modernos de forma a obter conscientemente, a melhor fórmula da mistura carburante a ser utilizada no país."[181]

Vale ainda ressaltar nesse estudo a própria conclusão do Instituto, relatada pelo engenheiro Eduardo Sabino de Oliveira:

> "As experiências por nós executadas nos laboratórios do Instituto Nacional de Tecnologia mostraram que, embora várias marcas de

---

180 TRUDA, Leonardo. "A vitória do álcool-motor". *Brasil-Açucareiro*, ano V, out. 1937, p. 97.
181 Trecho do ofício do Diretor do Instituto Nacional de Tecnologia Ernesto Lopes da Fonseca Costa, datado de 05/09/34, que encaminhou à presidência do IAA o relatório dos ensaios técnicos de Sabino de Oliveira. *Brasil Açucareiro*, ano II, set. 1934, p. 13.

motores aceitem misturas de percentagem relativamente elevadas de álcool (25%) devido à riqueza da mistura fornecida pelos respectivos carburadores, há vários outros motores que não aceitam senão percentagens reduzidas, notadamente os motores Ford 1934 e La Salle 1934, que não toleram mais que 10% de álcool anidro sem necessidade de regulagem da carburação. Assim sendo, a mistura está fixada: 90% de gasolina e 10% de álcool anidro".[182]

Na visão de Gileno Dé Carli, os problemas iniciais da indústria alcooleira foram: o fracasso das iniciativas implementadas pela CEAM e pelo CPDA, a escassez de aparelhos para transformar os excessos de açúcar em álcool e, principalmente, o fato da mistura álcool-gasolina não agradar ao consumidor. Em relação ao último caso, o autor esclarecia que:

"nem a mistura leve, com alta percentagem de álcool e com fraca percentagem de gasolina, nem a mistura pesada, em que o álcool entrava com 5 a 10% da quantidade de gasolina empregada na fórmula. Como nos outros países que enveredavam pelo mesmo caminho da nacionalização do carburante, o álcool exigia sua desidratação para alcançar uma perfeita miscibilidade com a gasolina".[183]

O IAA teria um sucesso maior ao diversificar os incentivos à produção alcooleira, como na atuação paralela de incentivar as destilarias privadas e construir destilarias estatais. Dessa forma, a primeira destilaria privada montada com incentivos do Instituto foi construída em Piracicaba e pertencia à Société de Sucreries Brésiliennes. A sua capacidade inicial seria de 12.000 litros, mas em 1933, já produzia 100.000 litros de álcool anidro. O instituto também

---

[182] As vantagens dessa mistura era a resistência à detonação, devido ao valor anti-detonante do álcool; melhoria do índice de octana sobre a própria gasolina pura, a potência do motor permanece praticamente constante, apesar do maior poder calorífico da mistura; maior aceleração e consumo praticamente igual ao da gasolina pura. OLIVEIRA, Eduardo Sabino de. *Álcool-Motor e motores de explosão*. Rio de Janeiro: IAA, 1942, p. 28 *apud* Guimarães. *Op. cit.*, p. 86-88.

[183] DÉ CARLI, Gileno. "O problema do combustível no Brasil". *Brasil Açucareiro*, ano XVV, jun. 1939, p. 56.

construiria duas destilarias centrais, uma em Campos e em Pernambuco[184]. Dé Carli fez uma breve apreciação a respeito das destilarias centrais de Campos e Pernambuco:

> "Foi construída e já está funcionando sua grande destilaria para álcool anidro em Campos, com capacidade diária de 60 mil litros, podendo trabalhar melaços e açúcar demerara. É um aparelhamento de previdência, a fim de transformar os excessos de matéria-prima, em álcool anidro, evitando a exportação para o exterior, quando existisse mercado, e concorrendo para uma menor aquisição do carburante líquido nos países produtores de gasolina. Possibilitaram ainda essas duas safras, a compra e instalação de uma outra grande destilaria, com capacidade de 60 mil litros, em Pernambuco, afora auxílios aos produtores, em forma de empréstimos, correspondentes a 50% do valor dos maquinismos".[185]

Apesar das destilarias centrais terem sido montadas em Pernambuco e em Campos, o estado de São Paulo era o maior produtor de álcool anidro do país. De certa forma, a estruturação do parque alcooleiro paulista tomaria um forte impulso com a formação da Companhia Industrial Paulista de Álcool – Cipa, que foi criada por produtores com sede em São Paulo e que tinha a função de distribuir a produção. Essa Companhia era constituída pelas usinas Itaiquara, Monte Alegre, Piracicaba, Santa Bárbara, Vassununga e Vila Raffard. Posteriormente, agregaria também as Usinas: Porto Feliz, em 1936, a Junqueira Iracema, Tamoio e Ester, em 1939 e a Amália, em 1940.

---

184 O projeto inicial era construir três destilarias centrais, localizadas nos Estados de Pernambuco, Rio de Janeiro e São Paulo. Porém só as destilarias centrais dos dois primeiros Estados seriam construídas, porque os produtores paulistas preferiram o apoio do IAA para dotar cada usina individualmente de destilarias particulares. Porém, os produtores ainda mantinham um certo receio em relação à produção de álcool anidro, principalmente porque o preço do açúcar era mais elevado. Essa situação só mudaria com o advento do Estado Novo e as consequências da Segunda Guerra, que favoreceram enormemente a produção alcooleira. GUIMARÃES. *Op. cit.*, p. 148-153.

185 DÉ CARLI, Gileno. *Aspectos de economia açucareira*. Rio de Janeiro: Editores Irmãos Pongetti, 1942, p. 157.

Em várias ocasiões, a CIPA receberia os auxílios prometidos pelo IAA, devido à falta de uma destilaria central no estado. Assim, a companhia montaria logo nos seus primeiros anos com os empréstimos fornecidos pelo IAA: um depósito, com capacidade para três milhões de litros, uma grande plataforma com armazéns, um desvio ferroviário para beneficiar as usinas próximas aos trilhos das estradas de ferro Paulistas, Sorocabana e Mogiana e comprou 86 vagões-tanques próprios para transportar o álcool das usinas associadas para ser consumido na cidade de São Paulo.[186]

Verifica-se, ainda que, a produção alcooleira sempre teve uma importância muito grande para os dirigentes paulistas. Antes de 1933, ou seja, da criação do IAA, José Vizioli, que nesse período ocupava o cargo de diretor da Divisão de Inspetoria e Fomento Agrícola da Secretária da Agricultura do Estado de São Paulo e, que, representaria inúmeras vezes, os usineiros paulistas em comissões organizadas pelo Governo Federal, já defendia a indústria alcooleira como a solução para a crise de superprodução açucareira. Esse trabalho também era realizado pela Estação Experimental de Cana de Piracicaba.[187] O próprio Truda observava o rápido crescimento da produção alcooleira paulista, em relação ao restante do país:

> "Em nenhum Estado, porém, a iniciativa particular foi mais ativa que em São Paulo; nenhuma região sobrelevou a este na rapidez e na eficácia da solução; há em São Paulo, nove destilarias de álcool anidro em funcionamento. E esse impulso não se detêm, pois que mais três destilarias estão sendo instaladas ou têm a sua instalação preparada".[188]

---

186 IAA. Álcool-motor. Expressão econômica nacional. *Brasil Açucareiro*, ano IX, abr. 1941, p. 47-51.

187 OLIVER, Graciela. *José Vizioli e o início da modernização tecnológica da agroindústria canavieira paulista, 1919-1949*. Dissertação de Mestrado. Campinas: DPCT/IG/UNICAMP, 2001, p. 62-63.

188 TRUDA, Leonardo. "A vitória do álcool-motor". *Brasil açucareiro*, ano V, out. 193, p. 95.

O aumento da produção alcooleira no Estado de São Paulo pode ser visualizado no gráfico 19:

Fonte: OLIVER, Graciela de Souza e SZMRECSÁNYI, Tamás. "A estação Experimental de Piracicaba e a modernização tecnológica da agroindústria canavieira (1920 a 1940)". *Revista Brasileira de História*, v. 23, n. 46S, São Paulo, 2003.

Dessa forma, o IAA teria que solucionar a questão dos preços, deixada pendente durante a atuação do CEAM e da CPDA. Como já foi dito, os produtores se recusavam a converter os seus excessos devido aos baixos preços do álcool. Assim, apesar dos esforços do Presidente do IAA, Leonardo Truda, durante os anos de 1932 e 1937, a produção alcooleira não tomaria fôlego.[189] Barbosa Lima Sobrinho ponderava que "o Instituto preferiu compensar o problema do álcool como um problema de preços compensadores, sem subordinar essa compreensão a tese da paridade (com açúcar)", na medida em que essa paridade só seria possível se a produção de açúcar no país tivesse um preço único, o que não ocorria. Nesse sentido, preferiu o Instituto fixar o preço do álcool anidro, como

---

189 Guimarães afirma que "enquanto os preços do álcool bruto e hidratado ficaram liberados no mercado, o preço do álcool anidro permaneceu o mesmo, e mais baixo que os outros dois no período 1934 e 1941. Somente a partir de 1942, em virtude da Guerra e da pressão dos produtores, foi que o IAA tomaria uma série de resoluções referentes ao álcool combustível, e entre essas, estaria a elevação do preço de compra do álcool anidro dos produtores". GUIMARÃES. *Op. cit.*, p. 76.

forma de minorar as disputas e tornar o preço do álcool mais razoável para viabilizar o carburante nacional.[190]

Segundo palavras de Gileno Dé Carli, o Instituto não teve outra saída para implantar definitivamente a indústria alcooleira senão tomar para si a instalação das destilarias centrais e a fixação do preço do álcool pelo IAA.

> "Se o Instituto estivesse enveredado, exclusivamente pela solução de empréstimos a particulares, com a educação econômica dos produtores brasileiros, teríamos de arcar com inúmeros tropeços e obstáculos. Em primeiro lugar, o exclusivismo industrial tornaria difícil proporcionar dentro de sua fábrica, um trabalho de sentido coletivo. Depois, a ambição natural do usineiro, encontrando melhores preços para o açúcar que para o álcool, procuraria sempre a produção que melhor atendesse o seu interesse. Seria difícil finalizar a exata aplicação das percentagens de açúcar e de álcool, para a vazão de toda a produção canavieira. Ficaria para a solução dos excessos, o Instituto subordinado ao interesse do usineiro, quando este é que deve estar sob a vontade do Estado. Por todos esses motivos, e, sendo a destilaria central um órgão de equilíbrio entre a produção e o consumo, é plenamente louvável à orientação do Governo Federal, pendendo para a instalação das destilarias centrais". [191]

Em várias ocasiões, como nos congressos organizados pelo Instituto, os dirigentes explicitavam essa defesa. Entretanto, a mudança em relação ao posicionamento dos produtores em relação ao álcool só ocorreria após a implantação do Estado Novo. Para Gnaccarini, a indústria álcool-motora teria um novo destaque nesse período, pois a "questão do açúcar como um problema nacional e a ideia do dirigismo estatal firmava-se na ideologia dominante".[192] Releva assinalar que, nesses anos, ocorreria um acerbamen-

---

190 IAA. A ação do IAA. Relatório do SR. Alexandre J. Barbosa Lima Sobrinho como presidente da Comissão Executiva de março de 1938 a abril de 1946. Rio de Janeiro, 1946, p. 297 *apud* GUIMARÃES. *Op. cit.*, p. 75.

191 DÉ CARLI, Gileno. "O problema do combustível no Brasil". *Observador Econômico e Financeiro*, 1939 *apud* GUIMARÃES. *Op. cit.*, p. 153.

192 GNACCARINI. *Op. cit.*, p. 72.

to da crise de produção, o que levou muitos produtores de açúcar a repensarem o papel da indústria alcooleira. Esse novo posicionamento modificou a própria matéria-prima utilizada na fabricação do álcool, que passou a ser feito realmente com os excessos da produção açucareira. Como se sabe, durante o Governo Provisório, o álcool era feito somente com os resíduos do açúcar e as sobras dos canaviais.

Segundo Guimarães, essa nova fase da indústria alcooleira foi um reflexo direto da ampliação dos poderes do Estado após o golpe que daria início ao Estado Novo. Dessa forma, o IAA também ganharia mais força para atuar. Assim, o autor defende que:

> "isso permite reconhecer que, a partir do Estado Novo, a ideia do dirigismo econômico, combatido pelos produtores açucareiros, passaria a se configurar na política dominante do IAA. As mudanças ocorridas na estrutura administrativa do IAA, fazendo com que ocorressem mudanças na composição da Comissão Executiva, bem como a criação de diversas seções referentes à produção açucareira e alcooleira, de demonstra a inserção da agroindústria canavieira no projeto corporativo do Estado Novo".[193]

O forte crescimento industrial do período incentivaria a indústria alcooleira, em razão dos elevados gastos com a importação de petróleo. Durante o período da Guerra até 1943, o país gastou Cr$ 4.137.528.000,00 só com a importação de petróleo e derivados. Assim, o álcool passou a ser visto também como uma forma de poupar divisas no período. Nesse momento, foram relevantes também as empresas que se voltaram para a construção dessas destilarias, como foi o caso da Oficina Dedini. Além disso, o IAA desenvolveria estratégias para convencer a população da importância do álcool-motor, através de congressos, patrocínios de corridas, como no caso da Subida da Tijuca, em 1938 e o Grande Prêmio da Cidade do Rio de Janeiro, em 1939.[194]

Em 1838, o IAA numa atuação conjunta com o Conselho Federal de Comércio Exterior, obrigaria as companhias importadoras de gasolina a manterem bombas destinadas à distribuição de álcool anidro. Nesse caso, essas medidas pretendiam conciliar

---

193 GUIMARÃES. *Op. cit.*, p. 94.

194 O principal objetivo do Instituto era aumentar o consumo nas cidades mais industrializados, como no caso de São Paulo, que já consumia no período 50% da gasolina importada. *Idem, Ibidem*, p. 97-103.

às disposições referentes ao petróleo e o álcool anidro. Mas, o principal foco era atender a "imperiosa necessidade de proteger e desenvolver a indústria de fabricação do álcool anidro", como forma de "debelar as crises de superprodução da indústria açucareira, estabelecendo o equilíbrio entre a produção e o consumo" e da mesma forma "diminuir a importação de carburante estrangeiro".[195]

Em 1940, o país já possuía 38 destilarias de álcool anidro, com capacidade anual de produção de 85,8 milhões de litros anuais. O plano de safra 1940-41 autorizou os produtores a dissolver o açúcar de excesso de sua produção, transformando-o em álcool de qualquer tipo. Dessa forma, 43% da produção do álcool registrada naquela safra viria diretamente da cana ou de açúcar dissolvido. A produção de álcool anidro também atingiu 67 milhões de álcool anidro, superando pela primeira vez a produção de álcool hidratado. Já nesse ano, 60% da gasolina importada, que orçou em 598 milhões de litros, foi vendida misturada com o álcool.[196]

Em 21 de fevereiro de 1941, com a resolução da Comissão Executiva, o Instituto daria um novo impulso para a indústria alcooleira, com a elevação para 20% do teor da mistura álcool-gasolina.[197] Tal medida foi tomada em razão do aumento da produção de álcool anidro nas destilarias do país e a consequente necessidade de escoar essa

---

195 Conselho Federal de Comércio Exterior. *Dez anos de atividade*. Rio de Janeiro: 1944, p. 83-84.

196 SANTOS. *Op. cit.*, p. 61-64.

197 Nesse ano, devido as dificuldades de importação impostas pela Segunda Guerra, foi construída, no Estado de São Paulo, a primeira empresa privada brasileira de construção de destilarias de álcool, a Codiq – Sociedade Construtora de Destilarias e Indústrias Químicas Limitada. Ademais, Guimarães pontua que "ainda em São Paulo, foi construída a Cia. Industrial Paulista de Álcool S/A, a CIPA, uma empresa privada cujo capital era construído pelos usineiros e plantadores de cana do Estado. Financiada pelo IAA, essa empresa não era uma destilaria produtora de álcool, e sim uma central distribuidora de álcool para a mistura álcool-motor consumida no Estado, principalmente para a cidade de São Paulo. Essa característica da CIPA, de ser uma central distribuidora privada, e nesse período, a única financiada pelo IAA no Estado de São Paulo, demonstraria não só a importância do álcool-motor para a crise da agroindústria canavieira brasileira, mas também o crescente poder do parque industrial açucareiro e alcooleiro paulista. Esse, ao contrário dos demais – como Nordeste e Rio de Janeiro, não precisou construir destilarias centrais, nem de financiamento para a construção ou modernização de suas destilarias de álcool". GUIMARÃES. *Op. cit.*, p. 113 -117.

produção. Pode-se dizer que a partir desse momento, iniciou-se uma política mais acentuada do setor alcooleiro, pois não levaria em conta a capacidade de consumo do país ou as indicações técnicas, mas sim, conforme as necessidades de escoamento da produção das destilarias.[198]

Alguns meses depois, o Estado criaria a Comissão Nacional de Combustíveis e Lubrificantes. Essa Comissão era composta pelo Presidente do Conselho Nacional do Petróleo, do Presidente da Comissão Executiva do IAA, de um membro da Comissão Nacional de Gasogênio e de um membro do Conselho de Minas e Metalurgia. No entanto, percebe-se a importância vital dessa Comissão ao verificarmos que dentre os seus quadros constava um representante do Ministério da Guerra, um do Ministério da Marinha e um do Ministério da Aeronáutica. Além disso, a sua sede localizar-se-ia na Sede do Conselho Nacional de Segurança, cujo Secretário Geral teria o voto de minerva. A função da Comissão seria coordenar a política geral da produção e distribuição de álcool.[199]

O que se pode desprender desse período em relação à produção alcooleira é a mudança do posicionamento tanto dos dirigentes da política de defesa da produção alcooleira como da própria população. Em 1930, o álcool era visto como uma atividade alternativa, isto é, uma forma de minorar a crise de superprodução açucareira, como o próprio IAA esclarecia:

> "Tinha, portanto duas missões essenciais: uma regular o mercado de açúcar no país; outra, estimular a produção de álcool-anidro. Embora distintas, estavam elas intimamente relacionadas, já que o disciplinamento do mercado açucareiro dependia fundamentalmente do encaminhamento dos excedentes de matéria prima, a cana-de-açúcar, para o fabrico do álcool anidro. Importância serviço de estatística. A disciplina do mercado incluía a intervenção da Autarquia com a finalidade de retirar a quantidade de açúcar necessário ao restabelecimento do equilíbrio entre a produção e o consumo, assegurada a volta ao mercado desse mesmo açúcar, quando assim fosse julgado conveniente. O açúcar adquirido pelo IAA para fins de garantir o equilíbrio do mercado, desde que evidenciada inconveniente a sua restituição ao mercado, poderia ser transformado em álcool,

---

198 VELLOSO. Op. cit., p. 524.
199 Idem, Ibidem, p. 459-460.

se para tal existisse disponível, o indispensável aparelhamento ou exportado para o exterior".[200]

Pode-se dizer que a ação governamental para estimular a produção e o consumo do álcool-motor foi o principal responsável pelo desenvolvimento dessa indústria. Para isso, o governo muitas vezes teve que impor as suas decisões aos produtores. Assim, a aceitação relativa dessa política foi uma consequência do papel de financiador do instituto, como os empréstimos para a construção de destilarias particulares, a construção de destilarias centrais nos estados mais afetados pela crise do açúcar, a facilitação para a importação de maquinários, a isenção de impostos para a produção do álcool-motor, a utilização do álcool nos automóveis oficiais para incentivar o consumo, atuou como o principal responsável pelas pesquisas na área de aperfeiçoamento do carburante e pela fiscalização e distribuição da produção alcooleira nacional. Enfim, claro está que o IAA controlaria quase que na sua totalidade esse setor produtivo.

Nesse sentido, merece referência a defesa de Chermont de Miranda de que os dirigentes do instituto prenderam-se de forma unânime a "miragem do álcool-motor".[201] Retomar-se-ia a velha ideologia defendida pela SNA, que delegava ao álcool a tarefa de tábua salvadora da indústria açucareira, ou seja, um fator de equilíbrio. Essa seria a forma de conter a crise de superprodução sem limitar a expansão dos canaviais. Tal ideologia fica explicita nas palavras do primeiro presidente do IAA, Leonardo Truda:

"Limitar, porém, a produção açucareira, como essa limitação a entendemos e nas condições a que a subordinamos, não importa, absolutamente, estancar uma fonte possível de riqueza, impedindo a uns de abeberar-se nela, para que outros não o deixem de fazer. Ao contrário, o que se quer é defender mais eficientemente essa riqueza, é resguardar a riqueza atual, para aumentá-la quando esse primeiro objetivo haja sido realizado, mediante uma obra indispensável mais relativamente fácil, de

---

200 IAA. Brasil/Açúcar. Rio de Janeiro: IAA, 1972, p. 81-82.
201 MIRANDA. Op. cit., p. 55.

adaptação e de transformação. Essa defesa, que queremos tornar definitiva, é a do açúcar pelo álcool".[202]

Essa defesa ganharia ainda mais força com a deflagração da Segunda Guerra. Os dirigentes do Instituto passaram a afirmar de forma mais enfática que a produção do carburante nacional auxiliaria o país a poupar divisas e a direcionar uma parte da produção açucareira para essa indústria, já que as exportações não aumentaram no período. Generalizava-se, por essa via, a defesa do álcool-motor. A despeito dos diversos problemas, o Instituto conseguiria fortalecer a produção alcooleira no país, criando as bases para a sua futura expansão, como podemos observar no gráfico 20:

Fonte: *Anuário Açúcareiro*, 1941, p. 149.

Nada mais justo do que concluir essa parte do trabalho nos reportando as palavras de Joaquim de Melo, redator do *Brasil Açucareiro*, o mais importante meio de divulgação da ideologia dominante do Instituto do Açúcar e do Álcool:

---

202 TRUDA, Leonardo. *A defesa da produção açucareira*. Rio de Janeiro: IAA/Divisão Administrativa/Serviço de Documentação, 1971, p. 57.

"As usinas eram como velhas imprudentes que desperdiçavam a sua riqueza, produzindo-a excessivamente e depreciando-a cada vez mais. As destilarias são os filhos moços que, educados na economia e na técnica moderna, corrigíramos desperdícios paternos, transformando-os em novas riquezas. O Instituto do Açúcar e do álcool é uma espécie de tutor cauteloso que, sem assumir o pátrio poder da indústria açucareira, mas exercendo sobre ela um controle eficiente, conseguiu conjurar, com a cooperação valioso dos moços, a ruína iminente dos velhos".[203]

O TRIUNFO DAS USINAS

No contexto histórico do Primeiro Governo Vargas, o Governo Federal desenvolveria, através do IAA, uma política centralizadora, que trataria de todos os conflitos do setor dentro da própria hierarquia e não através da legislação civil. Nesse sentido, o governo teria mais poder para defender a produção das regiões mais atingidas pela crise açucareira, ou seja, o Nordeste e o Rio de Janeiro e ao mesmo tempo, barrar a expansão da produção paulista. No entanto, algumas concessões seriam feitas ao estado de São Paulo. Nessas condições, o governo acenaria com a principal bandeira de troca para a aprovação da política de contingenciamento da produção, ou seja, o seu caráter transitório. Esperava-se que os incentivos a produção de álcool anidro possibilitassem o aproveitamento dos excessos da produção de açúcar. Sendo assim, implementou-se uma política de âmbito nacional, que nem sempre daria os resultados esperados.

Não podemos deixar de aludir, outrossim, que pela primeira vez, a política de defesa do açúcar seria pensada para o país como um todo e, somente, por essa via, supunha-se possível estabelecer a normalidade da produção. Assim, apesar dos paulistas recusarem inicialmente tais medidas, foram convencidos direta ou indiretamente através de negociações e concessões. Naturalmente, isto não significa a total inversão dos valores defendidos pelos produtores de açúcar de São Paulo, mas sim, a dificuldade de encontrar alternativas diferentes das do Instituto. É justamente nas palavras de Leonardo Truda que percebemos o grau de importância da implementação das diretrizes de âmbito nacional e do próprio dirigismo no período:

---

[203] Joaquim de Melo – Redator do Brasil Açucareiro, em "Um decênio da defesa do açúcar", *Anuário Açucareiro*, 1941, p. 20.

"A verdadeira prosperidade nacional não pode ser alcançada com o sacrifício destas ou daquelas zonas do país, mas tem que ser a soma da prosperidade de cada um dos Estados. Quem diz Federação diz, antes de mais nada, equilíbrio político. A defesa da produção açucareira é, acima de tudo, obra de equilíbrio econômico. E o equilíbrio político periclita e vacila onde se destrói o equilíbrio econômico. [...] Por isso, precisamente – no interesse do próprio São Paulo, como de qualquer outro Estado – o problema da produção açucareira só pode ser razoavelmente encarado e solucionado do ponto de vista dos superiores interesses nacionais. E é dentro desse critério que se impõe os freios estabelecidos na lei reguladora daquela produção e se legitima a limitação, recurso preventivo de desastres de outro modo inevitáveis, em relação a uma mercadoria que superproduzirmos já que as necessidades nacionais, quando ela vem de há muito sofrendo as duras contingências da sua superprodução mundial".[204]

É todo esse conjunto de aspectos que propicia visualizar o discurso das classes dirigentes como uma replica das antigas reivindicações dos produtores de açúcar da Primeira República. A própria defesa da centralização das decisões nas mãos do Estado e de uma política de caráter nacional foi defendida assiduamente pelos representantes nordestinos durante toda a Primeira República. Até porque não se deve desconsiderar que o poderio dos grandes proprietários de terra se manteria no pós-1930, como pondera Wanderley:

"Com a formação do Governo Provisório, a centralização política, o fechamento do Congresso Nacional e a nomeação de interventores nos Estados constituíram, efetivamente, mecanismos que reduziram o poder das oligarquias estaduais. Mas este poder reaparecerá sob novas formas, submetido a uma autonomia relativa do próprio Estado, no seio dos aparelhos criados para recuperar o dinamismo dos principais setores agroexportadores do país".[205]

---

204 TRUDA. *Op. cit.*, p. 56-178.
205 WANDERLEY. *Op. cit.*, p. 57.

Como se pode ver, a política de defesa do açúcar foi fundada na concepção de salvaguardar os interesses nordestinos, ou ainda, a ideia de um equilíbrio entre os diversos estados produtores. Assim, apesar dos altos representantes da Autarquia apontarem a necessidade de defesa da produção açucareira nordestina para a sobrevivência da região, como aponta o próprio Barbosa Lima Sobrinho, as ações do IAA tiveram um caráter de apenas conter a expansão da produção paulista, de forma a reservar parte do seu mercado para o açúcar nordestino. A intervenção estatal era justificada pelas vantagens que o açúcar paulista possuía no mercado interno, e na própria importância para o estado de manter essa divisão de trabalho para garantir o escoamento dos seus outros produtos:

> "como consequência que a produção de açúcar tenderia a fixar-se mais perto dos centros de consumo, isto é, em São Paulo, sobretudo quando essas condições representam diferença de mais de Cr$ 15,00 por saco em favor da produção paulista. Campos não estará na mesma situação favorável, pois que o transporte ferroviário não leva grande vantagem, em tempos normais, sobre o transporte marítimo da produção do Norte, no que diz respeito ao mercado carioca. Se a indústria açucareira fosse deixada ao seu próprio destino, assistiríamos na primeira fase a uma 'fuga de usinas' do Norte e de Campos, principalmente para São Paulo, o que não obstaria lutas futuras entre os mercados nacionais que sobrevivessem à crise, superprodução, queda de preços, ruína. A defesa da produção açucareira teria que vir, para esses sobreviventes, como veio para quase todos os países do mundo, tanto os que trabalham a cana de açúcar como os que aproveitam a beterraba. Teríamos, assim, uma nova política de defesa da produção açucareira desta vez para proteção dos números sulistas, enquanto que os Estados do Norte sofreriam os sacrifícios imensos de forças econômicas substanciais. Que poderiam fazer, sem o açúcar, Pernambuco, Alagoas e Sergipe que não têm terras excelentes senão para a cana de açúcar? Tornar-se-iam focos de agitação, por efeito da miséria que os afligiria. E o mais interessante é que, perdendo por tudo isso a

maior parte de seu poder aquisitivo, tornariam ilusórios os benefícios aparentes dos núcleos sulistas. "[206]

Mais ainda, poderíamos concluir que o IAA não teve meios para impor de forma totalitária as suas diretrizes para São Paulo. Os usineiros paulistas seriam favorecidos, na maioria das vezes, devido ao crescimento vertiginoso do estado em relação às outras regiões do país. Singer descreve perfeitamente esse quadro ao afirmar que:

> "Em 1920, verifica-se imediatamente o progresso da concentração industrial em São Paulo. O valor da produção industrial deste Estado, que constituía 31,5% do total nacional, em 1920, alcança a porcentagem de 43,2% em 1938. A indústria pernambucana se encontra, por outro lado, inteiramente marginalizada no processo. Sua participação no valor da produção nacional cai de 6,8% em 1920, para 4,2% em 1938. E, se considera a porcentagem de 1920 como artificialmente elevada, devido à conjuntura favorável pela qual passava (transitoriamente) a indústria de açúcar, é preciso lembrar que a participação de Pernambuco na produção industrial do país em 1938 também é aumentada graças à proteção oferecida ao açúcar pernambucano pelo contingentamento da produção, instituído pelo IAA".[207]

Como já foi dito, o IAA desenvolveria uma estrutura hierárquica complexa que englobava vários ministérios e representantes do setor açucareiro. No entanto, não se deve relevar a permanência do poder de influência dos usineiros nas várias esferas governamentais, incluindo o próprio Instituto. Nesse contexto, o IAA auxiliaria os usineiros a minarem o poderio dos seus dois maiores inimigos, os comerciantes, ou seja, os especuladores tão atacados desde o período dos engenhos centrais, e os engenhos banguês, que por concorrerem vantajosamente, eram considerados como o principal desestabilizador da produção açucareira.

---

206 LIMA SOBRINHO, Barbosa. *Os fundamentos da política do açúcar*. Rio de Janeiro: IAA, 1943.

207 SINGER, Paul. *Desenvolvimento econômico e evolução urbana*. São Paulo: Edusp, 1968, p. 329.

Vê-se assim, facilmente, a estreita relação entre o controle da produção dos pequenos produtores e a ação do IAA. Como se pode captar, os principais dirigentes da política açucareira veriam os banguês através dos olhos dos usineiros, ou seja, uma ameaça ao equilíbrio da produção, que deveria ser legalizada e controlada ou ser posto na ilegalidade.

Não se pode negar que os grupos dirigentes que se recompõe no pós-30 o fazem de forma diferente do período anterior, mas por outro lado, essa nova elite dirigente não poderia excluir totalmente os herdeiros das oligarquias agrícolas. Assim, apesar do governo acenar com uma política de cunho social para as classes menos favorecidas, em nenhum momento relegou a um segundo plano as classes dirigentes. Dessa forma, os usineiros puderam contar com o apoio do governo. Todavia, ainda teriam uma enorme dificuldade em controlar esses pequenos produtores de açúcar bruto, rapadura e aguardente, em razão do seu elevado número. Dé Carli ilustrava bem a ideologia de apoio do Instituto do Açúcar e do Álcool aos usineiros em relação a essa questão:

> "O banguê ainda hoje é uma realidade. Como cogumelos espalham-se os banguês. Esta estatística computa os engenhos registrados no IAA até outubro de 1935, não sendo exagerado o cálculo num total de 40.000 fábricas rudimentares, sendo 280.000 o número de engenhos banguês e de rapadura. Consequência da morosidade de nossa evolução industrial. [...] Outro aspecto digno de estudo é a distribuição por capacidade de produção anual, onde cerca de 200.000 banguês têm capacidade inferior a 250 sacos. Assim, com capacidade até 50 sacos anuais, 14.842; de 50 até 200 sacos, 2.629; de 150 a 200 sacos, 1.804; e de 200 a 250 sacos anuais, 370 engenhos. E a produção dessas engenhocas e engenhos banguês é de cerca de 25% da produção de açúcar de usina no Brasil. [...] E enquanto é onerado com cerca de 10% o açúcar de usina, o açúcar bruto vive solto, quase sem ônus, difícil de ser controlado. Assim, este mina, arruína e fatalmente desorganizará o plano geral de defesa da produção. E, além disto, o açúcar bruto se desenvolve, expansiona, se valoriza, em detrimento e à custa do açúcar de usina. [...] Porque, valorizando-se automaticamente com o plano de defesa, sem nenhum ônus, e somente

com vantagem, ele, o açúcar bruto, se locupleta, se desenvolve, combatendo e concorrendo com o açúcar de usina".[208]

Por outro lado, pode parecer estranho em um primeiro momento, tendo em vista a indiscutível preponderância dos usineiros, a política adotada no pós 1937, de auxilio aos fornecedores. Porém, essa resposta encontra-se na própria ideologia preponderante no período. Nesse sentido, o Estatuto da Lavoura Canavieira enquadrar-se-ia na "Política de Bem Estar Social" defendida pelo governo e, somente, faria parte do pacote de medidas tomadas através das diversas leis sociais. Dessa forma entende-se a preocupação de Dé Carli em explicar minuciosamente os objetivos das políticas de cunho social implementadas pelo Instituto:

> "O novo regime procura uma divisão de trabalho; impede a exploração unitária, isto é, a fábrica de açúcar absorvendo toda a atividade agrícola. Se a fábrica açucareira deve ser um motivo do enriquecimento da terra, a terra não deve ser a razão do enriquecimento exclusivo da fábrica. Teríamos com esse último fato a miséria generalizada nos campos, em volta de uns poucos centros de prosperidade e de fortuna".[209]

Barbosa Lima Sobrinho, como arguto conhecedor da agroindústria canavieira, pontuava sabiamente que esse tipo de intervenção do Estado não era uma novidade. Ainda mais, ele esclarecia que a necessidade de controle da expansão dos senhores de engenho, representados naquele momento pela figura do usineiro, estava presente desde o período colonial. Nesse caso, nada mais justo do que nos reportarmos as suas próprias palavras:

> "A necessidade de regular as relações entre os industriais, donos das fábricas, e os plantadores de cana é tão velha, no Brasil, quanto a própria indústria do açúcar. Não contavam as nossas fábricas senão pouco tempo de vida e já aparecia a primeira

---

[208] DÉ CARLI, Gileno. *Aspectos de economia açucareira*. Rio de Janeiro: Editores Irmãos Pongetti, 1942, p. 63-68.

[209] *Idem, Ibidem*, p. 296.

norma, para a disciplina dessas relações. Tratou-a o regimento do Governador Geral Tomé de Souza, em 17 de dezembro de 1548, fixando as cláusulas a que ficava subordinada a concessão de sesmarias. Dizia que, além da terra que se desse a cada engenho, poder-se-ia obrigar o senhorio dela a, 'no dito engenho, lavrar aos lavradores as canas que no dito limite houverem de suas novidades, ao menos seis meses do ano que o tal engenho lavrar e por lhas lavrar levarão os senhorios dos ditos engenhos aquela parte que, pela informação que lá tomareis, vos parecer bem, de maneira que fique o partido favorável aos lavradores, para eles, com melhor vontade, folgarem de aproveitar as terras'. A norma não abrangia senão as relações essenciais, definindo a obrigação de receber o engenho a cana dos partidos de lavradores. A execução desse dever comportava numerosas variantes, expedientes e subterfúgios, o que não podia deixar de trazer queixas, reclamações, protestos".[210]

Acredito, à vista de todo o exposto, que apesar da defesa obstinada dos seus dirigentes, o Instituto do Açúcar e do Álcool não teve poder suficiente para controlar o processo de crescimento vertical das usinas, principalmente pela forte oposição e o boicote dos usineiros. Assim, a produção de canas próprias das usinas continuou a aumentar em detrimento das canas dos seus fornecedores. O próprio Barbosa Lima Sobrinho, como um dos principais idealizadores das políticas de apoio voltadas para os fornecedores, lamentaria esse fato. Segundo ele, a defesa dos fornecedores deveria ser uma questão de justiça para o Instituto, já que os interesses dos usineiros sempre foram defendidos. Nesse caso, o presidente do IAA chamava ainda a atenção para o fato do Instituto, não querer:

"negar os benefícios da racionalização. O que desejamos mostrar é que ela não constitui, por si só, justificativa para o expurgo dos fornecedores. [...] Ora, a produção do açúcar, no Brasil, não está apoiada a critérios exclusivamente econômicos. Vive graças às tarifas alfandegárias proibitivas. Como não bastasse esse auxílio, o Governo adotou uma política salutar, que mantém preços estáveis em nívcis compensadores. Por quê? Por força dos interesses

---

210 LIMA SOBRINHO. Op. cit., p. 5.

políticos sociais vinculados à economia açucareira. Mas se prevalecem esses interesses, quando se trata de amparar e defender o industrial, não é justo, absolutamente justo, mesmo, que também prevaleçam na proteção aos fornecedores de cana?"[211]

Apesar do Estatuto tentar auxiliar os fornecedores e, ao mesmo tempo, evitar a expropriação de muitos senhores de engenho, os artigos 49 e 50, que obrigavam as usinas com mais de 75% de canas próprias a transferirem os excessos para os seus fornecedores, nunca passaram de letra morta. E, assim, não tendo sido levado na devida conta muitas das normas do Instituto, os canaviais paulistas continuaram a crescer, chegando a indicar uma expansão de 132% entre 1932 e 1940.

É preciso não esquecer que essa conjuntura abriria uma brecha para a implantação de um forte intervencionismo estatal, calcado em uma política de planejamento, que passaria por várias mudanças em razão da dificuldade de debelar os principais problemas enfrentados pelo setor. Como guisa de conclusão, pode-se afirmar que o planejamento adotado pelo Instituto do Açúcar e do Álcool desenvolveria todo um conjunto de leis específicas para a indústria alcooleira e açucareira do país. Sabe-se que essa legislação açucareira tentaria atender a demanda das diversas classes do setor e que seria imposta de forma gradual.

Como a produção brasileira estava voltada somente para o mercado interno, foi mais fácil para o Estado aplicar muitas das medidas, como foi o caso da limitação. Nesse caso, os produtores de açúcar perceberam que seria impossível contornar a crise de superprodução sem a política de contingenciamento, pois a demanda interna não conseguia absorver todo o açúcar que entrava no mercado. Por este aspecto, percebe-se a importância dada a produção alcooleira, uma vez que o Brasil não tinha mais como se apoiar no mercado externo para escoar os seus excedentes.

Apesar dos contrastes entre os diferentes atores envolvidos e as frequentes oposições, o IAA acabaria aplicando todas as suas diretrizes, mesmo que algumas não fossem devidamente seguidas ou mesmo burladas. Como se percebe, o Instituto conseguiria controlar satisfatoriamente a produção das usinas e até mesmo dos pequenos engenhos e banguês, em todas as regiões do país. Significativamente e não por causalidade, as ações do IAA foram fundamentais para garantir por mais tempo a hegemonia dos produtores de açúcar nordestino e conter o avanço paulista. Ainda mais, sem a atuação do Instituto, o açúcar paulista superaria a produção nordestina muito antes de 1950. Como pontua Szmrecsányi:

---

211 *Idem, Ibidem*, p. 113-114.

"Os limites de produção por Estados e as quotas de produção por engenho e usinas foram decisivas para garantir, não apenas a sobrevivência, mas também, a preservação da supremacia do segmento nordestino na indústria açucareira do país. Graças à intervenção governamental, este segmento beneficiou-se de um acesso privilegiado aos ricos mercados domésticos do Centro-Sul. Por essa mesma razão, não foi permitido aos produtores dessa região expandir sua produção e ampliar sua participação nos referidos mercados de acordo com suas possibilidades objetivas, as quais, naquele tempo, já eram bem mais favoráveis do que as dos engenhos e usinas do Nordeste. Essa situação "anormal" só poderia prevalecer (e ser imposta) em termos e condições relativamente "normais". Toda vez que tais condições sofriam qualquer modificação, com a "normalidade" sendo alterada, as potencialidades suprimidas voltavam a manifestar-se e até a materializar-se concretamente. Isto acabaria acontecendo efetivamente na década de 1940, com a irrupção da Segunda Guerra Mundial, por efeito da qual as taxas de participação do Centro-Sul na produção brasileira de açúcar iriam crescer substancialmente, superando as do Nordeste na década subsequente".[212]

Mesmo com todo o poderio dado ao IAA, foi impossível controlar o processo de concentração fundiária, até porque, contraditoriamente, o próprio Instituto incentivaria a transformações dos engenhos em usinas. Assim, Manuel Correia de Andrada argumenta que:

"As usinas, ao serem instaladas, dispunham de máquinas com capacidade de esmagamento superior à capacidade de produção – dentro das condições técnicas estão dominantes – dos engenhos a ela vinculados, e tratavam de adquirir mais terras para atender a fome de canas de suas moendas. Adquiridas as terras sem certo planejamento, o desequilíbrio passava a proceder de forma contrária, ficando as máquinas com capacidade inferior à produção agrícola, e tratavam os usineiros de adquirir novas

---

212 SZMRECSÁNYI, Tomás. "1914-1939: crescimento e crise da agroindústria açucareira no Brasil". *Revista Brasileira de Ciências Sociais*, jun. 1988, p. 64.

máquinas. Assim, ampliando as terras e as máquinas ela ia acentuar cada vez mais a concentração fundiária".[213]

Por mais que se queira minimizar a importância da intervenção estatal no Primeiro Governo Vargas, não há como negar que a sua política teve uma influência fundamental na estruturação de uma burocracia capaz de atender as diversas demandas do setor açucareiro, principalmente quanto à questão do equilíbrio do mercado interno, ou seja, organizar a própria produção e a sua comercialização, tanto do açúcar como do álcool.[214]

De tudo isso, resta-nos concluir que ao atingir o seu estado mais crítico, a lavoura canavieira relegaria momentaneamente às suas especificidades regionais e a sua autonomia e assumiria plenamente a sua característica parasitária. A sua reestruturação ligava-se definitivamente à intervenção estatal.

---

213 ANDRADE, Manuel Correia de. *A terra e o homem no Nordeste*. São Paulo: Brasiliense, 1963, p. 113.

214 Essa burocracia teria os seus principais dirigentes na figura dos Presidentes do Instituto. Dentre eles destacam-se Leonardo Truda, Alexandre Barbosa Lima Sobrinho e Gileno Dé Carli. Percebe-se que essa burocracia estruturou a política açucareira escorada em uma visão comum, que perpassava pela necessidade de salvaguardar a indústria açucareira da região Nordeste. Tal fato explica-se pelo forte laço desses dirigentes com a elite nordestina. Tanto Dé Carli quanto Barbosa Lima Sobrinho eram pernambucanos. Truda apesar de ser gaúcho, pautaria a sua ação visando defender a continuidade das trocas comercial entre o Sul e o Nordeste, ou seja, charque por açúcar. Por conseguinte, a ideologia do IAA pautar-se-ia principalmente pela questão da segurança nacional e os problemas que poderiam advir com a ruína dos usineiros nordestinos. Assim, o objetivo do Instituto ao longo do período estudado, seria quase uma constante, ou seja, esperava-se que o álcool equilibrasse a crise de superprodução açucareira. Não por acaso, essa seria uma política pautada no mercado interno e na defesa dos interesses dos usineiros nordestinos, que estavam perdendo progressivamente a concorrência para os produtores da região Sudeste do país.

Considerações finais

"A respeito da cana observei uma coisa que a muitos talvez admire e é que, não obstante ser o açúcar de natureza extremamente doce, quando deixamos a cana deteriorar-se, e a púnhamos, assim de molho n'água por algum tempo, o caldo azedava a ponto de nos servir de vinagre."[1]

A observação sobre uma reação química realizada por Jean de Lery, quando a indústria açucareira brasileira ainda encontrava-se em seus primórdios, aplica-se de forma não desprezível à estrutura gestada durante os séculos seguintes. A verdade é que o açúcar representou por longo tempo a principal fonte de riquezas do país devido, por assim dizer, *"à sua natureza extremamente doce"*. Progressivamente, no entanto, seria minado pela dificuldade de resolução dos diversos problemas originados no decorrer dos séculos. Enfim, a chamada "crise do açúcar" comprovava o lado amargo dessa cultura, ou seja, a sua transformação em vinagre. Como qualquer processo de alteração de uma matéria em outra, reverter vinagre em açúcar seria quase impossível. Não por acaso, a agroindústria

---

1 LERY, Jean de. *História de uma viagem à terra do Brasil.* São Paulo: Edusp, 1980, p. 137.

açucareira passaria por um doloroso e secular processo de modernização com o objetivo de recuperar os seus tempos áureos.

Esse obscuro processo impulsionado com a tentativa de implantação dos engenhos centrais resultaria numa relação parasitária com o Estado. Com o intuito de reverter a situação de crise da produção açucareira, o Estado interviria, em diferentes graus de atuação, no seu processo de modernização, na quantidade e qualidade de sua produção e nas disputas entre os seus diferentes setores. Mais ainda, o governo responsabilizou-se em grande parte pela circulação e aplicação dos ideais de modernização.

O consenso da necessidade de introduzir melhorias técnicas na fabricação do açúcar foi visto como essencial, tanto pelos produtores como pela elite dirigente ao longo do tempo. Não obstante, se o discurso científico conseguiu asseverar-se do pensamento dos diferentes atores, e, por vezes, ser efetivado, isso deveu-se, peremptoriamente, à sua direta relação com a racionalidade e, pode-se dizer, tão somente, com a necessidade de tirar o setor canavieiro da crise que se arrastava por séculos.

Nesse sentido, a fundação dos engenhos centrais surgia como resposta ao problema da competição no mercado mundial, ao propor modificações no fabrico do açúcar; ajustando-o a moldes capitalistas. Parecia não importar frente aos júbilos dos lucros alcançados pelos países concorrentes que essa racionalização da produção, calcada numa total divisão do trabalho, destruiria a unidade fundamental da antiga estrutura de produção açucareira: as lavouras próprias e dependentes e as instalações destinadas ao preparo do açúcar.

Releva notar, nesse caso, as diferenças na forma como se encontravam estruturadas as diversas zonas canavieiras. São Paulo pertenceria, no período estudado, a uma região secundária da produção açucareira, ou seja, as suas características sociais e econômicas eram diferentes do Norte. A Província não possuía uma classe tradicional produtora de cana como a dos senhores de engenho nortistas. Nesse período, o grande produto de exportação paulista era o café; por isso, o açúcar consumido era quase todo importado, principalmente do Norte. Ademais, em São Paulo não se observou um conflito tão acirrado entre os engenhos centrais e os fornecedores de cana, principalmente porque eles não tinham o peso e o significado dos senhores de engenho da principal zona produtora.

Por conseguinte, em Pernambuco, o processo de modernização seria extremamente doloroso e demorado. Não obstante a agroindústria canavieira paulista ser fruto desse mesmo momento e ter se dado concomitantemente ao restante do país, ela ocorreu em menor escala e de forma progressiva, de acordo com o crescimento da economia do próprio estado. Ademais, contaria com as vantagens oriundas da estrutura montada pela produção cafeeira. Assim, despojada dos velhos liames da produção canavieira nortista com as heranças coloniais e afiançada pelas bases e o capital do café, a produção açucareira paulista desenvolver-se-ia rapidamente e com menos transtornos do que o restante do país.

Em suma, a política econômica açucareira desenvolvida no Império brasileiro firmou sua posição baseada nas bem sucedidas experiências estrangeiras com o sistema das centrais. Mas, no caso brasileiro, os resultados não apareceram de imediato. Assim, os produtores brasileiros começam a propor novas medidas, e, através delas, transformariam o sistema proposto pelos engenhos centrais na futura estrutura das usinas.

A partir da Primeira República, a expansão da produção açucareira paulista relaciona-se ao contexto de perda da importância do açúcar brasileiro no comércio internacional e a formação de uma enorme concorrência pelo abastecimento do consumo do próprio país. Apesar de esse mercado ainda poder ser considerado pequeno, ele estava em contínuo crescimento. Todavia, deve-se considerar que a concorrência se estabelecia em várias frentes: entre o açúcar bruto e o açúcar branco dos engenhos centrais e entre as províncias produtoras, o Nordeste – que necessitava escoar a sua produção com a perda do mercado externo – e o Sudeste, que daria início nesse período à expansão da sua produção. Nesse momento ímpar, iniciou-se o processo de crescimento da produção de açúcar da região sul rumo à auto-suficiência; mais especificamente, nas províncias do Rio de Janeiro e de São Paulo.

Nesse caso, é preciso relevar a importância da proteção oferecida pelo mercado interno e pelas taxas mais elevadas de lucro para os produtores e os comerciantes de açúcar do Brasil. Por outro lado, tal fator, somado a expansão da demanda e as crises do café, levariam os estados consumidores a investirem na produção de açúcar. Ademais, estes produtores tinham a vantagem de produzir para o seu próprio mercado. Nessa região, o consumo de açúcar era mais elevado e crescia gradativamente. Isso se devia ao aumento da população trabalhadora e da renda proveniente com a expansão da economia cafeeira. Afora isso, a produção açucareira da região não conseguia atender a demanda dos seus próprios mercados, o que motivou uma contínua expansão.

São Paulo seguiria, assim, as diretrizes defendidas por técnicos como Júlio Brandão Sobrinho e Frederic Sawyer, dentre outros, e iria aos poucos diversificando a sua produção agrícola. Uma demonstração da aplicação dessa ideologia foram os incentivos concedidos à agroindústria canavieira pela Sociedade Paulista da Agricultura e a Secretária da Agricultura do Estado. Esses incentivos podiam representar desde subsídios aos estudos técnicos as políticas voltadas para o setor. Com base nestes dados, pode-se dizer que ocorreu um maior incentivo a modernização da produção açucareira pelo Governo paulista frente aos demais produtores, como os nordestinos.

Apesar das pequenas disparidades entre as atuações dos Governos Estaduais, os auxílios estatais – destinados a modernização da agroindústria canavieira –, foram comuns no país. Os empréstimos e a legislação garantiriam a manutenção do poderio dos senhores de engenho, transformados em usineiros. O Governo interveio para facilitar uma modernização pelo alto; trocava-se o maquinário, mas permaneciam as bases da produção açucareira vigente desde os tempos coloniais, isto é, o retorno da lavoura e da indústria nas mãos de um mesmo dono, a absorção das terras próximas das usinas e a subjugação de fornecedores de cana e dos trabalhadores rurais.

O início da década de 1930 caracterizar-se-ia por uma conjuntura política e econômica propícia para uma ação estatal mais ampla. Especificamente no caso do setor açucareiro, poder-se-ia dizer que se estabeleceu um amálgama quase perfeito entre os interesses do setor e a intervenção estatal.

Nesse contexto, o Nordeste seria a região mais prejudicada com o acerbamento da crise de superprodução no setor, pois não conseguia escoar toda a sua produção no mercado interno. Assim, tinha que remeter obrigatoriamente uma certa quantidade de açúcar para o exterior, mesmo que os baixos preços do açúcar no mercado internacional quase não chegassem a pagar o custo da produção. Portanto, é certo que, para os produtores nordestinos, a intervenção estatal transformou-se num caso de vida ou morte. É justamente nesse sentido que no Primeiro Governo Vargas desenvolver-se-ia toda uma estrutura de planejamento e intervenção voltada para atender os interesses dessas áreas produtoras.

Interessa notar que, não obstante as medidas estatais tentarem proteger a indústria açucareira nordestina, elas acabaram sendo uma das responsáveis pelo crescimento da expansão do açúcar paulista. Essa aparente contradição relaciona-se principalmente à manutenção dos preços e aos incentivos a indústria alcooleira no estado de São Paulo, como forma de minar a resistência dos paulistas as políticas implantadas pelo Instituto do Açúcar e do Álcool. Somam-se a esses fatores o fato de que este estado era um grande consumidor de açúcar e contava com uma mão de obra barata, devido ao predomínio do sistema de colonato.

A produção açucareira e alcooleira paulista continuaria a crescer no mesmo ritmo que o seu desenvolvimento econômico. Ora, ao considerarmos essa conjuntura e todas as razões já expostas, percebemos que conquanto a grande concentração de poder nas mãos do IAA não foi possível ao Instituto impor nenhuma sanção à produção de São Paulo. Contraditoriamente, o favorecimento de uma região em detrimento de outras fortaleceria a própria reação dos paulistas e o seu poder de barganha. Nesse sentido, curiosamente, São Paulo acabaria utilizando-se de uma política pautada para proteger os nordestinos em seu próprio proveito. E, nesse caso, realmente, não surpreendeu a ninguém o fato de São Paulo herdar, logo após o término do Estado Novo, o posto de primeiro produtor de açúcar do país.

Por outro lado, percebe-se que a atuação do IAA acabou protegendo os capitais já investidos no setor açucareiro. Além disso, sua atuação garantiria os preços e a lucratividade. Em realidade, o Governo procurou estabelecer um certo equilíbrio debelando a crise de superprodução e salvaguardando os estados mais atingidos através do sistema de quotas, como foi o caso daqueles do Nordeste. Ademais, tentaria diluir as lutas sociais entre as diferentes classes sociais envolvidas e a espoliação de uma classe proprietária, – os fornecedores. Em realidade, tão somente com o agravamento da crise, em 1937, o Instituto passou a rever a sua política e conceder alguns direitos aos grupos sociais prejudicados, em virtude muitas vezes da própria política implementada pela Autarquia. Nesse caso, o Estatuto da Lavoura Canavieira pode ser visto como um divisor de águas, uma vez que caracterizaria um aprofundamento do intervencionismo estatal na agroindústria canavieira.

No cerne das questões relacionadas à agroindústria canavieira, entre 1930 e 1941, encontrava-se a própria problemática da intervenção estatal. Poder-se-ia dizer que essa ação liga-se a um contexto nacional ou mesmo mundial. Porém, tal fato não explicaria por si só a intensidade de atuação do Estado, principalmente representado pela atuação do IAA. Como conclusão parcial, poderíamos afirmar que, apesar de aparentemente as políticas do Instituto fossem, algumas vezes, contra os interesses dos usineiros, ela solucionaria os seus maiores problemas. A verdade é que a Autarquia imiscuiu-se de tal forma no tecido formador da produção açucareira que se pode considerá-la como parte da estrutura desse setor produtivo.

Mais ainda, a execução das medidas de natureza econômica, principalmente para recuperar um produto há séculos ameaçado por uma crise quase ininterrupta, não era novidade no país, nem as medidas adotadas na sua maioria o eram. Como já foi frisado ao longo desse trabalho, havia um pensamento econômico e político propícios a uma maior intervenção estatal no setor, o que levaria a aplicação de quase todas as medidas propostas, – fato inimaginável nos períodos predecessores –. Ora, um exemplo especial pode ser visto no desenvolvimento da própria indústria alcooleira.

Podemos concluir que a herança colonial passada através da estagnação das técnicas produtivas na lavoura, – o incompleto e lento aperfeiçoamento na parte industrial durante o período Imperial e o amálgama perfeito que se formou entre o Estado e a agroindústria canavieira –, moldariam a presente estrutura do setor açucareiro. Nesse sentido, esse processo traria no seu bojo uma nova expansão dos canaviais paulistas, caracterizados assim, por uma mescla entre modernização e manutenção das tradições.

Agradecimentos

Minha imensa gratidão a quantos comigo colaboraram:

Primeiramente, gostaria de agradecer ao CNPQ, pela concessão de uma bolsa de mestrado durante esses dois anos, permitindo a minha dedicação exclusiva à pesquisa.

Ao Professor Doutor Carlos Bacellar, meu orientador, que graças aos seus conselhos, esse trabalho foi realizado.

Ao Professor Doutor Geraldo Beauclair, meu orientador na Monografia do Bacharelado realizado na Universidade Federal Fluminense e que tanto me ensinou.

A Professora Doutora Vera Ferlini e ao Professor Renato Colistete, que participaram da minha banca de qualificação e que fizeram apontamentos essenciais para o desenvolvimento desse trabalho.

Agradeço a paciência e a colaboração dos funcionários do Arquivo Nacional, da Biblioteca Nacional e do Arquivo do Estado de São Paulo.

Agradeço aos funcionários de Pós-Graduação do Departamento de História – Priscila e Osvaldo que pacientemente responderam todas as minhas dúvidas.

A Laura, meu reconhecimento e eterna estima, por me ajudar e apoiar tantas vezes ao longo desse mestrado.

A Patrícia, que por estar passando pelos mesmos problemas, dividiu as angústias e dúvidas tão frequentes em um final de mestrado.

Ao meu irmão Paulo, leitor exaustivo e conselheiro desta dissertação.

Aos meus amigos de todos os momentos: Ana Paula Pulcineli, Karina Rocha, Manuela, Christina, Rodolfo, Bruno e familiares.

Agradeço, ainda, a minha avó Zelia e a minha tia Isabel por todo o apoio prestado nos momentos difíceis.

Finalmente a José Cassimiro, que apesar do pouco tempo de convívio, ajudou a alegrar esses tempos tão atribulados.

FONTES E BIBLIOGRAFIA

FONTES

A – MANUSCRITAS:

BRASIL, Ministério da Agricultura, Comércio e Obras Públicas. Concessão das estradas de ferro de São Paulo. Arquivo Nacional, DC SDH, Caixa 828 A.

_____, Ministério da Indústria, Viação e Obras Públicas. Relatório, 1985. Arquivo Nacional, IA84 e IA83.

_____, Ministério da Indústria, Comércio e Obras Públicas. Série Agricultura – engenhos centrais. Arquivo Nacional, IA84.

Engenhos Centrais. Arquivo do Estado de São Paulo, n. de ordem CO5674.

Núcleo colonial de canas. Arquivo do Estado de São Paulo, Caixa n. 56.

B – Impressas:

ALMEIDA, Miguel Calmon du Pin e. "Aplicações industriais do álcool". Trabalho apresentado na *Primeira Conferência Açucareira do Brasil*. Bahia, jun. jul. de 1902.

AMARAL, Luís. *História geral da agricultura brasileira*. Vol. I. São Paulo: Companhia Editora Nacional, 1939.

BARCELLOS, Domingues Alves (Barão de). *A crise do açúcar*: ligeiras considerações pelo Barão de Barcellos. Campos: Lith. e Typ. de Carlos Hamberger, 1887.

BELO LISBOA, J.C. "Álcool-motor". *Brasil Açucareiro*, ano X, jun. 1942.

BRANDÃO SOBRINHO, Júlio. *Memorial sobre a 4ª Conferência Açucareira*. São Paulo, 1912.

BRASIL. Ministério da Agricultura, Comércio e Obras Públicas, Relatórios, 1975-1891. Rio de Janeiro, Imprensa Nacional. Biblioteca do Arquivo Nacional.

_____. Ministério da Indústria, Viação e Obras Públicas. Relatórios, 1892-1909. Rio de Janeiro. Imprensa Nacional. Biblioteca do Arquivo Nacional.

_____. Ministério da Agricultura, Comércio e Obras Públicas. Relatórios apresentados pelos engenheiros fiscais 1880/1891. Rio de Janeiro. Imprensa Nacional. Biblioteca do Arquivo Nacional.

_____. Ministério da Indústria, Viação e Obras Públicas. Relatórios apresentados pelos engenheiros fiscais. Rio de Janeiro. Imprensa Nacional. Biblioteca do Arquivo Nacional.

_____. Congresso, Câmara dos deputados, Comissões de fazenda e especial. Parecer e projeto sobre a criação de bancos de crédito territorial e fábricas centrais de açúcar apresentados a Câmara dos Srs. Deputados na sessão de 20 de julho de 1875 pelas comissões de fazenda e especial nomeada em 16 de abril de 1875. Rio de Janeiro: Typ. Nacional, 1875.

_____. Secretaria da Agricultura, Comércio e Obras Públicas. Diretoria de Indústria e Comércio. A lavoura da canna e a indústria assucareira dos estados paulista e fluminense: Campos e Macahe em confronto com São Paulo: relatório apresentado ao Illm. e Exm. Sr. Dr. Antonio de Padua Salles por Julio Brandão Sobrinho, 1912.

CALÓGERAS, J. Pandiá. *A política monetária no Brasil*. São Paulo: Companhia Editora Nacional, 1960.

CENTRO DA INDÚSTRIA E COMÉRCIO. *Crise do açúcar*: representação e memorial apresentados ao corpo legislativo da nação brasileira pelo Centro da Indústria e Comércio de Açúcar do Rio de Janeiro. Rio de Janeiro: Imprensa Nacional, 1877.

Coleção de Leis do Império do Brasil. Rio de Janeiro: Imprensa Nacional, 1875-1888. Biblioteca do Arquivo Nacional.

Coleção das leis da República do Brasil. Rio de Janeiro: Imprensa Nacional, 1889/1910. Biblioteca do Arquivo Nacional.

CONSELHO FEDERAL DE COMÉRCIO EXTERIOR. *Dez anos de atividade*. Rio de Janeiro: 1944.

CONSELHO NACIONAL DE PETRÓLEO. *Legislação Nacional de Álcool, Programas, Planos, Governamentais*. Brasília: CNP.

DÉ CARLI, Gileno. *Gênese e evolução da indústria açucareira de São Paulo*. Rio de Janeiro: Editores Irmãos Pongetti, 1943.

_____. *Aspectos de economia açucareira*. Rio de Janeiro: Editores Irmãos Pongetti, 1942.

_____. O problema do combustível no Brasil. *Observador Econômico e financeiro*, 1939.

_____. Geografia econômica e social da canna de açúcar no Brasil. *Brasil Açucareiro*, ano V, vol. X, outubro de 1937, n. 2.

_____. *O processo histórico da usina em Pernambuco*. Rio de Janeiro: Editores Irmãos Pongetti, 1942.

_____. *História contemporânea do açúcar no Brasil*. Rio de Janeiro: IAA, 1940.

_____. *Os caminhos da energia*. Rio de Janeiro: IAA, 1979.

IAA. *Legislação açucareira e alcooleira* (1931-1942). Volume I. Rio de Janeiro: IAA, 1942.

_____. *Legislação açucareira e alcooleira* (1931 a 1952). Vol. II. Rio de Janeiro: IAA, 1952.

_____. *Economia açucareira no Brasil do século XIX*: cartas de Felisberto Brant Pontes – Marquês de Barbacena. Coleção Canavieira, n. 21, Rio de Janeiro: Divisão Administrativa Serviço de Documentação/ IAA, 1976.

_____. *Congressos açucareiros do Brasil*. Rio de Janeiro: IAA, 1949.

_____. *A política do álcool motor no Brasil*. Rio de Janeiro: IAA, 1941.

LIMA SOBRINHO, Barbosa. *Dos engenhos centrais às usinas de açúcar de Pernambuco*. Rio de Janeiro: Separata de Jurídica/Revista da Divisão do Instituto do Açúcar e do Álcool, 1971.

_____. *Problemas econômicos e sociais da lavoura canavieira*. Rio de Janeiro, IAA, 1941.

_____. *Os fundamentos da política do açúcar*. Rio de Janeiro, IAA, 1943.

MELO, Joaquim. *Um decênio da defesa do açúcar: anuário açucareiro*. Rio de Janeiro: IAA, 1941.

MILET, Henrique Augusto. *A lavoura de cana de açúcar*. Recife: Editora Massangana, 1989.

MINISTÉRIO DA AGRICULTURA, INDÚSTRIA E COMÉRCIO. Diretoria Geral de Estatística. *Indústria açucareira no Brasil*. Rio de Janeiro: Tip. da Estatística, 1919.

_____. Diretória Geral de Estatística. *Resumo de várias estatísticas financeiras*, 1924.

MIRANDA, Vicente Chermont de. *O estatuto da lavoura canavieira e sua interpretação*. Rio de Janeiro, Gráfica Sauer de Fred H. Sauer & Filho, 1943.

MORELLI, Bernardo. *Álcool desnaturado e suas aplicações industriais*. São Paulo. Tipografia Brasil de Rothschild & Cia, 1920.

OLIVEIRA, Eduardo Sabino de. *Álcool-Motor e motores de explosão*. Rio de Janeiro: IAA, 1942.

PEREIRA, Moacyr Soares. *O problema do álcool-motor*. Rio de Janeiro: José Olympio, 1942.

PICARD J. *Usinas açucareiras de Piracicaba, Villa-Haffard, Porto Feliz, Lorena e Cupim*: missão de inspeção do Senhor J. Picard, Engenheiro, de 1 de março a 15 de julho de 1903. São Paulo: Campinas: Hucitec; Ed. da Unicamp, 1996.

RAFFARD, Henri. *The sugar industry in Brazil*. London: W. H. and C. Collingridge, 1882.

_____, *Crise do açúcar e o açúcar no Brasil*: Artigos publicados na revista de   engenharia e transcritos no jornal do agricultor. Rio de Janeiro: Typ. Carioca, 1888.

_____, *Relatório do Jury de Secção de Assucares da Primeira Exposição Brazileira de Assucares e Vinhos*, organizada pelo Centro de Indústria e Commercio de Assucar. Rio de Janeiro: Imprensa Nacional, 1890.

RIBEIRO, Joaquim Fernandes. *Publicação demonstrando aos lavradores e mais interessados as vantagens das fábricas centrais de açúcar*. Bahia: Typ. Do Diário, 1874.

SALVADOR, Frei Vicente de. *História do Brasil*: 1500-1627. Rio de Janeiro: Biblioteca Nacional, 1889.

SAWYER, Frederic H. *Relatório apresentado à Sociedade Paulista de Agricultura, Comércio e Indústria*. São Paulo: Typ. De Carlos Gerke, 1905.

_____, *Estudo sobre a indústria açucareira no Estado de São Paulo, comparada com a dos demais países*. Apresentada ao Dr. Carlos Botelho M. D. da Secretária da Agricultura pelo engenheiro Frederic Sawyer. São Paulo: Typographia Brazil de Carlos Gerke & Rothschild, 1905.

TRUDA, Leonardo. *A defesa da produção açucareira*. Rio de Janeiro: IAA/Divisão Administrativa/Serviço de Documentação, 1971.

_____.A Victoria do Álcool Motor. *Brasil Açucareiro*, ano V, vol. X, out. 1937, n. 2.

VIZIOLI, J. Medidas aconselháveis aos lavradores contra o mosaico da cana. *Progresso*, Catanduva, 17 de abril de 1926.

_____. A presente situação da indústria açucareira no Estado de São Paulo. *Boletim da Agricultura*. São Paulo, 1926.

RELATÓRIOS DO MINISTÉRIO DA AGRICULTURA (1875-1941)

Relatório apresentado à Assembleia Legislativa da quarta sessão da 15ª legislatura pelo Ministro e Secretário dos Negócios da Agricultura, Comércio e Obras Públicas José Fernandes da Costa Pereira Junior. Rio de Janeiro: Typographia Americana, 1875.

Relatório apresentado à Assembleia Geral Legislativa na 1ª sessão da 16ª legislatura pelo Ministro da Agricultura, Comércio e Obras Públicas, Thomas José Coelho de Almeida. Rio de Janeiro: Tip. Perseverança, 1877.

Relatório apresentado à Assembleia Geral Legislativa. 1ª sessão da 17ª legislatura, pelo Ministro e Secretário dos Negócios da Agricultura, Comércio e Obras Públicas, João Luis Vieira Cansansão de Sinimbu. Rio de Janeiro: Imprensa Industrial de João Paulo Ferreira Dias, 1878.

Relatório apresentado à Assembleia Geral na 2ª sessão da 17ª legislatura pelo Ministro e Secretário de Estado dos Negócios da Agricultura, Comércio e Obras Públicas João Lins Vieira Cansansão de Sinimbu. Rio de Janeiro: Imprensa Industrial de João Paulo Ferreira Dias, 1879.

Relatório apresentado à Assembleia Geral na 17ª legislatura pelo Ministro e Secretário de Estado dos Negócios da Agricultura, Comércio e Obras Públicas Manuel Buarque de Macedo. Rio de Janeiro: Typographia Nacional, 1880.

Relatório apresentado à Assembleia Geral na 2ª sessão da 18ª legislatura pelo Ministro e Secretário de Estado dos Negócios da Agricultura, Comércio e Obras Públicas Manuel Alves de Araújo. Rio de Janeiro: Typographia Nacional, 1881.

Relatório apresentado à Assembleia Geral Legislativa na 1ª sessão da 18ª legislatura pelo Ministro e Secretário dos Negócios da Agricultural, Comércio e Obras Públicas José Antonio Saraiva. Brasil, Rio de Janeiro: Typographia Nacional, 1882.

Relatório apresentado à Assembleia Geral na 3ª sessão da 18ª legislatura pelo Ministro e Secretário de Estado dos Negócios da Agricultura, Comércio e Obras Públicas Henrique D'Avila. Rio de Janeiro: Tipographia Nacional, 1883.

Relatório apresentado à Assembleia Geral na 4ª sessão da 18ª legislatura pelo Ministro e Secretário de Estado dos Negócios da Agricultura, Comércio e Obras Públicas Afonso Augusto Moreira Penna. Rio de Janeiro: Typographia Nacional, 1884.

Relatório apresentado à Assembleia Geral na 1ª sessão da 2ª legislatura pelo Ministro e Secretário de Estado dos Negócios da Agricultura, Comércio e Obras Públicas Antonio da Silva Prado. Rio de Janeiro: Imprensa Nacional, 1886.

Relatório apresentado à Assembleia Geral na 2ª sessão da 20ª legislatura pelo Ministro e Secretário de Estado dos Negócios da Agricultura, Comércio e Obras Públicas Rodrigo Augusto da Silva. Rio de Janeiro: Imprensa Nacional, 1887.

Relatório apresentado à Assembleia Geral na 3ª sessão da 20ª legislatura pelo Ministro e Secretário de Estado dos Negócios da Agricultura, Comércio e Obras Públicas Rodrigo Augusto da Silva. Rio de Janeiro: Imprensa Nacional, 1888.

Relatório apresentado à Assembleia na 4ª sessão da 20ª legislatura pelo Ministro e Secretário dos Negócios da Agricultura, Comércio e Obras Públicas Rodrigo Augusto da Silva. Imprensa Nacional, Rio de Janeiro: 1889.

Relatório apresentado ao Chefe do Governo Provisório por Francisco Glicerio. Ministro e Secretário dos Negócios da Agricultura, Comércio e Obras Públicas. Rio de Janeiro, Imprensa Nacional, 1890.

Relatório apresentado ao Presidente da República dos Estados Unidos do Brasil pelo Ministro do Estado dos Negócios da Agricultura, Comércio e Obras Públicas Barão de Lucena, em junho de 1891. Rio de Janeiro: Imprensa Nacional, 1891.

Relatório apresentado ao Presidente da República dos Estados Unidos do Brasil pelo Ministro do Estado dos Negócios da Agricultura, Comércio e Obras Públicas Engenheiro Antão Gonçalves de Faria em maio de 1892. Rio de Janeiro: Imprensa Nacional, 1892.

Relatório apresentado ao Presidente da República dos Estados Unidos do Brasil pelo Ministro do Estado dos Negócios da Indústria, Viação e Obras Públicas Engenheiro Antonio Francisco de Paula Souza no ano de 1893. Rio de Janeiro: Imprensa Nacional, 1893.

Relatório apresentado ao Presidente da República dos Estados Unidos do Brasil pelo Ministro do Estado dos Negócios da Indústria, Viação e Obras Públicas General da Brigada Dr. Bibiano Sergio Macele da Fontoura Costallat em maio de 1894. Rio de Janeiro: Imprensa Nacional, 1894.

Relatório apresentado ao Presidente da República dos Estados Unidos do Brasil pelo Engenheiro Antonio Elyntho dos Santos Pires Ministro do Estado dos Negócios da Indústria, Viação e Obras Públicas em maio de 1895. Rio de Janeiro: Imprensa Nacional, 1895.

Relatório apresentado ao Presidente da República dos Estados Unidos do Brasil pelo Engenheiro Antonio Elyntho dos Santos Pires Ministro do Estado dos Negócios da Indústria, Viação e Obras Públicas em maio de 1896. Rio de Janeiro: Imprensa Nacional, 1896.

Relatório apresentado ao Presidente da República dos Estados Unidos do Brasil pelo Ministro do Estado dos Negócios da Indústria, Viação e Obras Públicas Joaquim Murtinho. Rio de Janeiro: Imprensa Nacional, 1897.

Relatório apresentado ao Presidente da República dos Estados Unidos do Brasil pelo Ministro do Estado dos Negócios da Indústria, Viação e Obras Públicas Sebastião Eurico Gonçalves de Lacerda em maio de 1898. Rio de Janeiro: Imprensa Nacional, 1898.

Relatório apresentado ao Presidente da República dos Estados Unidos do Brasil pelo Ministro do Estado dos Negócios da Indústria, Viação e Obras Públicas Severino dos Santos Vieira no ano de 1899. Rio de Janeiro: Imprensa Nacional, 1899.

Relatório apresentado ao Presidente da República dos Estados Unidos do Brasil pelo Ministro do Estado dos Negócios da Indústria, Viação e Obras Públicas Alfredo Eugenio de Almeida Maia no ano de 1900. Rio de Janeiro: Imprensa Nacional, 1900.

Relatório apresentado ao Presidente da República dos Estados Unidos do Brasil pelo Ministro do Estado dos Negócios da Indústria, Viação e Obras Públicas Alfredo Eugenio de Almeida Maia no ano de 1901. Rio de Janeiro: Imprensa Nacional, 1901.

Relatório apresentado ao Presidente da República dos Estados Unidos do Brasil pelo Ministro do Estado dos Negócios da Indústria, Viação e Obras Públicas Lauro Severino Müller no ano de 1903. Rio de Janeiro: Imprensa Nacional, 1903.

Relatório apresentado ao Presidente da República dos Estados Unidos do Brasil pelo Ministro do Estado dos Negócios da Indústria, Viação e Obras Públicas Lauro Severino Müller no ano de 1904. Rio de Janeiro: Imprensa Nacional, 1904.

Relatório apresentado ao Presidente da República dos Estados Unidos do Brasil pelo Ministro de Estado dos Negócios da Indústria, Viação e Obras Públicas Lauro Severino Müller no ano de 1905. Rio de Janeiro: Imprensa Nacional, 1905.

Relatório apresentado ao Presidente da República dos Estados Unidos do Brasil pelo Ministro do Estado dos Negócios da Indústria, Viação e Obras Públicas Lauro Severino Muller, no ano de 1903, 18º da República. Rio de Janeiro: Imprensa Nacional, 1906.

Relatório apresentado ao Presidente dos Estados Unidos do Brasil pelo Ministro da Indústria, Viação e Obras Públicas Miguel Camon Du Pin e Almeida no ano de 1907. Rio de Janeiro: Imprensa Nacional, 1907.

Relatório apresentado ao Presidente dos Estados Unidos do Brasil pelo Ministro da Indústria, Viação e Obras Públicas Miguel Camon Du Pin e Almeida no ano de 1908, vol. I, Rio de Janeiro: Imprensa Nacional, 1908.

Relatório apresentado ao Presidente dos Estados Unidos do Brasil pelo Ministro da Indústria, Viação e Obras Públicas Miguel Camon Du Pin e Almeida no ano de 1909, vol. I, Rio de Janeiro: Imprensa Nacional, 1909.

Relatório apresentado ao Presidente da República dos Estados Unidos do Brasil pelo Ministro de Estado da Agricultura, Indústria e Comércio Rodolpho Nogueira da Rocha Miranda no ano de 1910. Rio de Janeiro: Oficinas da Diretória Geral de Estatística, 1910.

Relatório apresentado ao Presidente da República dos Estados Unidos do Brasil pelo Dr. Pedro de Toledo Ministro do Estado da Agricultura, Indústria e Comércio no ano de 1912. Rio de Janeiro: Imprensa Nacional, 1912.

Relatório apresentado ao Ministério da República dos Estados Unidos do Brasil pelo Ministro do Estado da Agricultura, Indústria e Comércio Geminiano Lyra Castro no ano de 1927. Rio de Janeiro: Typ. do Serviço de Informações do Ministério da Agricultura, 1929.

Relatório apresentado ao Ministério da República dos Estados Unidos do Brasil pelo Ministro do Estado da Agricultura, Indústria e Comércio Geminiano Lyra Castro no ano de 1928. Rio de Janeiro: Typ. do Serviço de Informações do Ministério da Agricultura, 1929.

Relatório do Ministério da Agricultura apresentado ao Chefe do Governo Provisório por Mario Barbosa Carneiro, encarregado do expediente na ausência do Ministro J. F. de Assis Brasil de 24 de outubro de 1930 a 3 de dezembro de 1931. Rio de Janeiro: Typographia do Ministério da Agricultura, 1933.

Relatório apresentado ao Presidente dos Estados Unidos do Brasil, Excelentíssimo Senhor Doutor Getúlio Vargas pelo Ministro de Estado dos Negócios da Agricultura Fernando Costa, vol. I. Serviço de Informação Agrícola. Ministério da Agricultura. Rio de Janeiro, 1939.

Relatório apresentado ao Presidente dos Estados Unidos do Brasil, Excelentíssimo Senhor Doutor Getúlio Vargas pelo Ministro de Estado dos Negócios da Agricultura Fernando Costa, 1941, vol. I. Serviço de Informação Agrícola. Ministério da Agricultura. Rio de Janeiro, 1941.

Relatórios dos Engenheiros Fiscais

Relatório do Terceiro Distrito de Engenhos Centrais apresentado por Luis Monteiro Caminhoá, engenheiro fiscal. In: Relatório apresentado na 1ª sessão da 19ª legislatura pelo Ministro e Secretário dos Negócios da Agricultura, Comércio e Obras Públicas João Ferreira de Moura. Rio de Janeiro: Imprensa Nacional, 1885.

Relatório do Terceiro Distrito de Engenhos Centrais apresentado por Luis Monteiro Caminhoá, engenheiro fiscal. In: Anexo – Relatório apresentado na 1ª sessão da 2ª legislatura pelo Ministro e Secretário dos Negócios da Agricultura, Comércio e Obras Públicas Antonio da Silva Prado. Rio de Janeiro: Imprensa Nacional, 1886.

Relatório do Terceiro Distrito de Engenhos Centrais apresentado por José Gonçalves de Oliveira, engenheiro fiscal. In: Relatório apresentado à Assembleia Geral na 2ª sessão da 20ª legislatura pelo Ministro e Secretário de Estado dos Negócios da Agricultura, Comércio e Obras Públicas Rodrigo Augusto da Silva. Rio de Janeiro: Imprensa Nacional, 1887.

Relatório do Terceiro Distrito de Engenhos Centrais apresentado por José Gonçalves de Oliveira, engenheiro fiscal. In: Relatório apresentado à Assembleia Geral na 3ª sessão da 20ª legislatura pelo Ministro e Secretário de Estado dos Negócios da Agricultura, Comércio e Obras Públicas Rodrigo Augusto da Silva. Rio de Janeiro: Imprensa Nacional, 1888.

Relatório do Terceiro Distrito de Engenhos Centrais apresentado por José Gonçalves de Oliveira, engenheiro fiscal. In: Relatório apresentado à Assembleia Geral na 4ª sessão da 20ª legislatura pelo Ministro e Secretário de Estado dos Negócios da Agricultura, Comércio e Obras Públicas Rodrigo Augusto da Silva. Rio de Janeiro: Imprensa Nacional, 1889.

Relatório do Terceiro Distrito de Engenhos Centrais apresentado por Eurico Jacy Monteiro, engenheiro fiscal. In: Anexo – Relatório apresentado ao Vice-presidente da República dos Estados Unidos do Brasil pelo Ministro de Estado dos Negócios da Indústria, Viação e Obras Públicas Antonio Francisco de Paula Souza, no ano de 1883, 5º da República. Rio de Janeiro: Imprensa Nacional, 1893.

Relatórios da Província e Estado de São Paulo

Relatório apresentado à Assembleia Legislativa Provincial de São Paulo pelo Presidente de Província Laurindo Abelardo de Brito no dia 13 de janeiro de 1881. Santos: Tipographia a Vapor do Diário de Santos, 1881.

Fala dirigida à Assembleia Legislativa de São Paulo na abertura da 2º sessão da 24ª legislatura em 10 de janeiro de 1883 pelo Presidente Conselheiro Francisco de Carvalho Soares Brandão. São Paulo: Typ. do Ypiranga, 1883.

Fala dirigida à Assembleia Legislativa Provincial de São Paulo na abertura da 1ª sessão da 25ª legislatura em 10 de janeiro de 1884 pelo Presidente Barão de Guajará. São Paulo: Typ. da Gazeta Liberal, 1884.

Fala dirigida à Assembleia Legislativa Provincial de São Paulo na abertura da 2ª sessão da 26ª legislatura em 10 de janeiro de 1885 pelo Presidente Doutor José Luiz de Almeida Couto. São Paulo: Typ. da Gazeta Liberal, 1885.

Relatório apresentado à Assembleia legislativa provincial de São Paulo pelo Presidente de Província João Alfredo Correa de Oliveira, no dia 15 de fevereiro de 1886. São Paulo: Tipographia à vapor de Jorge Seckler & Cia, 1886.

Relatório com que o Exmo. Sr. Dr. José Luiz de Almeida Couto Presidente da Província de São Paulo passou a administração ao 1º Vice-Presidente Exmo. Sr. Dr. Francisco Antonio de Souza Queiroz Filho. São Paulo: Typographia do Correio Paulistano, 1996.

Relatório apresentado à Assembleia Legislativa Provincial de São Paulo pelo Presidente da Província Barão de Parnahyba no dia 17 de janeiro de 1887. São Paulo: Typographia a Vapor de Jorge Seckler & Comp, 1887.

Relatório com que o Exm. Sr. Dr. Francisco de Paula Rodrigues Alves assou a administração da Província de São Paulo ao Exmo. Sr. Dr. Francisco Antonio Dutra Rodrigues 1º Vice-Presidente no dia 27 de abril de 1888. São Paulo: Typographia a Vapor de Jorge Seckler & Comp., 1888.

Exposição com que o Excelentíssimo Senhor Visconde de Parnahyba passou a administração da província de São Paulo ao Excelentíssimo Senhor Doutor Francisco de

Paula Rodrigues Alves Presidente desta Província no dia 19 de novembro de 1887. São Paulo: Typographia à vapor de Jorge Seckler & Cia, 1888.

Relatório apresentado à Assembleia Legislativa Provincial de São Paulo pelo presidente da Província Doutor Pedro Vicente de Azevedo no dia 11 de janeiro de 1888. São Paulo: Typ. à vapor de Jorge Seckler & Cia., 1889.

Mensagem apresentada ao Congresso legislativo a 14 de julho de 1910 por Fernando Prestes Vice-Presidente do Estado de São Paulo. São Paulo: Duprat & Comp, 1910.

Mensagem enviada ao Congresso do Estado, a 14 de julho de 1914 pelo Dr. Carlos Augusto Pereira Guimarães Vice-Presidente do Estado de São Paulo.

Mensagem enviada ao Congresso do Estado, a 14 de julho de 1915 pelo Dr. Francisco Rodrigues Alves, Presidente do Estado de São Paulo.

Mensagem apresentada ao Congresso do Estado, a 14 de julho de 1917, pelo Dr. Altino Arantes, Presidente do Estado de São Paulo.

Mensagem apresentada ao Congresso do Estado, a 14 de julho de 1918, pelo Dr. Altino Arantes, Presidente do Estado de São Paulo.

Mensagem apresentada ao Congresso do Estado, a 14 de julho de 1919, pelo Dr. Altino Arantes, Presidente do Estado de São Paulo.

Mensagem apresentada ao Congresso do Estado, a 14 de julho de 1920, pelo Dr. Washington Luis Pereira de Souza, Presidente do Estado de São Paulo.

Mensagem apresentada ao Congresso do Estado, a 14 de julho de 1921, pelo Dr. Washington Luis Pereira de Souza, Presidente do Estado de São Paulo.

Mensagem apresentada ao Congresso do Estado, a 14 de julho de 1925, pelo Dr. Carlos de Campos, Presidente do Estado de São Paulo.

Mensagem apresentada ao Congresso do Estado, a 14 de julho de 1927, pelo Dr. Antonio da Costa Bueno, Presidente do Estado de São Paulo.

Mensagem apresentada ao Congresso Legislativo, em 14 de Julho de 1928, pelo Doutor Julio Prestes de Albuquerque, Presidente do Estado de São Paulo. São Paulo, 1928.

Mensagem apresentada ao Congresso legislativo na 2ª sessão da 14ª legislatura, em 14 de julho de 1929 pelo Dr. Julio Prestes de Albuquerque, Presidente do Estado de São Paulo.

Mensagem apresentada ao congresso Legislativo, em 14 de julho de 1930, pelo Dr. Heitor Teixeira Penteado, Vice-Presidente em exercício do Estado de São Paulo, 1930.

Relatórios de outras Províncias e Estados Brasileiros

Mensagem apresentada à Assembleia Legislativa pelo Presidente do Estado do Rio de Janeiro General Quintino Bocayuva em 15 de julho de 1902. Rio de Janeiro: Typ. do Jornal do Comércio, 1902.

Mensagem apresentada à Assembleia Geral Legislativa na abertura da 1ª sessão ordinária da 7ª legislatura por Severino Vieira Governador do Estado da Bahia. Bahia: Oficinas do Diário da Bahia, 1903.

Mensagem apresentada ao Congresso Legislativo na abertura da 2ª sessão da 13ª legislatura pelo Governador do Estado Dr. Estácio de Albuquerque Coimbra. Recife, 1929.

Mensagem apresentada ao Congresso Legislativo na Abertura da 3ª sessão da 13ª legislatura pelo Governador do Estado Dr. Estácio de Albuquerque Coimbra. Recife, 1930.

C – Periódicos:

O Auxiliador da Indústria Nacional.
Boletim da Agricultura.
Diário Oficial.
Revista Brasil Açucareiro.
Revista de Engenharia.

D – BIBLIOGRAFIA:

ANDRADE, Manuel Correia de. *História das usinas de açúcar de Pernambuco*. Recife: Fundação Joaquim Nabuco. Ed. Massangana, 1989.

_____. *A terra e o homem no nordeste*. São Paulo: Brasiliense, 1963.

ARANHA, Paulo P. Alves. (org.). *Legislação agroindustrial açucareira*. São Paulo: Jalovi, 1983.

ARAÚJO, Tatiana Brito de. *Os engenhos centrais e a produção açucareira no Recôncavo Baiano*: 1875-1909. Salvador: Fieb, 2002.

AZEVEDO, Fernando. *Canaviais e engenhos na vida política do Brasil*: ensaio sociológico sobre o elemento político na civilização do açúcar. Rio de Janeiro: Instituto do Açúcar e do Álcool, 1948.

BACELLAR, Carlos de Almeida Prado e BRIOCHI, Lucila Reis (orgs.). *Na estrada do Anhanguera*: uma visão regional da história paulista. São Paulo: Humanitas, 1999.

BEIGUELMAN, Paula. *A formação do povo no complexo cafeeiro*: aspectos políticos. 2ª edição. São Paulo: Pioneira, 1977.

BRAY, Silvio Carlos. *A formação do capital na agroindústria açucareira de São Paulo*: revisão dos paradigmas tradicionais. Tese de Livre-docência, Instituto de Geociências e Ciência Exatas, Unesp, 1989.

CAMPOS, Vilar Zóia. *Doce amargo*: produtores de açúcar no processo de mudança pernambucano (1874-1941). São Paulo: Annablume, 2001.

CANABRAVA, Alice. "A grande lavoura". In: HOLANDA, Sérgio Buarque de (org.). *História geral da civilização brasileira*, vol 6. Rio de Janeiro: Bertrand Brasil, 1997.

_____. "A região de Piracicaba". *Revista do Arquivo Nacional*, vol. XLV, São Paulo, 1938.

CANO, Wilson. *Raízes da concentração industrial em São Paulo*. Rio de Janeiro: Difel, 1977.

CARDOSO, Ciro Flamarion S. *Agricultura, escravidão e capitalismo*. Petrópolis: Vozes, 1979.

CARDOSO, Fernando Henrique. *O modelo político brasileiro e outros ensaios*. São Paulo: Difusão Europeia do Livro, 1972.

CARON, Dálcio. *Heterogeneidade e diferenciação dos fornecedores de cana de São Paulo*. Tese de doutorado. São Paulo, FFLCH-USP, 1986.

CARVALHO, José Murilo. *Teatro de sombras*: a política imperial. São Paulo: Vértice, Editora Revista dos Tribunais; Rio de Janeiro: Uperj, 1999.

CASCUDO, Luís da Câmara. *Sociologia do açúcar*. Coleção Canavieira n. 5. Rio de Janeiro: Divisão Administrativa Serviço de Documentação/IAA, 1971.

CONDE, José. *A cana-de-açúcar na vida brasileira*. Coleção Canavieira n. 7. Rio de Janeiro: Divisão Administrativa Serviço de Documentação/IAA, 1971-1972.

COUTINHO, Nelson. *Economia e indústria alcooleira*. Rio de Janeiro: IAA, 1957.

COSTA FILHO, Miguel. Engenhos centrais e usinas. *Revista do Livro*, ano V, n. 19, set. 1960, Rio de Janeiro: 1960.

_____. *A cana-de-açúcar em Minas Gerais*. Rio de Janeiro: IAA, 1963.

DEAN, Warren. *Rio Claro*: um sistema brasileiro de grande lavoura (1820-1920). Rio de Janeiro: Paz e Terra, 1971.

_____. *A industrialização de São Paulo* (1880-1945). São Paulo: Difel, 1981.

DE DECCA, Edgar. *1930*: o silêncio dos vencidos. Memória, história e revolução. 6ª edição, São Paulo: Brasiliense, 1994.

DELGADO, Guilherme da Costa. *Capital financeiro e agricultura no Brasil*. São Paulo: Ed. Unicamp, 1985.

EISENBERG, Peter L. *Modernização sem mudança*: a indústria açucareira em Pernambuco (1840-1910). Rio de Janeiro: Paz e Terra; Campinas: 1977.

FAUSTO, Boris. *A revolução de 1930*: historiografia e história. São Paulo: Brasiliense, 1987.

FERLINI, Vera. *Terra, trabalho e poder*: o mundo dos engenhos no Nordeste Colonial. Bauru (SP) Edusc, 2003.

FERNANDES, Florestan. *A revolução burguesa no Brasil*. ensaio de interpretação sociológica. Rio de Janeiro: Zahar, 1976.

FREIRE, Gilberto. *A presença do açúcar na formação brasileira*. Coleção Canavieira n. 16. Rio de Janeiro: Divisão Administrativa Serviço de Documentação/IAA, 1975.

FURTADO, Celso. *Formação econômica do Brasil*. São Paulo: Companhia Editora Nacional, 1997.

_____. *Análise do "modelo" brasileiro*. Rio de Janeiro: Civilização Brasileira, 1978.

_____. *Les Etats-Unis et le sous dévéloppement de l' Amérique Latine*. Paris, Celman-Lévy, 1970.

GAMA, Ruy. *Engenho e tecnologia*. São Paulo: Livraria Duas Cidades, 1979.

GNACCARINI, J. C. A. "A economia do açúcar: processo de trabalho e processo de acumulação". FAUSTO, Boris (org.). História geral da civilização brasileira, vol. 8, Rio de Janeiro: Bertrand Brasil, 1997.

_____. *Estado, ideologia e ação empresarial na agroindústria açucareira do Estado de São Paulo*. Tese de doutorado. São Paulo, FFLCH-USP, 1972.

GOMES, Gustavo Maia. Caráter e consequências da intervenção estatal no setor açucareiro do Brasil: 1933/1978. *Estudos Econômicos*, vol. 9, 1978.

GUIMARÃES, Carlos Gabriel. *A indústria álcool-motora no primeiro governo Vargas (1920-1945)*. Dissertação de Mestrado. Niterói (RJ), ICHF/UFF, 1991.

HONORATO, Cezar Teixeira. *O novo Estado no Estado Novo*. Dissertação de mestrado. Niterói (RJ), ICHF/ UFF, 1987.

IAA. *Brasil/ Açúcar* (coleção canavieira n. 8). Rio de Janeiro: IAA, 1972.

_____. *História social da agroindústria canavieira*. Rio de Janeiro: IAA, 1974.

IANNI, Octavio. A classe operária vai ao campo. *Cadernos Cebrap*, n° 24, São Paulo, 1976.

_____. *Estado e planejamento econômico no Brasil* (1930-1970). Rio de Janeiro: Civilização Brasileira, 1971.

_____. *Origens agrárias do Estado brasileiro*. São Paulo: Brasiliense, 2004.

JUNGMANN, Fernando. *O direito da agro-indústria açucareira*. São Paulo: Revista dos Tribunais, 1971.

LE GOFF, Jacques. "Progresso e reação" e "Antigo e moderno". In: *Enciclopédia Einaldi*. Lisboa: Imprensa Nacional/Casa da Moeda.

LINHARES, Maria Yedda (org.). *História geral do Brasil*. Rio de Janeiro: Campus, 1990.

MARQUESE, Rafael de Bivar. *Administração e escravidão*: um estudo das ideias sobre a gestão da agricultura escravista brasileira. Dissertação de Mestrado, São Paulo, FFLCH-USP, 1997.

MARCHIORI, Maria Emilia Prado. Engenhos centrais e usinas no Norte Fluminense – 1875-1909: algumas considerações. *Mensário do Arquivo Nacional*, Rio de Janeiro: ano XI, n. 8, Rio de Janeiro, 1980.

MAKINO, Miyoco. Contribuição ao estudo de legislação sobre núcleos coloniais do período imperial. *Anais do Museu Paulista*, tomo XXV, São Paulo, 1971-1974, p. 79-129.

MELLO, Evaldo Cabral de. *O Norte Agrário e o Império* (1871-1889). Rio de Janeiro: Topbooks, 1999.

MELO, Jose Evandro Vieira de. *O engenho central de Lorena:* modernização açucareira e colonização (1881-1901). Dissertação de Mestrado, São Paulo, FFLCH-USP, 2003.

MELONI, Reginaldo Alberto. *Ciência e produção agrícola*: a Imperial Estação Agronômica de Campinas 1887/1897. Dissertação de Mestrado, São Paulo, FFLCH-USP, 1999.

MENDONÇA, Sonia Regina. *O ruralismo brasileiro* (1888-1931). São Paulo: Hucitec, 1997.

_____. *Ruralismo*: agricultura, poder e Estado na Primeira República. Tese de Doutorado, São Paulo, FFLCH-USP, 1990.

_____. Conflitos interburocráticos na determinação de políticas agrícolas no Brasil: o caso do Ministério da Agricultura (1909-1945). *Anais do II Congresso Brasileiro de História Econômica*. Niterói (RJ), ABPHE, 13 a 16 out. de 1996.

MONT'ALEGRE, Omer. *Açúcar, economia caprichosa.* Rio de Janeiro: IAA, 1964.

MOORE JR, Barrington. *As origens sociais da ditadura e da democracia*: senhores e camponeses na construção do mundo moderno. São Paulo: Martins Fontes, 1983.

MOTTA, Márcia Maria. *Nas fronteiras do poder*: conflitos e direitos à terra no Brasil do século XIX. Rio de Janeiro: Vicio de Leitura/Arquivo Público do Estado do Rio de Janeiro,1998.

NEGRI, Barjas. *Um estudo de caso da indústria nacional de equipamentos*: análise do grupo Dedini (1920-1975). Dissertação de mestrado. Campinas, ICCH/Unicamp, 1977.

NEVES, Delma Pessanha. *Lavradores e pequenos produtores de cana*: estudo da subordinação dos pequenos produtores agrícolas ao capital. Rio de Janeiro, Zahar, 1981.

_____. *Os fornecedores de cana e o Estado intervencionista*. Nitéroi: Eduff, 1997.

_____. Por trás dos verdes canaviais. Niterói: Eduff, 1989.

NORMANO, J. F. *Evolução econômica do Brasil*. São Paulo: Nacional, 1945.

OLIVEIRA, Francisco. *Elegia para uma Re(li)gião*: Sudene, Nordeste. Planejamento e conflito de classes. Rio de Janeiro: Paz e Terra, 1981.

OLIVEIRA, Geraldo Beauclair de. *A evolução do sistema financeiro na época Vargas*. Dissertação de Mestrado. Niterói (RJ), ICHF/UFF, 1974.

_____ *A construção inacabada*: a economia brasileira, 1828-1860. Rio de Janeiro: Vicio de Leitura, 2001.

OLIVEIRA, Hugo Paulo de. *Os presidentes do IAA*. Coleção Canavieira n. 19. Rio de Janeiro: IAA, 1975.

OLIVER, Graciela. *José Vizioli e o início da modernização tecnológica da agroindústria canavieira paulista, 1919-1949*. Dissertação de Mestrado. Campinas: IG/Unicamp, 2001.

_____. e SZMECSÁNYI, Tamás. A crise do mosaico e a modernização tecnológica da agroindústria canavieira paulista, 1920-1950. Comunicação apresentada nas *XVII Jornadas de História Econômica*, Tucuman, 20, 21 e 22 set, 2000.

_____. e _____. A estação experimental de Piracicaba e a modernização tecnológica da agroindústria canavieira (1920 a 1940). *Revista Brasileira de História*, vol. 23, n. 46S, São Paulo, 2003.

PANG, Eul Soo. *O engenho central de Bom Jardim na economia baiana: alguns aspectos de sua história (1875-1891)*. Rio de Janeiro: Ministério da Justiça/Arquivo Nacional/IHGB, 1979.

PELAEZ, Carlos Manuel. *A História da industrialização brasileira*. São Paulo: Apec, 1972.

PERES, Maria Thereza Miguel. *O colono de cana na modernização da Usina Monte Alegre*: Piracicaba (1930-1950). Dissertação de mestrado. São Paulo, PUC/SP, 1990.

PERRUCI, Gadiel. *A república das usinas*. Rio de Janeiro: Paz e Terra, 1978.

PETRONE, Thereza Schorer. *A lavoura canavieira em São Paulo*: expansão e declínio (1765-1851). São Paulo: Difusão Europeia do Livro, 1968.

PINA, Hélio. *A agroindústria açucareira e sua legislação*. São Paulo: Apec, 1954.

PINASSI, Maria Orlanda. Do engenho central à agroindústria: o regime de fornecimento de canas. Cadernos do Cedec, n. 9, 1987.

POLANYI, Karl. *A grande transformação*: As origens da nossa época. Rio de Janeiro: Campus, 2000, p. 171.

PRADO JÚNIOR, Caio. *Formação do Brasil Contemporâneo*. 22ª edição, São Paulo: Brasiliense, 1997.

_____. *História econômica do Brasil*. 41ª edição, São Paulo: Brasiliense, , 1994.

PRADO, Maria Emilia. *Em busca do progresso*: os engenhos centrais e a modernização das unidades açucareiras no Brasil. Rio de Janeiro: Papel Virtual, 2000.

QUEDA, Oriowaldo. *A intervenção do Estado e a agroindústria açucareira paulista*. Tese de Doutorado, São Paulo, FFLCH-USP, 1972.

RAMOS, Pedro. *Agroindústria canavieira e propriedade fundiária no Brasil*. São Paulo: Hucitec, 1999.

_____. *Um estudo da evolução e da estrutura da agroindústria canavieira no Estado de São Paulo* (1930-1982). Tese de mestrado. São Paulo, Eaesp/ FGV, 1983.

SAMPAIO, Sellingardi S. *Geografia industrial de Piracicaba*: um exemplo de interação industrial – agricultura. Tese de Doutorado. Rio Claro, FFCL.

SANTOS, Magda Carmo dos. *O álcool-motor no Brasil e a sua relação com a produção açucareira* (1903-1954). Dissertação de Mestrado. São Paulo, FFLCH/USP, 1997.

SCHWARTZMAN, Simon (org.). *Estado Novo, um auto-retrato* (Arquivo Gustavo Capanema). Brasília: Ed. Unb, 1983.

SILVA, Sergio. *Expansão cafeeira e origens da Indústria no Brasil*. São Paulo: Alfa-Ômega, 1986.

SIMONSEN, Roberto C. *História econômica do Brasil* (1500-1820). São Paulo: Nacional, 1977.

SINGER, Paul. "O Brasil no contexto do capitalismo internacional: 1889-1930". FAUSTO, Boris (org.). História geral da civilização brasileira, vol. I, Rio de Janeiro: Bertrand Brasil, 1997, p. 347-390.

_____. Desenvolvimento econômico e evolução urbana. São Paulo: Edusp, 1968.

SOARES, Alcides Ribeiro. Um século de economia açucareira: evolução da moderna agroindústria do açúcar em São Paulo, de 1877 a 1970. São Paulo: Cliper, 2000.

SOUZA, Jonas Soares de. Uma empresa pioneira em São Paulo: o engenho central de Porto Feliz. Edição comemorativa do centenário do engenho central de Porto Feliz (1878-1978). Coleção Museus Paulistas, vol. 7, 1978.

_____. Legislação sobre engenhos centrais no Brasil, 1975-1910. Itu, s. n., 1999.

_____. O engenho central de Porto Feliz: subsídios para o estudo dos engenhos centrais do Brasil no século XIX. Anais do Museu Paulista, tomo XXV, São Paulo, 1971-1974, p. 25-43.

_____. Imigração e colonização em um município açucareiro: o problema da mão-de-obra em Porto Feliz (1875-1905). Dissertação de Mestrado. São Paulo, FFLCH-USP, 1975.

STEIN, Stanley J. Grandeza e decadência do café no Vale do Paraíba. São Paulo: Brasiliense, 1981.

SZMRECSÁNYI, Tamás. O planejamento da agroindústria canavieira do Brasil (1930-1975). São Paulo: Hucitec; Campinas: Ed. Campinas, 1979.

_____. Pequena história da agricultura no Brasil. São Paulo: Contexto, 1990.

_____. 1914-1939: crescimento e crise da agroindústria açucareira no Brasil. Revista Brasileira de Ciências Sociais, jun. 1988.

SZMRECSÁNYI, Tamás e SUZIGAN, Wilson (orgs.). História econômica do Brasil contemporâneo. São Paulo: Hucitec, 2002.

_____.e GRANZIERA, Rui G. *Getúlio Vargas e a economia contemporânea.* Campinas, Ed. Unicamp, São Paulo: Hucitec, 2004.

SKIDMOORE, Thomas. *Brasil*: De Getúlio a Castelo (1930-1964). Rio de Janeiro: Paz e Terra, 2003.

TARTAGLIA, José Carlos. *Agricultura e urbanização em São Paulo*: 1920-1980. Tese de doutorado. Rio Claro. Unesp, 1993.

TAUNAY. Affonso de E. *Pequena história do café no Brasil.* Rio de Janeiro: Edição do Departamento Nacional do Café, 1945.

TERCI, Eliana. *Agroindústria canavieira de Piracicaba*: relações de trabalho e controle social, 1880-1930. Dissertação de mestrado, São Paulo, PUC/SP, 1991.

TORRES, Vasconcelos. *Cana-de-açúcar*: sabor amargo de uma cultura perseguida. Brasília, Senado Federal, Jul. 1964-Set. 1975.

_____. *Condições de vida do trabalha-rno e crescimento da economia brasileira* 1889-1945. Rio de Janeiro: Ipea/Inpes, 1973.

VIVEIROS, Jerônimo de. O açúcar através do periódico "O Auxiliador da Indústria Nacional". *Revista Brasil Açucareiro*. Rio de Janeiro IAA, abr. 1946.

WANDERLEY, Maria de Nazareth Baudel. *Capital e propriedade fundiária*. Rio de Janeiro: Paz e Terra, 1979.

Abreviaturas

ACBP – ASSOCIAÇÃO COMMERCIAL BENEFICIENTE DE PERNAMBUCO
CEAM – COMISSÃO DE ESTUDOS SOBRE O ÁLCOOL MOTOR
CICA – CENTRO DA INDÚSTRIA E COMÉRCIO DO AÇÚCAR
CIPA – COMPANHIA INDUSTRIAL PAULISTA DE ÁLCOOL S A
CME – COMISSÃO DE MOBILIZAÇÃO ECONÔMICA
CNP – CONSELHO NACIONAL DO PETRÓLEO
CODIQ – SOCIEDADE CONSTRUTORA DE DESTILARIAS E INDÚSTRIAS QUÍMICAS LTDA.
CPDA – COMISSÃO DE DEFESA DA PROTEÇÃO DO AÇÚCAR
ELC – ESTATUTO DA LAVOURA CANAVIEIRA
IAA – INSTITUTO DO AÇÚCAR E DO ÁLCOOL
IBC – INSTITUTO BRASILEIRO DO CAFÉ
PROALCOOL – PROGRAMA NACIONAL DO ÁLCOOL
MAIC – MINISTÉRIO DA AGRICULTURA, INDÚSTRIA E COMÉRCIO
SAAP – SOCIEDADE AUXILIADORA DA AGRICULTURA DE PERNAMBUCO
SNA – SOCIEDADE NACIONAL DA AGRICULTURA
USAP – UNIÃO DOS SINDICATOS AGRICOLAS DE PERNAMBUCO

Lista de gráficos e tabelas

Gráfico 1 – Importação de açúcar pelos Estados Unidos entre 1880 e 1886.................26

Gráfico 2 – Exportação do açúcar brasileiro para os Estados Unidos
entre 1884 e 1886 26

Gráfico 3 – Consumo de açúcar na Inglaterra entre 1876 e 1884................................29

Gráfico 4 – Produção mundial de açúcar em 1886 29

Gráfico 5 – Dividendos do Engenho Central François (1867 a 1872)........................38

Gráfico 6 – Movimento imigratório nas décadas de 70 e 80 do século XIX.................71

Gráfico 7 – Exportação de açúcar entre 1876 e 1886..75

Gráfico 8 – Canas moídas no Engenho Central de Lorena (1885-1890) 87

Gráfico 9 – Distribuição das quotas de garantia de juros dos engenhos
centrais, por província, em 9 de outubro de 1889 96

Gráfico 10 – Produção das usinas paulistas de 1907 a 1911 158

Gráfico 11 – Produção de cana em São Paulo em hectare (1894-1915).....................167

Gráfico 12 – Produção de açúcar, álcool e aguardente (1925-1927) 182

Gráfico 13 – Canas dos fornecedores da Usina Catende (1929-1941).......................223

Gráfico 14 – Área cultivada com cana de açúcar (1926-1932)....................................243
Gráfico 15 – Produção açucareira de São Paulo (1930-1936) 246
Gráfico 16 – Produção de açúcar em São Paulo (1936-1941) 251
Gráfico 17 – Índice de contribuição das canas de fornecedores e das
canas próprias das usinas em São Paulo (1932-1942) 269
Gráfico 18 – Distribuição de álcool anidro pela Seção do Álcool-Motor
(1934-1939) 278
Gráfico 19 – Produção de álcool no Estado de São Paulo (1930-1941) 283
Gráfico 20 – Produção de álcool no Brasil (1930-1941) 289

Tabela 1 – Capital necessário para montar um engenho central com a capacidade
de fabricar 700 arrobas de açúcar no ano de 1875 40
Tabela 2 – Importação de açúcar cândi, de uva ou glicose ou de qualquer outra
qualidade na alfândega do Rio de Janeiro (1882-1885) 76
Tabela 3 – Exportação de açúcar, aguardente e doces na alfândega do Rio de
Janeiro (1882-1885) 77
Tabela 4 – Média da produção agrícola de Porto Feliz em 1886 80
Tabela 5 – Preços do açúcar no mercado do Distrito Federal (1928-1935) 200
Tabela 6 – Principais produtos de exportação do Brasil em 1936 214
Tabela 7 – Municípios açucareiros em São Paulo no ano de 1942 242
Tabela 8 – Canas próprias e canas de fornecedores das usinas paulistas
(1933-1936) 262

Esta obra foi impressa em São Paulo pela Prol Gráfica na primavera de 2010. No texto foi utilizada a fonte Electra LH, em corpo 10, com entrelinha de 14 pontos.